本书由国家哲学社会科学基金重点项目"权力、资本、劳动的制度伦理考量（11AZX011）"和一般项目"权力与资本良性互动的伦理规则研究（19BZX112）"资助出版

Benevolence and Hegemony

Ethical Comparison of Governance Logic
between China and the West

靳凤林／著

王道与霸道

中西国家治理逻辑的伦理比照

中华书局

图书在版编目（CIP）数据

王道与霸道：中西国家治理逻辑的伦理比照/靳凤林著. —北京：中华书局，2024.10. —ISBN 978-7-101-16578-4

Ⅰ.D5；B82-051

中国国家版本馆 CIP 数据核字第 2024D703U2 号

书　　名	王道与霸道：中西国家治理逻辑的伦理比照
著　　者	靳凤林
责任编辑	樊玉兰
装帧设计	周　玉
责任印制	管　斌
出版发行	中华书局
	（北京市丰台区太平桥西里 38 号　100073）
	http://www.zhbc.com.cn
	E-mail：zhbc@zhbc.com.cn
印　　刷	河北新华第一印刷有限责任公司
版　　次	2024 年 10 月第 1 版
	2024 年 10 月第 1 次印刷
规　　格	开本/920×1250 毫米　1/32
	印张 16⅛　插页 3　字数 370 千字
印　　数	1-3000 册
国际书号	ISBN 978-7-101-16578-4
定　　价	96.00 元

靳 凤 林　河北省新乐市人，清华大学哲学博士。现任中央党校（国家行政学院）哲学部二级教授、博士生导师。享受国务院特殊津贴专家、中央党校理论创新工程首席专家。长期担任中央党校省部班、地厅班、中青班核心课程主讲教员。兼任中国伦理学会副会长，中国伦理学会政治伦理专业委员会主任，北京伦理学会常务副会长，清华大学、武汉大学等多所大学兼职教授。先后荣获国家图书奖、全国党校系统首届党性教育精品课奖等 30 余项国家和省部级教学科研奖励。

主要从事政治伦理和比较伦理的教学与研究工作，先后主持和参与10 多项国家社科基金和国家高端智库重大项目、重点项目的研究工作，出版《追求阶层正义：权力、资本、劳动的制度伦理考量》《权力与资本：中西政商关系的伦理视差》《祠堂与教堂：中西传统核心价值观比较研究》等专著、教材 18 部，在《人民日报》《光明日报》《马克思主义研究》《哲学研究》等报刊杂志发表论文 200 余篇，其中 30 多篇被《新华文摘》《人大报刊复印资料》和《21 世纪马克思》（意大利）等权威刊物转载。

目　录

导言:现代性政治伦理的
四重镜像与中西王霸之争

从一定意义上讲,一百多年来中西学术界关注的实质问题是现代性现象,学术界几乎动员了各种知识力量来辨识这一现象,其间积累了大量前所未有的人文社会科学理论成果。其中,对现代性政治伦理的研究就是近年来现代性"问题丛"中的热点之一。现代性政治伦理从它肇端的那天起,就注定了并不是一种单数的存在,而是由一簇价值观念构成的集合体,就如现代性政治自由主义在西方世界有英国自由主义、法国自由主义、美国自由主义一样。这种"道术为天下裂"的现象,究其根由是因为不同主权国家及其思想学派,在文化立场、知识结构、研究方法上存在天壤之别,致使其现代性的论证方式呈现出截然不同的结构性差异,反映到中西国家治理的理论逻辑层面,就是中国王道政治与西方霸道政治的重大伦理分野。在本书的导言部分,笔者试图按照从人类现代性"一般"到中西方现代性"个别"的逻辑思维进路,以中西方现代性的时间划分和价值评判为切入点,分别从中西方现代性政治伦理的本体论区别、中西方现代性政治主体的德性论比照、中西方现代性政治制度的伦理学对勘三个层面,对中西方政治伦理的王道与霸道特质进行深入细致的理论辨析,以期对中西方国家治理逻辑的伦理冲突做一宏观扫描,从而为本书上、中、下三篇的微观分析提供一幅曲径通幽、各臻其妙的理想性坐标示意图,也为本书"引东旭而纳西辉"的终极价值追求奠定形而上的知识论根基。

一、中西现代性的时间落差与价值评判

"现代"或"现代性"无法在自身语境中获得言说或叙述，必须将其置于"前现代"与"后现代"的上下文语境中才能彰显其价值与意义。特别是20世纪后半叶欧美国家进入"后工业社会"或"信息社会"之后，对文艺复兴、新教改革和启蒙运动以来所生成的现代文化展开了大范围的抨击、质疑和批判，开启了"后现代主义"的滥觞。那么，与"后现代主义"相比，"现代"与"现代性"的确切含义和本质特征是什么？

西方学术界一般是在时间划分和价值评判双重意义上使用"现代"和"现代性"两个词语。从词源学的角度看，"现代"（modern）一词起源于拉丁文"modo"，产生于基督教末世论的语境之中，之后人们更多地强调它与欧洲历史世俗化的关系①。而意大利文艺复兴时期和法国启蒙运动时期的"古代与现代之争"中的"现代"概念，则主要与"古代"相对应。就"现代性"（modernity）一词而言，在西方学术界更多地指涉现代人类在经济体系、政治制度、知识构成、个体与群体心性结构及其相应的文化价值方面发生的全方位秩序转型②。从总体上看，西方学界对"现代性"的理解具有"解构"（deconstruction）和"重构"（reconstruction）的双重取向。就"解构"而言，它注重的是"当前"，对过去的传统持批判态度；就"重构"而言，它强调以新知识和新发现构筑更加美好的未来。但"后现代主义"从来都是现代主义的孪生兄弟，无论是以"解构"为先，还是以"重构"为重，都是对"现

---

① Calinescu , *Five Faces of Modernity*, Duke University Press, 1987, 13.
② 刘小枫：《现代性社会理论绪论》，上海三联书店，1998年，第3页。

代性"的一种不同理解态度,二者之间既相互攻讦和反驳,亦彼此渗透和启发,可视作"现代性"理论的左、右两派。

"现代"或"现代性"虽然源于西方,但今天的西方已不再是现代性的唯一家园,伴随众多国家踏上现代化征程,"现代"或"现代性"也呈现出一体多元或一元多线的复杂面相。与西方学界对"现代"与"现代性"的时间划分和价值评判相比,我国学术界所理解的"现代"和"现代性"有自身的独特语境和个性内涵。首先,在对"现代"的时间认定上,学术界通常将 1840 年爆发的第一次鸦片战争作为我国进入"近现代"社会的重要标志,与欧洲 15 世纪意大利的文艺复兴相比晚了三个世纪,与 16 世纪德国的宗教改革相比晚了两个世纪,与 18 世纪法国的启蒙运动相比晚了一个世纪。正是这种巨大的时间落差,决定了中国的"现代性"带有外源性、挑战性、追赶性特点,它不仅涉及古代传统与现代取向的价值断裂,也涉及中国文化与西方文化的异质冲突,这就使得中国学术界的"古今之争"与"中西之辩"相互交织,而中西地位的起伏变动又影响着中国学界古今关系的叙事结构,进而对中华民族的自信心产生重大影响。人们很多时候自觉或不自觉地把古今之争等同于中西之辩,抑或把中西之辩视作古今之争,从而产生了以今灭古、厚古薄今、以西解中、以中击西等形色各异的理论困局,历史上的"中体西用""西体中用"等所谓"体用之争"就是这方面的典型例证。可见,中国"现代性"的论证方式有其独特的理论进路,有别于西方学界只是在前现代、现代、后现代的直线型时间语境中来理解"现代"和"现代性"。

中西方围绕"现代"和"现代性"问题,在时间划分和价值评判上出现的上述重大差别,决定了我们在建构中国特色政治伦理学话语体系时,必须对本民族的传统政治伦理抱有一种礼敬自豪的态度,决不能背离历史主义的基本要求,摆脱时空限制,对其妄加评论,用今天的观念和标准去衡量古人所做的一切,最终走向历史虚无主义或历史相对主义；也不能一味地食古不化、厚古薄今，走向政治伦理复古主义和民粹主义的泥潭而无法自拔；更不能用西方近现代时髦的政治伦理学话语体系，来生硬地剪裁和评判中国的现实政治生活，或者用当代中国的政治伦理衡量和贬斥所有西方政治伦理。唯有在一元引领和整合多元、多元丰富和发展一元的前提下，正确处理"古今""中西"政治伦理的相互关系，避免扬此抑彼、畸轻畸重极端现象的出现，才能在研究对象的确立、研究方法的选择、逻辑体系的架构、思想脉络的梳理、具体内容的表述、语言风格的形成等各个方面，真正建构起中国特色、中国风格、中国气派的政治伦理学话语体系，为当今人类政治伦理学的学科发展和思想繁荣做出中华民族应有的贡献①。

二、中西现代性政治伦理的本体论区别

政治伦理本体论以探究政治现象的伦理本原和基础特质为核心，现代性政治伦理的本体论主要关涉四方面内容：（1）人类政治活动时空条件的重大转换。任何政治活动都是在特定时空条件下展开的，在传统农业社会，各民族政治活动的开展都与特定空间区域的时间坐标密不可分，由之构成了不同民族日常生活和社会活动的时间计算方式，世界各地生成的种类繁多的传统历法就是明证，如：阴阳历、希伯来历、伊斯兰历等。进入现代社会以来，伴随基督教纪元方式的出现、国际时区划分的逐步推广、全球空间场域（经度、纬度、高度）的统一设定，使得各国政治活动的开展和政治信息的传播，呈现出超越传统局部时空观的全球化总体性时空图式，这种高度抽象化的新型时空图式把人类的各种政治活动纳入一种全新的境况之中。

---

① 靳凤林：《建构新时代中国特色政治伦理学》，《光明日报》，2017 年 12 月 11 日。

（2）人类个体生存方式的深刻转变。在传统社会的时空场域中，人匍匐在上帝和各种神灵的脚下，必须接受其护佑才能避免忧心忡忡，获致心安理得的生存状态。文艺复兴、新教改革和启蒙运动以来，伴随人类主体性地位的确立，每一个体都在力图摆脱神圣教会或宗族群体的超验性束缚，大力强调个人在经验世界中肉身生命的解放，努力伸张个人权利与义务的优位性，并通过自主自律观念倡导一种自我负责的生存方式①。它具体表现为现代人类身体、欲望、心灵共同构成的内在心性结构的重大转型，使得人类的生存状态指数和生存价值标尺发生根本性位移。（3）人类理性反思能力的迅速擢升。在传统社会，人们生活在旧有的社会习惯和固定的社会关系之中，每个人将自己的生活嵌入反复实践和世代积累的经验基础之上，传统社会自然演化的合理性不证自明，自己只是祖祖辈辈生活链条上的普通一环。而到了现代社会，人们开始将自己置身于传统的必然性之外，逐步把现代观念与传统状态区别开来，不断反思性地运用已经掌握的现代知识来检审自己生活于其中的社会，通过与过去的撕扯或决裂，来重构依靠自己理性所预设和期冀的未来。（4）社会进步与风险防控的二律背反。伴随人类主体性的张扬和理性反思能力的擢升，人类对自然、社会和自我身心的认知和改造能力获得空前进步，特别是建基于科学技术之上的现代工业社会和信息社会的到来，使人类的物质和精神财富得到极大提升，人类社会正处在一个不断进步并实现远大目标的历史进程之中。与此同时，其所面临的各种风险犹如海啸掀起的滔天巨浪接踵而至，诸如：技术风险、环境风险、能源风险、疾病风险、安全风险、金融风险等，且各种风险呈现出局部与全球相互转化、传统与非传统彼此交织的局面，它超越了自然地域、民族国家、社会制度、意识形态的差异，迅速成为全人类必须面对的共同

---

① 康德：《历史理性批判文集》，何兆武译，商务印书馆，1990年，第23页。

风险，2020年新冠病毒的全球发作，已经成为人类认识现代风险特质的分水岭。而对巨大风险的全面反思、深刻批判和未来重构成为现代性与生俱来的另一重要面相，如：马克思对资本运行风险的揭橥、贝克对现代人类风险社会的深入考察等①。

搞清了政治伦理本体论的基本内涵之后，我们会发现中西方在国家治理逻辑上之所以出现王道与霸道的伦理冲突，与双方在现代性政治伦理本体论转换过程中呈现出的一体多元特点密不可分。

（1）西方直线型时间观和中国循环型时间观的历史积淀为中西政治伦理的王霸冲突奠定了形而上的本体论根基。由希伯来和希腊文化塑型的西方文明，在早期时间观上同样具有循环型特征，如在希腊《伊里亚特》和《奥德赛》经典文本中就强调"时间的复归"，柏拉图和亚里士多德也反复提及时间的循环往复特征。但自从公元380年，狄奥多西一世宣布基督教成为罗马帝国的唯一国教之后，基督教的时间观逐步演化为西方世界的主导性时间观，进入近现代以来，基督教时间观又借助欧美国家的经济、政治、文化、军事等强势力量逐步成为主导人类的全球性时间观。这种以耶稣为开端的基督教时间观把两希文明中的循环型时间观，拉直为过去、现在、未来的直线型时间观，耶稣基督既是历史的起点，又是历史的终点，人类历史就是上帝之子——耶稣克服重重阻力征服一切之后，走向末日审判并再次复活，迎接新天新地新世界的历史，人类社会的时间计算、节日仪式、行为方式等均以上帝为核心得以展开，这为近代以来西方社会霸道政治的生成提供了形而上的哲学依据②。与之相反，中国自古以来在农耕文化基础上生成的时间观，主张天地遵循着太阳与月亮的

----

① 安东尼·吉登斯：《现代性的后果》，田禾译，译林出版社，2000年，第109页。
② 路易·加迪等：《文化与时间》，郑乐平等译，浙江人民出版社，1988年，第249页。

阴阳平衡法则以及金、木、水、火、土五行相生相克的规律,循环往复地运行于宇宙之间,人类必须按照大自然的各种时节、时令来划分时日和规整生活,人类的劳作、饮食、衣着以及各种行为方式只有与大自然相符相类,才能获得整体生命的完满和全部人生的幸福。皇帝、大臣、官吏只有"使民以时",才能实现所在王朝的兴旺发达,于是出现了纷繁复杂的中国传统历法、年号、节日等时间制度。辛亥革命后,根据孙中山1912年颁布的《临时大总统历书令》,国家公共领域的一切政治活动开始按照西方基督教公元纪年法贯彻实施,但在民间,百姓仍然遵循着中国传统的历法规则来安排和调适自己的日常生活。经过一百多年的缓慢演化,最终形成了当代中国社会中西结合的时间制度模式。这种时间制度排列有序,功能各异,将我们的生活点缀得色彩斑斓、意趣盎然,充分反映出中华民族兼容并蓄、和谐共存的自然观、社会观和价值观,以至于近代以来的仁人志士都把"中华民族的伟大复兴"视为自己的神圣使命,这里的"复兴"二字就是用古代撞击现代,赋历史以新意,它深刻蕴含着中国传统王道政治循环型时间观的核心价值取向。

(2)西方个人主义主体观与中国集体主义主体观的天壤之别是中西王道与霸道伦理冲突赖以产生的价值论根源。在西方个人主义主体观的各种源头中,基督教提供了最充沛的思想资源和精神动力,它将人的生命尊严和精神价值提升到前所未有的高度,并通过人对上帝的信仰而使其摆脱了凡俗的负累和束缚,以超越主义的价值取向将人从有机的世俗性整体主义社会中剥离出来,赋予其独立性和个体性特征①。文艺复兴之后,近代思想家在汲取基督教个人主义主体观合理因素基础上,形成了现代意义上的个人主义主体理论,笛卡尔"我思故我在"的哲学命题充分确认了个人的认知主体地位;洛

---

① 丛日云:《在上帝与恺撒之间》,生活·读书·新知三联书店,2003年,第38页。

克对个人自由权、生命权、财产权的强调进一步凸现了个人的权利主体地位；而康德的"三大批判"和黑格尔的"绝对精神"理论则进一步彰显了人的价值主体地位①。尽管当代西方思想家中出现了哈贝马斯的"主体间性"、德里达的"多元他者"和罗尔斯的"重叠共识"等理论，试图走出和超越西方传统的主客二分的主体观，努力迈向多元性的他者世界，但正如泰勒在《自我的根源：现代认同的形成》中指出的那样，对个体性认知主体、权利主体、价值主体的高度重视，仍然是近现代西方最为重要的思想遗产。与西方现代性个人主义主体理论不同，中国的现代性主体理论更加强调集体主义主体观，因为这种主体观有着极其深厚的历史渊源，在中国传统的"家国同构"社会中，任何个体在宗法家族中皆把"仁爱孝悌"作为最高德目，浓烈的家族亲情时时刻刻都在制约和融化着个人的自我意识，在国家公共生活中对"克己奉公"的提倡，要求个人必须克制私利来超越自我、服从整体，个人对家族、民族、国家的义务感和责任感，远超个体性的认知主体、权利主体、价值主体要求。到了中国共产党革命和建设时期，开始让每一个体先从无差别的笼统的族群认同和王朝认同中剥离出来，再以神圣的方式加入群体契约式的现代性无产阶级政党组织中来，从前个人拥有的光宗耀祖和精忠报国的奋斗精神，转化成为无产阶级革命和建设事业英勇献身的集体主义奋斗精神。在全球化的今天，中国的现代性集体主义主体观更加强调，在开放自我与多元他者的互动中，在建立人类命运共同体的奋斗实践中，丰富自我并挺立起主体的道德人格。

（3）西方工具理性和中国通情达理精神的本质区别是引发中西王道与霸道伦理冲突的重要思想根源。近现代西方人在概念、判断、

---

① 沈青松：《探索与展望：从西方现代性到中华现代性》，《南国学术》，2014年第1期。

推理等形式逻辑和辩证逻辑基础上,形成了高度发达的理性精神,他们不再到超绝的上帝那里寻求人类进步的根本依据,而是通过理性精神来透视事物表面现象背后的内在本质,并试图在揭示其内部联系中把握事物的发展规律,正是这种现代理性精神极大地提升了西方人认知和探究世界的科学技术水平,由此引领人类社会逐步摆脱愚昧无知的束缚,快速走向现代文明社会。其中,康德的《纯粹理性批判》《实践理性批判》《判断力批判》和黑格尔的《逻辑学》《法哲学原理》是西方理性思维达至近现代顶峰的重要标志。但自工业革命以来,由价值理性和工具理性构成的西方整全理性日渐偏狭化,以科学技术为代表的工具理性逐步占据主导地位,人们开始从工具的有效性层面来看待和评价一切事物,事物原本具有的价值理性走向衰微。特别是现代理性由原来仅是指称人的合理思考、科学判断和正确行事,逐步转变为通过理性化宏大叙事来证成人类进步、社会发展、人生目的等问题,致使其原本包含的具体内容变得面目全非,这种对理性的偏狭化理解和宏大性运用,成为后现代主义对现代性不断指摘的重要内容。与西方对现代理性的认知路径不同,中国传统文化更加强调"通情达理"精神,这种精神以情感为基础,以理性为指导,以合情合理为目标,在情与理的相互交融中化解感性与理性的对立冲突。由之,造就了中国人讲情理、懂人情、知世故的精神特质,在高度重视血缘亲情的中国古代宗法社会,只有从人情出发,才能达到诸情中节、诸事合宜、不偏不倚的所谓"中庸"境界,同时,也只有讲道理才能不固执于己,因为这里的理是有情有义的情理而非死理。这种通情达理、合情合理、人情高于公理、人情大于王法的政治伦理法则,对中国传统政治文化产生了巨大的双向(正反)调适作用。但中国进入近现代以来,伴随市场经济的发展、民主政治的进步、法治社会的到来、多元文化的激荡,特别是城市化的快速发展,使得公共领域不断扩张,私人领域日渐萎缩,在摆脱了血缘亲情的陌生人社会里,在发扬光大中国传统社会通情达理精神的同时,更要高扬价值理性和工具理性辩证统一的现代理性精神,这已成为当代中国政治伦理研究者的普遍共识。而在中西理性混溶发展基础上创生的新时代理性精神,正在极大地影响着当代中国国家治理中王道精神的确立,从而与西方在纯粹理性或工具理性基础上生成的霸道精神区别开来。

(4)西方宰制性思维方式与中国和合文化观念的本质差别是导致中西王道与霸道政治伦理冲突的文化根源。伴随西方近现代以来对个人主体性的高度重视和对理性能力的充分肯定,主体的理性能力逐步呈现出一种强大的宰制性力量。首先是对自然界的宰制。现代科技的发展是主体理性能力的最高体现,但现代科技自产生之日起就是一把双刃剑,在极大地提高人类生活质量的同时,又给人类带来众多灾难。以科技对自然的破坏为例,在传统社会人们总是把自然界看作养育众生的母亲,但建基于主体理性之上的现代人类中心主义占据主导地位之后,人类借助科技化、机械化的巨大力量,逐步把大自然视作人类征服和改造的对象,由之,资源枯竭、环境污染、气候变暖等一系列全球性生态危机成为人类不可承受之重。其次是对不同人类族群的宰制。近代欧洲主要大国借助科技发展和工业进步生成的强大综合国力,开始了对落后国家的经济剥削、政治压迫和文化侵略,葡萄牙、西班牙、荷兰、英国、法国、德国在世界范围内建立起来的庞大殖民地体系,就是现代西方宰制性思维方式在族际与国际关系上的具体表征。与之相反,中国文化自古就把和合观念当作处理人身与人心、人与自然、人与人关系的核心价值追求,这里的"和"主要指和谐、和平、祥和,"合"则指结合、融合、合作。和合文化强调在承认万物之间存在矛盾、差异的前提下,把彼此不同的事物统一到一个相互依存的和合体中,由此推动事物的不断发展与进步①。这

---

① 张立文:《和合学概论》,首都师范大学出版社,1996年,第26页。

种文化观念反映在人身与人心的关系上就是"中道圆融",强调人在追求物质财富不断丰裕的同时,更要懂得由逐物外驰返归自性圆满,高度重视内心世界的精神幸福,努力追求生命品位的高尚脱俗。反映在人与自然的关系上就是"天人合一",即人的行为要与自然协调一致,道德理性和自然理性要彼此统一,人要在顺从自然规律的条件下利用自然和调整自然,不能超越自然界的承受力去无度地改造自然和征服自然。反映在国与国的关系上就是"协和万邦",即在处理不同民族国家之间的关系时,要以广阔博大的胸襟,海纳百川的气魄,去促进民族国家间的多元交流,只有通过沟通、合作与融合,才能达至不同国家间共生共在、和谐相处的人类命运共同体状态。正是现代西方宰制性思维逻辑和当代中国和合文化观念的迥然有别,构成了中西方国家治理逻辑王道与霸道伦理冲突的重要根由。

三、中西现代性政治主体的德性论比照

中西现代性政治伦理的上述本体论区别,又是如何通过中西政治主体显现出来的呢? 这就涉及中西现代性政治主体的德性论之比照,因为现代性政治伦理的本体论只有内化为现代性政治主体的德性结构,才能对现代政治生活发挥实际作用。而现代性政治主体是由各种社会阶层构成的多元性综合体,其中,资本、劳动、权力三大社会阶层的德性结构对现代性政治活动的影响至深至远。

(1)资本阶层功利与公正的德性再造是现代性政治伦理生成的前提条件。商人在传统社会自古有之,但现代意义上的工商业资本阶层直到 16 世纪后才在欧洲出现,这一阶层的崛起是人类社会由传统步入现代的奠基石,他们不仅是引领现代民族国家走向繁荣富强的主体性力量,也是接引现代性政治伦理的催生婆。这一阶层打破了传统社会"君子不言利"的道德戒命,将最大限度地追求利润并扩大再生产视为人生的全部价值之所在,他们在勇敢承担市场风险的过程中,不断冲破旧有世界的各种束缚,在开发新产品、开辟新市场、建立新组织、创设新制度中,成就了自己英雄主义的企业家风范。当然,因市场经济中行为主体的天赋秉性、原始财富、社会资本等存在天壤之别,必然导致市场交易中财富分配的巨大差异,在追求功利最大化过程中,如何更好地照顾弱者利益,并承担起更多的社会责任,从而实现社会财富的公平分配,就成为资本阶层德性重构的重要内容。

(2)劳动阶层自由与责任道德理念的牢固确立是现代政治运作的根本支点。与现代资本阶层相伴而生的是现代劳工阶层的迅速壮大,一方面,市场经济要求进入市场的各类主体必须独立自主地进行自由决策,并为之承担经济风险,如果一个劳动者不能与其他市场主体进行自由交易,他就丧失了进入市场的基本资质。另一方面,劳动者在市场交易过程中,只有保持人格平等,相互尊重对方的权利和意愿,才能在互通有无中实现自己的交易目的,从而有效避免传统社会封建领主式的强取豪夺。可见,这里的自由既不是自己拥有界定世界价值与意义的绝对权利,更不是自我边界的无限拓宽,而是劳动者为自己立法,是劳动主体的自我规范和自我服从,而在市场经济中生成的这一道德原则,也为现代性政治活动中正确处理公民的权利与义务、个体与集体关系等一系列政治伦理难题,提供了内在的价值依据。

(3)权力阶层对民主与法治原则的坚定遵守是现代政治得以顺利开展的基本保障。正是资本阶层和劳动阶层的迅猛崛起,打破了传统社会君王贵族和士人僧侣对国家政治的垄断权,迫使现代政治沿着民主与法治的轨道高速行驶开来。所谓民主就是让人民当家做主,将传统政治的官本位转变为现代政治的民本位,它主要通过现代性政党制度、权力制衡制度、代议制民主制度得以实现。所谓法治就是要求行政、立法、司法机关以及各类机构团体,在从事各种社会活动时,必须在形式和实质上遵循通过民主程序制定的各项法律,并符合国家宪法规定的基本精神,任何个人和机构的违法行为都可以通过司法调查、司法审判等途径得以合理纠正。特别需要强调的是,现代的“法治(rule of law)”不同于古代的“法制(legal system)”,古代“法制”是由君王制定,官府颁布,官吏执行,用来驾驭和治理百姓的有效工具,而现代“法治”则是用来制约国家公共权力,保障公民基本权利的新型善治工具。

任何社会阶层的德性结构,只有在与其他社会阶层的交往互动中才能得以彰显,中西国家治理逻辑之所以出现王道与霸道的伦理冲突,与双方三大社会阶层互动方式的重大差别密不可分。

(1)西方三大社会阶层彼此互动的根本特征:资本绑架权力榨取劳动者利益。欧洲现代性的重要标志是资本逻辑推开一切,成为人类的最高理性,由之,资本阶层获得了无上的社会荣耀,但资本阶层从其产生伊始,就和权力阶层紧密结合,犹如缠绕在拉奥孔身上的多头毒蛇一样,成为两股难解难分的重要力量。以英国为例,重商主义在英国一开始就是商人实践与国家政策相结合的产物,商人为了保证国内市场畅通无阻,支持国王建立强有力的中央集权,而国王为了维持军队和宫廷的庞大开支,与拥有巨大财富的商业资产阶级结成联盟,关键时刻不惜发动战争来扩展英国商人的海外利益。到了17世纪,经历“光荣革命”之后,英国资本阶层中的大批工商巨头直接涌入政府管理机构,如1631年,伦敦市长的财产资格规定为1万英镑,1640年伦敦参议员的财产资格规定也是1万英镑,其他市政官职的财产资格规定也在1000—4000英镑,正是上述财产资格的限制,使得伦敦的市长、市政司法长官、市政议会完全掌握在商人寡头手中①。不仅

① 赵秀荣:《1500—1700年英国商业与商人研究》,社会科学文献出版社,2004年,第182页。

如此,英国工商资本阶层还通过各种非正常途径对各级议员施加影响,诸如赠送礼金、设宴款待、迎来送往等,行贿方式可谓五花八门。直到今天,资本与权力的利益交换仍然是资本主义社会的基本常态,只是交换数额更加巨大,为了规避法律雷区,双方的交易方式愈加曲折和隐蔽。与之相对应,近代资本主义社会的劳动阶层则承受着马克思《资本论》所描述的"艰苦劳作、任人奴役和贫困无知"的折磨。直到20世纪中后期,伴随社会总体财富迅猛增长,资本与权力阶层扔一些面包屑就足以养活劳动阶层,绝对贫困得以极大缓解,但相对贫困仍在不断加剧。法国经济学家皮凯蒂在其《21世纪资本论》中,通过对过去三百多年来欧美国家财富收入的丰富数据进行详细剖析证明,长期以来资本的回报率远高于经济增长率,资本和劳动收入差距的不断增大及其引发的两极分化,已然是当代和未来资本主义的基本常态。资本、劳动、权力的上述关系类型,使得三大阶层的德性特质被不断异化,资本阶层对功利的追求远胜对公正的向往,劳动阶层只剩下自由出卖劳动力的无限责任,权力阶层打着民主的幌子并绕过法律的约束,直接投奔资本的怀抱。在2020年的新冠病毒全球大流行中,美国权力阶层只关心资本的股市价值而置劳动阶层生死于度外,更不去承担任何国际责任的防疫策略,就充分体现出资本绑架权力榨取劳动者利益的霸道政治本性。

（2）中国三大社会阶层彼此互动的基本特点:权力驾驭资本服务于劳动者利益。在中国传统社会的士、农、工、商四大阶层中,商人阶层自始至终都是"重农抑商"政策的受害者,处在社会各阶层的最末位。1840年鸦片战争之后,西方资本大举进入中国市场,促发了中国官僚资本和民营资本的崛起,但从晚清时期到北洋军阀再到中华民国,中国社会的资本阶层一直依靠权力阶层的扶持和外国资本的协助才得以不断发展,它从来都不是中国政治的主导力量。中华人民共和国成立之后,基本采纳了苏联计划经济的管理模式,民营资本几近绝迹，1978年改革开放之后，民营资本再次迅猛崛起，资本与劳动的收入差距不断扩大，特别是在一定范围内出现了权力资本化和资本权力化不断加剧的趋势，但从总体上看，在中国要想从腰缠万贯的私营企业家变为支配国家公共事务的政治家（如特朗普之类）几无可能，质言之，在实行社会主义制度的当代中国，资本力量远不足以支配国家公共权力。今天的中国共产党深知，一方面，伴随现代社会有机体的日益复杂化，社会分工的高度精细化，一个社会只有形成一定规模的权力阶层、资本阶层和劳动阶层，才能实现国家的整体繁荣与进步。另一方面，如果权力与资本这两个强势社会阶层在既得利益上结成同盟，将权力的公共价值套现为小集团的利益，必然导致对劳动阶层利益的肆意侵占，一旦这种状况不被遏制而任其发展，所造成的后果只能是严重的社会不公，直至爆发巨大的社会动荡[①]。基于此种认知，当代中国正在大力推进权力、资本、劳动结构秩序的全面改革，包括通过不断强化民主政治制度伦理来有效制衡公共权力的运作；通过逐步完善市场经济制度伦理来合理规范资本的运营管理；通过持续加大民生和社会制度建设来大力保障劳动阶层的合法权益。特别是在公平正义伦理原则指导下，以维护劳动阶层的根本利益为出发点，在保持社会差别合理性前提下，通过扬弃异化经济和克服资本逻辑弊端，激发起社会各阶层的改革积极性，让国家、市场、社会在动态平衡中走向良性循环，力争做到在三大阶层共同富裕基础上，实现人的自由全面发展。正是中国社会处理三大阶层利益关系的上述举措，使得中国国家治理凸现出鲜明的王道政治特色，与西方国家资本逻辑至上的霸道政治彻底区别开来[②]。

---

① 靳凤林：《资本的道德二重性与资本权力化》，《哲学研究》，2014年第12期。
② 靳凤林：《追求阶层正义：权力、资本、劳动的制度伦理考量》，人民出版社，2016年，第422页。

四、中西现代性国家制度的伦理学对勘

现代性政治伦理的本体论不仅要内化到中西方现代性政治主体的德性结构之中，还要外化到中西方现代性政治制度的伦理层面。现代性政治制度伦理的一个核心问题是，如何对国家的正当性做出科学的理论辩护，其中，国家正当性理论依据和论证方式的全面位移，构成了古代与现代政治制度伦理的本质区别。古代王朝或帝国正当性的理论依据是由主张天人合一、神人贯通、君权神授的高级宗教或哲学伦理学来完成的，现代国家正当性的理论依据摆脱了超感性的神圣理念的控制，强调由自给自足、自行负责的世俗理性来建构，通过完善和提高对内对外最高主权的统治技术和治理能力来实现。现代国家正当性理论依据的世俗化位移，摆脱了教会神圣性、普世性国家的精神枷锁和教规桎梏，为民族国家的建立提供了历史契机，使得传统社会的"朝代国家（dynastic states）"被现代社会的"民族国家（national states）"所取代。在一个民族国家内部，"人民"和"民族"具有同等的地位和价值，捍卫民族主权原则就是捍卫各族人民的主权独立。当然，古代王朝或帝国也强调以人为本、公平正义等政治伦理原则，但其决定权在君王大臣和僧侣文士等知识阶层手中，现代国家则由以人为本、公平正义的直接涉身者，即社会中的每一生命个体或所属阶层来决定，由人民通过自己的当家做主行为来决定。人民当家做主的制度设计就是所谓"民主制度"，现代国家的民主制度主要由两种形式构成：人民民主国家制度和自由民主国家制度，前者以"全体"形式出现，深受卢梭人民主权论思想的影响，后者以"个体"形式出现，深受洛克、孟德斯鸠分权制衡理论的陶铸。但"人民"从来都不是一个和谐平等的整体，人民内部自始至终都存在着各种各样的利益冲突，于是人民内部不同社会阶层的利益诉求就不再由古代帝国中的士大夫来担当，改由新兴知识分子结伙构成的各种现代性政党来贯彻，每个政党都要依据其政党理念的道义性来确立国家政权的合法性，进而建构起政党化的国家科层制管理体制①。可见，正是通过世俗国家→民族国家→政党国家的逻辑递进，最终完成了现代性政治制度伦理正当性理论依据和论证方式的全面重塑。

搞清了人类现代性国家制度伦理演化的一般特质，就为我们分析中西现代性国家制度伦理的独特个性提供了理论依据，也为我们进一步洞悉中西王道政治与霸道政治的伦理分野打开了一扇新的门户。

（1）中西方对待世俗国家的伦理态度各不相同。在西方古希腊城邦时代，人们将城邦国家看作人类社会自我演化的必然结果，认为只有在城邦国家中人的德性才能够完善，由之，柏拉图把国家视作人的本质和目的的最终实现，亚里士多德更是强调"人是社会政治的动物"②。但伴随基督教在罗马帝国的广泛流行，特别是基督教在西罗马帝国灭亡后，又经历了中世纪一千多年的漫长积淀，西方人的国家观发生重大转变。人们在基督教灵肉二分的身心观基础上，创制出神圣教权与世俗王权根本对立的新型国家观，开始在内心深处向往和追求神圣教会许诺的来世天国，不再存有城邦时代对国家的那份血缘亲情，不再把世俗国家视作人生目的和价值实现的归宿，由对世俗国家的内心认同转化为忍耐顺从，甚而把世俗国家当作上帝以恶制恶、化恶为善的工具和手段，并开始排斥、鄙视、反抗世俗国家，奥古斯丁的《上帝之城》就深刻反映出基督徒对世俗国家的悲观、

---

① 刘小枫：《现代性社会理论绪论》，第95页。
② 乔治·萨拜因：《政治学说史》上卷，邓正来译，上海人民出版社，2008年，第159页。

疏离和厌恶情绪。以霍布斯、洛克、卢梭为代表的近代自由主义国家观,继承了基督教工具主义国家观的理论形式,以"人性本恶"和"官员无赖"为前提假设,用个人权力取代上帝权力,将神圣教会对世俗国家的监督转换为公民社会对国家权力的监督,以及国家权力的自我分割、彼此制约和相互均衡,国家由上帝与人订立契约的产物,转变为人与人订立契约并让渡部分权利的结果,国家变成了守夜人角色乃至成为随时都会腐败的魔鬼①。可以说,从基督教传统脱胎出来的上述自由主义消极国家观,真正代表了西方近现代主流政治传统的内在特质。与之相反,由于在中国人的内心世界没有灵魂与肉体、天国与人间、宗教与世俗的二元张力结构,因此,从夏商周时代开始,君王就是宗教在人间的代表,士大夫就是人间教士,圣王就成了圣俗两界共同崇拜的图腾。自汉代儒家学派成为官方意识形态之后,以董仲舒为代表的历代儒士更是从宇宙和社会整体主义视域中看待世俗国家的本质和功能,世俗国家成为宇宙整体的中枢神经系统,它涵盖、渗透、支配一切,人世间一切活动都要围绕世俗国家这个中轴旋转,政治权威具有支配一切、规范一切、统摄一切的功能。道教、佛教以及各种民间宗教,都要蜷曲在强大的皇权之下才能获得生存空间,没有任何合法组织能够分割和制约皇权,皇帝既是最高的世俗权威,也是最高的精神领袖。而君王政治权力的至高无上性决定了其所负社会责任的无比重要性,包括:牢固确立"法天而王"的超越性理想追求;不断贯彻"民之所往"的现实性政策措施;逐步提高"修齐治平"的个体性修养境界。唯其如此,才能巩固好以道得民、以德服人、保民而王的政治秩序合法性基础②。这种源远流长的历史传统深刻陶铸着近现代中国王道政治的品格范型,只是将其赋予了全

---

① 丛日云:《在上帝与恺撒之间》,第 190 页。
② 蒋庆:《政治儒学》,生活·读书·新知三联书店,2003 年,第 210 页。

新的时代内涵,诸如:中国共产党所大力提倡的共产主义远大理想、为人民服务的根本宗旨、不断提高党性修养水平等。这些主张在价值指向、立场情怀方面,同中国传统王道政治高度一致,一脉相承,同时,为了适应现代性政治伦理的必然要求,又在思维模式、策略选择等方面,对传统王道政治进行了全方位拓展,实现了中国传统王道政治的全面革新升级。

(2)中西方民族国家制度伦理的创设路径殊为不同。由于中西方对世俗国家本质与功能的认知存在前述重大差别,进一步导致双方建构现代民族国家制度伦理的路径截然不同。在欧洲中世纪晚期,罗马教皇借助统一的教会网络享有至高无上的宗教和政治权威,而神圣罗马帝国尽管囊括了今天欧洲的绝大部分土地,但它完全不同于古罗马帝国,实际上只是一个由大大小小的诸侯封地构成的拼合体,使欧洲处在一种有民族无国家的松散状态。16 世纪之后,伴随各民族工商业竞争日渐激烈,基督教各派斗争犬牙交错,特别是各民族逐步放弃自古罗马帝国以来官方和教会共同使用的神圣拉丁语,越来越喜欢使用本民族的世俗语言,如英语、法语、德语等,使用本民族语言翻译的《圣经》进行礼拜活动日渐盛行,这就导致由使用同一语言的同一个民族构成的国家——"民族国家"逐步生成。其中,由民族向国家过渡的直接动力源自著名的"三十年战争",它由哈布斯堡王朝和波旁王朝的争斗起步,在神圣罗马帝国的广阔土地上,从 1618 年一直打到 1648 年,最终交战各方签订了《威斯特伐利亚和约》,该和约一方面结束了中世纪以来"一个教皇、一个皇帝"的局面,另一方面划分了欧洲大陆各国的疆界,标志着欧洲"民族国家"正式诞生。自民族国家生成至今,欧洲各国的政治状况呈现出两大突出特点:一是欧洲内部民族国家之间的战争绵延不绝。诸如:17—18 世纪的四次英荷战争;1683 年土耳其围困维也纳;1688—1697 年的反法大同盟战争;1699 年的哈布斯堡王朝从土耳其手中夺回匈牙利；1700 年的俄国与瑞典战争；1701—1714 年的西班牙王位继承战；
1733—1738 年的波兰王位继承战；1756—1763 年的英法战争；
1778—1779 年的巴伐利亚王位继承战争；1775—1783 年美国摆脱英
国殖民统治的独立战争；1792 年之后持续多年的拿破仑战争；19 世
纪中叶德意志民族国家统一中的各种战争；直至 20 世纪先后爆发两
次世界大战①。二是欧洲各国与所属殖民地的战争持续不断。从 17
世纪开始，伴随欧洲各国综合国力的增强，西班牙、葡萄牙、荷兰、英
国、法国、德国、俄国纷纷开启了征服世界的进程，如：英国与印度、中
国的多次战争，法国同非洲各殖民地的战争等。通过与殖民地半殖
民地国家的无数次战争，占世界人口 18% 的少数欧洲强国，占有了全
球 37% 的土地②。欧洲各国在内外战争中逐步形成了一整套闻名世
界的帝国霸权理论，如：马基雅维利《君主论》中的"不择手段"保卫
国家主权理论；霍布斯《利维坦》中的"丛林法则"理论；黑格尔《历史
哲学》中的"民族精神"理论等，正是上述国内外战争实践及其对战
争的理论探究，逐步塑造出近现代西方国家的霸道政治伦理。与之
相反，从根本意义上讲，中国从来就不是一个现代意义上的"民族国
家"，因为在欧洲民族国家诞生之前，中国就是一个具有独自特质的
古老政治体，就民族构成而言，"汉人"是一个由众多民族不断融合逐
步建构出来的集合体，在秦朝统一后的两千多年里，伴随中国疆域的
逐步扩大，它经历了一个由民族冲突、战争、敌对到征服、迁徙、同化、
和谐的复杂过程。特别是在中国庞大疆域内，虽然特色方言众多，但
汉语自始至终都是官方和各民族的通用语言文字，而且现代脑科学
研究发现，汉字与西方的各种拼音文字相比，在形、音、义方面具有集
具象、想象、意象为一体的天然特质，它具备综合集中发挥大脑两半

---

① 陈乐民、周宏：《欧洲文明扩张史》，东方出版中心，1999 年，第 93 页。
② 马丁·雅克：《大国雄心》，孙豫宁等译，中信出版集团，2016 年，第 19 页。

球潜能的独特优势①。在汉语语言文字基础上生成的中华文化,借助儒家大一统的政治理念和君主专权的国家体制,不断地融化着进入到这个文化共同体的各个民族,处在共同体中心的汉族和周边其他民族,都以汉化程度的高低来界定彼此的文明与野蛮,因此,中国人心目中的"国家"不是西方意义上的"民族国家",而是一个多民族共生共在的"天下体系"或"文明共同体"。但是进入近现代以来,西方主要民族国家开始以极端强势傲慢的姿态入侵这一文明共同体,逐步打碎了其所构筑的"天下体系"幻象,使其被迫走上了一条不同于西方的现代化道路。纵观一百多年来中华民族的现代化心路历程,可以用民间流行语"羡慕嫉妒恨"五字加以概括。首先,对西方人的羡慕心理转化成了中华民族一百多年来不断向西方学习的强大动力。晚清的洋务运动、戊戌变法以学习失败告终,代表大地主和官僚资本阶层利益的中国国民党对欧美国家的学习也以昙花一现而结束,只有真正代表广大劳动阶层利益的中国共产党,通过前期学习苏联治国理政经验和后期学习欧美市场经济经验,在综合创新的基础上走出了一条中华民族伟大复兴的成功之路。其次,对西方人的嫉妒心理塑造了中华民族奋起直追的"赶超型"现代化道路。从孙中山到毛泽东再到邓小平,都是以只争朝夕的精神状态来引领中华民族赶超欧美,这种由外力刺激造就的赶超型现代化,必然以社会集体主义和国家威权主义面貌出现,抗战前后中国国民党倡导的"新生活运动"就大力提倡"整齐、清洁、简单、素朴"的军事化生活方式,中国共产党在新中国成立前后也大力倡导"艰苦朴素""大公无私"的集体主义生活作风,因为无论是国民党还是共产党都深知,在一盘散沙的社会状态下无法抗衡其所面对的强大敌人。最后,对西方人的痛恨心理转化为中华民族扬弃欧美霸道政治和发展中国王道政治的坚定

---

① 黎鸣:《中国人性分析报告》,中国社会出版社,2003 年,第 348 页。

信心。中华民族一百多年来,深受欧美国家割地赔款的巨大伤害和日本入侵的残酷蹂躏,对弱小国家的处境感同身受,形成了天然性同情与悲悯心理。孙中山的"三民主义"思想就特别强调中国强大之后决不再走欺负弱小民族的西方老路,中华人民共和国甫一建国,毛泽东、周恩来等国家领导人就立即将"和平共处五项原则"作为中国外交的纲领性政策并被贯彻至今,我们对亚非拉弱小国家的长期援助就是历史明证。

(3)中西方建构政党国家伦理的方式方法迥然有别。前已备述,现代性政治伦理与政党制度的出现密不可分,而建构政党制度伦理方式方法的重大差别对中西方现代性政治伦理的王霸之分影响深远。所谓政党制度伦理主要指用以调节政党制度建设的价值指向和规约政党组织和个人行为模式的道德秩序。从总体上看,近现代西方政党制度伦理建设具有以下五个突出特点:一是无论是从议会内部派别斗争中产生的"内生政党",还是议会外自行建立的"外生政党",其所代表的社会阶层利益都呈现出典型的狭隘性特点,在小党林立的多党制国家尤其如此。二是西方许多政党的建党目标主要局限于特定历史阶段的具体任务,为了能够上台执政或争得较多议会席位,它们总是为尽快满足特定阶层一时一地的短期利益而制定发展目标,缺乏宏大的长远理想。三是西方政党主要是在议会或政府选举时期活动频繁,在议会党团的投票或决策活动中具有较为严格的纪律要求,在对广大基层党员的日常管理中相对松散,普遍缺乏明确的党内约束。四是西方很多政党由于内部构成极端复杂和利益纠葛十分严重,很多时候为了一时的共同利益迅速组建新型党派,一旦利益结合点消失就立即解散,凸现出"其生也速其亡也快"的政治特点。五是西方政党同政府部门首长的关系主要是"分肥制",国家总统、政府首相和各部部长伴随政党选举的成功与失败共同进退,他们一直处于在野党和执政党的徘徊之中,其所推行的政策纲领伴随几年一度的选举失败，可能随时被中断或推翻，缺乏一以贯之的政策连续性。与欧美国家的现代性政党伦理建设截然不同，中国共产党的政党伦理建构有着自己的独特面相：一是从建党之初直至今日，它都明确强调自己是为了争取广大工农劳动群众利益而斗争的党，代表了中国社会最大多数人的利益，与中国近代历史上出现的只代表特定阶层少数人利益的政党完全不同。二是中国共产党不仅拥有自己所代表的阶级利益，更有超越阶级利益的更为远大的崇高使命，即为了中华民族的伟大复兴和全人类的共产主义远大理想而不懈奋斗，而且明确宣称伴随这些目标的实现它会自行消亡。三是它是在列宁创建的共产国际指导下建立起来的政党，把列宁制定的民主集中制作为自己的组织原则，并在漫长的历史发展过程中不断将这一原则细密化，充分保证了全党纪律执行中的高度严格性，使其发挥出巨大的组织制度效能。四是中国共产党是一个具有强大自我革命性的政党，在近百年的发展史上，一直保持着极高的淘汰率，包括对各类违反党纪党规的投敌叛变分子、蜕化变质分子、贪污腐败分子给予严厉处分，充分保证了政党整体的高度纯洁性。五是中国共产党依靠其先进性长期保持着自己的执政地位，它充分发挥人大和政协的作用，在广泛听取民主党派和社会各阶层不同意见基础上，随着国内和国际形势变化，不断调整着自身制定的长远和近期发展规划，成为长期维系国家改革、发展、稳定的核心力量。正是中西方政党国家伦理建构路径与方法的天壤之别，决定了中西方政治伦理王道与霸道的根本分野。

综上所述，"现代性"是后现代主义对"现代"特性加以批判反思的结果，但现代化却是人类无法摆脱的历史宿命，长期以来整个人类一直笼罩在欧美现代化的光环之下，逐步形成了以欧洲为基点的"中心—边缘"型现代性理论。然而，到20世纪后半叶，伴随东亚、南亚、拉美等第三世界国家的不断崛起，特别是世纪之交中国现代化的高速发展，使得西方现代化一体独尊的局面被彻底打破，世界大国各争所长的现代化格局已成为人类无可避免的历史大势。尽管中国现代化的王道政治之路极端崎岖，却已渐露光明，只要我们能够克服西方近现代霸道政治的各种弊端，在群峰竞秀中相互牵连并彼此提携，最终一定能够达至共同丰盈的现代性理想状态，届时中华民族就一定能够在重峦叠嶂的国际群峰中傲然独立，并放射出万丈光芒，是为笔者所祝祷！

上 篇

王霸之争与
中西政治文化之比照

在当代国际社会，中国王道政治与西方霸道政治的伦理分野已是昭然若揭。中国王道政治起源于春秋战国时代齐国稷下学宫对王道与霸道统治术的深刻辨析，最终在秦汉王朝的斗转星移中确立了王霸结合、阳儒阴法型国家治理模式，这一模式深刻陶铸了中国后世政治的运演轨迹。西方古希腊和古罗马帝国的前赴后继，奠定了欧美国家霸道政治的历史根基，在中世纪教权与王权跌宕起伏的争斗中飘逸而出的"民族国家"幽灵，激发了近现代欧美各国霸道政治的澎湃激荡。中西政治伦理的发展进路何以判若云泥？从儒家与基督教传统政治伦理的全面比照中可窥斑知豹。当代中华民族只要能够从历史大纵深、国际宽视域、时代新高度、交互主体性的科学定位中，不断提高文化自信、文化自新、文化自强和文化自谦，就一定能够在传统与现代的赓续中再造中国王道政治的辉煌明天。

第一章　春秋战国的王霸之争与
后世中国的阳儒阴法

  中国传统政治伦理的核心问题是什么？古今之争？圣俗之分？抑或群己之辩？由于每位学者对中国传统政治伦理研究的方式方法存在结构性差异，其答案必然是"横看成岭侧成峰，远近高低各不同"。在笔者看来，要正确回答这一问题，必须深入到中国传统政治生活的腹地，回溯中华文明的轴心时代——春秋战国时代。只有对当时政治伦理面临的焦点问题，以及由之奠定的中国后世政治生活根底的一系列方式方法问题探赜索隐，才能真正找到支撑中国传统政治生活的伦理基座，窥见中华政治文脉得以传承的基因图谱。本书的答案是：春秋战国时代的"王霸之争"是制约当时诸侯列国和影响后世中国政治的核心问题。其中，孟子对"王道"与"霸道"的界定为古今学者广泛采信，"以力假仁者霸，霸必有大国。以德行仁者王，王不待大"（《孟子·公孙丑上》），即"以德行仁"和"以力服人"是区分王道与霸道的根本标准。笔者在本书开篇章节试图以春秋战国时代的王霸之争为切入点，在全面分析王霸之争的理论依据和生成缘由基础上，就中华民族自秦至汉确立阳儒阴法、王霸结合政治策略的运演轨迹予以仔细梳理，最后再对这种国家治理逻辑所蕴含的伦理悖论进行价值辨析。

一、春秋战国时代王霸之争的伦理本质

雅斯贝尔斯将公元前 800—前 200 年间人类社会所走过的精神历程称之为"轴心时代"，正是在这一时期，中国出现了孔子、老子、韩非子等思想家，希腊出现了苏格拉底、柏拉图、亚里士多德等哲学家①。就中国历史而言，从公元前 770 年周平王放弃镐京迁都洛邑到公元前 221 年秦灭六国，被称为春秋战国时代，亦即雅斯贝尔斯所说的"轴心时代"。在这一时期，伴随周天子天下共主地位的丧失，各诸侯国之间开始了激烈的兼并战争，新兴的士阶层从君统和宗统的重压下解放出来，开始兴办私家教育机构或学者集团，他们云合雾集、周游列国，到处发表和兜售自己的政治主张，儒家和法家从这种盛况空前的"百家争鸣"中脱颖而出成为当时的显学。他们提出的政治主张，既有共同的历史文化根基，又有重大的现实理论差别，二者的相互激荡和此消彼长，奠定了后世中国两千多年王霸结合和阳儒阴法的政治伦理格局。

首先，儒家和法家对人性善恶的认识判若云泥。在儒家学派中孔子率先提出人性问题："性相近也，习相远也。"（《论语·阳货》）人性本质上具有共同性，但由于后天成长环境各异导致重大差别。在突破传统氏族道德界限的基础上，孔子进一步提出"为仁由己"的命题，"我欲仁，斯仁致矣"（《论语·述而》）。并将君子与小人的划分归诸于"君子求诸己，小人求诸人"（《论语·卫灵公》）。这里君子之所以反求诸己，是因为己中包含着一种内在的向善的理性。孟子则认为人之为人，是在其天性中就有同情本能或道德倾向，他说："恻隐之

---

① 雅斯贝尔斯：《智慧之路》，柯锦华等译，中国国际广播出版社，1988 年，第 68 页。

心,人皆有之;羞恶之心,人皆有之;恭敬之心,人皆有之;是非之心,人皆有之。恻隐之心,仁也;羞恶之心,义也;恭敬之心,礼也;是非之心,智也。仁义礼智,非由外铄我也,我固有之也。"(《孟子·告子上》)在孟子看来人心人性中包含着最精微的天道,人之一生就是要用这种先天具有的良知良能来控制和平衡各种情感和欲望的过程,最终达至将心比心归于仁的境界。如果说孔孟的性善论集中体现了儒家人性论的"硬核"思想,那么性恶论则是法家的独门绝论,但法家的性恶论又与儒家密不可分,要揭橥其来龙去脉就必须从荀子说起。

荀子作为战国末期齐国稷下学宫的领袖人物,既是战国时代儒家思想的发扬光大者,又是法家的集大成者——韩非子的老师,在儒法之间搭起一座桥梁,起着承上启下的作用。荀子的人性概念主要指人的好恶、喜怒、哀乐之情,他明确主张性恶论。他说:"性者,天之就也;情者,性之质也;欲为可得而求之,情之所必不免也。"(《荀子·正名》)亦即性具有自然天成的特点和属性;情则是性的实体或根据;欲则是情的作用或功能。在荀子看来,若无其他环境因素的影响,人情自然趋向于邪恶,但是荀子又发现人总是受到"心"的指导能力和选择方向的影响,这就是"虑",在"虑"的基础上就必然有所行动,即"能",通过"虑"的积累和"能"的锻炼,人性就会得到改造,并以"伪"的面貌呈现出来。"不事而自然谓之性,性之好、恶、喜、怒、哀、乐谓之情,情然而心为之择谓之虑,心虑而能为之动谓之伪。"(《荀子·正名》)故荀子主张通过"隆礼重法"来限制人的各种本能嗜欲,在"化性起伪"的过程中生成良好的社会秩序。

韩非子在继承荀子人性恶思想基础上,又吸收法家其他代表人物管子、商鞅等人的性恶论思想,形成了自己特色鲜明的性恶论。首先,韩非子对孔孟以人性善为核心的仁爱孝悌之类观念予以彻底批判,认为人的本性就是"自为"——自私自利、好逸恶劳。他说:"人为婴儿也,父母养之简,子长而怨;子盛壮成人,其供养薄,父母怒而诮之。子、父，至亲也，而或谯或怨者，皆挟相为而不周于为己也。"（《韩非子·外储说左上》）这种人性皆恶的理论斩断了与儒家人性学说相通的渠道，为法家彻底的性恶论奠定了理论基石。其次，韩非子认为人的本质不在于他自身的所作所为，关键是外部生活环境的塑造。他说："古者丈夫不耕，草木之实足食也；妇人不织，禽兽之皮足衣也。不事力而养足，人民少而财有余，故民不争。是以厚赏不行，重罚不用，而民自治。今人有五子不为多，子又有五子，大父未死而有二十五孙。是以人民众而货财寡，事力劳而供养薄，故民争，虽倍赏累罚而不免于乱。"（《韩非子·五蠹》）可见，在韩非子看来，伴随人类历史发展和生活环境的变化，有什么样的经济状况和统治秩序就会有什么样的人性，也就会造就出什么样的民众。

其次，儒家和法家的国家治理逻辑存在着礼制与法制的天壤之别。在维持社会秩序的方式方法上，儒家认为人类社会不可能整齐划一，由于人与人之间存在着智愚贤不肖之等级，在社会分工上必然有士农工商之差别和劳心劳力之区分。其中，贵贱上下决定着一个人在社会上的地位，尊卑长幼亲疏决定着一个人在家族中的地位，礼制就是维系这种贵贱尊卑长幼秩序最有效的工具。"礼者，所以定亲疏，决嫌疑，别同异，明是非也。"（《礼记·曲礼上》）由于每个人在社会和家族内都是多重角色的集合体，这就决定了礼的差异性和多样性，贵有贵之礼，贱有贱之礼，尊有尊之礼，卑有卑之礼，礼仪三百，不可随意运用。孔子之所以把春秋时代称为"礼崩乐坏"的时代，就是因为乱臣贼子僭越礼制，才引发社会混乱。因此，只有恢复和弘扬三代之礼，才能节制人欲，杜绝争乱，实现贵贱、尊卑、长幼、亲疏有别的社会秩序，达至儒家所向往的国家承平的理想状态[1]。

法家并不否认也不反对贵贱、尊卑、长幼、亲疏的社会差异之存

---

[1] 瞿同祖：《中国法律与中国社会》，商务印书馆，2010年，第315页。

在,但法家"推崇"的是必须通过有功必赏、有过必罚的绝对同一的法律标准来实现这种状态。其间,不能因人而异施其法,不能考虑贵贱、尊卑、长幼、亲疏的因素,否则,就无法保证法律的统一有效性。商鞅说:"忠臣孝子有过,必以其数断,守法守职之吏有不行王法者,罪死不赦,刑及三族。"(《商君书·赏刑》)这种法律面前人人平等,毫无通融,不讲私爱,不能有差别心,不能有特殊待遇的观念,完全以客观行为为断的精神,和儒家所谓"刑不上大夫"的主张无法相容。可见,法家的一切努力就是去私任公。韩非子也说:"为故人行私,谓之不弃……枉法曲亲,谓之有行……不弃者,吏有奸也……有行者,法制毁也……此八者,匹夫之私誉,人主之大败也,反此八者,匹夫之私毁,人主之公利也。人主不察社稷之利害,而用匹夫之私誉,索国之无危乱,不可得矣。"(《韩非子·八说》)可见,法家就是要摆脱传统社会的宗族情谊,把君主专制的国家利益置于最高位置。

　　最后,儒家和法家在培育社会风尚层面存在着德化和刑罚的重大差别。儒家认为既然人性本善,就必须以道德教化的力量收潜移默化之功,只要能做到使人心良善,知耻而无奸邪之心,自然是最彻底、最根本、最积极的方法。孔子说:"道之以政,齐之以刑,民免而无耻。道之以德,齐之以礼,有耻且格。"(《论语·为政》)可见,在孔子眼里,法律断无强人为善的力量,只能消极地禁人为恶,以威吓的力量使人不敢为恶,一旦法网偶疏,法所不察,这种威吓的力量不存在时,仍将为恶。德教与刑罚之间,一为事前的预防,一为事后的补救,二者之间不可同日而语。只要人民没有作恶的动机,一切恶的行为就无从发生,法律制度也就没有存在的必要,所以孔子以"无讼"为国家治理的最高目的。德教虽然需要假以时日,但只要人心归正,就会一劳永逸,使社会长治久安。儒家由德治又衍生出人治的思想,因为只有人格为全国上下所景仰之人,才能为全国上下所模仿,从而成为一种社会风气,所谓"上有好者,下必有甚焉者矣"(《孟子·滕文公上》)。上者之中的最高之人自然是君王,所以儒家把君王的格物、致知、诚意、正心看作重中之重。故"惟仁者宜在高位;不仁而在高位,是播其恶于众也"(《孟子·离娄上》)。

法家则完全否认可以借德化的力量来实现社会风气的好转,更不相信依靠一两个道德高尚的君王圣人就能转变社会风气或决定国家的治乱。首先,法家认为儒家讲的人存政存、人亡政亡,只能解决一时的治乱,无法保证国家的长治久安。因为无论是儒家崇奉的尧、舜之人,还是其所贬斥的桀、纣之人,都是人群中的两类极端化人物,而正常的君王皆是中等之人,他们本身的力量不足以为善或为恶到极点,法律就是让绝大多数具有中等之人水平的君王来治理国家的工具,故"使中主守法术,拙匠守规矩尺寸,则万不失矣"(《韩非子·用人》)。其次,法家认为像尧舜这样的圣人千世才出一人,在他们未出之前,已经是乱世多治世少,即使有了这样的人出世,他们也需要花费一定的时间,才能治理好有限范围的百姓,史书记载,舜当时就花了一年多的时间躬耕历苦才感化了百姓。反之,如果用法律来治理国家,只要赏罚能得到彻底贯彻,则"令朝至暮变,暮至朝变,十日而海内毕矣,奚待期年?"(《韩非子·难一》)总之,从治国的立场看,法家根本否认儒家道德仁义的价值,韩非子竟将儒家提倡的诗书、礼乐、诚信、孝悌鄙称"国虱"。他说尽可以让儒家去高喊道德口号,讨论人生境界,引领善良之人,追求止于至善。但法家要以最准确的程序、最快的速度实现国家统一和社会稳定,甚至主张通过重刑,忍一时之痛,收长远之利,达至"以刑去刑"的目的,"严刑重罚者,民之所恶也,而国之所以治也"(《韩非子·奸劫弑臣》)。

不难看出,儒家以德治为主的王道政治与法家以法治为主的霸道政治是两种截然不同的治国之道,我们不禁要问,导致儒法分歧的历史和现实根源是什么? 笔者认为个中原因极其复杂,观其大者有二:

（1）儒家与法家的价值取向存在古今之别。儒家的王道政治直接源自夏商周三代之政，孔子痛伤于春秋时代的礼崩乐坏，立志克己复礼，孟子更是不断拿三代之礼抨击时弊。孔孟之礼当然不限于仪文节式，而是包含礼俗、礼制、礼法、礼器等复杂内容，特别是孔子从礼乐中阐发出"仁"，促成了古代中国政治伦理的哲学突破。但孔孟都对尧舜禅让、舜耕历山之类古代传说，津津乐道，这说明他们看重的是古代家族与国家尚未分离，亲亲、贤贤、尊尊彼此互渗的上古社会，他们力图以这种上古秩序蕴含的道义价值为出发点，通过创造性转化推演出新时代所需要的政治设计。法家则截然相反，因为到了战国时代，夏商周以来的传统氏族贵族制度已经让位于新型官僚制度，商鞅在《商君书·开塞》中指出："上世亲亲而爱私，中世上贤而说仁，下世贵贵而尊官。"侯外庐谓："这上中下三世颇相当于西周、春秋、战国三个阶段"，反映了从"严密的氏族贵族之古代奴隶制"到"公权制度的设立"这一历史进程①。亦即法家要废亲亲、贤贤，独取"尊尊"，要确立和巩固"贵贵而尊官"的制度，要在诸侯列国的混战中，开辟通向君主专权的官僚帝制道路，它的价值追求不是上古之世，而是当今时代如何以最快速度获得最大的国家利益②。

（2）儒家与法家的理论依据关涉社会与国家的结合与分化。到了战国时代，伴随传统宗族社会的重大分化，造成了人格美德、家族道德、社会公德、官吏职业道德的高度分化，他们分别通行于不同的社会情境之中。儒家倡导的王道政治以社会为中心，这里的"社会"主要是传统的氏族社会，在中国早期国家形成中，以血缘和地缘为核心的氏族部落发挥了根本性作用，夏商周的国家组织就是以氏族为基础发展起来的，如周王朝就是周氏王族与其他各个氏族在敌对、征

① 侯外庐：《中国思想通史》第一卷，人民出版社，1957年，第609页。
② 阎步克：《士大夫政治演生史稿》，北京大学出版社，2015年，第200页。

服或联盟基础上建立起来的，周公"封建亲戚以藩屏周"的目的，就是要通过对同一宗族内大宗、小宗权利与义务的划分，来确立维护周氏统治的封建宗法制度，包括世系姓氏制度、宗庙族墓制度、嫡长子继承制度等，在宗法制度内部亲缘关系和政治关系高度混溶和重合，儒家试图通过对这套家族宗法制度的创新性发展来建立战国时代的新秩序。而法家倡导的霸道政治则是以国家为中心，排除传统社会的宗族亲情、道德教化、君子表率等因素，建立一套由国家君王统领一切，在中央集权体制下分科分层管理国家事务的新型国家治理体系，各级官吏的主要来源不再是皇亲贵族，任何人都可以凭借战功、能力、年资来获得国家的任用，为保证国家政治行政领域的独立化、高效化，国家君王只能以非人格化的法律刑令、权谋心术、至上威势（法、术、势）为核心，来维系一架巨型国家机器的快速运转，唯其如此，才能实现富国强兵的目的，在列国混战中尽早胜出，独霸一尊。在笔者看来，正是从夏商周时代政社不分到春秋战国时代政社分离现象的涌现，导致战国时代儒法治国策略的分道扬镳。

二、由秦至汉阳儒阴法策略的最终确立

如果说从理论逻辑层面看，搞清儒家王道政治与法家霸道政治思想分歧的主要支点和根本原因，是我们研究中国古代政治伦理的出发点，那么从实践逻辑层面看，对儒家王道政治和法家霸道政治的确立过程及其历史流变予以深入剖析，就成为本章研究不可或缺的重要环节。

（1）法家霸道政治在秦国的兴衰历程。在东周列国的争战之中，身处周王朝西北边陲的秦国，一向被东部中原诸侯视为"异端"，因为中原列国所秉承的周代诗书礼乐传统虽已崩解，但毕竟旧巢犹温，余响不绝，而西部秦国却因身处夷狄的偏僻位置，养成了尚武剽悍的社

会风气。《战国策·魏策三》载:"秦与戎翟同俗,有虎狼之心,贪戾好利而无信,不识礼仪德行。苟有利焉,不顾亲戚兄弟,若禽兽耳。"秦又与三晋接壤,而三晋乃法家辈出之地,被秦王重用的商鞅、李斯、韩非等人,都是晋之后人或与晋有复杂关联之人,正因秦晋社会风气的相互侵染,共同具有西北民族之勇武强悍精神,才使三晋法家思想之功效大显于秦。秦孝公时代,在宰相商鞅的辅佐之下,极大地推进了专制性军国主义官僚化的历史进程,秦国较早完成了由周代爵本位向战国官本位的过渡。周代爵本位面向特定集团和阶层,世代传袭,具有封闭性、凝固性和贵族性特点,而秦国的官本位面向社会各个阶层,依军功晋升,频繁变动,具有功绩性、流动性和行政性特点。秦国制订了二十个等级的爵位,《韩非子·定法》言:"斩一首者爵一级,欲为官者为五十石之官;斩二首者爵二级,欲为官者为百石之官。"可见,这种爵位获取渠道完全不同于周代家族宗法制度下的封建世袭方式,乃至秦国国君子弟和王室贵戚,如无战功,则无法获得尺土之封①。这一制度设计全面强化了军队战力,因利禄官爵皆出于兵,致使秦人见战,如恶狼见肉,军爵制与官僚等级制的结合以及对社会流动性的导向,使得贵族阶层赖以维系统治的"礼乐教化"彻底丧失了存在意义。法家指导下的秦国政治既不讲亲亲,也不讲贤贤,只推崇兵道和官道的"尊尊",而且秦律也不仅仅是刑律,它包括各种行政章程,诸如:兵刑钱谷、考课铨选、官民关系等等。秦统一中国后,更是在全国各地废封建、设郡县、书同文、度同制、车同轨,把社会的各个侧面和细部全部纳入法律范围,不准任何危害国家的行为遗脱于法律制裁之外。正是这种专制性军国主义官僚制度,使秦国远超列国之上获得了巨大成功,同时也奠定了中国两千多年君主专

---

① 阎步克:《从爵本位到官本位》,生活·读书·新知三联书店,2017年,第3页。

制制度的根基，如毛泽东所言："祖龙魂死秦犹在"，"百代都行秦政法"①。

　　既然秦国创立了如此伟大的君主专制制度，生成了巨大的社会动员和资源组织能力，代表了古代世界行政体制的最高发展水平，秦始皇可谓是"振长策而御宇内""履至尊而制六合"，那么它又何以仅历二世，旋即而亡？这是中国历史上曾引发广泛争议的重大问题。汉代贾谊在《过秦论》中将秦速亡归之于"苛法"，唐代柳宗元在《封建论》中说秦"失之在政，不在制"，清末章太炎在《秦政记》中将秦亡归因于"六国公族欲复其宗庙"。笔者综观各种论述，将秦速亡之因归纳为四：①君权毫无节制地自由行使。法家法制学说摆脱了"礼制"束缚，生成了卓有成效的国家官僚机器，但其法、术、势理论暗存或隐匿着一种巨大缺陷，即无法制约君主个人权势欲和享乐欲的无度扩张，他借助官僚体制的优势可以直达社会基层，并使巨大人力物力的调动和滥用成为可能。②小农经济难以支撑专制帝国的庞大开支。专制君主具有追求"宏伟壮丽事业"的天然倾向，而要保证事业成功就必须大肆敛取民众财富供其自由支配，这对天然脆弱的小农经济构成沉重压迫，一旦超过其承受限度，必然引发小农破产带来的严重动乱。据范文澜统计："秦时全中国人口约二千万左右，被征发造宫室坟墓的共一百五十万人，守五岭五十万人，蒙恬所率防匈奴兵三十万人，筑长城假定五十万人，再加其他杂役，总数三百万人，占总人口的百分之十五。使用民力如此巨大急促，实非民力所能胜任。"②③帝国东部传统贵族势力的强烈反抗。秦国在潼关西部所奉行的法家政策成效显著，而关东广大地区（如燕、赵、齐、鲁等国）长期沿用儒家礼制治理基层社会，高度重视亲亲、贤贤之功用，与秦国"尊

---

① 《建国以来毛泽东文稿》第13册，中央文献出版社，1998年，第361页。
② 范文澜：《中国通史简编》修订本第二编，人民出版社，1949年，第18页。

官重吏"的社会传统存在重大差异,但秦国在统一全国后,仍然强势采用法家政策治理关东地区,将乡党邻里的相保相爱、互助互惠、和睦共处转变为猜忌监视、防范告奸和彼此连坐,特别是持续打压根深蒂固的封建贵族和基层乡绅,无法有效整合两种异质文化的合理要素,从而激发起传统贵族剧烈的反抗情绪。④秦国的焚书坑儒政策将大量儒家知识分子推到了国家政权的对立面。秦统一中国之前,中原六国的儒士构成一重要社会阶层,虽有不少儒士入而事秦者,但焚书坑儒事件极大地震撼和挫伤了广大儒生的"君子人格",致使中原儒士"为帝王师"的理想彻底幻灭,故陈胜、吴广起义后,鲁地儒生持孔氏礼器往归之,这无疑是对其高压政策的奋力反抗。

(2)汉代阳儒阴法和王霸结合政治策略的最终确立。秦帝国二世而亡,使纠矫秦之弊政成为汉人思考的焦点,但刚刚兴起的汉代统治者,一方面因时局所迫必须继承秦代的政治体制,才能使这一庞大国家机器正常运转;另一方面又要使这架政治机器的转速降至最低,以便减缓对疲惫不堪的社会所构成的巨大压力。故汉代文、景二帝时期,崇奉道家"清静无为""休养生息"的所谓"君人南面之术",使社会元气逐步复苏,带来了西汉帝国的初步繁荣。但帝国体制对法制秩序、财政富足、领土扩张的天然追求,到汉武帝时再次活跃起来。而秦亡之后,只注重官道,完全轻视教化的法家后继乏人,相反,自春秋以来长期担任诗书礼乐教化任务的儒生,由于兴办私学和重视教育,不仅人数众多,且遍布汉王朝各个社会层面。汉王朝要保持国家机器的正常运转,必须制定有力措施,将掌握各种文化知识的大量儒生填充到国家官吏队伍中来,这就使儒家思想在与法家、道家的冲突与融合中逐步胜出,到汉武帝时最终确立起"罢黜百家,独尊儒术"的官方意识形态,儒家再次走到了历史前台。但各类儒生一旦跨入国家官吏队伍,就必须深入了解和掌握国家机器运转所需的汉律乃至前代法律,特别是州县官员在日常管理事务中担负着众多的听讼决狱任务，面对极端复杂的世俗事务，仅凭儒家倡导的高远宏丽的所谓"仁义道德"理想，无法胜任国家赋予的世俗性、复杂性社会治理重任，这就逼使入仕的儒生文吏逐步向法家提倡的法制靠拢，遂使儒法互补、王霸结合成为无可避免的历史大势，其互补结合的具体途径如下：

一是道德的法律化，它主要通过"以礼入法"的方式呈现出来。如何在继承秦代乃至周代法律遗产的基础之上，以儒家的伦理价值观重塑汉代的法律体系，将礼崩乐坏之后破碎了的秦代法律赋予新的价值灵魂，通过法律价值的正本清源，实现儒家伦理的制度化和法律化，开启儒家伦理的法律重建历程，从而形成中国古代法律的完备体系，已成为秦亡之后汉人所面对的迫在眉睫的时代课题。此时的大儒董仲舒，既看到了秦朝覆亡的前车之鉴，又亲历了文景之治的清明贤良，在积累了充分的物质材料和经验材料基础上，自觉地担负起汉代法律价值重建的历史重任①。清人沈家本在《历代刑法考》中，对汉儒董仲舒以儒家经义来决狱的事迹进行了深入考察，笔者仅取一例以见其貌。"时有疑狱曰：'甲无子，拾道旁弃儿乙养以为子，及乙长，有罪杀人，以状语甲，甲藏匿乙，甲当何论？'仲舒断曰：'甲无子，振活养乙，虽非所生，谁与易之。《诗》云，螟蛉有子，蜾蠃负之。《春秋》之义，父为子隐。甲宜匿乙，诏不当坐。'"②董仲舒以《诗经》和《春秋》为依据，做出"诏不当坐"的判决，引得我们窥见了一条纯然儒家化了的法律，那就是把五经所倡导的礼制奉为最高的法律评判标准，凡礼所认可的即是法所赞同的，反之，礼之所去亦是法之所禁。瞿同祖总结说："儒家讲，父为子隐，子为父隐，于是律许相隐，首匿不为罪，不要求子孙为证，更不容许子孙告父。礼有七出三不去之

---

① 梁治平：《寻求自然秩序中的和谐》，中国政法大学出版社，1988年，第266页。
② 沈家本：《历代刑法考》（三），中华书局，1985年，第56页。

义,于是法律上明定为离婚的条件。一切都源出于礼经,关于亲属、继承、婚姻的法律实可以说皆以礼为依据。"①

　　二是法律的道德化,它主要通过"以法入礼"的方式呈现出来。在汉代并没有专业的法官和律师职业,当时的司法从属于行政,国家法律主要依靠崇奉一套共同价值准则的文官集团来维系,他们施政的要诀以一系列抽象的方针为主,核心原则是以道德作为一切事业的根基②。而道德和法律在处理现实复杂事物时各有特点,道德强调必须以"权变"的态度具体问题具体分析,法律则主张以客观存在的事实和具体成文的法律为依据来行事。当用道德引导法律的适用时,必然出现法外有法的复杂情形,因为单靠法律适用于事实不会自动地产生公正,要依据判案人的道德价值观来考量具体的客观事实和法律条文,这种本诸判案者的良知和责任感的做法,一定程度上可以弥补法律的粗疏、僵硬和缺陷,但当判案者一味地把推进当地民风的纯厚和质朴当作自己的重要职责时,很容易将司法过程变为宣教活动,把法庭当成教化场所。今人对汉代大量判决研究发现,自汉武帝"罢黜百家,表彰六经"之后,汉代地方执政官的许多判词很少以事实为根据,以法律为准绳,相反,判词大量引用先贤圣哲的语录和具有道德教训意味的古代故事,很多时候出现大段的天理、人情、礼义等充满说教、感慨、愤怒情感的极不确定的概念,往往是到最后一句才将判决结果一笔带过。因为在这些判官看来,礼法本来就是一物,上以顺天理,下以应人情,礼乃法之本,法乃礼之用,既然法律条文的制定体现着道德伦理精神,那么法律条文的适用也必然要体现这种道德伦理精神,很多案件由于与礼的关系直接而密切,其判词索性只讲礼义而只字不提具体事实和所用法条,这就必然导致法律的运用

① 瞿同祖:《中国法律与中国社会》,第 320 页。
② 黄仁宇:《万历十五年》,中华书局,1982 年,第 52 页。

就像道德说教一样，充满各种弹性和不确定性，一切视当时的具体情况来决定，这构成了中国古代法律的重要特征之一。

汉代通过道德的法律化和法律的道德化，逐步消弭了儒法之间的激烈争论，汉儒已经完全不同于战国时代孟子那样的"醇儒"，他们思想中已杂有大量法家思想，因为以刑辅教的论调在汉儒中已成为普遍存在的事实。当然，从儒法冲突、不分轩轾到阳儒阴法、王霸结合，其所经历的具体过程决非一蹴而就，而是极其复杂且历时漫长。汉高祖是酒色之徒，不知儒术为何物，曾经溲溺于儒冠之中，故建立汉朝之初，就仿秦律制定了汉律。之后的惠帝、文帝、景帝也并不倚重儒士，景帝尚幼时，其母窦太后把持朝政多年，却好黄老之术。直到武帝刘彻时才一变而重儒，但武帝重用儒士并非其嗜好儒家义理，而是因董仲舒的诸多建议有切合其政治亟需的合理成分。如汉景帝时，以吴王刘濞为核心的七个刘姓宗室诸侯，因不满朝廷减持其权力的削藩政策，发动了著名的"七王之乱"，虽被景帝平息，但极大地震撼了汉朝的国家根基。武帝时值幼年，对此有切肤之痛，待其当政后，董仲舒所主张的"三纲五常"和"王朝大一统"理论，充分满足了武帝褫夺王侯爵位和巩固中央权威的政治需要，故受到高度重视。但当董仲舒试图用"天人感应"理论贬斥朝政和制约武帝权力时，又遭到武帝怒斥，武帝一度欲置董氏于死地，致使董氏至死未敢再提出此类奏折。特别是汉武帝发动数十年战争，多次大破匈奴，吞并朝鲜，开疆拓土，晚年又因巫蛊事件，牵连近四十万人，单是宫廷内被冤杀的皇亲国戚就有数百人，这完全是依法家之术来治国，无丝毫儒家之风韵。在汉武帝的内心世界，王道只是收拾人心和论证其统治合法性的面具和工具，霸道才是支配其一生实际政治活动的真实政道。故汉宣帝（武帝曾孙）的儿子（后来的汉元帝）以宣帝多用文法吏，持刑太深，劝用儒生时，宣帝斥责儿子："汉家自有制度，本以霸王道杂之，奈何纯任德教，用周政乎？"（《汉书·元帝纪》）可见，汉代历经法家、道家、儒家的思想冲突与融合,很晚才形成阳儒阴法、王霸结合的国家治理逻辑,但这种国家治理逻辑一经奠基,就对后世中国政治伦理产生了极为深远而复杂的历史影响。

三、王霸结合治理模式蕴含的伦理悖论

在人类历史上,多次出现过因自然灾害或异族入侵而导致的政治文化灭绝或转化的现象,如玛雅文明的灭绝、古埃及文化的转化、古希腊罗马精神的再造等,但唯有中国政治文化持续至今而未曾中辍,何以如此? 其中必有其历史合理性所在。马克斯·韦伯曾把合理性问题区分为价值合理性和工具合理性,所谓价值合理性是指一种政治主体在主观世界相信具有一种无条件的、排他性的终极价值存在,政治主体可以不顾后果如何、条件怎样,在激情、理想、信仰的驱使下去努力追求和实现它;所谓工具合理性是指政治主体以能够计算和预测后果为条件来实现目的的行动,它着重考虑如何不择手段地达到其所追求的最为紧迫的现实目标。一种政治文化只有实现了价值合理性和工具合理性的辩证统一,让两种因素互为前提、互补交融地共存于其中时,政治主体才能做到以价值合理性为根本动力,以工具合理性为行动准则,推动此种政治文化不断向前迈进。

笔者认为,中国的阳儒阴法和王霸结合型政治文化,恰恰具备了价值合理性和工具合理性辩证统一的特质。其中,儒家对王道政治的追求,充分体现了中国政治文化价值合理性的一面,诸如:儒家王道政治历来把天性与人性、天道与人道视为相类相同、和谐共存的两种事物,故将尽心、知性、知天,抑或奉天承运、替天行道当作自己的终极价值追求;把官吏个人生命价值的实现、道德修养的提升,寄托于君臣、父子、夫妇、兄弟、朋友五伦关系的良性互动之中;强调士人阶层要有担当道义、不屈不挠的奋斗精神,越是遭受政治挫折的时候,越要刚健有为、自强不息、奋起抗争;主张君王要善于倾听正反之言,才能形成和乐如一的政治局面,要以广阔的胸襟、海纳百川的气概来容纳不同的意见,以促进王朝的繁荣发展。正是上述内容奠定了中国传统政治伦理价值合理性的因子。而法家对霸道政治的追求则充分彰显出中国政治文化工具合理性的一面,诸如:秦代废除西周以来的封建诸侯制度,在辽阔的国土范围内实施央地结构的郡县制,确保了君主专制制度的高效运转;颁布统一的度量衡,结束了战国时代各国货币、度量衡标准的混乱,实现了"度同制";规定车宽以六尺为制,统一车辆形制,一车可通行全国,以咸阳为中心修建全国道路驿站,实现了"车同轨";特别是令李斯等人进行文字整理与统一工作,在汲取周朝大篆和齐鲁蝌蚪文合理因素基础上,创制秦篆字体,作为官方文字,颁行全国,是为"书同文",它为两千多年来中国文化的绵延不绝奠定了语言学根基。所有上述具体性政治和行政措施构成了中国传统政治中工具合理性的有效成分。正是儒家王道政治价值合理性与法家霸道政治工具合理性的有机结合,才使阳儒阴法和王霸结合型传统国家治理模式,在漫长的中国政治伦理史上,发挥出巨大的价值整合功能、精神激励功能和民族凝聚功能,彰显出卓尔不凡的同化力和融合力,衍生出无与伦比的生命力和延续力。

当然,我们必须看到,任何一种国家治理模式皆有其生成、发展并走向成熟的时空条件,一旦超出其时空条件所限定的人文生态环境,必将捉襟见肘抑或手足无措。近代鸦片战争之后,由于西方资本主义势力对中华传统政治文明的强力挑战和刺激,中国社会一百多年来,经历了由小农经济向工业经济、由乡村家族宗法结构向城市公民社会结构、由君主专制制度向人民民主专政制度的剧烈转型,阳儒阴法和王霸结合型国家治理模式的历史局限性暴露无遗。笔者择其要者明示如下:

(1)道德法律化导致社会伪善现象的广泛流行。春秋时代,孔子因感于一味地强调礼制可能导致道德上的虚伪，故提出了以"仁"为核心的道德哲学概念，以此弥补"礼由外作"的缺憾。秦亡汉兴之际，董仲舒同样因为法律流于形式而与行为人的内心意志相脱节，遂强调"本其事而原其志"，以期让道德原则在法律中获得真正的实现。但要达到这一目标，必然要求法官既能深明义理和洞悉人性，又能在实际的司法实践中审度人情，参引经义，俾使"志善而违于法者免，志恶而合于法者诛"（《盐铁论·刑德》），然而，这种高超的执政人才和理想的判案境界在汉代现实生活中实属罕见。这种将道德外在化和强制化的结果，实际上是取消了道德所赖以生成的意志自由前提，必然引发普遍性的伪善，人们只关心如何适应或逃避法律的约束，而将内心世界的自律弃置不顾，从而产生众多表里不一、内外脱节、人格分裂的虚伪之人。两千多年来，无论是历代官场还是民间百姓，形式主义绵延不绝，人们只求所作所为符合外在规章制度的要求，不去考察为何如此，何以如此，更无视其社会效果如何。因为只要达到了外在的形式要求，就能合理规避个人可能承担的法律责任。于是，在各级官场，官员明知是毫无意义的空话废话或无用行为，但因为是君王或朝廷颁布的官方程式，只能按照规定动作亦步亦趋去完成，其间，耗费国家和百姓无数精力财力，但却无法产生任何货真价实的实际效果。

（2）法律道德化阻碍了法律自身的不断进步和自我完善。汉代之后，各级官吏的听讼决狱主要依照儒家经典来展开，特别是隋唐时代科举制度出现之后，更是将读书人的主要精力吸引到儒家的经史子集、书画诗弈上面，并视此为人生正途，而把对法律条文、经济事务的掌握和学习鄙称为"雕虫小技"，但为官从政之后，面对刑名、钱谷、书记、挂号、征比等繁杂事务，又当如何应对？于是"幕友"现象盛行成为秦汉之后中国官场（明、清两代尤盛）的重要景观。所谓"幕友"是指未能考取功名的读书人，既通晓经义，又通过专研律例、钱谷等学问,在幕后协助官员提调处理各种事务者。这种只注重政治层面的高头讲义而蔑视法律规章的官场陋习,不仅直接导致中国古代法律人才的缺乏,而且至今还在理论和实践层面阻碍着我国现代法治国家建设的步伐。此外,秦汉以来的法制主要局限于刑法和朝廷机构的行政规则,而涉及经济、民事、婚姻、家庭、诉讼程序等方面的规定很少,即使存在也都从属于刑法,这与西方自古希腊罗马时代始,公法和私法界限分明,且以私法为基底和主干的政治文化传统殊为不同。这是导致我国步入近现代社会以后,作为完整意义上的法学学科建设和法律学术共同体建设严重滞后的重要原因之一①。特别是"以经决狱"和"依法办事"的思维方式存在天壤之别,前者以止讼为道德价值目标,在对经文字句的训释过程中,侧重感性直觉思维,其中经验外推、类比想象、具象会意占有较大比重。后者以公平正义为价值追求,强调在准确把握法律条文和法治精神基础上,将法律的概念、判断、推理与具体的事实情态相结合,更加侧重客观理性、抽象思维和严密逻辑。在今天的现代法治国家建设过程中,实现由前类思维方式向后类思维方式的转变,依然是包括法学界在内的我国社会各界面临的重大思想任务。

(3)民本位与官本位的矛盾冲突制约着历代王霸政治的兴衰成败。从春秋战国到秦亡汉兴,历代儒者皆把"以民为本"当作自己王道政治的奠基石,孔子主张"仁者爱人""养民也惠""使民以时",对民要"富之""教之"。孟子更是强调:"民为贵,社稷次之,君为轻。"(《孟子·尽心下》)董仲舒则认为:"王者,民之所往;君者,不失其群者也。故能使万民往之,而得天下之群者,无敌于天下。"(《春秋繁露·灭国上》)这些儒家理论在古代官员中的提倡,一定程度上减轻了人民群众的负担,保护了人民群众的切身利益,但必须指出的是,

---

① 张中秋:《中西法律文化比较研究》,法律出版社,2009年,第104页。

我国古代政权的性质是皇权专制主义,皇权世袭制亘古未变,国家的一切权力是皇帝的绝对私有物,重民的主体是君和臣,民说到底只是被君臣重视的客体,而是否受重视要视君臣心意而定,只有现行政权面临危机垮台之际,君臣才能看到民的巨大作用①。而法家的霸道政治更是视民为草芥,《商君书》中充斥着大量夺民、愚民、弱民的霸道政治主张:"民弱,国强;国强,民弱,故有道之国务在弱民。"(《商君书·弱民》)韩非子更是主张用严刑重罚来治理庶民:"夫严刑者,民之所畏也;重罚者,民之所恶也。故圣人陈其所畏以禁其邪,设其所恶以防其奸。"(《韩非子·奸劫弑臣》)儒家和法家对民之态度看似对立,实则统一,即集中统一到君王的专制制度之中,这就使得历代统治者深谙阳儒阴法的治术奥秘:一方面通过意识形态领域兴学讲学的王道教化,让百姓严格遵守专制王朝以"礼制"为核心的各种等级制度规定;另一方面在实际执政过程中,又坚定地贯彻法家制民御民和鱼肉百姓的霸道政策。正是这种王霸结合的伦理悖论,既造就了中国两千多年来极其发达的官本位文化,也决定了历代王朝敛财水平超出庶民承受能力之后的盛极而衰。

通过对阳儒阴法和王霸结合型传统国家治理模式伦理悖论的剖析,我们已经看到,它既有价值合理性的内容,也有工具合理性的成分,正是二者的相互结合铸就了我国传统政治文化的基本性格,它在各个不同时代有其各自的变异过程。进入近现代以来,它遭遇到亘古未有的巨大挑战,但作为中华民族的政治文化遗产,我们只要在革故鼎新中不妄自菲薄,在适应时代中不数典忘祖,在取长补短中不崇

① 儒家的"民本"思想同当代马克思主义的"为人民服务"理论既有内在关联,又有本质区别,后者以人民群众的历史主体地位和人民当家做主的人民代表大会制度为根本保障。详见单凤林:《祠堂与教堂:中西传统核心价值观比较研究》,人民出版社,2018 年,第 304 页。

洋媚外，不断地促使它不泥于一曲，不止于故步，就一定会在创造性转化和创新性发展中再现辉煌。中华民族本来就具有这种精神，今天更应该敬重这种精神，实际上也在发扬光大这种精神。

第二章　西方霸道政治的历史思想根源及其实践逻辑

　　霸道政治作为王道政治的对应物,贯穿古今中外人类政治活动的始终,其本质特征是以对人性罪与恶的深刻洞悉为前提条件,采用效率和功用最大化的手段与方法,最终获取个人、集团或国家的至尊权力。在欧美政治伦理传统中,既有王道的成分,也有霸道的因素,但与中国政治伦理传统相比照,其霸道因素占有更大的比重①。要深刻剖析欧美霸道政治的历史与现状,既要从其地理环境、经济结构、人口状况等外部因素中寻找根由②,也要从其源远流长的历史传统、多元融合的文化结构等内部因素中觅赜探幽。唯其如此,才能透视其本真面相,从而在中西政治文化的互鉴共在和生存博弈中,求得除其弊端抑或纠其偏颇的理想路径与方法。笔者在本章中试图遵循历史与逻辑相统一、理论与实践相结合的研究方法,以古希腊和古罗马帝国起承转合的盛衰历程为切入点,进而透视其遗传给基督教文明的精神密码,最终从上述两种基因构序激发的政教二元对峙的复杂纠葛中,窥见欧美主要资本主义国家近现代霸道政治澎湃激荡的

---

① 有关中西政治伦理中王道与霸道的对比研究,参见两篇拙作:《中国天下观与西方国际观的伦理视差》,《伦理学研究》,2018 年第 4 期;《王道政治的转型升级与人类命运共同体》,《道德与文明》,2018 年第 4 期。
② 参见拙著:《祠堂与教堂:中西传统核心价值观比较研究》,第三章相关论述。

壮阔历程。

一、从希腊罗马废墟上飘出的帝国幽灵

中外学界谈及希腊政治伦理时,最先提及的是柏拉图的《理想国》《法律篇》、亚里士多德的《尼克马克伦理学》《政治学》等经典论著,很少从更为广阔的视角来深入把握古希腊政治生活的真实场景。实际上希罗多德的《历史》和修昔底德的《伯罗奔尼撒战争史》更能还原古希腊政治伦理的本真面相,而与希罗多德充满神话传说和诗意色彩的《历史》相比,修昔底德的《伯罗奔尼撒战争史》更显理性冷峻、逻辑缜密且识见卓特。恰如尼采所言:"希腊哲学是希腊人本能的颓废,修昔底德是希腊人本能中那强大、严厉、坚硬的事实性的伟大总结和最后呈现。"①在《伯罗奔尼撒战争史》中,修昔底德深刻描述了希腊由盛而衰的跌宕起伏过程,既展示了希腊人的智慧品性,也揭橥了其霸道政治的利弊得失。

《伯罗奔尼撒战争史》所反映的古希腊霸道政治的核心内容可归纳如下:首先,修氏对希腊世界各国的历史和现状有着极为清醒的理性认知。他认为生活在地中海岛国上的希腊人,不仅有武装劫掠的海盗传统,而且有殖民建国的悠久习惯。其中,斯巴达以自给自足的份地农业为基础,主要依靠奴隶劳动来支撑其经济发展,采取重农抑商的国策,维护城邦安全的军队以重装公民步兵为主体,他们依靠国家的公餐制和严格的军事训练被团结在一起,长期采取以贵族荣誉原则为主导的政治体制,国家对外战略既有内向保守、节制审慎的价值特征,同时,一旦战事爆发,其军队将士又展现出纪律严明、勇猛无比的性格特质,这也使得斯巴达成为后世西

---

① 尼采:《偶像的黄昏》,卫茂平译,华东师范大学出版社,2007 年,第 156 页。

方政治史上极权主义、禁欲主义、军国主义乌托邦思想的原型。与之相反,雅典尽管也有发达的农业经济,但以比雷埃夫斯为代表的港口城市,手工业、商业和对外贸易发达,这就使得雅典除了土地贵族之外,工商业奴隶主阶层在政治生活中占有重要地位,维护国家安全的海军在国家防务中举足轻重,其政教传统没有斯巴达那样严苛,政体变动十分频繁,国家对外战略具有外向创新、勇于挑战的特点①。其次,修氏深刻揭示了伯罗奔尼撒战争的历史和现实根源。在雅典和斯巴达开战之前的希波(希腊和波斯)战争中,斯巴达领导的希腊联军在陆地上不断战胜波斯帝国入侵者,最终取得胜利,成为希腊世界的宗主和领袖。但希波战争之后,雅典经过以"对内民主,对外扩张"为根本指向的梭伦改革、伯里克利改革等,变得日益强大,雅典农村公社逐步解体,农民开始涌向城市,变成了水手、商人和殖民者,聚敛起大量金融财富,为了维系和壮大其金融霸权和海上霸权,雅典开始不断挑战以斯巴达为首的希腊世界的原有秩序,打着安全、荣誉、利益的大旗,力图统治整个希腊世界,逼使斯巴达被迫应战②。再者,修氏以对战前斯巴达和雅典社会矛盾的深刻描述为前提,说明了雅典和斯巴达混合政体生成与毁灭的历程。在战争爆发前,因为剧烈的贫富分化和平民寡头之间的党争,已经导致希腊世界的基础结构出现深刻裂痕。仅以雅典为例,其战前自由民的分化程度不断加速,平民派与寡头派的斗争日趋激烈,梭伦改革的目的就是将自由民依据财产多少划分为四个等级:五百麦迪姆诺户、骑士户、有牲口户和雇工阶层,国家官职依据阶层等级由高到低分配,从而建立起贵族制、寡头制和民主制的混合政体。但经历希波战争后,雅典建立在份地基础上的

①　修昔底德:《伯罗奔尼撒战争史》,谢德风译,商务印书馆,1960年,第112页。
②　修昔底德:《伯罗奔尼撒战争史》,谢德风译,第147页。

贵族精英损失惨重，以工商人士、海上水手等为代表的平民阶层，要求改革贵族制和寡头制的呼声日趋强烈，致使代表平民利益的民主制逐步占据主导地位，传统的混合政制日渐瓦解，各阶层无论出于私利还是公益，无不希望通过对外扩张，特别是通过掠取以斯巴达为代表的各盟国利益，将国内经济和政治矛盾转移到国外来解决，而由雅典发动的这场战争最终导致了自身的失败和整个希腊世界的盛极而衰。此时，希腊北部山区的马其顿帝国迅猛崛起，菲利普和亚历山大父子很快征服整个希腊，进而征服小亚细亚、腓尼基、埃及和波斯，建立起横跨欧亚非的庞大帝国，只可惜亚历山大大帝三十三岁暴病而死，整个帝国瞬间分崩离析，但他却将其老师——亚里士多德教给他的希腊文化广泛传播开来，并被随后崛起的罗马帝国全部吸纳。可以毫不夸张地说，正是《伯罗奔尼撒战争史》挖掘出的强国必战的"修昔底德陷阱"，奠定了欧洲现实主义国际霸道政治的历史根基。

马其顿帝国陨落之后，以霸道政治显赫于世的罗马帝国迅速占领了欧洲历史舞台。当然，罗马帝国霸道政治的生成根由极其复杂，但其核心要素有四：一是对希腊文化的深入吸收和充分消化。一个民族精神格局的高低大小决定着其国运的兴衰起伏，罗马人之所以能够建立起一个横跨欧、亚、非的庞大帝国，与其海纳百川的精神密不可分。这集中体现在它对希腊文明的模仿、借鉴、调和、创新上。早在希腊文明鼎盛时期，意大利南部沿海和西西里岛就是希腊的殖民地，希腊移民络绎不绝，那里城邦林立，社会繁荣，统称大希腊，当时的罗马数字就是在改造希腊字母的基础上演化而来。罗马崛起占领希腊之后，更是对希腊文明顶礼膜拜，但又不是简单地抄袭希腊，而是经历了一个模仿、借鉴、调和、创新的复杂过程。以被罗马人称为"祖国之父"的西塞罗为例，他所创作的《国家篇》和《法律篇》很大程度上刻意模仿了柏拉图的《理想国》和《法律篇》，对此，西塞罗本人毫不讳言①。但由于西塞罗所面对的庞大帝国远非柏拉图视域中的城邦小国所能比拟,加之,西塞罗本人又是一个有着丰富实践经验的杰出政治家,而非柏拉图式的空想理论家,因此,他所创作的《国家篇》和《法律篇》,主要着眼于罗马帝国的现实性政治运作,其对国家的界定、政体的分类、法律的价值、公民的作用等一系列问题的深入诠释,充满着真知灼见。不仅如此,在罗马帝国鼎盛时期,罗马市中心的万神殿内供奉着从世界各地迎请的神灵,从中不难窥见罗马帝国的博大胸襟及其迅猛兴盛的精神动因。

二是罗马人农夫与战士紧密结合的双重品性。与雅典人文雅细腻、擅长思辨、勇于开拓的性格不同,罗马人的性格具有双重悖论性特征。一方面,罗马人从意大利台伯河边的一个小村庄发展成横跨欧亚非的地中海主人,是因为在罗马人身上存在着一种农民天然具有的一切从实际和实用出发,不尚虚华、敬神守法、审慎周到的优良品性,西方学界通常用严肃(Gravitas)、虔敬(Pietas)、质朴(Simpliciras)来描述罗马人的优良品格。另一方面,作为罗马公民必须具备放下锄头就拿起刀剑的能力,在保卫自家劳动果实和抢掠别人物质财富的时候,只有表现得极为勇敢,才能赢得他人的无上尊重,在拉丁语中,美德(virtus)一词的本义就是"勇敢""卓越",至今在佛罗伦萨街头还矗立着罗马人因女性人数不足,集体抢劫大批萨宾部落女子为妻的雕塑。罗马城邦自创建之日起到发展为庞大的帝国,大部分时间都处于侵略和扩张的战争状态,残酷险恶的战场拼杀铸就了罗马人冷酷、蛮横、血腥的性格气质,元老院的讲坛、人民大会的广场经常成为斗殴和行凶的场所,包括恺撒在内的众多杰出政治家、军事家都是在光天化日之下被反对者刺杀。罗马人的凶残本性最集中地反

① 参见西塞罗:《国家篇　法律篇》,沈叔平、苏力译,商务印书馆,2002 年,第 192 页。

映在斗兽场的表演上，当失败的角斗士倒下时，观众会共同向下跷起大拇指，要求战胜者将其一剑刺死，面对四处喷溅的鲜血，满场爆发出雷鸣般的跺脚声和叫好声。正是这种人性中残忍的嗜血本性滋养着西方霸道政治的不断膨胀，并作为一种遗传基因，在西方近现代殖民冒险活动和两次世界大战中淋漓尽致地表现出来。

三是罗马法律体系和法学思想的高度完善。罗马的法律体系和法学思想，既是罗马走向强大的巨大动力，也是罗马对人类文明的重要贡献。早在罗马王政时代，具有多神教信仰的罗马人就有敬拜代表国家或地方的天地神权和家庭神权的习俗，形成了最早的习惯法。到公元前450年左右的共和初期，出现了第一部成文法《十二铜表法》，但在之后各阶层的利益博弈过程中，《十二铜表法》逐步被各种市民法所取代。到共和晚期伴随罗马版图的扩张，罗马民族与境内各民族的经济、政治、文化交往日益增多，为化解各种矛盾冲突，最终形成了通融权衡各民族利益的万民法。在由共和时代向帝国时代转变的初期，罗马开始形成从事法律诉讼和法学研究的大批专业化队伍，法学人才层出不穷。公元528年东罗马皇帝查士丁尼组织一批法学家集体编纂了《民法大全》，包括《查士丁尼法典》《法学阶梯》《法学汇编》《新律》四部分，对罗马法进行了全面总结和升华[1]。不仅如此，罗马的法学家们还围绕自然法、道德法、永恒法、神法等一系列法哲学问题进行了深入探讨，强调真正的法律是与自然和人的本性相符合的，国家和法律源自人民的集体力量，同时也是人民的共同财富，所有罗马公民在法律面前是平等的，各级官员的权力必须得到正当而合法的使用等等。总之，正是在罗马人对公共法权和家庭法权的明确界分、地中海各民族商品经济的繁荣发达、母邦与外邦法律的持续协调等诸多因素的共同作用下，逐步生成了罗马帝国充满求

---

[1] 参见董小燕：《西方文明：精神与制度的变迁》，学林出版社，2003年，第65页。

实精神的法律体系,为之后中世纪教会法的发展以及近现代西方法治国家的诞生奠定了历史根基。

四是从王政向共和的顺利过渡。罗马人的双重品性和法治意识,只有体现在具体的政治运作中才能发挥出应有的作用。在王政时代,罗马的政治体制主要由罗马王、公民大会、元老院三部分构成,其中,罗马王集军事首长、行政首脑和最高祭司于一身,但他必须由武装公民组成的公民大会(库利亚大会 Comitia Curiata)选举产生,而元老院由各氏族的首领构成,它有权批准和否决公民大会的决议。到公元前 510 年,著名罗马王塔奎尼乌斯暴虐专横,无视元老院和公民大会的权力,最后被推翻。为了有效限制罗马王的权力,罗马公民大会开始选举两个权力相等的行政长官作为国家首脑,而且任期也由原来罗马王的终身制变为限期制(通常为一年),之后,又设计出了担任军团首长的独裁官、负责诉讼审判的裁判官、负责调查监督事务的监察官等各种官职,其目的就是防止行政长官大权独揽[①]。今天如何看待罗马历史上出现的上述混合型共和体制? 最早研究罗马政治制度的波利比厄斯认为,在人类历史的发展中存在着一种发展与衰败的必然法则,所有纯粹的政体都倾向于以特有的方式蜕变,如君主政体蜕变为僭主政体,贵族政体蜕变为寡头政体,而共和时期的罗马帝国之所以焕发出强大的生命力,与其缓慢生成的混合政体密不可分。其中,执政官代表了君主政体的因素,元老院代表了贵族政体的因素,公民大会代表了民主政体的因素,正是上述三种因素之间相互制约,并得到了精准的调整和恰当的平衡,避免了任何一种力量过于强大,有效防止了各种纯粹政体自然衰败的趋势[②]。

---

① 参见丛日云:《西方政治文化传统》,吉林出版集团有限公司,2007 年,第237 页。

② 参见乔治·萨拜因:《政治学说史》上卷,邓正来译,第 198 页。

　　正是在上述诸因子的共同作用下,造就了人类历史上空前绝后的罗马帝国,但恰如黑格尔所言:"举凡人世间的事物——财富、荣誉、权力,甚至快乐痛苦等——皆有一定的尺度,超越这尺度就会招致沉沦和毁灭。"①罗马帝国亦不例外。首先,罗马帝国由狭小城邦向庞大帝国的转变是在无数战争中完成的,伴随国土面积和人口数量的不断膨胀,与原来城邦规模相适应的混合型共和政体,逐步让位于独裁专制的皇权制,特别是人们日益厌烦和恐惧由军事将领们争权夺利引发的骚乱、内战和社会动荡,希望出现一个强有力的统治者保障天下太平,自恺撒、屋大维之后的历代皇帝,逐步剥夺元老院和公民大会的权力,将罗马引向了皇权专制独裁的道路。其次,在长期大规模的征服战争中掠夺来的土地和财富,被罗马的军事将领和贵族富豪占有,到公元2世纪时,罗马城及其各行省的社会阶层分化日益严重,极度的贫富不均导致各地武装暴动频繁,统治精英和豪强巨室通过合法或非法避税,使得国家财政日渐枯竭。再者,随着罗马人统治的日益稳定,以压榨和剥削奴隶劳动为生的统治阶级,逐步将帝国初创时期军人勇武善战的精神演化为好大喜功、虚荣逞强的气质,同时,又将希腊文明中贵族阶层鄙视劳动、贪图享受的精神继承开来,两者的有机结合造就了罗马帝国后期贵族统治阶级的腐败奢靡之风。最后,正当罗马帝国内部的政治斗争和经济衰败将其消耗得精疲力竭时,北方的日耳曼蛮族受到远东蒙古高原匈奴人西进势力的挤压,开始了声势浩大的民族大迁徙,衰弱的罗马帝国成为攻掠和洗劫的对象。公元395年狄奥多西皇帝死后,帝国分裂为东西两部分,公元476年西罗马被蛮族覆没,进入所谓"黑暗的中世纪",东罗马帝国(又称拜占庭帝国)延续了较长时间,它保留了罗马的主要法

---

① 黑格尔:《小逻辑》,贺麟译,商务印书馆,1981年,第235页。

律和各种典籍,至公元 1453 年灭亡①。

西罗马帝国在日耳曼蛮族一次次猛烈冲击下分崩裂解,昔日辉煌无比的罗马城变成了北方蛮族铁蹄下的片片瓦砾,但在罗马废墟上飘出的帝国幽灵附体到了基督教会身上,基督教把有形的罗马帝国演化为无形的上帝之国,把有界的帝国版图扩展为无疆的精神世界。质言之,基督教"化有形为无形,形有界而意无疆"。

二、两希文明张力结构锻造的独一真神

正是基督教会对信徒内在精神世界统治权的孜孜追求,塑造出一个独一真神——上帝,这一上帝之国通过潜移默化的方式逐步凝聚起欧洲人的信仰共识,于无声处积累起惊天动地的无限潜能,从而在更高的精神层面为西方近现代霸道政治的生成奠定了思想根基。当然,要真正把握这一精神图腾的演变历程,就必须从两希文明一次次撞击融合的二元张力结构中探其奥秘。

1. 上帝信仰与希腊理性的第一次交融——斐洛的"上帝"与"逻各斯"

前已备述,伴随伯罗奔尼撒战争中雅典和斯巴达的衰落,马其顿帝国迅猛崛起,整个地中海东岸地区进入希腊化时期,亚历山大大帝驾崩之后,其部将及后裔在尼罗河流域建立的托勒密王朝一度达至鼎盛状态,当时的港口城市亚历山大利亚成为著名的世界文化中心,希伯来文明和希腊文明开始在这里产生第一次深度交融。其时,犹太哲学家斐洛(Philo Judaeus,25BC-40AD)开始将犹太信仰与希腊哲学进行调和,他认为犹太教经典和希腊哲学在精神实质上具有内在一致性,《旧约》使用的各种隐喻性语言完全可以通过希腊的哲学

---

① 参见欧阳莹之:《龙与鹰的帝国》,中华书局,2016 年,第 430 页。

语言得以表达,他在解释《旧约》中上帝与世界的关系时,就广泛采用希腊哲学的"逻各斯(Logos)"概念①。逻各斯在希腊哲学中有"理性""智慧""规律"等多重含义,后来的斯多亚学派认为,这一概念既是超自然的神圣智慧,又是弥漫于自然之中的气息,乃至后人(如德里达)将希腊哲学传统概括为"逻各斯中心主义"。斐洛认为,《旧约》谈及上帝的智慧时说:"耶和华以智慧立地"(《箴言》3:19),"耶和华啊,你所造的何其多,都是你用智慧造成的"(《诗篇》104:24)。这些话实际上就是对"逻各斯"的歌颂。因此,斐洛认为,逻各斯就是上帝的影子,上帝的人身,上帝的长子②。

　　斐洛之所以在上帝之外设立"逻各斯"这一神圣实体,其目的有二:一是将逻各斯视作上帝创世的工具。《旧约》是以"上帝说"开篇的,上帝说:"要有光",于是就有了光;"要有水",于是就有了水。诸如此类的现象说明,上帝是用话语来创造世界的,他所说出的每一句话都可以立即变为现实。质言之,上帝的言辞表达了上帝的思想,而上帝的思想就是柏拉图的"理念世界",就是希腊哲学的逻各斯。二是将逻各斯视作上帝与人的中介。因为逻各斯一旦通过上帝之口说出,就成了万物赖以存在的本质,而人认识事物本质的过程,就是把握和分有逻各斯的过程,但人类只能效仿逻各斯,永远不能完全彻底地占有它。斐洛还以逻各斯的道德实践意义为例指出,人的道德生活是以上帝的至善为目标的,通过灵魂的净化活动,最终能够实现灵魂和逻各斯相通的神秘境界③。

　　由于斐洛和基督教创始人耶稣属于同一时代的人,斐洛的上述

---

① 参见章雪富:《斐洛思想导论》(1),中国社会科学出版社,2006年,第24页。
② 参见赵敦华:《基督教哲学1500年》,人民出版社,1994年,第73页。
③ 王晓朝:《两希文化汇聚的产物——犹太哲学家斐洛的"逻各斯"》,《浙江大学学报》,2000年第5期。

思想对基督教后来的"道成肉身""三位一体"等教义理论产生重大影响,特别是《新约·约翰福音》成书于公元 1 世纪晚期,其核心观念同斐洛的思想如出一辙。因此,有不少西方学者认为,真正的基督教哲学史不是以基督徒开始的,而是以犹太教徒——斐洛开始的①。可以说,正是犹太教哲学家斐洛开创的上帝信仰与希腊理性有机结合的道路,为之后基督教神学家奥古斯丁、阿奎那等人政治伦理思想的生成和发展奠定了扎实的历史根基。

2. 上帝信仰与希腊理性的第二次交融:奥古斯丁与柏拉图

如果说斐洛将犹太教与希腊哲学相结合,奠定了信仰与理性对立统一的理论基础,那么奥古斯丁则将这种二元张力结构发扬光大,并广泛充斥于其理论研究和传道活动中,形成了独具特色的基督教神学理论。青年时代放荡不羁的奥古斯丁,先后受到摩尼教、新柏拉图主义等思潮的深刻影响,但经历了艰难的思想斗争后,最终皈依了基督教,在晚年创作了他的不朽政治名著《上帝之城》,该书所倡导的基督教政治价值观和教会与国家关系理论,对中世纪乃至近现代西方霸道政治的塑型产生了极其深远的影响。

公元 410 年,日耳曼族的一支——哥特人攻陷并洗劫了罗马城,这给整个罗马帝国产生了强烈的心理震颤,很多人将原因归之于罗马人背叛了自己的古代宗教而改宗基督教,为反击这种指控,奥古斯丁用十多年的时间写下了《上帝之城》。首先,他明确区分了上帝之城与世俗之城的本质特征。奥古斯丁先是用了十卷的篇幅说明罗马衰败完全是咎由自取,与基督教毫无关联,然后开始阐述上帝之城与世俗之城的特点,他认为上帝之城与世俗之城的分野源于人类始祖亚当的堕落,两种"城"分别代表了神圣者与不义者、骄傲者与谦卑

---

① A. H. Armstrong, ed. , *The Cambridge History of Later Greek and Early Medieval Philosophy*, Cambridg, 1967, 143.

者、虔诚者与伪善者、被拣选者与被摈弃者，两种"城"的本质差别在于伦理之爱的不同，上帝之城的人由爱上帝发展到对自己的轻蔑，世俗之城的人则由爱自己发展到对上帝的轻蔑，上帝之城选择高尚的精神生活，世俗之城选择糜烂的肉欲生活①。其次，他深刻阐明了上帝之城与世俗之城的复杂关联。奥古斯丁认为两个城仅是从理论上做的简单区分，在实际的生活中它们是彼此混合在一起的，不能将它们等同于人间的任何社会组织，教会组织不等于上帝之城，因为教会内部也混杂有灵魂无法得救者，任何国家也不等于世俗之城，因为世俗国家的权力也是由上帝赋予的。再者，他对教会与国家的关系进行了全新诠释。奥古斯丁认为，真正完美意义上的社会只有一个，这就是上帝之城，它依据上帝至高至善的权威来统治，其成员在这一永生和光明之国中过着圣洁的生活，它可以由教会来代表，但绝不等于现存的教会。与此同时，奥古斯丁否定了自柏拉图、亚里士多德和西塞罗以来的传统国家观，他们认为在家庭和城邦基础上发展起来的国家，就是将不同的社会阶层或集团联合起来，为了一个共同的伦理目的，形成一个有机联系的共同体，国家是人类文明的最高产物。与之相反，奥古斯丁认为，世俗国家只不过是人违背上帝意志犯下原罪之后，上帝为了遏制人性的堕落而建立的过渡性产物，其目的就是解决现世人类的冲突与混乱，只具备有限性价值，亦即国家仅是上帝实现自己拯救计划的工具，决非终极目的。最后，奥古斯丁充分萃取了同时代著名历史学家尤西比乌《编年史》、奥罗修斯《历史》等著作中的合理成分，对罗马帝国之前的人类历史进行了重新梳理与检审，认为包括巴比伦、雅典、罗马等在内的各种世俗之城，皆是罪恶之都在现实中的典型表现，终究难逃覆亡的命运，人类历史就是上帝之城与世俗之城相互

① 参见奥古斯丁：《上帝之城》第十四卷，王晓朝译，人民出版社，2006年。

斗争,上帝之城不断取得进展并最终获胜。因此,只有上帝之城能够救赎人类,并赐给人类永久的和平与幸福①。

可以毫不夸张地说,正是奥古斯丁的上述政治伦理主张,重塑了中世纪之后西方政治文化的心性结构和精神气质。首先,他改变了人们对国家赖以建立和存在的价值基础的认识。在古希腊罗马时代,人们把城邦国家看作是完善人性的社会有机体,将热爱城邦国家并为之献身视为无上荣耀之事,视个人荣誉的丧失为人生的奇耻大辱,而奥古斯丁却认为,国家是人类罪性的产物,人生的目的在于认识原罪并获得救赎,将古希腊罗马的耻感文化转换成了基督教的罪感文化。其次,受奥古斯丁影响,人们逐步与世俗国家拉开距离,开始以消极、怀疑、警惕的眼光审视自己生活于其中并充满罪与恶的城邦国家,在个人与国家的关系之间日渐生成一条巨大的鸿沟,当然,这种看法也为西方近现代以人性恶为基础的社会契约论国家观的生成奠定了理论根基。最后,奥古斯丁赋予人类历史以神圣性救赎意义,并认为它是一个不断上升并走向终极目标的过程,由之,成为西方近代启蒙运动以来人类进步史观的思想滥觞。正是从这种意义上讲,奥古斯丁面对罗马帝国的衰亡,在理论层面充分借鉴新柏拉图主义思想资源,对基督教会与世俗国家的深层价值属性做了开拓创新的系统化研究,实现了西方政治伦理由古希腊罗马世俗性霸道政治向基督教神圣性霸道政治的重大转向。之后,阿奎那沿着奥古斯丁开辟的道路,进一步从亚里士多德政治伦理思想中汲取营养,以更加恢宏的气度为基督教精神帝国的系统建构做出了杰出贡献。

3. 上帝信仰与希腊理性的第三次交融:阿奎那与亚里士多德

西罗马帝国灭亡后,古希腊和古罗马的众多文化典籍在北方蛮

---

① 参见吴飞:《奥古斯丁与罗马的陷落》,《复旦学报》(社会科学版),2011年第4期。

族投下的熊熊烈火中化作灰烬,直到 12 世纪后期,亚里士多德的著作通过阿拉伯世界(经由西班牙和西西里岛等地)重新回流到西欧。由于亚氏著作没有基督教信仰的印记,罗马教会最初倾向于禁止其传播,后来在阿尔波特教皇和阿奎那等人的巨大努力下,对亚氏哲学进行基督教化的改造,最终建立起一个亚里士多德主义的恢宏庞大的基督教哲学体系。

在阿奎那的基督教哲学体系中,他对亚里士多德政治伦理学的改造集中体现在三个方面:一是将政治国家纳入一种无所不包的宇宙等级秩序中来看待。他在《反异教大全》中认为,宇宙是一个等级体系,从最高处的上帝到最低级的生物,每种生物都按照自己固有的内在本性行事,力图使自己在日益上升的秩序中找到有利位置。在这一等级秩序中,人类具有独一无二的地位,因为它不仅具有肉体本性,还具备类似于神的精神本性。在人类社会所处的这一巨大等级体系中,低级者为高级者服务,而高级者则指导和引导低级者,“就像体力服从感官,感官服从智慧一样”①。二是世俗政治国家具有内在的道德价值。阿奎那在《论君主政治》一文中,反对奥古斯丁对世俗国家的鄙视态度,充分借鉴亚里士多德《政治学》中的观点,认为国家的存在有其重要的道德目的,即统治者有义务指导国内各个阶级过上幸福和有德性的生活,包括通过维护社会治安和秩序为人们的幸福生活奠基;提供行政管理、城市规划、市场建设、司法和防务等公共服务,确保民众幸福生活落到实处;随时纠正政府的各种弊端和铲除摧毁幸福生活的各种障碍等②。阿奎那进一步指出,人们在现世生活中,对上帝的信仰和积极参与教会活动,并不是要取消人的本性,而是要使人性更加完善,促进人追求更高的善业,世俗国家和神圣教

①《阿奎那政治著作选》,马清槐译,商务印书馆,1963 年,第 98 页。
②《阿奎那政治著作选》,马清槐译,第 88 页。

会并非你死我活的对立物,二者在职能上可以实现完美结合。三是
人们有反抗暴政的权利。阿奎那认为,作为统治者的国王必须和臣
民一样遵守法律,并有效保障臣民的各种权利,反之,如果国王蜕化
为暴君,对臣民实施残暴统治,臣民有权基于维护公共利益的需要,
反抗暴政乃至将暴君杀掉。在处理暴政问题上,他提出了两条救济
性措施,即君王权力凡是源自人民的,人民有权撤销或推翻其统治;
君王权力由上位者授予的,人民有权诉诸上位者纠正冤假错案。四
是对法律权威高度崇拜。阿奎那在《神学大全》中主张,法律权威并
非人造的结果,而是上帝意志的体现,他把法律划分为永恒法、自然
法、神法、人法四种类型。永恒法体现了上帝的理性,是上帝用其神
圣智慧对天地万物所做的规划;自然法是上帝的理性在其所造之物
中的显现,它要求包括人在内的所造之物要保存自己并尽可能地去
过一种适合其天赋资质的生活;神法是上帝通过《圣经》或教会而确
立的基督教道德规范和各种教会法律条文;人法就是由各个民族按
照人的理性和标准制定的各种万民法和市民法。上述四种法律体现
了理性的四种形式,各有其统辖的范围,彼此相互影响,形成一个上
帝、自然、人类和谐共在的完整格局①。

　　不难看出,阿奎那的政治伦理学体系表现出极其明显的调和特
征,他将各种相互对立的观点解释为从不同角度或层次看待同一对
象的结果,但这并不意味着它是一种无原则地把各种观点、学说、倾
向掺合在一起的折中主义。相反,阿奎那正是通过这种调和来激发
人们对神灵权威的敬畏感,对神灵万能的惊异感,对神灵存在的依赖
感,对神灵审判的罪恶感,对神灵交往的神秘感,把人类具有的全部
智慧引向对天启真理的明察,实现依恋上帝的人和上帝精神的完美
统一。这充分反映出基督教在西欧 12—13 世纪达至全盛时期后,力

---

① 参见《阿奎那政治著作选》,马清槐译,第 106 页。

图在更高层面实现信仰与理性的高度统一，并站在人类精神世界的制高点上，统辖一切、囊括万物的霸道雄心。尽管阿奎那的政治伦理思想在后世不断受到来自基督教内部和外部的各种攻击与非难，但它所具备的调和与综合特征，始终为基督教特别是天主教的现代化运动提供着重要的思想理论资源。

正是借助斐洛、奥古斯丁、阿奎那这三个划时代的神学代表人物，我们对基督信仰与希腊理性碰撞与融合的运演轨迹予以描绘。如果说斐洛最早将犹太教对耶和华独一真神的信仰用充满智慧的希腊理性予以说明，奠定了基督教政治伦理的思想根基，那么奥古斯丁则借助柏拉图理念世界与现象世界的哲学划分，将斐洛"上帝"与"逻各斯"的抽象观念具象化，创制出生动鲜活的上帝之城与世俗之城，并将人类历史概括为上帝之城不断战胜世俗之城的救赎史。而阿奎那则以亚里士多德的政治哲学为基础，将斐洛和奥古斯丁充满矛盾冲突的政治伦理观念，置于上帝创立的神圣秩序这一宏大背景中来看待，将内在宇宙和外在宇宙、现世国家和来世天堂有机地统一起来，完成了一个由肯定到否定，再到否定之否定的螺旋式上升过程。其间，既彰显出基督信仰统辖和掌控一切的强大动力，也高扬了希腊理性认知并征服万物的无穷冲力，两希文化本性中固有的这种信仰与理性的二元张力结构，犹如缠绕在拉奥孔身上难解难分的毒蛇，为近现代西方教会组织和民族国家的霸道政治吹响了不断征战的嘹亮号角——"向前！向前！向前！"

三、从政教对峙到霸道政治的澎湃激荡

如果说古希腊罗马帝国的起承转合奠定了西方霸道政治的历史基因，两希文明碰撞与融合煅造出的独一真神为西方霸道政治提供了精神支柱，那么在西方近现代霸道政治开拓新天新地新世界的壮阔历程中,上述两种基因构序又是如何以具象化的形式呈现出来的呢? 笔者认为,它最早表现在罗马教皇借助基督教独一真神对基督徒肉体和精神世界的高度管控上。之后,在教权与王权的激烈竞争中,教权盛极而衰,王权借助民族国家的力量迅猛壮大,引发了近代欧洲此起彼伏的帝国争霸运动,直至爆发两次世界大战。进而在二战的废墟上又衍生出美利坚和苏联两个超级大国冷战时期的各种霸道行径,今天在世界舞台上则只剩下了美利坚挥舞制裁大棒的独角戏演出。

1. 由对独一真神信仰衍生出的神圣精神帝国

基督教在罗马帝国后期变为国教之后,适应贫民力图获得精神慰藉、富人孜孜以求生命保障、君王渴望巩固政治统治的时代要求,开始将内在的精神奥秘外化为教会组织的结构性力量。特别是受罗马帝国幻影的影响,到公元 5 世纪,教会内部开始从原初自由而松散的信徒社团转变为中央集团的教阶制,教皇格里高利一世(约 540—604)在位时,教会内部逐步形成主教、神父、助祭三品位构成的教阶制,主教品位自上而下又分为教皇、枢机主教、都主教、总主教、一般主教等阶梯。教会和主教在其辖区内具有立法、审判、征税、制定度量衡的权力,教会还建立了大量的济贫院、医院和罪犯赎罪机构,其影响遍及信徒生活的方方面面,从洗礼、坚信、圣餐、忏悔、临终涂油、圣职到婚配(天主教七圣事)。教会不仅掌控着信徒的肉体生活,更对教徒的精神世界予以严密监控,由教皇格里高利九世于公元 1231 年最早设立的罗马宗教裁判所被各地教会广泛采用,成为天主教惩处各种异端邪说的重要机构,对哥白尼日心说的审判和对布鲁诺的火刑就是明证。尽管 1998 年梵蒂冈向世界各地的学者开放了宗教法庭的历史档案,宗教裁判所似乎并非像新教徒和对天主教抱有成见者宣传的那样劣迹斑斑,但无论如何也无法彻底洗刷掉漫长中世纪其所留下的各种污点。尤其是从 11 世纪延续到 13 世纪的十字军东征,更是彰显出基督教独霸世人精神世界的扩张本性,因为十字军东征自始至终都是在罗马教皇亲自发动、组织、领导下进行的,各封建王国不同阶层的人们,诸如失意的贵族、冒险的商人、无所事事的闲人等,特别是渴望从封建依附关系中解脱出来的农民加入远征的队伍中来,他们以帮助东罗马帝国夺回穆斯林占领的耶稣墓地为借口,长途跋涉到遥远的东方去作战,在最后阶段,甚至把十几岁的儿童都送到了圣战的前沿。可以说,正是基督徒和伊斯兰教徒因精神争霸引发的残酷杀戮,埋下了后世两大宗教彼此仇恨的种子,也是导致当代世界两种文明冲突连绵不断的历史诱因。

基督教不断扩张的霸道本性不仅体现在教会自身的高度专制上,更体现在它与世俗国家的争权夺利上。权力的本性是以自我为中心无限扩张,君权与教权受到权力本能的驱使,在中世纪很长一段时间内,不断地进行着激烈的斗争,各方都力求取得优势地位直到控制对方。其中,罗马教皇格里高利七世与德意志皇帝亨利四世的较力争雄,在中世纪政教斗争史上占有重要位置。自1073年起,教皇格里高利七世开始领导天主教会同各国皇帝争夺对西方国家的最高领导权,在教皇看来,他是上帝委派来管理基督教世界的最高君主,他的一切行为不受任何世俗国家法律的约束,作为君权神授的代表,他有权任命各国君王,并下达了禁止各国国王靠出卖教职谋取暴利、废除国王对本国教会主教的授职权等一系列命令。面对教皇的霸道行径,1076年德意志皇帝亨利四世联合部分高级贵族和主教召开会议,坚决反对教皇的指令,乃至做出废除教皇格里高利七世的决定。教皇针对亨利四世的决议,则用教会内部开除教籍的破门令来对待德皇,按照当时的规定,被开除教籍者不在一年内获得教皇的宽赦,其所在国的臣民可以对他解除效忠宣誓。此时,德意志部分热心于独立活动的封建诸侯们反戈一击,开始要挟亨利四世,他如果不在一年内解除破门令,他们就要联合起来另立国王,亨利四世走投无路,被迫于 1077 年来到意大利北部的卡诺莎城堡,按照教会的规定向教皇忏悔认罪,以求宽恕①。到了教皇英诺森三世时(1198—1216),罗马教会的权力达至鼎盛期,教皇不仅能够左右德意志皇帝的选任,还迫使英国、西班牙、葡萄牙、波兰、丹麦的君主成为他的附庸。

2. 近现代欧洲"物竞天择,适者生存"的霸道政治法则

历史进至中世纪后期,新兴资产阶级的力量日渐壮大,各种人文主义思潮澎湃激荡,1517 年德国的马丁·路德拉开了新教改革的序幕,对罗马教廷予以沉重打击,天主教一统天下的局面不复存在,教皇在西欧所确立的霸道政治盛极而衰。特别是伴随民族国家力量的迅猛崛起,在德奥大地上发生了由欧洲各重要国家参与的三十年战争(1618—1648),这场战争既是信奉天主教和新教的不同国家间的宗教战争,也是教权与王权围绕经济收入、教职分配、国家管理、疆界划分等重大现实利益展开的一场政治对决。其所形成的著名的《威斯特伐利亚和约》,一方面,确定了大小国家平等、宗教信仰自由的原则以及欧洲大陆各国的基本边界;另一方面,也结束了自中世纪以来由"一个教皇、一个皇帝"统治欧洲各国的政教对峙局面。自此之后,欧洲大地上各个民族国家,争先恐后汇入到此起彼伏的争霸世界的滚滚洪流中,其中对欧洲和人类历史发展进程产生深远影响的帝国依次是:葡萄牙、西班牙、荷兰、英国、法国、德国、俄罗斯等。笔者在此不对各帝国霸道政治的具体内容进行分门别类的研究,而是从总体上对欧洲近现代霸道政治的伦理特质、理论倾向及其主要表现形式予以简要剖析。

就伦理特质和理论倾向而言,凡是主张霸道政治者皆能够深刻

---

① 参见维纳·洛赫:《德国史》,熊伟等译,生活·读书·新知三联书店,1959年,第 9—11 页。

洞察人性中罪与恶的阴暗成分,认为人性深处总是充满着非理性、情绪化、消极被动乃至歇斯底里的成分,人们习惯以多疑、贪婪、阴谋、算计、秘密、欺骗的方式对待他者,故只有按照"物竞天择,适者生存"的法则行事,个人、集团、国家才能立足于世。由之,使得欧洲近现代政治学家对政治现象的研究,较少采用康德《永久和平论》和美国总统威尔逊提出的道德理想主义方法,更多地崇奉以"实力至上"为核心的充满霸道色彩的现实主义政治主张。如马基雅维利的《君主论》将君王统治国家和抵御外族入侵的核心能力归结为:权力意志、力量对比和阴险狡诈。而霍布斯在《利维坦》中认为:"我首先作为全人类共有的普遍倾向提出来的便是得其一思其二、永无休止、死而后已的权力欲,造成这种情形的原因,并不永远是人们得陇望蜀,希望获得比现在已取得的快乐还要更大的快乐,也不是他们不满足于一般的权势,而是因为他不事多求就会连现有的权力以及取得美好生活的手段也保不住。因此,权力至尊的君王倒要在国内致力于通过法律,在国外致力于通过战争来保持权力。"①克劳塞维茨在《战争论》中更是把战争视为政治的有机组成部分,认为只有在国家实力相等的条件下,法律和正义才会发挥作用,否则,只能是胜者王侯败者寇。摩根索在《国家间政治》中更是对各种道德理想主义政治主张予以深入批判,提出了根据人性自私的客观规律来制定政治政策、各国自身利益是其外交政策的出发点、国家实力及权力平衡是国家间生存博弈的根本法则、政治行动的好坏只能以政治利益而不能以道德或法律为依据来加以判断等政治主张。直到今天,行为现实主义、系统现实主义、结构现实主义等各种霸道性政治主张构成欧美国际政治的主流思潮。西方霸道政治的伦理特质和理论倾向在现实性政治运作中,主要通过以下三种方式得以充分彰显:经济掠夺、军事征战和文化

---

① 霍布斯:《利维坦》,黎思复等译,商务印书馆,1997年,第72页。

操控。

就经济掠夺而言,自从资产阶级登上人类历史舞台起,以获取超额利润为目的的资本的力量就开始在全球肆无忌惮地冲撞开来,正如《共产党宣言》所指出的那样:"不断扩大产品销路的需要,驱使资产阶级奔走于全球各地,它必须到处落户,到处开发,到处建立关系。"①欧洲各国自15世纪末到18世纪初先后实施的重商主义政策,最为典型地体现了资本扩张和经济掠夺的本质特征,重商主义强调只有在对外贸易和殖民活动中发展经济和积累财富,才能最终实现国富民强。葡萄牙和西班牙的海外扩张计划就是由政府主导组建起垄断性的商行、航海船队,在世界各地建立起殖民领地和管辖权制度。之后,荷兰、英国、法国商人发明的特许公司制度更是遍布世界各地,充分体现出宗主国对殖民地经济的掠夺本性。以英国的东印度公司为例,1600年12月31日,英国女王授予东印度公司十五年的贸易专利特许权,随着企业的日益壮大,逐步成为英国的国营化公司,在其鼎盛期拥有三十万人的武装力量,逐步击溃印度各邦的军事力量,完全控制了印度的经济生活,并以印度为中心在整个东南亚地区从事转港贸易活动,从中榨取的丰厚利润及各种财富源源不断地输送到英伦各地,为其逐步成长为称霸全球的日不落帝国做出了巨大贡献,完成了一家公司征服一个古老帝国的血腥历史②。

就军事征战而言,欧洲近现代的霸道政治都是通过帝国主义的残酷战争,来实现国际间内外权力关系的重新调整。法兰西人引以为豪的拿破仑,就是依靠赫赫战功由一名贫困潦倒的士兵逐步爬上了法兰西帝国皇帝的宝座,1804年12月2日被加冕为拿破仑一世后,为了保全法国大革命的成果和自己的皇位,多次被动或主动挑起

---

① 《马克思恩格斯文集》第2卷,人民出版社,2009年,第39页。
② 参见林承节:《殖民统治时期的印度史》,北京大学出版社,2004年,第29页。

欧洲战事。1805 年在与奥、英、俄反法同盟的战争中，获得乌尔姆、奥斯特里茨大战胜利，乘胜建立起"莱茵同盟"，1806 年 10 月攻占柏林，之后又发动伊比利亚战争，1809 年东征奥地利，1812 年兵分三路进攻俄罗斯，一度占领莫斯科，但劳师远袭，铩羽而归。1813 年又与欧洲第六次反法同盟征战，直到在莱比锡战败，被迫退位，被放逐意大利厄尔巴岛。1815 年由旧部拥戴回到巴黎，建立"百日王朝"，再次与英、俄、普、奥反法联军大战，败于滑铁卢。拿破仑的一生就是一位法兰西帝王为了实现独霸欧洲的愿望，借助钢铁般的意志，不断通过发动战争而获取权力，最终在战争中败亡，把整个欧洲搅得翻天覆地①。另一欧洲战争狂人希特勒亦复如是，1933 年成为德国元首后，1938 年 3 月 11 日占领奥地利，掀起第二次世界大战，1939 年至 1941 年相继占领欧洲十四个国家，并迫使罗马尼亚、匈牙利、保加利亚、南斯拉夫成为德国的仆从，1941 年 6 月 22 日进攻苏联，之后被苏联及英美联军战败，其所宣扬的法西斯主义、极端民族主义理论，更是成为欧洲霸道政治的典型写照。而俄罗斯的彼得大帝则通过学习欧洲文化和模仿欧洲制度，建立起高度专制的中央集权制度，先后通过发动战争，1721 年夺得波罗的海出海口，为俄罗斯帝国打下坚实基础，1722 年通过发动侵略波斯的战争，夺取里海西岸和南岸部分地区，同时在日俄战争中向远东扩张，侵占堪察加半岛和千岛群岛。自彼得一世之后的历代沙皇均继承其霸道政治的扩张本性，将侵占他国领土作为重要战略目标，据不完全统计，从 1858 年（咸丰八年）的《瑷珲条约》至 1945 年（民国三十四年）雅尔塔协定，俄罗斯共掠夺中国土地 150 万平方公里，如果向前追溯，从 1689 年（康熙二十七年）的《尼布楚条约》算起，侵占中国土地则多达 588.3 万平方公里。

就文化操控而言，近现代欧洲各帝国在对外扩张的过程中，无一

---

① 参见吕一民：《法国通史》第 7 章相关内容，上海社会科学院出版社，2012 年。

例外都承载着征服和控制人心的文化使命。15世纪哥伦布受西班牙王室之命三次前往南美新大陆,既有通过建立贸易航线和扩展殖民地而发财致富的动机,也承担着向世界各地传播基督教文化的神圣使命,因为每次航行都有一批意志坚定的传教士,抱着传福音于万民的执著信仰与其一同前往,他们中的不少人还承担着搜集当地经济、政治、军事、文化情报而为国效命的工作。继西班牙之后,"以经济掠夺为主和以文化传播为辅"成为欧洲各帝国向外扩张的共同价值追求,如英国对印度殖民的过程中,不仅大力传播基督教文化,而且对印度原有的政治体制和政治文化进行从上到下的英国式改造,包括建立文官制度、组建政党和议会、实现各邦自治等,特别是通过兴办各类教育机构,大力传播英国文化,广泛培育亲英人士,彻底英化印度人的精神世界。印度原有的种姓制度按照从高到低分别是婆罗门、沙帝利、吠舍、首陀罗四个等级,各个等级的权力和责任有着极其严格的划分,决不可越雷池半步。英国殖民统治者把一整套西方政治文化嫁接到印度文明肌体之上,大力提倡种姓平等、民主参与、契约意识等观念,一方面引发了低种姓阶层反抗压迫的突破运动,原来的金字塔社会结构缓慢向扁平化发展;另一方面也迫使不同种姓组建政党,在议会中争取自身利益,进一步强化了各个种姓之间的封闭性。由之,使得印度的政治文化既未达到西方人渴望的所谓"文明"状态,又脱离了原有阶层各安其位的平静生活,从而不断出现盲目残暴的种姓和宗教骚乱,这也成为二战后欧美霸道政治留给所有第三世界国家的沉重性负面政治遗产①。

3. 当代山巅之城美利坚帝国的霸道面相

　　当代美国保守主义大师拉塞尔·柯克(Russell Kirk)在其代表作

---

① 参见尚会鹏:《文化传统与西式政治制度在印度的确立》,《南亚研究季刊》,1994年第2期。

《美国秩序的根基》中,上下纵横三千年,将美国秩序的根基牢牢锁定在《旧约》的先知时代,他认为自此之后,西方历史的每一次演变都在为美国秩序的生成发挥着酝酿奠基的作用,耶路撒冷的信仰与伦理、雅典的理性与荣耀、罗马的美德与力量、伦敦的法律与市场,所有这一切西方历史的涓涓细流,最终都汇聚到了美利坚的伟大秩序之中①。应该说这是一位杰出思想家从正面立场对自己祖国所做的伟大赞美,但真实的美利坚并非如其所颂扬的那样"集历史之精华,成人间之至善"。笔者在此试图从反面立场来揭橥美利坚帝国的一体两面性,特别是对其霸道政治真实面相择其要者予以剖析。

众所周知,西方学者通常将 1619 年 6 月 9 日第一批清教徒初登美国大陆时制定的反映公平正义精神的《五月花号公约》视为美国文化最早的表征符号,但需要指出的是,正是自这批清教徒始,白人对土著印第安人的驱赶和杀戮拉开了序幕,到西部大开发时期达至顶峰。由著名导演斯皮尔伯格执导的《西部风云》,客观真实地还原了白人移民与印第安人血雨腥风的岁月。美国由最初的十三个州扩张为今天这样一个庞大帝国,其间,不乏借助和平赎买方式扩展版图的例证,但通过战争掠夺而获取国土的案例也比比皆是,如 1846 年至1848 年,美国通过与墨西哥的战争,迫使墨西哥将得克萨斯、新墨西哥、加利福尼亚共计 230 万平方公里的土地割让给美国,自此墨西哥元气大伤。不仅如此,美国南北战争后,通过实施一系列经济、政治、社会、文化发展措施,实现了综合国力的不断增强,自 19 世纪末,其扩张方向开始由大陆转向海外,逐步放弃此前奉行的"不殖民""不干涉"等颇具保守性质的门罗主义外交政策。其间,马汉在 1890 年出版的《海权对历史的影响》一书中提出了"海权论"主张,他认为:

---

① 拉塞尔·柯克:《美国秩序的根基》,张大军译,江苏凤凰文艺出版社,2018年,第4页。

"为了使本国民众所获得的好处超过寻常份额,有必要竭尽全力排斥掉其他竞争者,要么通过垄断或强制性条令的和平性手段,要么在这些手段不奏效时诉诸直接的暴力方式。"①而为了获得这种制海权,就必须拥有海上实力,马汉的理论成为美国对外扩张的指路星辰。1896年美国通过和老牌殖民帝国西班牙的战争,获得了对菲律宾和古巴的军事控制权,之后,又通过一系列卑鄙伎俩吞并了关岛和夏威夷,1903年秘密策划巴拿马脱离哥伦比亚,夺得巴拿马运河开采权和永久租借权。1914年欧洲爆发第一次世界大战,美国在英、法、俄协约国和德、意、奥同盟国之间,打着"绝对中立"的幌子大做生意,将炸药输往各交战国,大力生产用于制造枪炮的钢铁,大量向交战国特别是协约国投资,向处于困境的欧洲各国企业贷款,到一战结束时,已有二十多个国家成为美国的债务国,美国的黄金储备占了全世界的40%,一跃成为世界头号强国。在随后的第二次世界大战中,美国再次拔得头筹,和苏联一起成为战胜国中最强盛的两个超级大国,并发起了资本主义与社会主义两大阵营之间的长期冷战。其间,尽管美国也遇到过各种各样的挫折,但从未失去过世界霸主的地位,它把这种现象视为自己作为山巅之城的"天定命运"使然。为了搞垮苏联,其手段可谓无所不用其极:一方面,同苏联大搞军备竞赛、金融货币战,限制其油气出口,挑唆苏联内部各民族和加盟共和国之间的关系;另一方面,又向苏联大力输出西方价值观,进行意识形态渗透,培植所谓"第五纵队",诱导苏联进行"民主改革"。在这一整套组合拳的共同作用下,苏联这个二战后成长起来的超级大国瞬间轰然倒塌。

再纵观冷战结束后的当代美国历史,美利坚为了保住自己的霸主地位,一方面,它高举人权、自由、平等、法治等所谓"普世价值"的

---

① A. T. 马汉:《海权对历史的影响》,安常容、成忠勤译,中国人民解放军出版社,2006年,第2页。

大旗,吸引世界各国人民为之振臂高呼,来推翻各种不合美国目的的
"专制政权";另一方面,它又无视联合国安理会的任何决议,随意采取
各种单边行动,用坚船利炮打烂伊拉克、阿富汗、叙利亚等所谓"专制国
家",乃至通过"颜色革命"和"阿拉伯之春",使得中东地区的伊斯兰世
界陷入经济混乱、政治动荡、难民涌动的泥潭。与此同时,美国资产阶
级为了维护"美元霸权"的地位,通过各种经济、军事、政治手段,大肆
掠夺阿根廷、希腊、土耳其、委内瑞拉等国财富,来充分满足华尔街金融
大亨们的饕餮贪欲。特朗普政府执政时期,为了确保美国优先,更是以
极端霸凌的方式,通过提高关税、发展本国产业、退出各种国际组织等
措施来威胁世界各国,特别是把打压中国的快速发展作为首要战略目
标,并将之视为上帝赋予美利坚民族的重大历史使命。恰如美国前白
宫首席战略顾问史蒂夫·班农所言:"我们正在与中国进行经济战,在
未来25—30年内,我们中的一个将成为霸主。"这充分反映了美国统治
阶层对未来世界发展趋势的逻辑判断及其所做出的历史抉择。

　　著名历史学家F·特纳说过:"扩张力是美国人固有的一种力
量。""如果有人一定断言,美国生活中的扩张性已经完全停止了的
话,那么,他一定是一个冒失的预言家。"①然而,我们也必须从历史
大纵深的视角看到问题的另一面:在21世纪的今天,人类已经从无
数过往历史的经验和教训中明白一个基本道理:包容合作双方共赢,
对抗冲突彼此互损。这是任何具有战略眼光和清醒头脑的人都共同
认可的客观现实,这种价值判断不依任何国家或个人的主观意志为
转移。那种"自己好处通吃,别人只能完败"的霸道政治模式,或者
"历史只能终结于美国"的零和博弈思维,既不能让美国重新回到苏
联解体后的单极世界,也无法阻拦包括中国在内的多极世界不断生
成的人类伟大历史进程。

---

① 转引自何顺果:《美国历史十五讲》,北京大学出版社,2007年,第174页。

第三章 儒耶伦理之比照与中西
王霸之争的文化溯源

  在全球化浪潮澎湃激荡的今天,一方面,西方发达国家的各种文化思潮如潮水般涌入中国,对国人的思想观念和行为方式产生了深刻影响;另一方面,伴随中国的迅猛崛起,大量国人走出国门,将中国的文化观念和生活方式带入西方世界,开始了与西方发达国家的广泛交流。其间,以科学技术、市场经济、民主政治为代表的器物层面和制度层面的交流相对容易,但要深入促进中西方人心灵深处的道德伦理层面的交流则比较艰难,为了顺利完成这一深层次交流目标,我们须对中西方的伦理文化进行深入细致的比较研究,从中透视出二者之间的本质区别与内在关联。

  众所周知,在中国传统伦理文化中,儒家伦理文化自始至终占据中国封建社会意识形态的主导地位,特别是在封建社会后期宋、元、明、清时代,儒家伦理文化广泛深入地吸收了道家与佛教伦理思想的精华,形成了以朱熹和王阳明为代表的程朱理学和陆王心学,使中国封建社会的伦理文化达至巅峰,对塑造中华民族的心灵世界发挥了决定性作用,至今还在影响着我们日常生活的方方面面。而西方的基督教文化则吸收了古希伯来人的信仰精神、古希腊人的理性精神、古罗马人的法治精神,将三者融合之后形成了自己完备的神学理论和教会制度,统治西方人的精神生活长达一千五百多年,至今仍对西方人的思维方式、情感体验、行为规范等具有根本性的塑型作用,也奠定了近现代西方经济、政治、文化制度的思想根基。

　　基于上述认知,在本章中我试图结合本书王道与霸道的研究宗旨,以"祠堂"和"教堂"这两种中西方文化表征符号为切入点,从政治伦理学的视角就中西方伦理文化赖以生成的人文生态环境、核心价值理念做一粗线条比较研究,进而再对当代中华民族建构自身精神家园的路径选择予以深入探讨①。

一、祠堂与教堂之于中西传统政治文化

　　我之所以将祠堂与教堂作为中西政治伦理比较研究的切入点之一,是因为这两种物化的象征性文化符号集中体现了儒家和基督教伦理文化的本质特征,为此笔者先就祠堂与教堂在中西方传统政治文化中的地位与作用做简要介说。

(一)祠堂在中国传统政治文化中的核心地位

　　在中国古代的乡村和城镇,凡是同一姓氏的宗族都有自己的祠堂,人丁兴旺的大型宗族除了总祠堂外,还设有分支祠堂。一般而言,祠堂的建筑规格要比家庭用房宽大宏伟,其主要用途在于同宗同族之人敬拜祖先和祭祀神灵,此外,祠堂还是宗族内部商议和举办重大事项的主要场所,很多家族还把祠堂用作本宗本族子弟的私塾学

---

① 本章内容是笔者在中央党校高中级干部班的授课稿。以本讲稿为基础,笔者和自己的几名博士研究生共同完成了《祠堂与教堂:中西传统核心价值观比较研究》一书,该书出版后荣获多项国家和省部级奖励,受到党校历届听课学员的广泛好评。在撰写本书过程中,笔者感觉有必要从政治伦理学视角将原有讲稿加以凝练,作为中西方王道与霸道政治的文化根基问题纳入本书之中。本章写作风格不同于其他章节之处在于,引文和注释较少,尽可能保留中央党校课堂讲稿的原貌,以使读者对中央党校的高中级干部教学窥斑知豹。

校,有时宗族之人的婚丧嫁娶活动也在此处举行。除了祭祀祖先的祠堂之外,中国古代乡间还建有各类名宦乡贤祠和神祠,以纪念为护佑本地百姓做出过重要贡献的社会名流和各方神灵。不仅民间如此,《礼记》明确记载,天子、诸侯营建宫室时,必须首先营建供奉祖先牌位的宗庙,今天北京故宫前位于东方的劳动人民文化宫就是明清两代的太庙,亦即皇族的祠堂。天子、诸侯遇有重大事项外出时,临行前要祭告太庙,归来后还要祭告于太庙。

祠堂建筑所发挥的政治伦理作用可概括为四点:(1)传导和灌输封建道德。在敬拜和祭祀祖先的过程中,宗族族长通过讲述前辈业绩和家法族规来教育晚辈继承先祖传统,恪守封建道德,特别是在祠堂审理和处罚触犯家法族规之人时,会给宗族之人以重要的震慑和教育作用。(2)确认和巩固人伦亲情。本宗本族之人无论出生还是去世,都要在家谱中有所反映,祠堂是修订和延续家谱的重要场所,正是修续家谱的过程使得宗族内部的人伦亲情得以确认和巩固。(3)团聚和整合家族亲属。在祠堂内增设过世之人的神灵牌位是祠堂的重要功能之一,通过这项活动使后世子孙缅怀先祖业绩,进而增强同宗同族之人同呼吸共命运的道德情感,使其产生休戚与共的心理共鸣。(4)协调和发展社区关系。伴随宗族的繁衍生息,宗族内部和外部的利益冲突与摩擦会逐步增多,人际关系变得日益复杂,如何有效协调宗族内外的各种伦理关系会成为宗族所在社区的重要事务,祠堂则是商议对策、公布和执行族长决定的重要场所。

伴随我国市场经济的深入发展,工业化和商业化的生产方式把无数农民改塑成了城镇市民,这些远离自然、远离农村生活的城市群众,涌入企业、机关、公共服务组织,结成了各种各样的新型社会联盟,他们的行为态度、精神气质和心理结构发生了根本性变化,彼此之间不再依靠建基在乡村社会祠堂文化之上以宗法血缘关系为中心的德性情感来维系,而是改靠城市社会中的彼此算计、金钱货币、规章制度、法律条文来支撑，这无疑对传统性祠堂文化的现代重塑提出了巨大挑战。如何有效应对这种挑战，事关中国祠堂文化的未来发展。

(二)教堂在西方传统政治文化中的重要作用

当你乘车穿过欧洲或北美城市和乡村的大街小巷，给你印象最深的无一例外是风格迥异的教堂建筑，有罗马式、哥特式、巴洛克式、拜占庭式，不一而足。意大利的圣彼得大教堂、法国的巴黎圣母院、德国的科隆大教堂、英国的威斯敏斯特大教堂、俄罗斯的圣瓦西里教堂、美国纽约的三一大教堂等，不胜枚举。每一座教堂建筑都蕴含着基督教庄严的伦理理念，代表着西方人的一座精神丰碑。在漫长的中世纪，教堂历来是西方城市或村镇的最高建筑，它标志着人的精神生活具有至高无上的地位；教堂尖顶上的十字架象征着圣灵消融于云雾缭绕的天际之间；让人炫目的高高拱顶代表着人死后的灵魂直飞上帝的怀抱；教堂定时敲响的钟声不仅让周围的信徒有规律地生活，而且每一次不同的钟声都具有特定的宗教含义；当夕阳的余晖透过教堂的天窗射入巨大的教堂中殿时，不仅提醒人们一天生活的结束，也暗示着最后审判时宇宙时间的终结。

教堂在西方文化中的重要作用主要体现在对基督徒三大德目的培养上：(1)信德。信德在基督徒的生活中占有至高无上的地位，《旧约》和《新约》均将信德置于基督教的德目之首，信德包括对信仰本质的认识、对信仰对象的服从、对信仰内容的传播、与冒犯信仰的行为做斗争等内容。信德是基督徒最基本的生存义务，它通过穿透信徒的整个生活而表现出来，作为一种道德反映，一方面它意味着人面对上帝毫无保留地交出自我，让上帝在自己的灵魂深处展现存在的奥秘，另一方面也意味着人基于对上帝权威的认可而相信其所启示的各种真理，诸如三位一体、道成肉身、赏善罚恶等，进而彻底地皈依和绝对地依靠上帝,让整个生命脱离旧我,进入新我。(2)望德。望德主要指基督徒对获得救赎的坚定期待和无限希望,它以全能上帝的帮助与护佑为前提条件和基本动力。《旧约》反映了以色列民族反复喷涌的各种希望;《新约》中耶稣的福音则是基督徒对未来新天新地诞生和万事万物在基督内合一的渴望。望德的意义在于培养基督徒忍受苦难的坚韧和刚毅,让人在困境和不幸中百折不挠,避免懦弱、颓废和绝望。(3)爱德。爱德是基督徒整个人生赖以奠基的基本条件,但基督教所讲的"爱"不同于常人所理解的欲望之爱、仁慈之爱,而是特指虔诚而神圣的圣爱(agape),它表征着信徒充满深情地赞叹上帝全知全能的善,并渴望通过自己的行为增进上帝的荣耀。圣爱的特点是爱与被爱的彼此回应。首先是上帝对人类的爱,这种爱在《旧约》中表现为耶和华眷顾以色列民与之三次订立盟约,在《新约》中则是耶稣背起自己的十字架将救赎之爱遍施于全人类。其次是人类对上帝的爱,它要求人类遵守上帝的诫命,竭尽全力地去荣耀上帝,直至贡献出整个身心,这种奉献既表现在对上帝的敬拜、默想、祈祷和朝拜之中,也表现在人与人之间彼此相爱、消解仇恨、增进友谊的外在事功之中。

特别值得指出的是,透过祠堂和教堂的区别,我们还可以明显地看出中国人和西方人对"人类生存空间伦理"理解上存在的重要差异。中国的祠堂文化突出反映了中国人以祖宗崇拜为核心,在祠堂内部所建构的家族谱系基础上展开"远近高低各不同"的人伦交往活动,如君臣、父子、夫妇、兄弟、朋友这五伦关系的摆布与处置。而西方的"伦理(ethic)"一词源自希腊语"ethos",原意是"我们住在神的近边",因此,西方人历来是以教堂为中心形成社区,同一社区内各种人际关系的处理方式受到不同宗教派别神学观念的深刻影响。这种对生活空间结构的认知差别直接影响着中西方对人的类本质的认识结果,中国人更多的是从血缘和地缘构成的人伦关系中认识和把握人的本质属性；而西方人则认为人性就是神性和兽性的结合，即人一半是天使，一半是野兽。正是对人性本质认识的重大区别造就了中西政治文化类本质的根性差异。

二、中西政治文化人文生态环境之比较

中国与西方的古代社会之所以形成以祠堂与教堂为代表的不同政治文化模式，是历史上各种复杂要素共同作用的结果，下面我仅从自然地理环境、经济发展方式、社会政治生态这三大要素入手，对之做一简要说明。

（一）中国的大河文明与西方的海洋文明

就中华民族而言，其自然地理环境的突出特征：一是幅员辽阔、腹地纵深；二是地形地貌复杂多样；三是横跨热带和温带两个气候带，呈现出温暖湿润的特征；四是四周被高山、草原和大海围堵，显现为半封闭边缘地形。其中黄河与长江流域的农耕文化奠定了中华民族的生存根基，特别是农业生产依赖于对大江大河的流域管理和完备的水利设施，而这一任务的完成只有高度集权的中央政府才能做到，像贯穿南北的京杭大运河工程，离开国家权威单靠地方政府去开凿和管理是无法想象的事情。此外，中原农耕民族与北方游牧民族的长期冲突对中国政治文化的生成也产生了巨大影响。有学者将这种政治文化类型称为大陆式国家主权伦理模式。通常情况下，大陆国家由于经常面对领土被邻国吞并或被辖区居民分裂的可能性，为保证领土和国家主权的完整统一，主权拥有者会特别强化主权的绝对性，以便能够有效控制每一寸领土，因此，它在意识形态领域十分强调国家内部的同一性和统一性，反映在政治伦理层面，就是高举爱国主义旗帜，强调国家利益的优先性和首要性，鼓励人们将个人利益同国家利益相协调并彼此结合,当二者发生矛盾时,更多的是提倡宁可牺牲个人利益也要维护国家利益。

就西方文明而言,它发源于古希腊和古罗马,这两个古代国家共同的地理特征:一是陆地狭窄,山地较多;二是共同处于大陆环绕的地中海内,在这种内陆海内潮汐较小,海面平静,便于海上贸易船只的航行。三是这两个古代国家被各种天然障碍分割成若干孤立的岛屿。西方学者将其称为海洋式国家主权伦理模式,它与中国大陆国家的地理形态形成巨大差别。海洋式国家由于国家疆域被海洋分割,无法连成完整一块儿的整体,主权拥有者只能思考如何通过建立富有弹性的主权模式将这些岛屿碎片连接起来,因此,它更看重主权模式的多样性和差异性,反映在政治伦理层面,通常是高举个人主义旗帜,强调个人权利的合理性和正当性,当个人利益和国家利益发生矛盾时,更多的是倡导通过改变不合理的国家分配制度,以有效维护和满足各种各样的个人利益。古希腊和古罗马的海洋式国家主权伦理模式对西北欧早期资本主义国家,如荷兰、英国以及之后从英国殖民地脱胎出来的美国、加拿大等国产生了深入而广泛的影响,因为它们皆是海洋包围的国家。如美国受到太平洋和大西洋天然屏障的保护,其领土威胁比中国要小得多。相反,欧洲大陆上的法国、德国属于大陆式国家主权伦理模式,其伦理文化在历史上呈现出明显的极权主义特征,德国纳粹主义的兴衰历程就是突出例证。

(二)中国的小农经济与西方的商业经济

中国的小农经济发端于黄河流域,这里细腻松软的黄土层非常适宜农作物的生长,汉晋之后受北方游牧民族的逼迫,中原大量农耕男女向南迁徙,逐步造就了湖广、苏杭一带长江、珠江流域发达的农业经济。农耕民族以土地为生活根基,日出而作,日落而息,不论是王公、猾吏还是巨族、豪商,都将占有土地的多少视为其身份高下的标志。小农经济对土地的高度依赖，造就了中国人浓厚的乡土情结，所谓"美不美家乡水""金窝银窝不如家中的土窝""落叶归根""狐死首丘"等，充分表达了国人内心深处安土重迁、不愿流动、依恋家乡的地缘特性。几千年的中国封建经济史、历代王朝的更替史以及农民起义的历史，皆是围绕着土地兼并和土地均分而展开的，乃至中国共产党领导的现代无产阶级革命也同样以此为中心。

在古希腊和古罗马早期，农业经济同样占有重要的基础地位，但是单靠农业经济无法满足狭窄岛屿上不断繁衍的人口生存需要，因此，不断向外扩张和征服构成了欧洲地中海地区古代文明的主流。其间，大力发展手工业制品，如生产陶器、布匹、金属制品等，再通过海上贸易换取本地所需的粮食成为欧洲早期经济的基本特征。伴随生产规模的扩大，商业经济的繁荣，在马其顿帝国和罗马帝国时期，地中海沿岸大都会式的城市成倍增长。西罗马帝国灭亡之后，欧洲从 5 世纪到 15 世纪进入了开辟山林、利用沼泽、建设河堤、整顿海滨的农业文明阶段，正是这一千多年的土地开发活动，让欧洲文明由原罗马帝国小范围的地中海沿岸扩展到整个西欧、中欧和北欧。10 世纪之后，欧洲大陆地区的农业文明由养家糊口水平发展至剩余产品开始出现，与之相关的商业贸易活动再次在部分集市城镇中活跃起来，纺织、采矿、设备制造等工业生产也迅速崛起。到了中世纪后期，西欧一半以上的土地、生产作坊和流动资金掌握在教会手里，分布于欧洲各地的教堂，既是宗教活动中心，更是经济活动中心。特别是罗马教廷通过其遍布欧洲各地的财政网络积累了雄厚的货币资金，然后又通过教会控制下的银行转化为商业资本，从而构成了早期资本主义原始积累的重要组成部分。教会在运作自己庞大资金的过程中，逐步建立了一整套收支平衡的预算制度、储备金制度、包税制度、国债制度等，所有这些财政制度为现代资本主义的兴起奠定了基础。文艺复兴运动之所以能够在宗教中心地带意大利的佛罗伦萨、威尼斯等地出现，与这里高度发达的商业经济密切相关。之后伴随美洲新航路的开通，欧洲的商业中心开始由地中海领域向大西洋沿岸的西班牙、荷兰、英国转移，掀开了资本主义市场经济的新篇章。

（三）中国的家国同构与西方的政教对立

中国传统的社会关系是以家庭为中心向外扩展的，家庭关系按其性质可以划分为四类：一是直系血亲关系，如父子关系；二是水平血亲关系，如兄弟姊妹关系；三是垂直姻亲关系，如婆媳关系；四是水平姻亲关系，如夫妻关系等。非亲属关系达至十分密切的程度时，必须纳入亲属关系的轨道才能获得某种名分，诸如结拜兄弟、认干爹干娘等。家庭关系是社会结构的核心，社会关系是家庭关系的延伸和放大，经过多次分家后产生的许多家庭由一个共同的祖宗联系起来而成为一个家族。中国封建社会的基层政权通常是由族长和乡绅掌控，族长和乡绅一般出自名门望族、富贵大家，而且读过诗书，他们集宗族、财富和知识三大权威于一身，是地方上最有影响的实权人物。这种宗法家族制度扩展至国家政治制度层面，形成了中国独具特色的"家国同构型"封建政治制度。这种政治制度的具体表现形式为："家"是"国"的原型和缩影，"国"是"家"的放大和展开，族长即家族之君王，皇帝即国家之族长，家族和国家处于有机的联接和同构之中，在这里，父子关系转换为君臣关系，对族权的敬畏转换为对皇权的顺从，孝转换为忠。中国传统社会家族宗法制向皇权官僚制的转换，主要是通过统治阶级长期摸索而逐步形成的科举制而完成的。经过科举制的层层选拔，农村出身的大量知识分子从宗法家族中不断流入皇权官僚阶层，而年龄过大或职场失意的官员又重新回归家族，以族长或士绅的身份左右宗族或地方基层政权的运作。这种家族与朝廷之间的双向循环式对流，有效地保证了中国传统社会"家国同构体"的正常运转，同时也造就了中国极其发达的封建宗族文化和朝廷文化。

　　与中国不同,欧洲中世纪的社会治理模式呈现出典型的政权与教权双峰对峙局面,一方面,在中世纪早期和中期(5—13世纪),各地封建国王将土地分给大封建主公爵和伯爵,大封建主留下一部分,再分给中等封建主男爵和子爵,中等封建主留下一部分,再分给小封建主骑士,这样就形成了从国王到骑士的一套严格的封建等级制度,到14世纪之后,国王开始削弱各地封建领主的权力,欧洲世俗社会开始经历由封建等级制向绝对君主专制的过渡。另一方面是教会内部的中央集权制,在罗马帝国后期建立起来的基督教会原是自由而松散的信徒社团,到公元5世纪,在教会内部开始形成教阶制,教阶制一般由主教、神父、助祭三品位构成,主教品位又分为教皇、枢机主教、都主教、总主教、一般主教等阶梯。权力的本性是以自我为中心无限扩张,在中世纪很长一段时间内,君权与教权受到权力本能的驱使,不断地进行着激烈的斗争,各方均求取得优势地位直到控制对方。尤其需要指出的是,基督教兴起的初始阶段,多次受到罗马帝国的迫害,基督徒极端仇视罗马帝国,自认为是“新人类”,将自己的精神世界从现世的国家生活中撤出来,转向遥远的天国。奥古斯丁的《上帝之城》集中反映了基督徒对“上帝之城”的向往,强烈表达了对“人间之城”的悲观、厌恶、冷漠和疏离的情绪。在这种双城论和现实政治实践的共同作用下,基督徒逐步形成了一种极端消极的世俗国家观,认为世俗国家是人性恶的产物,国家官员皆是“无赖之徒”,政府机构是以恶治恶的工具,上帝设立国家的目的是遏止人的罪性,帮助人类获得救赎,从而达到理想的彼岸世界。西方近现代政治自由主义完全继承了基督教的上述国家观,只是赋予其全新的内容:将上帝约束国家的使命转换为民意和代表民意的法律约束国家;将教会对国家的外部监督转换为公民社会对政府的监督,进而发展出国家内部权力的分割、制约和均衡理论。

三、中西传统政治文化核心价值观对勘

在上述自然地理环境、经济发展方式、社会政治生态等因素共同作用下,中西方政治文化的精神内核呈现出明显的差异性,笔者从以下八个方面对之做出说明。

(一)儒家的天人合一与基督教的神人二分

在天人关系问题上,中国儒家对"天"的思索、体验和玄想很早就积淀成了一个大体成型的观念性框架,即人类生活在一个由"阴阳""四时""五行""八卦"构筑起来的天地、社会、人类同根同源的宇宙时空之中,"天"是人类一切活动的终极价值来源。其中,儒家继承了西周社会"天命"与"人德"相配合的思路,在对神灵崇拜做淡化处理的同时,重视天命的作用,认为天命就是"天时"和"生命"的结合体,尽管人类无法彻底猜透和把握天意,但是完全可以做到在未知的各种可能性中发挥天命所赋予自己的道德能力,积极地回应天命,努力做到以道受命,以德配天,并将天赋予人的"道"与"德"的能力归结为人的"正命",认为人类历史是展现人的道德能力与伦理精神的场所,历史要靠人不断的道德努力去建构。尧、舜、禹之所以伟大无比,就在于他们能够体悟到"天命"释放出的信息,并按照"天命"的道德要求去"敬天""祭天",进而成就自己的丰功伟业。由此,学达性天、德合天人构成了中国社会自天子至庶人终生追求的最高境界。

与中国儒家的天人合一主张不同,基督教各派都宣称,在茫茫宇宙中存在着一个被称作"上帝"或"天主"的真神,尽管从来没有任何人见过它,它却是天地的主宰,万物的创造者,它无所不知,无所不能,无所不在,因此,人们必须敬畏顺从它,听从它的安排和指引,否则就要受到它的惩罚。基督教认为,现实世界是万恶之渊,人类在这个世界中所遭受的一切苦楚从根本上讲是无法摆脱和根除的，只有相信上帝和上帝派来的救世主耶稣基督，一切都要按照他的安排去行事，死后灵魂才能升入天堂。否则，就会受到末日的审判，被罚入无边地狱。不难看出，基督教的神人二分理论直接奠基于其灵肉二分理论之上，基督教认为，灵魂和肉体是有主从关系的两个实体，二者的结合形成了现实的人，每一个人都是外在人和内在人的统一，外在人显示人的形体和表象，内在人表征着人的理性和灵魂，它既是道德实践的主体又是上帝之光的受体。质言之，灵魂是人的本质所在，它可以从肉体中分离出来，成为一个超自然的实体与上帝相沟通。

（二）儒家的人性本善与基督教的人性本罪

人的属性多种多样，如生物性、物质性、时空性等，所谓人性主要指人区别于其他事物的本质属性。中国儒家创始人孔子将"仁"视为人之所以为人的根本属性：人如果失去了"仁"，礼乐将失去其存在的价值。"人而不仁，如礼何？人而不仁，如乐何？"（《论语·八佾》）孟子则认为，人之所以与动物区别开来，关键不在于食色之类的自然必然性，而在于人有四心，即恻隐之心、羞恶之心、是非之心、恭敬之心。他说："恻隐之心，仁也；羞恶之心，义也；恭敬之心，礼也；是非之心，智也。仁义礼智，非由外铄我也，我固有之也。"（《孟子·告子上》）儒家又认为，尽管人性本善，但由于人心变化万端，难以预测，因此又十分危险，只有精研专一，才能最终做到守中不偏，这一思想集中体现在儒家的"十六字心传"中，即"人心惟危，道心惟微，惟精惟一，允执厥中"（《尚书·大禹谟》）。当然，我们并不否认，在儒家思想史上也存在荀子之类的性恶论主张，但这毕竟不代表儒家的主流思想。

基督教继承和发展了犹太教《旧约》中的各种传说，认为上帝创造了人类的始祖亚当和夏娃,由于他们违背上帝的诫命,偷吃了伊甸园中智慧树上的果子,由此犯下原罪,被上帝逐出伊甸园,来到大地之上,人类始祖的原罪代代相传,以致后世出生的每一个人都是罪人,而且,还会犯下更多这样或那样的罪。人世间的一切苦难皆是人们自己犯罪造成的恶果,因此,人们只有信靠唯一的救世主耶稣为人赎罪,才能最终获得死后的永生。必须指出的是,基督教的人性本罪理论是以其"神正论"为前提条件的,即人性的沦落与无力必以上帝的全能全智全善为前提,质言之,基督教并不认为肉体欲望本身是恶,而是认为对上帝的背离才导致人在一味满足个体欲望的过程中破坏了人与神、人与人、人与自然的关系,从而做出种种恶行。基督教的"人性本罪"理论到了近现代资产阶级思想家那里演化成"人性本恶"论,如霍布斯、洛克等的主张。

(三)儒家的礼治社会与基督教的法治社会

儒家由人性本善论出发,提出了自己的礼仪教化理论,试图通过各种各样的礼仪教化活动来让人先天固有的善心发扬光大,当然,礼仪教化的前提预设是圣王在道德修养方面已经达到或必然达到至善,并超越自身和阶级利益而以天下为公。由此,礼治成为历代封建统治者高度重视的治国方略。他们或通过改造、转化旧有的礼仪,或设计、创造新型的礼仪,以适应和维护各种新的国家经济、政治和文化制度,最终形成了由礼制、礼仪、礼器、礼乐、礼教、礼学等内容构成的完备性礼仪教化体系,并以此作为整顿君臣秩序、规范国人行为、统治天下诸国的手段和工具。当然,礼的种类纷繁复杂,自古就有经礼三百、曲礼三千的说法,后人依据不同的研究需要对礼进行过形式多样的类型划分,如《尚书·尧典》中有"天事、地事、人事"三礼说;《礼记·祭统》中有"吉礼、凶礼、宾礼、军礼、嘉礼"五礼说;《礼记·王制》中有"冠、昏、丧、祭、乡、相见"六礼说;《礼记·婚义》中有"冠、昏、丧、祭、朝、聘、射、乡"八礼说；《大戴礼记·本命》中有"冠、昏、丧、祭、宾主、乡饮酒、军旅"九礼说。由之，礼治文化成为中华民族政治伦理的重要组成部分，致使中国人在处理利益纠纷时，先是讲人情，后是讲道理，最后才诉诸法律，"无讼"是儒家追求的理想社会状态，打官司被视为羞耻的事情，即使法院在处理各种民事案件时，同样强调在通情达理基础上解决当事人的利益冲突，呈现出重调解轻判决的突出特点。

与儒家由人性本善出发，强调圣王的礼仪教化不同，基督教由人性本罪出发，注重通过法治手段治理教会和国家。基督教认为，由于人性本罪并充满了不完善性，因此上帝才和人类制定了"旧约"和"新约"，在《圣经》中"旧约"反映了上帝耶和华同犹太民族的约定，"新约"反映了上帝和整个人类的契约关系。美国著名宗教法学家伯尔曼在其《法律与革命》《法律与宗教》中反复强调，西方法律至上的理念来自超现实的宗教信仰，人们相信法律反映了上帝的意志，在漫长的中世纪，教会在大力吸收古罗马法合理因素基础上，制定了自己完备的教会法体系，依此来管理纷繁复杂的教会事务。近现代资产阶级思想家霍布斯、洛克、卢梭的社会契约论和世俗法律至上论，直接脱胎于基督教的神圣契约论和教会法理论。正是这种契约意识和法治精神造就了西方人在近现代市场经济中，市场主体通过契约来规范自己的交往行为，以实现经营活动的公平和理性，造就了契约当事人对合理条款的认可、对合同义务的履行、对有效合同的信守。并使契约意识和法治精神超越经济领域，上升为全社会的法律制度和社会政治秩序建构的普遍准则，即从立法、司法和行政三权分立上限制政府的专制特权和自由裁量权，通过大众智慧和民主裁决的方式而不是通过圣王的礼仪教化来平衡社会各阶层的利益冲突，其处理利益纠纷的特点是：首先讲法治，其次讲道理，最后谈人情，与中国的情、理、法正好相反。

（四）儒家的群体本位与基督教的个体本位

儒家以家族为本位的社会关系的基本单元是"宗族"。在宗族内，每个人都不被看作是独立的个体，他起码要和上下两代人发生关联，即父亲和儿子。在宗法观念影响下，中国古人把三世、四世同堂视为幸福和荣耀之事，把分家另过看作道德上耻辱的事情，许多家族由数十人乃至上百人共同生活在一个大家庭中，《红楼梦》中的荣国府、宁国府就是典型例证。在这种宗法家族中，个人被包围在一重又一重的宗族关系中，个人只是家族生命链条上的一环，是家族的一砖一瓦，一个齿轮，一个螺丝钉，他既是生身父母的直接结果，又是本族先人的间接结果，其间，每个人首先要考虑的是自己的责任与义务，如父慈、子孝、兄友、弟恭之类，很少考虑个人的权利。马克思的集体主义伦理原则之所以能够在中国生根、发芽并长成参天大树，其重要原因之一是同中国儒家传统中的群体本位思想存在内在契合性，马克思的阶级分析方法要求每个人必须首先认同自己所隶属的阶级，通过阶级意志体现个人意志，它使得个人必须先从族群认同中剥离出来，再以神圣的方式加入群体契约式的现代性无产阶级政党组织中来，从前个人拥有的光宗耀祖、精忠报国精神变成了为无产阶级革命事业英勇献身的集体主义精神。

基督教通过灵肉二分理论将人的精神世界独立出来，赋予其至高无上的独立性和个体性价值，使其摆脱了所有凡俗世界的拖累，获得了前所未有的尊严，并使之与上帝直接发生关联。特别是基督徒在教会中参与各种宗教活动时，强调个人得救的重要性，要求个人必须从家庭和宗族世俗人际关系的束缚中摆脱出来才能得救，因为只有放弃对父母兄妹的依恋才能全身心地依恋上帝，投入上帝的怀抱。如在《圣经·四福音书》里，耶稣面对法利赛人问他，寡妇内嫁多位兄弟后，其死后在天堂里她是谁的妻子的诘问，耶稣回答说，寡妇在天堂里既不婚也不嫁,没有世俗意义上的家庭生活,而是像天使一样以独立自由的个体身份去活动。基督教的这种个人主义观念为近现代政治自由主义的形成和发展提供了根本动力,如果说马丁·路德的新教改革考虑的是人在摆脱教会控制后怎样孤立地面对上帝,那么近代政治自由主义考虑的则是人怎样离开上帝,转过身来自己成为上帝,然后再独立地面对他的同伴和国家,最终个人取代教会和上帝,站在了国家权力的对立面,开始大力伸张个人的生命权、自由权和财产权。可以毫不夸张地说,近现代西方长期占据主导地位的政治自由主义理念只不过是基督教神学个人主义理念在世俗国家领域的最终实现和完成。

(五)儒家的差等之爱与基督教的普世博爱

儒家处理人际关系的原则是以自己为核心,由内向外不断推广开来,费孝通形容为就像一粒石子投入水中,形成水的波纹,一圈圈推出去,愈推愈远,也愈推愈薄①。《论语》的言论就集中反映了这一思想:"其为人也孝弟,而好犯上者,鲜矣;不好犯上而好作乱者,未之有也。"(《论语·学而》)儒家学者在《大学》中将其概括为修身、齐家、治国、平天下。正是这种由近及远的人伦差序格局将中国社会编织成由无数私人关系构成的网络,在这个网络的每一个结上都附带着一种道德要素。其中,最亲密和最基本的是直系亲属:亲子和兄弟,与之相配的道德要素是孝和悌;向外推是君臣、朋友,与之相配的道德要素是忠和信。在这种差序格局中,公和私是相对而言的,站在任何一个圈子内看问题,其所作所为都可以看作是为公。在现实生活中,这种差等之爱极易导致人们把孝悌忠信的血亲规范置于其他一切行为规则之上,为了宗法家族的特殊性小团体利益,不惜违背社

---

① 费孝通:《乡土中国》,生活·读书·新知三联书店,1985 年,第 25 页。

会共同体的普遍伦理准则,诸如走后门、拉关系、裙带风等皆是利用小团体的私情(亲情、友情、乡情、爱情、恩情等)作为权力腐败的润滑油和突破点,做出种种"私情大于公理"的违规、违纪、违法行为。

与儒家主张差等之爱不同,基督教强调普世博爱的重要性,基督教最初兴起的时候,明确要求信徒只能信唯一之神——上帝,反对一切偶像崇拜,要打倒和推翻希腊、罗马境内各家各户的家神和各城各邦的邦神,不惜与各种异教为敌,从而也就打破了各类家族宗法制度和社会等级制度,建立起一个人与人之间亲如兄弟的超宗族超国家的神圣团体——教会。在教会内部不再以一家一户、一邦一国为核心,父子之间、婆媳之间、君臣之间只能以兄弟姐妹相称,人与人之间在个体人格上绝对平等,每一个人都成为独立的个体,上帝是大家共同的天父。在《圣经·四福音书》里耶稣多次声称,任何人如果想加入他的团体获得救赎,就必须放弃乃至憎恶他的父母妻子兄弟姐妹,甚至要有放弃自己生命的准备,他来到世界上不是让人们和平安宁,而是要让信与不信的人去斗争,哪怕使儿子与父亲不和,女儿与母亲不和,媳妇与婆婆不和。耶稣的上述教导极大地削弱了血亲性团体道德的分量。经过基督教两千多年的规训,今天在西方人日常呼吸的道德空气中,早已明确界定了私人道德和社会公德,私人道德的重点是个人权利与义务的辩证统一,社会公德则强调一个人在使用社会公共设施、享受社会公共福利的同时,必须严格遵守社会公共行为规范,如爱护公物、公正守法、诚实守信等。

(六)儒家的中庸和平与基督教的崇力尚争

儒家伦理看重综合统一,崇尚和谐中道,主张五味相合才能产生香甜可口的食物,六律相和才能形成悦耳动听的音乐,善于倾听正反之言才能做到政通人和。儒道互补、儒法结合、儒佛相容、佛道相通、儒释道合一,乃至基督教和伊斯兰教共存,构成了中国文化兼容并包、多样同一的突出特色，在中国人心目中完全可以做到诸神共在、和谐共舞，因为天、地、人、神和谐统一乃是中国人追求的至高无上的"大道"或"太和"状态。做事不走极端，求大同存小异，保持天人之间、人际之间、灵肉之间的和谐，是中国人普遍的行为准则，正所谓"极高明而道中庸"。此外，"中国"之为中国，除了指涉地理空间上的"居中"之国外，还有文化寓意上的"用中"之国的含义。

　　基督教则宣扬一神、一主、一信、一教的神学信条，并把上帝的权能推到极限，反对其他各种形式的偶像崇拜和异教信仰，并把与冒犯信仰的行为做斗争当作基督徒必须培养的重要品德，这导致了基督教内部天主教、东正教、新教之间的激烈斗争，更是引发了基督教与伊斯兰教及其他宗教之间的残酷战争（如十字军东征）。与此同时，基督教的这种斗争精神也孕育了西方商业活动中的竞争意识和好勇尚武的冒险精神。就竞争意识而言，由于商业经济不同于固着于土地上难于流动的小农经济，后者需要依赖永久性的亲族力量的帮助才能解除生存忧患，而商业经济引发的利益冲突具有极大的流动性，只有在商品交易的激烈竞争中胜出才能保住自己的社会地位，很多情况下商业贸易中的利益冲突会演变为明火执仗、真刀真枪的对抗。两次世界大战之所以在欧洲发生，直接根源就是资本主义各国之间巨大的商业利益冲突。正是历史上各种族和国家之间你死我活的相互拼杀，使得欧洲各国之间的边界不断地被重新划分，直到今天，在这块很小的版图上还保留着数十个大小不等的国家，为了吸取历次战争教训，避免灾难的再次发生，欧洲政治家们才创建了"欧盟"。与商业竞争引发的战争现象相伴随，欧洲人还养成了好勇尚武的冒险精神，从罗马斗兽场的角斗士到中世纪的骑士，从近代的开辟新航路再到今天的竞技运动，都是欧洲人冒险精神的绝佳证明。

（七）儒家的道德实践与基督教的伦理思辩

数千年的农耕生活使中国农民领悟到一条最为朴实的真理："一分耕耘一分收获。"从而养成了中国人"重实际而黜玄想"的民族性格，章太炎将其概括为："国民常性，所察在政事日用，所务在工商耕稼，志尽于有生，语绝于无验。"①尽管在中国思想史上有过知先行后、行先知后、知行合一等各种争论，但"行胜于言""大人不华，君子务实"一直是中国贤哲们倡导的基本伦理信条，以至于君子阶层道德修养的依据、标准、内容等均围绕着人伦日用而展开，《大学》所提出的三纲领（明明德、亲民、止于至善）八条目（格物、致知、诚心、正意、修身、齐家、治国、平天下）皆属于实践理性的范围。儒家伦理尽管强调道德实践的极端重要性，但又不是到此止步，裹足不前。那么，如何将形下层面的具体经验上升到形上层面的抽象理论呢？这就是"直觉体悟"。直觉体悟的特点是排斥概念、判断、推理等理性思维形式，超越形式逻辑和语言规则的限制，通过精神内敛和默然返照的方式，当下消解主客、内外、物我的界限，实现对道德本体的整体洞悉和内在契合，直接用身心体验宇宙终极实在，达到德合天人、真善美交融一体的至高境界。

与之相反，基督教伦理文化虽然大力提倡基督徒通过日常生活实践培养自己的德性，如过俭朴生活、从事社会公益活动等；同时也要求基督徒通过安静与默想、祷告与灵阅、敬拜与反省等灵性修养方式提高自己的道德境界。但神学家们在建构其伦理思想体系时，更加看重逻辑分析和抽象思辩的方法，之所以如此，是因为从古希腊开始，在西方人眼里就形成了两个对比鲜明的世界，即主观世界与客观

① 张岱年、方克立主编：《中国文化概论》，北京师范大学出版社，1994年，第357页。

世界、感性世界与理性世界、自然世界与人类世界、世俗世界与神圣世界等。其中，现象世界与本质世界的区分尤其重要，前者变化无常、流动不定，后者确定不变、永恒真实，人类只有借助理性的作用，通过精密的逻辑剖析，才能透过表面现象看透事物的内在本质。无论是中世纪著名神学家奥古斯丁、阿奎那的宗教伦理著作，还是近现代具有浓厚宗教色彩的康德、黑格尔的伦理学著作，其共同特点是：先把经验抽象概括为概念，再从概念推导出普遍性伦理公理或命题，然后，按照严密的逻辑规则，从各种命题中推导出伦理结论。这种思辨理性的方法具有摆脱急功近利思想的影响，帮助人们超越现实束缚，获得真理性认识的优点。如日常生活经验告诉我们太阳围绕地球东升西落，但理性逻辑告诉我们，这种眼见为实的经验是错误的假象，而真理是地球围绕着太阳旋转。

（八）儒家的现世超越与基督教的来世拯救

生死观属于伦理学的终极问题，因此，在最后部分我们一起来探讨儒家和基督教的生死伦理问题。儒家在生死本体论上认为，人的生死本质上是由天所决定的，由对天的认识引申出与天相一致的"命"，认为死生由命，富贵在天。但儒家未把必然性的天命推向命定论，被动地接受命运的安排，而是强调发挥主体的能动性，要树立起替天行道的强烈使命感，敢于和命运相抗争。在死后世界论上，儒家对人死之后鬼神的存在持怀疑态度，提出"未能事人，焉能事鬼"的主张，以保留和疏远的心态对待鬼神问题，"敬鬼神而远之"，但儒家又十分重视对鬼神的祭祀，试图通过殡殓、丧葬、祭祀活动实现"民德归厚"的现世目的。在死亡态度论上，儒家特别强调，士人由于"仁"之重任在肩，心境必须宽宏强毅，只有这样才不至于中途退缩，从而达到至死不渝的境界，必要时甚至可以杀身成仁，舍生取义。在超越生死论上，儒家继承了前人"立德、立功、立言"的三不朽思想，主张人生在世,应当通过建功立业、拯世济民的行为,实现光宗耀祖、名留青史、永垂不朽的理想。

与儒家不同,基督教在生死本体论上认为,上帝最初造人时,本来想让人长生不死,但由于人类始祖亚当和夏娃在伊甸园里违背上帝诫命,偷吃了智慧树上的果子,犯下原罪,故上帝就让人类来到世上承受各种苦难,并以死亡为代价换取被救赎的可能。在死后世界论上,基督教从灵魂肉体二元论、天堂地狱二界论出发,根据人生在世时的道德表现,分别为善良之人的灵魂设计了天堂,为恶毒之人的灵魂设计了地狱,让其为前生的所作所为承受不同的道德赏罚。在生死态度论上,基督教并不恐惧死亡,而是将其视为对上帝所赋责任的完成,善恶争战在自己身上的终结,渴望上帝会对自己终生的所作所为给出满意的裁决,从某种意义上讲,基督教是一种向死而在、死而后生的宗教。在超越生死论上,早期基督教要求人类在对上帝的敬拜、默想、祈祷和朝拜之中,竭尽全力地去荣耀上帝,同时,通过人与人之间的彼此相爱、增进友谊来实现生命的价值。基督新教则认为,上帝许诺给人的唯一生存方式,不是要人们以苦修的方式超越世俗性道德,而是要人们完成他在现世生活中上帝赋予他的神圣责任和义务,新教徒毕生工作的最重要目的之一就是合乎理性地组织劳动,为人类提供丰富的物质产品,同时,一个人财产越多,越要经得住禁欲主义生活态度的考验,并鼓励人们应当异常勤勉地将所有精力投入到自己所从事的职业活动中,以认真负责的态度对待自己的工作,唯其如此,才能实现自我价值并超越死亡,最终获得上帝对你的救赎与奖赏。

四、近代中国传统政治文化的危中求机

笔者以祠堂和教堂为切入点,深入探讨中西方政治文化人文生态环境和核心价值理念的重大差别,目的有二:一是通过比较研究来加深中西政治文化的交流与互鉴,二是为建构中国特色的社会主义政治文化体系提供一孔之见。而要完成上述目标,就必须正确认识和把握以下三个问题。

(一)辩证地看待中西传统政治文化的优缺点

通过上述比较研究我们已经看到,中西方政治文化是在特定的自然地理环境、经济发展方式、社会政治生态中长期积淀而形成的,就各种政治文化能够适应彼此的生存环境绵延不绝而言,他们之间没有上下优劣和利弊得失之分。我们在这里之所以强调辩证地看待二者的优缺点,只是想站在现代社会的立场,用马克思唯物辩证的研究方法,就各自适应当今社会需要的成分和要素做出评判。就儒家政治文化而言,它具有适应现代社会需要的各种积极因素,如儒家的天人合一主张,在生态失衡和能源短缺已危及人类生存的今天,能够为我们治疗人类的现代工业疾病提供诸多有效的思想资源;但其以小农经济为背景,建立在君王个人高尚道德基础上的礼治和人治观念,就未必能适应现代城市社会市场经济条件下对法治的强烈需求。就基督教政治文化而言,其信、望、爱三主德理论在当今时代,无疑能够在帮助人们学习宗教经典和各种知识、掌握宗教和社会行为规范、促使人们形成共同的理想信念和价值观、强化教徒之间的交往等方面发挥巨大作用,但因其过于注重宗教组织内部的认同而阻碍外部认同,引发了众多的教派冲突和民族冲突。不难看出,伴随时代的变迁,任何一种政治伦理文化皆有其适应时代需要的积极因素,也会暴露出诸多落后于时代要求的局限性。

(二)中国传统政治文化的近现代危机

以1840年鸦片战争为标志,中国逐步沦为半封建半殖民地国家,在西方坚船利炮和商贸往来的双重压力裹胁下,西方近代经济、科技、政治、文化理论开始全方位进入中国,由此,中国传统政治文化开始经历一次次血与火的洗礼。

（1）器物层面的改革。鸦片战争失败初期,人们普遍将失败原因归结为中国军事实用技术的落后,于是,明末清初的实学思潮再次受到晚清士人阶层的追捧,魏源在其著名的《海国图志》中,提出了"师夷长技以制夷"的图强自救纲领,这一纲领后来逐步演变为以曾国藩、李鸿章等人为代表的洋务运动。洋务运动的指导思想是"中体西用",即一是要强化中国的伦常名教,对社会和官场中各种违背儒家礼教的不良风气和腐败行为予以铲除;二是要大力学习西方的富强之术,即学习其制作坚船利炮的生产技艺、管理方法等,前者是"本",后者是"用"。

（2）制度层面的改革。1884年中法战争的失败,特别是1895年在甲午海战中,大清王朝被一向视为"倭寇"的日本战败后,人们愤怒至极,同时也认识到单靠洋务派制造的新式武器无法实现国家自强,必须彻底根治腐败无能的政治制度。其间,清王朝经历了从戊戌变法的改良运动到辛亥革命的重大转型过程,但袁世凯篡夺辛亥革命成果并复辟帝制,以及后来北洋军阀的黑暗统治证明,孙中山建设独立富强国家的理想主义主张,只是资产阶级一厢情愿的政治幻想,在封建主义毒素极深的中国,单独对政治制度予以改良（戊戌变法）或革命（辛亥革命）,无法真正取得全面胜利,没有人们思想文化领域的深刻变革,一切美好的政治愿望只能化作泡影。

（3）文化层面的改革。辛亥革命失败后,以陈独秀、胡适、鲁迅、李大钊等为代表的知识分子,开始从深层的文化价值观层面对封建主义旧礼教展开猛烈批判,掀起了轰轰烈烈的五四新文化运动。一方面,他们高举"民主"与"科学"旗帜,对几千年来定于一尊的儒家道德伦理观予以彻底批判;另一方面,他们大力鼓吹自由主义和个性解放思想,将中国近代启蒙运动推向一个新的历史阶段。

俄国十月革命后,伴随马克思列宁主义传入中国,加之中华民族生存危机不断加深,新文化运动的主题开始出现由资产阶级启蒙运动向爱国救亡运动的重大转换,思想界的一批先进人物提出了马克思主义普遍真理如何与中国传统政治伦理和具体革命实际相结合的问题,以及如何用马克思列宁主义为指导创建中国特色的社会革命理论,以挽救中华民族于危亡的重大现实课题。

(三)在综合创新中再造中华民族的政治文化

中国共产党人经过近百年的艰苦摸索,通过创立中国特色的马克思主义理论——毛泽东思想,有效解决了中国革命和建设这一重大历史课题,通过建构中国特色社会主义理论,即邓小平理论、三个代表、科学发展观、习近平新时代中国特色社会主义思想,破解了中国改革、发展、稳定的当代重大课题。在中华民族迅猛崛起的今天,如何重构中华民族王道型政治文化无疑是摆在中国共产党人面前的又一重大现实课题。笔者认为,要解决这一问题必须把握好以下几项基本原则:

(1)牢固树立马克思主义在中国政治文化建设中的指导地位。今天我们强调马克思主义的指导作用,不仅因为它是现代大工业革命的产物,反映了人类社会的发展规律,是科学的真理体系,还因为从生存伦理的角度看,它适应了中华民族近现代生存发展的需要。近现代中国人普遍认为,一方面,具有数千年文化传统的泱泱大国有资格与西方相比较;另一方面,在经济、政治、技术实力上又无法与之抗衡。绝大多数中国人所具有的这种自傲与自卑相结合的心境,使得追求民族平等(反帝)以及由之而来的社会平等(反封)成为一百多年来中国社会的基本政治诉求。这种诉求进一步与中国广大农民古已有之的"均贫富,等贵贱"观念相结合,就必然使"平等"价值观压倒"自由"价值观,成为近现代中国社会的主流价值观,同时也成为中国共产党建构现代国家的民族动员和实现社会革命的阶级动员的有力思想武器,从而使得在西方形成的以反对资本主义制度为目的的社会主义理念,在中国演变成了反帝(追求民族平等)、反封(追求阶级平等)的新民主主义革命和社会主义建设的基本理念。可见,中国近现代社会之所以选择以"平等"价值观为核心的社会主义制度,而不选择以"自由"价值观为核心的资本主义制度,归根结底是历史的必然,而非哪个人或党派的主观意志所能左右。在改革开放四十多年后的今天,通过创新和发展马克思主义理论,让其有效指导当代中国社会的发展,无疑是当代马克思主义者的重要责任和义务。

(2)辩证地处理好历史传统与时代精神的关系。近现代以来面对五四新文化运动和十年"文化大革命"对中国传统政治文化的巨大冲击和盲目破坏,以国粹主义和民族自大狂为表征的中体西用论、恢复儒家中心地位论、儒家社会主义论,从未停止过自己的强烈呼吁。但必须看到,在全球化的今天,信息社会已经使中国走出了古代封闭的自然地理环境,工业经济和知识经济已经使中国摆脱了小农经济的束缚,城市化造就的现代社会结构已经改变了中国家族宗法制社会结构,所有上述人文社会生态环境的巨变,使得建立在封闭性地理环境、小农经济和家国同构基础上的儒家政治文化暴露出巨大的局限性,我们决不能将自己局限在狭小的国内生活格局中孤芳自赏,一味地怀古、信古、好古、颂古,必须分清中国传统政治文化中的精华与糟粕,进行正确的取舍。

(3)科学把握立足本国与面向世界的关系。面对中华民族一百多年来落后挨打的局面,以民族虚无主义和民族自卑感为表征的全盘西化论、西体中用论、彻底启蒙论,曾在我国社会各界广泛流行。这种主张忽视了两个问题:一是他们未看到,任何一个民族的政治文化不是个别人的主观意志和外在力量能够任意割断的,它有自身遗传和变异的内在基因和创新动力，在全球化的今天越是民族的政治文化反而越能够成为世界性政治文化，如同生物多样性一样，现代性政治文化的多样性也是人类政治文化发展的必然选择。二是他们未看到，即使是西方政治文化也不是整体一致、不分彼此的，有欧洲大陆、英美国家等不同国别的西方政治文化，有同一个国家内不同历史时代的政治文化，在同一个国家还有不同阶级、阶层的政治文化，我们不可能全盘照收，只能有选择地吸收消化和为我所用。

（4）在综合创新中再造中国特色的政治文化。张岱年先生在学习、继承毛泽东"古为今用，洋为中用"思想方法的基础上，提出了"综合创新"的文化主张，其核心思想是：运用马克思主义辩证思维的基本方法，立足于当代世界广阔的文化背景，超越中西对立、体用二元的简单思维模式，从中国社会主义文化建设实际出发，兼取中国传统文化和西方文化之长，在融会贯通的基础上，创造出全新的现代中国文化。我认为，张岱年先生的上述主张也准确指出了创建中国特色社会主义政治文化的路径选择问题，在中国特色社会主义建设进入新时代的今天，如何实现中国传统政治文化的创造性转化和创新性发展仍将是一项艰难而长期的任务。

第四章　中华文明的伟大复兴与中西文化的交流互鉴

在上一章中我们已经谈到,任何一个民族要想对自己的文化充满自信心,就必须对自身文化类型的优缺点形成清醒的理性认知,也要对其他文化类型的利弊得失有着深刻体悟,更要对本民族文化的创新与发展充满道德责任担当和价值使命意识,最终通过"反思平衡"(罗尔斯)和"视界融合"(伽达默尔)达至与其他文化的彼此互鉴与和谐共生。如果说1840年鸦片战争以来,面对中华民族被瓜分豆剖的悲惨命运,洋务运动、戊戌变法、辛亥革命等器物、制度层面的变革屡遭失败,历史赋予五四时代学者的重要任务是,深入厘清和批判器物、制度背后更深层次的中国传统文化中的落后糟粕因素,为现代化思想的传播清理场地和开辟道路,那么,经过中华人民共和国成立七十多年特别是改革开放四十多年的发展,伴随中国由站起来、富起来走向强起来,历史赋予当代学者的重要任务则是,在中华民族面临伟大复兴的关键时刻,深入辨析和吸纳中国传统文化中的优秀成分,树立起中华民族的文化主体意识和文化自信心,为其再次走向辉煌注入强劲的精神动力。为完成这一重大历史任务,对中华民族历史文脉的运演轨迹探赜索隐,大力弘扬中华传统优秀文化,重建当代中华民族的精神家园,已成为我国社会各界广泛关注的热点问题之一。与此同时,我们也必须清醒地看到,在当今弘扬中华传统文化的热潮中,泥沙俱下、鱼龙混杂的现象时有所见,诸如:对传统文化的界定模糊不清,将传统文化等同于国学,将国学等同于"四书五经";将中国传统文化与西方文化和马克思主义文化对立割裂开来,或者百般儒化中国特色社会主义;打着弘扬传统文化的幌子举办各种高价培训班,乃至创办邪教组织,骗取他人钱财;借弘扬传统文化热,出版大量粗制滥造的国学书籍,贱卖国学智慧;不学无术又巧舌如簧的江湖术士以国学大师自居,蛊惑人心和招摇撞骗。

要正确解决上述问题,就必须对当前的国学热进行冷思考。一方面需要制定和出台相关法律法规予以有效规范,特别是有关党政管理部门应对之保持高度警觉,并加大管理力度;另一方面,也需要造诣深厚的高水平传统文化专家走出书斋,去很好地宣传和普及中华传统优秀文化,发挥激浊扬清的作用。除此之外,更需要全社会对中华传统文化形成自信、自新、自强、自省的意识,在立场、观点、方法等重大问题上达成基本共识。唯其如此,我们才能从围绕传统文化的各种迷雾中踯躅而出,并正视其本真面相,找到切实可行的创造性转化和创新性发展的路径。

一、历史大纵深与传统文化的多维透析

要大力弘扬中国传统优秀文化,就必须从历史大纵深的恢宏视角,对"传统文化"的丰富内涵形成清晰明确的概念认知。中国传统文化包括满足中华民族生存需要的物态文化、由各种社会规范构成的制度文化、由民风民俗习惯性定势构成的行为文化、由各种社会意识形态构成的心态文化等。也有学者将中国传统文化区分为大传统和小传统,前者指由统治阶级或社会精英掌控的规范和引导整个文化发展方向的用文字记述的都市性文化;后者指由基层社区普通百姓在日常生活中形成的风土人情、节日礼俗、生活习惯等要素构成的乡村性文化;二者之间彼此互补,大传统为小传统提供思想内核和价值取向,小传统为大传统提供各种养分和发展动力。无论对中国传统文化的丰富内涵如何划分和界定,我们皆可清晰地看出,中国传统文化是由中国历代语言文字、典籍著作、科学技术、文学艺术、教育教化、宗教礼仪、史学哲学、道德伦理、风俗习惯等元素构成的恢宏庞大、变化多端的复杂体系,正是这一文化复合体塑造了中华民族的精神特质、道德情感和审美趣味。故中国传统文化的丰富内涵决非少数几本诸子典籍所能囊括,很多时候,人们从琴棋书画和诗词歌赋中获得的传统文化滋养,并不少于死记硬背"四书五经"。

在弘扬源远流长、博大精深的中国传统优秀文化过程中,要真正避免国学大门外人声鼎沸,而国学大门内门可罗雀的局面,就必须对中国传统文化的根本特征予以深刻把握和精细体悟:

一是中国传统文化有其一以贯之的天地人神之道。"道"是中国传统文化的核心理念,其本意是"道路",引申为自然法则,亦即"天道",与天道相对应的是"人道",即关于社会和人自身的道理或价值标准。在不同历史时期不同思想学派对"道"的理解存在巨大差别,如老子的《道德经》赞扬"天道",认为天道的本质是不争、不言、不骄,与之对应的人道则是自私、偏狭、不公,要克服社会中的人道弊病,就必须效法天道。儒家创始人孔子也多次提及"道"的问题:"朝闻道,夕死可矣。"并将"道"的核心内涵指向人的高尚理想和道德情操,主张志士仁人要努力弘道并维护道的尊严,提升自身和社会的精神境界。唐代韩愈面对儒、释、道并存的思想格局,提出"道统论",将儒家崇奉的"先圣明君"视为治国理政的典范,努力振兴儒学,弘扬道统,对后世儒家道统、政统、学统、宗统思想的发展产生了深远影响。由之,中华民族形成了重"道"崇"德"的优良传统,"道"与"德"成为中华民族最为深沉的精神追求,从历史传统中溯其源、找其根、寻其魂,成为中华民族区别于其他民族最为突出的文化特质。

二是中国传统文化本质上是中华民族的一种生存方式。在漫长的农业文明基础上形成的中华先民高度崇尚"一分耕耘一分收获"的务实精神，如章太炎所言："国民常性，所察在政事日用，所务在工商耕稼，志尽于有生，语绝于无验。"当代著名哲学家苗力田也曾指出：中国文化的最大特点是："重现世，尚事功，学以致用。"西方文化的突出特质是："重超越，尚思辨，学以致知。"正是中西文化的这种重大差别，使得中国古代思想家的兴趣不在于建构完备的理论体系，而是强调理论理性和实践理性的辩证统一，偏重于践行尽性，试图通过天人、体用、心物之间的契合，做到言行一致和知行合一，如孔子所言："志以道，据以德，依以仁，游以艺。"

三是中国传统文化是一个"新古相推，日生不滞"的流动性活体。对中国传统文化中的文学艺术、宗教哲学、经史子集等各种典籍的学习，决不可局限于某时某地某本典籍，而是要将其置于历史大纵深的宏阔背景下予以动态性把握。以中国文学中的诗词为例，《诗经》以四言诗为主，战国时代出现了杂言体的《楚辞》，汉代五言体和七言体开始兴起，唐代五言和七言律诗走向成熟，唐以后又有宋词、元曲等诗歌样式的发展。同样，中国哲学的发展也经历了诸子百家、两汉经学、魏晋玄学、隋唐佛学、宋明理学、陆王心学等不同的发展阶段，每一阶段皆深刻地打上了特定时代的思想烙印。因此，对任何一部经典的把握，只有将其置于历史流变的逻辑脉络中，结合其所在特定时空中的经济、政治、文化等背景因素，才能深切体悟其内在的精神特质。

四是中国传统文化的任何思想流派皆有其极端复杂的多重面相。中国传统文化是由儒家、道家、法家、墨家、阴阳家、佛教等诸多思想流派，在长期性相互激荡、氤氲化润、融会贯通基础上，逐步生成的一个历史悠久、恢宏庞大、丰富多彩的思想体系。每一学派都有其深刻的思想内涵，不同时代对其本真面相的理解迥然有别。以儒家创始者孔子为例，有人认为，其思想之所以在无数次王朝兴衰和皇权更迭中屹立不倒,关键是他所倡导的封建礼教满足了历代统治阶级巩固统治和稳定秩序的需要。与之相反,也有人认为孔子一生周游列国,颠沛流离,终究未被重用,根本原因在于他以天命王道代言人自居,恬淡清高,对弱肉强食、刀光剑影的现实政治针砭时弊,极尽批判鞭挞之能事,是一个崇高的理想主义者和现实批判主义者。更有人认为,孔子本质上就是一位学而不厌、诲人不倦、开启民智的伟大教师,终身砥砺自己的才干与德性,聚天下英才而育之,奠定了中国教育的价值根基。可见,在不同人眼里孔子的形象判若云泥,要从千人千面中真正透析孔子的本真面相决非易事。

五是中国传统文化在有形的文字背后存在着无形的精神风骨。鲁迅在《狂人日记》中借精神病人之口,从"四书五经"宣扬的仁义礼智信背后,读出了令人惊诧不已的"吃人"二字,由此,为中国近现代革命现实主义新文学树立起一座巍峨的精神丰碑。他给今人的重要启示在于,我们阅读中国传统经典,不仅要看到典籍表面的文字含义,更要看到典籍背后民族精神的极度复杂性。实际上任何朝代所汇编的众多典籍,如魏徵等人为唐太宗编纂的《群书治要》、纪昀等人为乾隆编纂的《四库全书》,在编纂过程中都要遵循当朝统治者制定的基本政治原则。如乾隆借编纂《四库全书》之机,大力贯彻"寓禁于征"的政策,对不利于清朝统治的书籍,分别采取全毁、抽毁和删改的办法,尽可能收录宣传大清王朝文治武功的著作;对黄宗羲、吕留良、顾炎武等具有现代民主精神和文人反抗风骨的著作,予以严厉打击和销毁;大力突出儒家经典的地位,轻视天文历算、农家医药等科技著作的收录。如果我们在阅读古代典籍的过程中,缺乏鲜明的文化主体意识、深刻的历史批判精神和敏锐的学术甄别能力,必将陷入古人设置的精神迷帐而无从出入,恰如孟子阅读《尚书·武成》时所言"尽信书则不如无书"。

二、国际宽视域与华夏文明的动力之源

要真正实现中华民族的文化自信,还需要从国际宽视域的视角,深刻透析中华文明生生不息的动力之源。著名历史学家汤因比在其皇皇巨著《历史研究》中主张,人类各种文明的兴衰并不是完全由生物禀赋和地理环境造成的,而是源自人类的生命冲动对各种生存活动的"挑战"和"应战",每一次挑战都将生命活动推入混乱境地,在随之而来的应战中,成功者促使某种文明由混乱走向更高的平衡,失败者则导致某种文明的衰落和解体,正是挑战程度和应战努力的彼此互动,推动着人类文明的生生不息和不断前行。在四大文明古国中,中华文明之所以能够历经磨难而绵延不绝,同样是在应对各种生存挑战中,不断大量吸收外来文明因子,在"夏变夷来夷变夏""师夷长技以制夷"的历史磨合过程中,一次又一次从苦难走向辉煌。

以佛教的中国化过程为例。自西汉伊始,端起于南亚次大陆的佛教在中华大地上逐步传播开来,对中国传统的儒家和道家文化形成巨大冲击,但历代统治者从最初的一次次灭佛事件中深刻体悟到,宗教信仰问题单靠强制性行政手段是无法得到真正解决的,思想文化问题只能依靠思想文化的方式求解。于是中国统治阶级和士人阶层从隋唐开始,转而采取借鉴、吸纳和消化的方式对待佛教,使儒、玄、道、佛在相互激荡中氤氲化润,获得多向度的发展与深化,到盛唐时,中国文化呈现出一派强健清新的气象。正是这种"有容乃大"的磅礴情怀,到中古后期中华文明达致繁盛期,形成了独具特色的禅宗文化、精致细腻的程朱理学和思想深邃的陆王心学。

鉴古以知今,今天在弘扬中华传统优秀文化的过程中,有人将中国传统文化与西方的底色文化——基督教对立起来,无疑是历史上极端错误的形而上学思维方法和极左主义政治遗毒在作祟。实际上自从基督教传入中国，其中国化的过程就一直行进在路上。不仅自中华民国开始采用的公元纪年法、每周七天的工作计时法都源自基督教文化，而且中国民主革命的先行者孙中山以及长期统治国民党集团的蒋介石都是虔诚的基督徒，特别是基督教对中国近现代教育、卫生、慈善等各项事业的发展均做出过重要贡献，基督教神学对近世新儒学的生成也发挥过重要的启示作用。在中国共产党领导中国革命和建设过程中，同样有大批基督徒成为我党统一战线的骨干力量，如果将中国传统文化与基督教文化截然对立起来，我们今天又当如何正确对待我党领导的团结在"三自"爱国会旗帜下的数千万基督徒？又当如何正确处理以梵蒂冈为代表的整个西方基督教政治势力和西方文化？更何况我国宪法明确规定公民有信奉不同宗教的自由。可见，要正确对待西方基督教文化，必须借鉴历史上处理佛教的思想进路，即"中国文化化基督，基督精神留中国"。

更为荒唐的是，还有个别所谓"当代新儒家"看不到中国近现代社会形态发展的连续性和异质性特征，要么将中国传统文化与马列主义文化割裂开来，要么通过儒化中国特色社会主义将二者混为一谈，不仅对西方马列主义传入中国给传统文化激发出的巨大活力置若罔闻，更无视中国共产党正是将马列主义同中国革命实际相结合，同时，又将其与中国优秀传统文化相结合，才形成了指导中国革命和建设不断走向成功的毛泽东思想，使得中国社会的基本面貌发生根本性改变，并在此基础上发展出当代中国特色社会主义文化，引领中华民族走上了由站起来到富起来再到强起来的伟大复兴之路。倘若不把红色革命文化和改革开放以来的新文化视作我国大传统的有机组成部分和最新发展成果，故意将其与以往的传统文化割裂开来或混为一谈，不仅会对各自的繁荣发展构成伤害，而且也是鼠目寸光的政治短视之表现。

上述历史与现实经验反复证明，"不识庐山真面目，只缘身在此山中",我们必须跳出传统看传统,跳出国学看国学,倘若时至今日,仍然抱持"罢黜百家,独尊儒术"的思想幻相,无异于引颈自戕。在全球化的今天,只有确保异质性文化体系之间和平共处,才能实现不同文明之间文化利益的最大化。因为多元异质型文化的存在,有利于人们从不同的视角观察和思考各种问题,有利于各种文化之间的平等交流和相互理解,有助于丰富和发展主流意识形态的思想内涵,有利于反对和抵制各种文化霸权主义的无限扩张。恰如习总书记在联合国教科文组织演讲时所指出的那样:"文明因交流而多彩,文明因互鉴而丰富。文明交流互鉴是推动人类文明进步和世界和平发展的重要动力。"

三、时代新高度与中华文化的转型升级

作为中华民族历史的传人,每一位中国人都应对本民族的历史文化抱有一种温情和敬意。但也要清醒地看到,悠久的历史对一个民族而言,既是一笔宝贵的精神财富,同时也是一种沉重的思想包袱。一方面,我们决不能背离历史主义的基本要求,摆脱时空限制,用今天的标准去衡量或妄议古人所做的一切,最终走向历史相对主义或历史虚无主义;另一方面,也不能一味地食古不化、厚古薄今,走向文化复古主义和民粹主义。要做到这一点,就必须运用马克思主义的立场、观点、方法,科学分析中国传统文化的精华与糟粕,特别是要从时代新高度的站位中,将对中国传统优秀文化的综合创新和对其落后糟粕因素的深入批判,一并推向新的历史境地。中华先祖的真实愿望决非让后世子孙重新回到他们生活的时代,而是希望后人不忘本来、吸收外来和面向未来。

以现代民主政治与传统官本位文化的关系为例,虽然我国古代不同历史时期的思想家都高度重视人民群众的切身利益,出现过"民贵君轻""先民后官""民心向背"等理论,这些理论在古代官员中的提倡,在一定程度上减轻了人民群众的负担,保护了人民群众的切身利益。但它们与今天共产党人提出的"为人民服务"理论存在本质区别。古代政权的性质是皇权专制主义,尽管屡经王朝易姓和改朝换代,但皇权世袭制的本质亘古未变,国家的一切权力是皇帝的绝对私有物,"普天之下,莫非王土,率土之滨,莫非王臣",重民的主体是君臣,民说到底只是被君臣重视的对象。而现代民主政治的根本要求是人民当家做主,我国宪法明确规定:中华人民共和国是工人阶级领导的以工农联盟为基础的人民民主专政的社会主义国家,国家的一切权力属于人民,国家各类公职人员是受人民委托来管理国家事务的工作人员,人民是国家的主人,政府官员是人民的公仆。质言之,必须将古代"当官不为民做主,不如回家卖红薯"改为"当官不让民做主,不如回家卖红薯"。其间,"为"和"让"仅一字之差,反映出古今政权性质的根本差别。

正确看待当代文化与传统文化的内在关联和本质区别,只是解决问题的起点,更为关键的是,在新型工业化、高度市场化、充分民主化、深度城镇化、全面信息化的今天,对建立在小农经济基础之上,以血缘和地缘为前提、以家族宗法制为支撑、以封建等级制为后盾的中国传统文化,如何进行创造性转化和创新性发展,以便让其真正参与到现代化的历史进程中来。笔者认为,要完成这一任务,必须对中国传统文化中的三种要素进行深入辨析和研判:一是对我国传统文化中反映人类共同生活的超时代、超种族的共性和普适性内容,应当去不断地弘扬光大;二是对旧文化中某些已经过时,但仍有可取内核的东西,要合理地继承与发展;三是对已经完全失去现实存在价值,但在今天仍有暗示和警示作用的东西,要从中汲取经验与教训。

笔者仅以儒、法、道、佛政治伦理思想的创造性转化和创新性发展为例,讨论怎样将儒家生生不息、以人为本、奋发向上的精神,转化为当代领导干部信念坚定、勤政为民、敢于担当的道德责任意识；如何将法家重视法制、循名责实、乘势而上的国家治理理论，转化为当代中国依法治国、权责统一、因势利导的治国理政思想；如何将道家尊崇天道、清虚自守、居穷达变的处事态度，转化为当代共产党人尊重自然、去奢就俭、身心和谐的人生哲学；如何将佛教去蔽遮拨、自识本心、返本归极的宗教灵修方式，转化为当代共产党人淡泊名利、自省慎独、心灵纯粹的党性修养方法等。这些问题是对中国传统优秀文化进行综合创新的重点和难点所在。

四、交互主体性与中西文化的彼此互鉴

文化自信超过其限度就会走向文化自大，文化自大的进一步发展就是文化自狂，文化自狂的最终结果必定是文化的自我毁灭，正如西方谚语所言："上帝让谁灭亡必先使其疯狂。"要有效避免盲目性文化自信，就必须牢固树立文化自谦意识。中华民族对文化自谦有着深刻自我认知。《周易》的"谦卦"将天地人神长盛不衰的根本大道归结为一个"谦"字，"天道亏盈而益谦，地道变盈而流谦，鬼神害盈而福谦，人道恶盈而好谦"。即天道的规律是亏损满盈而补益谦虚，大地的规律是改变满盈而充实谦虚，鬼神的本性是损害满盈而施福于谦虚，人类的本性是厌恶满盈而爱好谦虚。可见，"谦虚"的品格既是一个君子所追求的至高境界，也是中国文化与各种文化交流互鉴中所崇奉的制胜圭臬。

当然，要真正实现中华文明在交流互鉴中综合创新，还必须在文化自谦基础上，进一步解决中西文化比较研究过程中一系列深层次的模糊性理论认知问题，特别是要深刻把握"文化"与"文明"的联系与区别，避免陷入欧洲中心主义和中国中心主义两极对立的形而上学思维模式之中。众所周知，对"文化"与"文明"概念的界定是国内外人文社会科学研究领域,争议最为激烈、歧见最为广泛的热点和焦点问题,每种界定方法的背后都有一整套理论作支撑,从这种意义上讲,"文化"和"文明"概念并不是一个固定物,而是一种变化和流动的活体,它自始至终处在不断的解构和建构过程中。在笔者看来,文化是一个民族在特定的自然人文生态环境中,通过个体或群体之间耳濡目染逐步形成的一种生存方式,包括该民族的语言、宗教、价值观、生活习惯等,它构成了一个民族之所以成为这个民族的个性特征和精神特质。文明则是不同民族在长期的经济、政治、文化等相互交往过程中,促使彼此之间的差异性逐步减少的普遍性行为规则,通常与野蛮相对应,指涉特定社会群体发展的较高阶段。文化是一种事实判断,没有高低贵贱之分,而文明是一种价值判断,存在先进和落后之别,但在很多时候,人们通常将"文化"与"文明"通用,不做详细区分。各个民族的文化都具有一定程度的保守性,均表现出对异质文明的一种抗拒姿态,而文明则具有巨大的扩张性,它通过不断侵蚀各个民族的文化而曲折前行,如何在遵循人类普遍文明规则的同时,守护好各自民族的文化传统,是世界各个民族面临的共同难题。自五四运动以来,我国学术界在处理东西方文化与文明的关系时,由于受到各种历史情境和现实因素的综合性复杂作用,自始至终存在着以下两种较值得注意的倾向:

一种是用欧美文化代表人类文明,以西方发达国家主张的所谓"普世价值"代替人类的共同价值,具体表现形态是欧洲中心主义。尽管人们对欧洲中心主义不存在一个广泛接受的概念,但其实质内涵是从欧洲的视角来看待整个世界的发展历史,认为建基于基督教文化上的欧洲文明具有不同于其他地区的特殊性和优越性,是引领世界文明发展的先锋队和指路灯塔。自18世纪英国工业革命始,欧洲凭借其雄厚的经济实力和强大的军事力量,逐步奠定了其世界霸主地位,开始了对各个殖民地资源的大肆掠夺。与此同时,有诸多思想家,如黑格尔、兰克、孔德、韦伯等人,在探讨欧洲兴盛的原因时,将其归结为欧洲文化的优越性所致,进而从人种的优劣差异角度论证欧洲民族的优越性。而随后出现的达尔文的物竞天择的物种进化论,被各种社会达尔文主义者广泛采纳,进一步奠定了欧洲中心主义的所谓"科学根据"。如黑格尔在《历史哲学》中宣称,世界历史虽然起始于亚洲,但其落脚点和终结处却在欧洲,欧洲文化依靠其强大的主观能动性和创造性,始终承担着历史发动机的作用,而中国和印度文化由于缺乏生机和动力,只能处于世界历史的被动和边缘状态。韦伯在《新教伦理与资本主义精神》《儒教和道教》中更是主张,资本主义是欧洲文化的特产,中国、印度等国的文化不存在产生资本主义的先天条件。欧洲中心主义思想在不发达国家的近现代历史上,存在着众多的响应者和支持者。欧洲中心主义的本质是西方资产阶级为自己近代以来主宰世界的行为制造历史文化合法性的说教,在他们看来,人类文明的意义和价值只能由欧洲人界定,因为欧洲文明不仅具有自身的独特性,更有巨大的普世性。质言之,他们是在用西方的观念和标准去衡量中华文化,完全背离历史主义的基本要求,对其横加非议,其最终结果必然是走向中华文化的历史相对主义和历史虚无主义。

五四以来的另一种错误性文化倾向是所谓中国中心主义,中国中心主义包括古代中国中心主义和现代中国中心主义。古代中国中心主义认为,中国是世界文明的中心,中国在其悠久历史中形成的礼仪风俗、国家制度、道德标准代表了世界的最高水平,中原华夏以外的民族被称为"化外之民"或"蛮夷",中国的皇朝是"天朝"或"上国",其他民族是贡国和属国。上述"天下观"构成了中国历代王朝对外关系的核心理念,直到清朝末年,伴随西方列强对中国的强行瓜分,上述古代中国中心主义观念逐步消亡。但伴随中华人民共和国的建立,特别是经过改革开放四十多年的迅猛发展,中国的综合国力持续上升,近年来一种新兴的民族主义和民粹主义思潮不断升温,一种现代版的中国中心主义再次抬头。其核心理论根据有三:一是通过大力揭露近现代资本主义经济、政治制度的各种缺陷和弊端,说明资本主义现代化的不可持续性。如通过对资本主义刺激人的消费欲望来促使经济发展的思维模式进行深刻反思,来说明资本主义现代化引发的环境污染、生态破坏、资源枯竭、经济危机、金融海啸等问题,进而指明资本主义经济制度的不合理性;通过揭露资本主义政治制度中,选举票决制的弊端、多党制引发的政坛混乱、三权分立导致的效率低下等问题,来大力阐明资本主义政治制度的非正当性。进而从资本主义经济、政治制度赖以奠基的基督教传统文化中寻找出现上述问题的根本诱因,对资本主义的文化根基予以全面批判。二是大量引用西方学界反对欧洲中心论的知名思想家的论著,来佐证欧洲中心论的错误性,正所谓"以其人之道还治其人之身"。包括引用弗兰克、汤因比等人各种论著中的观点,如汤因比在其《历史研究》中通过对世界历史上二十多种文明类型的人类学研究指出,任何一种文明都有其存在的特定价值,西方可以凭借其强大的经济、政治制度来征服世界,但绝不可能把整个世界文化西方化,并对欧洲中心论赖以奠基的"历史统一论""东方不变论""直线发展论"予以深入揭批,特别是在其晚年,大力强调中国发展迟缓论的辩证法以及中国文明最终取代西方文明的历史必然性。三是从中华传统文化中大力挖掘治疗西方各种弊端的思想资源,以论证中国传统文化的历史合理性。如从儒释道天人合一理论中,寻找疗救现代生态危机的方式方法,从道家和道教慈、简、让的传统文化中,寻找经济可持续发展的思想渊源,从中国传统政治选贤任能的科举制度中,论证中国精英政治的现实合理性等。应当说现代中国中心主义对提升中华民族的文化自觉、自信、自强,具有极其重要的理论指导意义和实践关怀价值,但我们必须清醒地看到,在人类日益全球化的今天,中华民族要走向工业化、城镇化、信息化、市场化、民主化的现代社会，不对自身的传统文化进行创造性转化和创新性发展，一味地固守传统，其危险性也是显而易见的。现代中国中心主义同历史上的欧洲中心主义可谓殊途同归，其本质特点皆是用"文化"来拒绝"文明"，借"反西方"之名行"反现代"之实，借狭隘民族主义的"东西对抗"来掩盖"古今之变"的人类文明走向。任凭上述倾向发展下去，一定导致食古不化，厚古薄今，并最终陷入文化复古主义和民粹主义泥潭而无法自拔。

上述两种错误思潮使得近代以来中国的现代化道路跋前踬后，路途蹭蹬，前者导致中国的现代化浮游无根，精神失重，文化虚无主义盛行；后者导致中国的现代化封闭自满，盲目自大，狭隘民粹主义猖獗。可以说在中国一百多年来的现代化征程上，既有对本民族文化传统把握不深、崇洋媚外的一面，也有反封建传统严重不足、实用儒学依然存在的一面，健康发展和病态发展的两重因素自始至终交织并存。而真正成功的现代化应该是一个传统因素与现代因素相反相成、双向互动的过程，一种完全背离传统的现代化是殖民地式的现代化，而一种彻底背弃了现代化的传统，则是自取灭亡的传统。凡是成功实现现代化的民族，一定是善于克服传统因素对革新的阻力，又善于利用传统因素作为革新助力的民族。也只有这样的民族才能有效消除"文化自恋"和"文化自虐"两种错误心理，真正做到在交互主体性的语境中，通过与其他文化的平等交流和彼此互鉴，在反思平衡和视界融合中，实现对自身文化的创造性转化和创新性发展，并最终担当起促进人类整体文明不断进步的伟大历史使命。

所有上述问题，皆是今天弘扬中华传统优秀文化需要直接面对的立场、观点、方法问题，只要我们能够从历史大纵深、国际宽视域、时代新高度、交互主体性的定位中，科学看待和正确处理在弘扬传统文化中出现的各种乱象,就一定能够从对我国传统文化的自信、自新、自强、自谦中实现传统与现代的有效接续,真正在全球化意义上实现中华文明的伟大复兴,从而再造中国传统优秀文化的辉煌明天。

中 篇

霸道政治与
欧美文明的多重面相

西方世界通常被很多人视为一个完整一致但又模糊不清的整体，而我们一旦步入真实的西方世界就会惊奇地发现，欧美各国实际上是一个充满分裂与统一、撕扯与连续、危机与冲突的世界，每个国家所采取的化危为机的政治举措，无不受到其历史传统的深刻塑型。为了全面俯瞰欧美霸道政治的来龙去脉和整体景观，我们分别选取了能够代表西方文化的英、法、德、美四国作为研究样本，围绕它们的民族精神特质和权力、资本、劳动三大阶层的德性流变展开叙述，并就各国处理国际关系所遵循的霸道性政治伦理原则予以深度解析。美利坚新型帝国是当代世界霸道政治的典型代表，本篇从多个层面对其个性特质进行了精细描摹和深入诠释。

第五章　内敛与外扩:英格兰政治本性的多维检审

　　18世纪是人类文明的分水岭,之前无论是人类的经济发展、政治结构,还是社会面貌、精神状态等,都是以缓慢的线性增长为特征,之后呈现出爆发式的指数增长。如《共产党宣言》所指出的那样:"资产阶级在它不到一百年的阶级统治中所创造的生产力,比过去一切世代的全部生产力还要多,还要大。"①而这一拐点的出现与英国工业革命密不可分。但在古代和中世纪,英国一直是一个被置于地球边缘不受人注意的天涯小岛,欧洲大陆人总是以鄙夷的眼光看待它。那么开创人类崭新文明类型的英国具备什么样的民族精神? 近代英国社会各阶层具有何德何能使其成为世界性"日不落"帝国? 上述诸因素如何转换成了英国处理国际关系的伦理规则? 从政治伦理学的视角,对这些问题进行深层次的理论探究,无疑对当代中华民族的伟大复兴具有极端重要的镜鉴价值。

一、大英帝国崛起中民族精神的多元重构

　　民族精神是一个民族的绝大多数成员在天然给定的环境中,面对自然、经济、社会等各种矛盾和困难时,所表现出来的百折不挠和

————————

① 《马克思恩格斯文集》第2卷,第36页。

奋发向上的精神状态。它是该民族经过漫长的发展历程所逐步生成的一种无从规避和义不容辞的神圣天命或使命，它构成了该民族历史文化的精神图谱。土地养育人民，环境制约发展。英国作为四面环海的岛国，岛上的谷地和平原，沿海的浅水、暖流和深港，夏凉冬冷的海洋气候，养育了不列颠人的岛民特性。早在古代，英国就被强制纳入罗马文明的框架中踯躅前行，经历了欧洲封建社会经济政治发展的停滞与徘徊、政教关系的冲突与转型等艰难曲折的历程。但自1453年土耳其人攻占东罗马帝国首都君士坦丁堡始，以东地中海为重要通道的欧亚贸易急剧衰落，欧洲贸易重心由地中海转向波罗的海和大西洋沿岸。面对新社会曙光的初露霞曦，英国人抓住了这一稍纵即逝的重大历史机遇，通过宗教改革、资产阶级革命、工业革命这三次标志性事件，由世界之边的蕞尔小国一跃成为引领世界文明进步的日不落帝国。但在其跌宕起伏的历史进程背后，英国人主动成为世界历史运动主体的崇高精神追求，构成了创造帝国辉煌的根本动力。

（一）新教伦理中的理性信仰精神

要深刻洞察英国民族的独特精神气质，就必须以其宗教改革为出发点，因为宗教因素曾长期左右英国的政治生活。英国民族国家的形成源自与罗马天主教皇和教廷的斗争，罗马教会的专横和教权主义的淫威，特别是中世纪后期的滥用职权、买卖圣职、任人唯亲、兼领圣俸、贪污腐化、卖弄财富、追名逐利等行为，加深了英国人对外来天主教会的憎恨。正是通过从约翰·威克利夫发动的自下而上的宗教改革，到都铎王朝发动的自上而下的宗教改革，再到17世纪的"清教革命"和"光荣革命"，确立了英国国王对教会事务的完全控制，彻底摆脱了罗马天主教皇在经济、政治、司法方面对英格兰的严密掌控，也标志着英国国王成为英国世俗和教会的两界首领，打破了宗教至上及其后来宗教与世俗权力平衡的政治结构，实现了英国政治权力体系的全面重组。特别是亨利八世时期(1509—1547),查禁了560所修道院,将其年收入值13.2万英镑的土地落入王室手中,为英国民族国家的生成奠定了重要的经济基础,到爱德华六世时(1547—1553),英国教会开始拒绝使用罗马教廷所规定的拉丁文《圣经》及各种教会文告,明确规定英国牧师必须使用英文《圣经》和克莱默的英文《公祷书》进行各种宗教活动,从而更加强化了英格兰的民族意识①。

最能代表英国宗教特色的教派当属以安立甘宗(Anglicanism)为代表的国教(我国译为"圣公会"),尽管它之后分化为清教徒派(Puritan Theology)、罗德派(Laudian)、宽容主义派(Latitudinarian)、福音派(Evangelical Theology)等多个派别,但上述各宗派均呈现出理性信仰的神学精神特质:(1)把个人视为神学的中心,主张宗教的目的就是改造人类自身和完善社会伦理,不是逼迫或诱使别人依靠或传播福音而得救。(2)秉持多元主义神学观,认为罗马教廷的神学理论只是诸多神学理论之一种,并非普世真理,每一神学理论各有其独到见解和可取之处。(3)对人类的潜能保持一种积极乐观的态度,拒绝承认罗马教廷对人性和人类的悲观主义诠释,认为神的计划就是让人类不断走向成熟,对人类未来世界的不断进化充满希望。(4)《圣经》只是人类宗教思想和生活经验的记录,不是神的启示,反对用超自然主义的神迹来解释《圣经》,主张用科学客观的自然主义方法看待《圣经》的各种记述,只把耶稣视作一个宗教先驱,一位被神充满的人,不是什么人类救世主②。

(二)思想方法上的经验实证精神

与新教伦理的理性信仰精神相一致,反映到英国人的思想方法

① 钱乘旦、许洁明:《英国通史》,上海社会科学出版社,2012年,第115页。
② 于歌:《民族个性与民族兴衰》,当代中国出版社,2015年,第31页。

层面就是经验实证精神的兴起,中世纪中后期英国同样受到天主教经院哲学的巨大影响,注重逻辑推演的宗教神学和形而上学占据主导地位。但伴随宗教改革和资本主义生产方式的出现,到 16 世纪末,英国经验主义哲学迅猛崛起,出现了以培根、霍布斯、洛克、休谟、贝克莱为代表的著名经验论哲学家,成为与欧洲大陆相对立的一个哲学派别。他们的共同特征是由注重本体论研究转向认识论研究,其中,培根奠定了唯物主义经验论的基础,提出世界本质上是物质的,人的感觉经验是认识的直接来源,高度重视经验归纳法在人类认识中的巨大作用;霍布斯将培根的唯物主义经验论系统化,创立了完整的机械唯物主义哲学体系;洛克将培根的经验论进一步充实提高,提出了著名的心灵白板说。到 18 世纪上半叶,伴随历史条件的改变,休谟和贝克莱在强调知识来源于感觉经验的同时,保留了对主观能动性和精神实在的执著追求,逐步走向不可知论和唯心论。

　　英国经验论哲学的兴起和实证型思维方式的确立,既为现代科学技术的发展提供了浓厚的文化氛围,同时也为其奠定了深厚的思想根基。首先是经验实证性社会科学的蓬勃兴起。诸如:李嘉图和斯密的经济学理论、霍布斯和洛克的政治学理论、边沁和密尔的社会学理论等。其次是以实验为主的自然科学的快速发展。正是在 17—18 世纪,英国创立了微积分,发现了力学三大定律和太阳光谱,形成了现代数学、物理学、光学等自然科学理论,成立了世界上最早的科学院,即英国皇家学会。与此同时,在航海、采矿、煤炭、纺织、动力、交通等技术领域,英国也涌现出一系列发明创造,诸如:珍妮的纺织机、瓦特的蒸汽机等。科学技术的突飞猛进逐步推动英国政治、经济、社会等各个领域发生翻天覆地的变化,将英国由一个欧洲边缘的农业国和商业国转变成世界性的现代化工业帝国,进而深刻改变了人类社会的根本秩序,引领人类迈向了历史进步的前沿阵地。

(三)政治改良中的民主法治精神

前已备述,英国圣俗两界的政治权力斗争,以世俗国王的胜利而告终,教权与王权二元对立的政治结构体系,演变为王权至尊的一元政治结构,但在一元政治体系中潜藏着制约、对抗和限制王权的力量——议会,可以说议会或代议制民主是英国贡献给人类社会的一项重要政治文明成果。议会在英国的兴起源自中世纪后期的税收需要,英国国王通过分封制已将全国土地分封给了公、侯、伯、子、男等各级贵族,但伴随国家政治经济活动的增加,特别是军费的持续飙升,国王必须向封臣索取赋税,在围绕赋税分担比例的争执中,对国家税收承担主要责任并具有重要发言权的贵族汇聚在一起进行讨论,逐步形成了上议院,而封建骑士和下层市民代表角色低微,主要是为民请命,构成了下议院。但光荣革命后英国资产阶级力量不断壮大,特别是工业革命的发生,致使广大无产阶级迅猛崛起,平民阶层的经济实力和议会代表人数持续增加,他们承担了越来越多的国家税赋,使得英国的"精英政治"逐步向"大众政治"转换。上院中的贵族世袭制最终被废除,"贵族"逐步演变成一种荣誉性称号,只授予为国家做出杰出贡献的人士。与此同时,下院的权力作用和强硬程度不断增大,获准参与重大决策的机会越来越多,它和代表权贵的上院之间,时而斗争时而联合,最终成为制衡、对抗和打压王权及其政府的主要力量。截至今天,除了财税审核批准权外,它还具备了众多的法案法律创制权、对国王和政府的监督控制权等等,最终形成了立法、行政、司法三权分立的宪政制度,成为现代西方民主政治的重要标示。

用法律手段将上述民主成果固定下来构成了英国政治的另一突出特征,同时也孕育出英格兰民族崇尚法治的精神特质。英国本来就有十分悠久的习惯法和治安推事制度,即地方事务完全由不领报酬的地方乡绅即治安推事管理,它运作灵活、回旋余地大。自《大宪章》之后,更是高度重视通过法律制度的作用,将经济、政治、社会等各方面的改良成果予以固化。《大宪章》本身就是各级贵族和僧侣制约王权的产物,涉及贵族封地的继承权和租用权、教会的自由权、城市的商贸权等复杂内容。光荣革命后,议会对国王的控制通过一系列法律加以明确,如:1689 年通过《兵变法》,议会控制了军权;1696年通过《叛逆法》,使国王无法再对反对派任意加罪;1701 年通过《王位继承法》,明确规定了王位继承的顺序,使不利于英国的各种势力被排除在王位继承之外①。19 世纪轰轰烈烈的英国宪章运动之后,为保障工人阶级的利益,议会通过了《十小时工作制法》(1847 年)、《公共卫生法》(1848 年)、《工人住宅法》(1875 年)、《工厂与工作场所法》(1878 年)等。正是法治精神所孕育的上述众多法律法规的出台,保障了英国政治生活在缓慢蜕变中稳步向前。

(四)经济发展中的自由竞争精神

在英国对人类文明的诸多贡献中,其经济领域出现的工业革命及其所孕育的自由竞争精神无疑占有重要历史地位,围绕为何工业革命率先在英国爆发,学界众说多歧,未归一是:有人归结为地理位置所致;有人归之于英国农奴制瓦解较早;也有人说是英国各殖民地为其积累了原始资本;等等。笔者认为,上述见解各有所是,但根本原因还在于英国人的本源性商业传统。中世纪后期的英国贵族除了经营有限的庄园土地外,在提倡子女到政府、军队、教会任职的同时,也鼓励子女们去从事贸易活动,这就造就了英国绅士参与商业活动的历史传统,也使得国内统治者对商人阶层一直保持一种尊重态度,并能够对商人阶层的要求做出快速反应,不像欧洲大陆国家把商人

---

① 钱乘旦、陈意新:《走向现代国家之路》,四川人民出版社,1987 年,第 101 页。

视为低等人。相对于欧洲大陆自给自足的封建农业而言，英国农业的商业化水平一直很高，英国气候湿冷，不太适宜农耕，很早就发展出了羊毛业和纺织业，自由农和农村手工业者通过商人与北欧（尤其是北海区域）和西欧开展贸易往来，获取生活必需品，且王室早在12—13世纪就开始用货币地租代替实物地租，到17世纪，当欧洲大陆还是农耕社会占主导地位时，英格兰城镇工商人口的比例远高于欧洲大陆，已经具有浓重的商业化色彩①。尤其需要强调的是，与西班牙、荷兰、法国、德国的殖民传统相比，英国特别看重殖民地国家的商业价值，殖民政策的重心从来都是以商业利益为出发点和落脚点。

正是上述浓重的商业文化氛围，极大地促进了英国人由重商主义向经济自由主义的转换，重商主义是西欧封建主义解体之后，16—17世纪资本主义原始积累时期形成的一种重要的经济理论和政策体系，它强调一个国家积累的金银越多就越富强，并主张国家要大力干预经济生活，努力增加金银输入，禁止金银输出。而亚当·斯密（1723—1790）在《国富论》中认为，在商品经济中，每个人根据社会分工要求，都以追求自己的利益最大化为目的，在"一只看不见的手"的指导下，通过市场机制自发的调节作用，各人为追求自己的利益去选择和奋斗，最终会使整个社会资源得到最优配置并获致最大利益。"每一个人，在他不违反正义的法律时，都应听其完全自由，让他采用自己的方法，追求自己的利益，以其劳动及资本和任何其他人或其他阶级相竞争。"②正是斯密开创的这种以社会分工和自由竞争为核心的经济自由主义的竞争理论，为英国工业革命的爆发提供了重要的

---

① 波斯坦等主编：《剑桥欧洲经济史》第5卷，王春法等译，经济科学出版社，2002年，第282页。

② 亚当·斯密：《国民财富的性质和原因的研究》下卷，郭大力、王亚南译，商务印书馆，2005年，第253页。

理论支撑,也为大英帝国的崛起乃至整个资本主义生产方式的全球化发挥了巨大的思想引领作用。

(五)社会建设中的功利自律精神

正如恩格斯所言,与法国的政治革命和德国的哲学革命相比,"英国的革命是社会革命,因此比任何其他一种革命都更广泛,更有深远影响"①。那么,对英国社会革命最具指导意义的理论是什么?这就是功利主义。功利主义思想在英国社会的各个方面均发挥着基础性作用,至今仍是其立法和公共政策领域的基本原则。近代英国的功利主义思想最早体现在神学领域,威廉·佩利在《道德哲学和政治哲学的原理》中强调,人应在服从神的意志的前提下,在满足个人快乐的同时,为公共的普遍幸福而行动。威廉·葛德文在《政治正义论》中提出政治功利主义理论,明确以快乐和痛苦为标准,将最大限度的普遍福利确定为行为准则。而边沁综合上述主张,在《政府片论》和《道德与立法原理导论》中正式确立了功利主义理论的基本框架,即以对快乐和痛苦质与量的计算为依据,以是否促进社会最大多数人的最大幸福为标准,来制定各种社会政策和出台各类法律。之后,密尔在其《功利主义》《论自由》中,进一步用幸福理论来修正边沁的快乐主义学说,将个人的自由权和自我发展权视为人生幸福的重要内容②。

功利主义因其以绝大多数人为导向的整体主义价值观、以感受性为标准的强大解释力、以快乐和幸福为原则的人生追求,深受广大民众喜爱与推崇,并激发英国大众以极大的热情投入到各项社会改良运动中去。特别需要指出的是,光荣革命之后,英国大众围绕经济、政治、宗教等问题,发生过大量集体示威、群众骚乱乃至暴动行

---

① 《马克思恩格斯文集》第 1 卷,人民出版社,2009 年,第 36 页。
② 牛京辉:《英国功用主义伦理思想研究》,人民出版社,2002 年,第 10 页。

为,但其所追求的目标均十分具体,以切实可行为准绳,很少有以推翻整个社会制度为目的的群体性行为发生,因为绝大多数群众早已接受了现行的政治和社会制度。在具体行动中较少出现纪律松散的暴民,大都是富有凝聚力和纪律性的群众大军,他们内心充满对自由、快乐、幸福的坚定信念,有着自己的严密组织和领袖团体。行政当局面对群团性事件,通常会默许上述行为,且因警力和财力有限,很少诉诸武力镇压的方式去解决问题,更喜欢通过安抚、辩论、仲裁等温和手段去缓和矛盾和求解问题,未曾出现过像法国大革命那样以推翻整个社会制度为基本目标的暴烈性群众运动,这构成了英国政治制度长期稳定运行的重要原因之一①。

犹如一部优秀的文学作品决不会采用单一叙事模式,而是采用叠合、交错等多元复式叙事结构一样,大英帝国迅猛崛起并引领世界发展近二百年,其背后的精神动因也决非某种单一要素所致,而是上述宗教文化、思维模式、政治改良、经济发展、社会运动等复杂性精神因子共同作用的结果。其中,由天主教向新教的转换造就了其理性信仰精神;由重逻辑推演的神学思维向重分析归纳的科学思维的转换养就了其经验实证精神;由国家重商主义向现代市场经济的转型塑造了其自由竞争精神;由封建王权与教权向资产阶级政权的换档激发了其民主法治精神;由农业社会向工业社会的进步培育了大众的功利自律精神。正是上述诸多精神要素的交织协同,建构起英国民族多元互补和独具特色的精神画面,在这种崇高精神的指引下,大不列颠及北爱尔兰诸民族在人类历史上,谱写出一部气势磅礴、辉煌灿烂的壮美史诗。

---

① 狄金森:《十八世纪英国的大众政治》,陈晓律等译,商务印书馆,2015年,第148页。

二、近代英国社会各阶层的
德性特质及其实践逻辑

　　近代英国之所以形成以《大宪章》为标志的宪政制度安排，从而引领世界政治文明新潮流，且至今勇立潮头而不败，决非上帝恩赐所致，是由政府、市场、社会等多元力量和各种利益集团艰苦博弈和妥协平衡的结果。其间，政府、市场、社会的人格化代表——权力阶层、资本阶层、劳动阶层，在其先天禀赋层面具备何种德性结构？在各阶层的彼此互动中生成了那些实践逻辑？这无疑是探究大英帝国政治伦理奥秘的又一重大课题。

（一）权力阶层妥协与折中的政治本性及其伦理表现

　　英国的政治史是一部统治者与被统治者不断斗争的历史。就统治阶层而言，面对被统治阶层的激烈抗争，为了自身的现实生存和长远利益考量，他们通常会被迫适时地做出让步，即使最顽固的保守派也不得不承认人民斗争的合理性。就被统治阶层而言，为了争取自身的正当权利，他们会不断地进行坚决的、长期的、有组织的斗争，最终达到自己的目的。而且由于斗争的坚定性，一旦取得胜利，其成果不会轻易得而复失。统治者和被统治者通过无数次斗争经验的总结，确立了任何人，即使是最卑微者，也有其与生俱来和不可剥夺的权利，这种权利只要是合法的，包括统治者在内的任何人都不可侵犯，而权利拥有者对侵犯者进行抗争，会得到社会大众的广泛认可。与此同时，在英国历史上依次掌权的统治阶层在与被统治阶层打交道的过程中，也在不断地改造自身，必须使自己适应变化着的社会，每一次让步和妥协都意味着新生命在旧躯壳中成长。正是斗争双方持续不断地彼此调适，使得旧制度日渐消亡，新制度逐步诞生。质言之，英国权力阶层在其所开展的政治改革进程中，总是走一步看一步，试探性地伸出一只脚，若没有反应，就再向前走一步，如果遇到强烈抵抗，就立即缩回来，再做打算。这种社会演变方式虽然不像法国大革命那样忽进忽退、高潮迭起乃至壮怀激烈，但在其平静而缓慢的蜕变过程中，国家受到的危害最小，人民遭受的苦难最少。英国权力阶层所具有的这种妥协与折中的独特政治本性，可从13世纪的《大宪章》、17世纪的光荣革命、19世纪的宪章运动这三次重大阶层利益冲突的处理方式中得以充分彰显。

在英国的12—13世纪，其封建主义的突出特点是君主和贵族之间，以相互依存的双向契约关系为主，彼此的权利与义务虽然不见于成文法律，但存在于日常习俗之中，且为双方所熟知，并具备法律效力。其中一方如违背契约要求，双方有权解除契约关系，乃至诉诸武力解决矛盾①。1199年英国安茹帝国的约翰继承王位，由于各种复杂原因，其在位期间失去了英国在欧洲大陆上的大片土地，他为收复失地而不断发动战争，并无休止地榨取贵族封臣的赋税。1213年中小贵族、教会人士和城镇居民形成反叛联盟，逼迫约翰王签订《大宪章》。《大宪章》共六十三款，数千言，其核心思想有两条：一是除封建义务规定的贡款赋税外，不经伯爵、男爵和教会同意，国王不得随意征税；二是不经合法裁决和法律审判，国王不得对任何自由人予以囚禁、处死、剥夺财产等，否则，大家有权对国王群起讨伐。《大宪章》的各项规定尽管并未得以全面执行，但之后作为国王应该遵守法律的象征而矗立在那里，成为英国有限君主制的永久见证，奠定了英国公民法权观念和议会制度的历史根基。

对英国而言，光荣革命具有更大的历史转折意义。1688年6月20日，信奉天主教的国王詹姆士二世得子，其信仰英国国教的女儿

①　钱乘旦、许洁明：《英国通史》，第58页。

玛丽再没有希望继承王位。英国资产阶级和新贵族为防止天主教复辟，在议会内展开了激烈斗争，其中以莎夫茨伯里为代表的所谓"辉格党"（自由党的前身），代表最大的土地贵族和工商业阶层的利益，坚持宗教改革原则，反对天主教徒登上王位，要求废除詹姆士的继承权；而以丹比为代表的所谓"托利党"（保守党的前身），代表地方乡绅阶层的利益，坚守王位继承的正统原则，主张保留詹姆士的继承权。之后经过复杂的斗争和讨价还价，辉格党和托利党达成一致，1689 年宣布由外来的奥伦治的威廉王和其妻子詹姆士长女玛丽共同登基，并发布了《权利法案》，实现了不流血的"光荣革命"。从表面上看，光荣革命似乎只是换了个国王，但实质上新国王是由议会创造出来的，没有议会就没有国王，这就使得困扰英国一百多年的主权问题得以圆满解决。即通过不流血的手段，将国家的最高权力由国王一个人手里转移到了新贵族和资产阶级掌握的议会手中，由此正式确立了英国的君主立宪型政治体制。

如果说专制制度是一个人的统治，寡头制度是少数人的统治，民主制度是多数人的统治，那么英国就是通过改革！改革！再改革！最终确立了现代意义上的民主宪政制度。伴随英国工业革命的发生，英国社会开始出现三大基本阶层：传统的贵族阶层、新兴的工厂主阶层和工人阶层，贵族阶层以其拥有土地和传统政治地位闻名遐迩，工厂主阶层以其日益增多的财富而著称于世，工人阶层以其庞大的人口数量引人注目。一些小镇因农业人口急剧下降而日渐衰落，但其所在"选邑"拥有的选举权却被贵族阶层把持着，贵族们操纵选举并随意买卖其所在城镇的议席，而在工厂主阶层和工人阶层迅速积聚的新型工业城镇，虽然人口急剧增加，但没有选举权。为改造这一极不合理的选举制度，以工厂主为代表的新兴资产阶层带领工人阶层通过艰苦卓绝的顽强斗争，迫使贵族垄断政权让步，到 1832 年，经过多次政治改革，使各级议会议席的分配逐步合理化，最终工厂主阶层在议会中占据了主导地位,实现了英国由封建主义社会向资本主义社会的转型。

就在工厂主阶层取得胜利的同时,工人阶层也在争取自己的权利,1836年伦敦的工匠们成立了自己的组织"伦敦工人协会",起草和发布了《人民宪章》,由此,拉开了震惊世界的宪章运动,工人阶层要求对议会制度进行彻底改革,包括:承认成年男子普选权、取消财产资格限制、每年一次议会选举、平均选区和无记名投票等。宪章运动经过二十多年轰轰烈烈的斗争,最终未能如愿以偿。但到了19世纪下半叶,英国工人阶层更加壮大,各类工会运动此起彼伏,经过多次议会改革、行政改革、司法改革、教育改革等,迫使资产阶级掌握的各级议会和政府逐步让权于民,至20世纪初,由19世纪中叶宪章运动所提出的各项改革任务都被超额完成,最终实现了英国社会由传统"精英政治"向现代"大众政治"的根本转型①。

(二)资本阶层创新与冒险的德性特质及其实现方式

如果说对英国不同时代权力阶层政治本性和行为方式的说明,有助于我们了解其政治制度的生成轨迹和运演机理,那么通过对资本阶层德性特质及实现方式的探析,则有助于我们从更深层面把握大英帝国崛起的内在动力机制,因为权力和资本就像缠绕在拉奥孔身上的多头毒蛇一样,从来都是相互制约的两股重要力量。英国历史上的资本阶层由两部分人构成:一是工业革命前的中等阶层,主要是医生、律师、教师、中小商人和自由职业者等;二是在工业革命中生成的工厂主阶层抑或新兴资本阶层。笔者在此重点探讨新兴资本阶层的德性特质,他们虽出身卑贱却精明强干,依靠历史机遇和个人能力发财致富,成为时代的弄潮儿,其所具有的德性特质可概括如下:

---

① 参见钱乘旦、陈意新:《走向现代国家之路》,第178页。

　　一是创新。熊彼特在其《经济发展理论》中将"创新"视为资本阶层的重要特质，其创新的具体内容涉及：开发新产品、采用新方法、开拓新市场、寻找新原料、创建新组织等诸多要素①。早期英国商人生活在城镇上，为各大贵族庄园提供新颖的稀缺产品，后来把咖啡、茶叶、烟草等国外生活品输入英国，彻底改变了英国社会各阶层的饮食习惯，今天时尚服装、波普（POP）艺术等已经融入英国人日常生活的各个层面；工业革命发明的自行车、火车、化工原料等新产品更新了英国人的生存面貌；大批高技能的匠人、仪器制造者与企业家合作，形成新的企业生产方式；合伙制、股份制、托拉斯的出现，开创了现代企业管理的新模式；在所有上述因素的共同作用下，创制出新型现代资本主义生活和生产方式。二是冒险。英国资本阶层的成长过程充满了不畏艰辛、甘冒风险的精神，在欧洲尚处于封建的封闭状态时，英国商人就深入阿拉伯世界搜罗各种新奇产品，运往国内赚取高额利润。新航路开辟之后，在重商主义思潮影响下，英国商人借助政府的保护和支持，开始以特许贸易公司的形式冲向世界各地，侨居他乡，创办企业，从事海外贸易。工业革命后，英国企业家更是始终保持着一股不断拓展的态势，如英国壳牌石油公司创始人马库斯·萨缪尔，将其成功之道总结为"四海为家"，即将全世界作为经营舞台，把业务拓展到中东、非洲、亚洲、南美等世界各地，即使冷战时代，他也敢于冒着巨大风险，同苏联政府合作，深入俄国腹地开办石油企业②。当然，英国资本阶层的冒险精神不仅体现在开拓市场层面，还体现在面对创业失败的大无畏精神，从《英国传记辞典》看，在工业革命时期，英国为数不少的商人、工程师、制造商，不甘平平淡淡度过一生，而是冒险创办企业，最后创业失败，在勉强糊口和贫困潦倒中死

---

① 熊彼特：《经济发展原理》，何畏等译，商务印书馆，1990 年，第 73 页。
② 赵立行：《英国商人》，江西人民出版社，1994 年，第 134 页。

去,他们同样为大英帝国的工业革命做出了巨大贡献①。三是绅士范儿。"绅士"概念在英国有其特殊含义,它源自以正义和严格履行生活义务为标志的值得尊敬的人,是对一种优良风气的奖励,如仁慈的地主、富有同情心的店主、慷慨的赞助者等,都可以被称作绅士。早期的英国绅士主要指地主绅士,他们有闲暇承担公民义务,没有私心,因而高贵并受到人们的信赖和尊重。到工业革命时期,许多企业家试图通过个人的成功和美德跻身于社会精英和贵族绅士阶层,于是"绅士企业家"的概念日渐流行,其外在特征包括着装规范、餐桌礼仪、谈吐风格、个人举止等,具有某个组织的会员身份,能够受到所在商业圈的认可;内在特质是诚实和正直,信守承诺且绝不食言,能够使人相信其在商业和信贷交易过程中不具有搭便车和机会主义行为。质言之,即便他们在囚徒困境状态下,也不会选择背叛而获利。此外,有不少商人为了扬名,不惜花费重金奖励学校、资助济贫院、建立各类慈善机构,通过向穷人捐助实物、帮助贫穷学徒贷款、感化流浪汉自谋生计、协助罪犯偿还债务等多种方式来散发财物,实现财富取之于社会用之于社会的目的。上述绅士企业家文化的流行,一方面,避免了企业家之间因背叛和欺诈而陷入旷日持久的法律诉讼和商事裁判过程中,极大地降低了企业间的交易成本;另一方面,有效地维持了商人之间的相互合作,缓解了社会矛盾的加剧,为英国工业革命的不断深入提供了巨大的精神动力②。

　　英国资本阶层的上述德性特质还通过其与权力阶层的彼此互动得以充分彰显。首先,商人与权力阶层结成长期同盟。重商主义作为一种重要的理论体系,在英国一开始就是商人的实践与国家政策

---

① 戴维·兰德斯等编著:《历史上的企业家精神》,姜井勇译,中信出版集团,2016年,第243页。
② 戴维·兰德斯等编著:《历史上的企业家精神》,姜井勇译,第229页。

相结合的产物,既体现着商人以自己的实力为政府所接纳,也反映出政府根据商人的需要制定施政方针。商人为了保证国内市场的畅通无阻,反对国内贵族的封建割据,支持国王建立强有力的中央集权,而国王为了维持军队和宫廷的庞大开支,就必须与拥有巨大财富的商业资产阶级结成联盟。国王的基本做法就是用武力保护英国商人的各种利益,关键时刻不惜发动战争来扩展英国商人的海外利益;王室成员还通过封赐商人贵族来制衡传统的土地贵族,并直接投资给商人的机构和公司。如都铎王朝时期的著名商人托马斯·格雷欣,通晓欧洲多国语言,并利用其杰出的金融才能和商界人脉,长期协助王室筹措巨额战争资金,呼风唤雨、叱咤风云,成为欧洲政商两界的耀眼明星①。其次,英国资本阶层对城市管理权的全面占有。到了16、17 世纪,英国的工商阶层不再满足于贵族封号,大批工商巨头直接涌入政府管理机构,成为一股不可遏制的庞大政治力量。如 1631年,伦敦市长的财产资格规定为 1 万英镑,1640 年伦敦参议员的财产资格规定也是 1 万英镑,其他市政官职的财产资格规定也在 1000—4000 英镑。正是上述财产资格的限制,使得伦敦的市长、市政司法长官、市政议会完全掌握在商人寡头手中,英国其他地方的政府官职同样落入到当地富商手中。最后,英国资本阶层大力游说各级议员。英国工商资本阶层除了直接参政外,还通过各种非正常途径对各级议员施加影响,其主要手段是行贿,几乎每个公司和利益集团都有专门的"院外活动集团"或"游说团",对各类议员的行贿方式可谓五花八门,诸如:赠送礼金、设宴款待、迎来送往等等,不一而足,由之,在政治生活中发挥出巨大的社会作用②。

---

① 赖建成:《王室与巨贾》,浙江大学出版社,2015 年,第 289 页。
② 赵秀荣:《1500—1700 年英国商业与商人研究》,第 182 页。

(三)劳动阶层权责统一的价值观念及其实践路径

在英国工业革命过程中,一方面是资本主义自由放任型市场经济创造了巨大的社会财富,而这些财富主要被资本阶层和权力阶层所享有;另一方面是财富分配的极端不公,以及由此生发的劳动阶层与权力和资本阶层之间严峻的社会矛盾。针对这一社会悖论,恩格斯在《英国工人阶级状况》中以生动具体的材料展现了工人阶级在资本主义制度下惨遭剥削和压迫的情景,诸如极度的经济贫困、普遍的劳工失业、糟糕的住房和卫生条件、流行疾病的肆虐、极高的死亡率、不完备的教育等。与此同时,恩格斯又深刻指出,工人阶级之所以惨遭蹂躏,其根本原因是资本主义制度的内在矛盾,即生产资料私人占有和生产社会化之间的深刻冲突,并明确指出,工人阶级的社会地位必然会使他们奋起抗争,推翻资本主义统治,实现创建新社会的任务。马克思晚年一直生活在英国,在其旷世名著《资本论》中,更是以英国这个发达资本主义国家作为典型性研究样本,深刻揭示了资本在生产、交换、分配、消费各个环节,是如何榨取工人阶级剩余价值的,并对资本主义生产关系的特殊历史性质及其发展趋势进行了深刻而全面的剖析,最终得出了资本主义必然灭亡和社会主义必然胜利的政治结论。但令人吊诡的是,马克思和恩格斯预言的社会主义社会,至今也没有在资本主义高度发达的英国得以实现,笔者针对学界长期关注的这一历史异象,试图从英国工人阶级的独特价值观及其行为方式入手,就个中原因以抒己见。

首先,英国工人阶层强烈的个人权利意识,使其在同资本阶层和权力阶层展开斗争的过程中,难以形成紧密而强大的政治联合体。前已备述,英国是一个高度重视个人权利的国度,贵族阶层因与国王争权而制定了《大宪章》,资本阶层因与贵族寡头争权而发动了光荣革命,工人阶层因与资本阶层争权而掀起宪章运动。这种对个人自由权、生命权、财产权的高度尊重,在霍布斯、洛克、密尔等人的政治理论中得以充分彰显,但这种精神特质在造就现代英国高度发达的产权保护制度的同时,也造就了英国工人运动只追求个人乃至少数人利益的独特文化传统。恰如恩格斯所言:"英国的活动则是独立的、彼此并立的个人活动,是无联系的原子的运动,这些原子很少作为一个整体共同行动,而且即使作为整体行动的时候也是从个人利益出发。"①例如,在英国早期工人运动中,特别是1851年前后在英国兴起的各种工会组织,通过极强的行业特征和很高的会费,只吸收少数技术手艺高、工资收入高的人参加,极力排斥一般劳动者的加入。他们占据着关键性生产岗位,在与每个雇主谈判时,只是得寸进尺地争取自己的利益,从不照顾绝大多数非技术工人的利益,使得广大无组织的普通工人群众只能受雇主的任意摆布。而对英国工人运动的发展产生重大影响的费边社,与上述工会行为异曲同工。费边社的绝大多数成员认为,社会主义虽然是人类历史发展的必然趋势,但要完成社会主义对资本主义的改造,却是一个漫长而和平的过程,社会主义只能一点一滴地进入资本主义社会,其间,各种工会组织首要的任务是大力争取自己的最大利益。到了1888年前后,英国经济危机爆发,失业人数骤增,以非技术工人为主的新兴工会急剧增加,之后,他们联合原有的工会组织、工人合作社、社会民主联盟、费边社等工人组织,于1900年2月成立了英国工党,但由于原有各类工人组织的意识形态差别巨大,无法提出统一的党纲,于是就索性避开这一难题,寻求最低层次的重叠共识,将工党的目标定位在通过选举工人议员来保障工人阶级的现实利益上面。到1918年英国工党在议会中站住了脚跟,今天已经成为英国政治舞台上的重要力量,但它同英国各类工会之间的政治主张经常是若即若

----

① 《马克思恩格斯文集》第1卷,第92页。

离乃至尖锐对立。

其次，功利主义思想深入英国工人阶级的骨髓，这使其同资本阶层和权力阶层的斗争方式凸现出强烈的自我节制性特征。前已备述，功利主义的最大特点是以快乐和痛苦的质与量作为其一切行为的取舍标准，这就决定了它高度重视现实感受性，尽可能通过内在的自我改造去主动适应周围环境，以便提高自己的实际生活质量，即使对周围世界进行改造，也仅限于力所能及的范围之内，这种充满实用主义色彩的价值观念，在英国劳动阶层中有着极其广泛的市场。到工业革命迅猛发展的 18 世纪，英国工人阶层为了对抗资本阶层和权力阶层的剥削和压迫，在全国各地发动了无数次集体抗议、示威游行乃至骚乱暴动，但很多时候是人数众多、吵吵嚷嚷，试图通过心理压力、人数压迫或者嬉笑怒骂来对资本家和当权者施加压力。有时他们听着敲鼓的声音或号声集合起来，脸上和身上涂着油彩，手里举着各种奇形怪状的标志，乃至戴上面具，男扮女装，或者进行其他形式的伪装，高喊口号，发放传单，大声谩骂，行进在大街上，以便吸引更多的市民予以关注。工人阶层抗争的内容涉及广泛的议题，诸如：提高工资、降低粮价、减少啤酒税等等，他们每次抗争只希望资本阶层或权力阶层施以援手，采取行动来尽快补偿因社会不公给他们生活造成的损失，而资本阶层和权力阶层也会对每次抗争的具体要求予以及时有效的回应，即使有些要求短期内无法实现，也会如实做出合理解释，以便赢得劳动阶层的谅解，让其找到释放愤怒的"渲溢口"[1]。从根本动机上看，每次抗争只是"非制度"而非"反制度"，英国劳动阶层的上述功利主义精神特质，使英国一步步演变为一个现代化的资本主义福利国家。不难看出，英国劳动阶层不愿为了长远的整体利益来持续牺牲当前的个人利益，对高度抽象乃至虚无缥缈

---

[1] 狄金森：《十八世纪英国的大众政治》，陈晓律等译，第 123 页。

的理想主义社会制度,如欧文的空想社会主义理论,更是报以较低的期望值。他们判断一门学问本身有无价值,不是看它多么深奥、多么富有争辩性,而是看它有用还是无用,只有能对当前生活的改善和提高发挥实际作用的学问才有价值。笔者认为,正是这种极端实用主义的价值观弥漫在英国社会广大劳动阶层之中,加之资本和权力阶层的适时让步和自我调适,致使马克思恩格斯设想的社会主义和共产主义制度难以在英国落地生根。而且,英国劳动阶层的这种道德特质和行为方式,对英籍白人后裔占统治地位的殖民地内的劳动阶层影响深远(如美国、加拿大、澳大利亚、新西兰等)。笔者认为,桑巴特在《为什么美国没有社会主义》一书中①,对美国工人阶级行为特质的分析,一定程度上忽视了曾经是宗主国的英国的影响,特别是未能看到英国劳动阶层道德遗传基因对美国工人阶级所发挥的重大作用。

要科学解释大英帝国迅猛崛起这一重大历史现象,必须走进英国历史的纵深地带,深入探讨其不同社会阶层的德性特质及其行为方式,认真辨析其社会文化的基因图谱,唯其如此,才能真正理解其迅猛崛起的内在逻辑奥秘。其中,权力阶层妥协与折中的政治本性及其伦理表现是其基本性制度保障,资本阶层创新与冒险的德性特质及其实现方式是其根本性动力来源,劳动阶层权利与义务的价值观念及其实践路径是其重要的纠错机制,正是这三大社会阶层之间既激烈冲突又和谐共存的辩证统一,推动大英帝国在近现代国际舞台上,演绎出一幕又一幕气势恢宏的历史话剧。

---

① 参见维尔纳·桑巴特:《为什么美国没有社会主义》,赖海榕译,社会科学文献出版社,2003年。在该书中,桑巴特主要从美国工人阶级的社会经济地位和心理特质、美国两党制特点、美国工会的独特性三个层面,深入分析了为什么马克思的科学社会主义思想难以在美国流行和实施。

三、近现代英国以殖民扩张和
军事实力为核心的国际伦理

从本质上讲,近现代英国国际伦理是其国内政治伦理的延伸与外化。一方面,只有深刻把握英国民族精神的多元重构过程及其权力、资本、劳动三大社会阶层的德性特质和行为规则,全面透视其国内社会矛盾的运演轨迹,才能确切理解其国际政治伦理的本真面相;另一方面,如果我们站在近现代人类全球化的视角,仔细检审英国以工商利益为核心的殖民扩张政策,特别是深刻了解其与欧洲大国之间以综合实力为基础的平衡竞争策略,就会对大英帝国霸道政治带给国际社会的福祉与祸患获得清晰而全面的科学认知。

(一)以工商利益为核心的殖民扩张政策

英国人口从 16 世纪初开始不断增长,1600 年,英格兰人口约410 万,爱尔兰、苏格兰和威尔士有 190 万,到 17 世纪中叶,英格兰人口将近 530 万,爱尔兰、苏格兰和威尔士增至 240 万①。人口的迅猛增长使英国的失业现象广泛存在,生存性迁移日益普遍,17 世纪上半叶,个人和私营团体冒险到海外定居和拓殖的活动日渐增多,政府几乎不加干预,如参与签署《五月花号公约》的那些人就是 1620 年从诺丁汉到北美马萨诸塞州普利茅斯拓殖的一批清教徒。但光荣革命后,重商主义为朝野上下所接受,英国政府开始大举向海外扩张,并主动与商人合作,把殖民地看作是本国市场的延伸,对殖民地的生产与销售进行垄断,将其作为母国产品的推销地和原料供应地,英国政府曾一再修改和颁布《航海条例》,规定殖民地只能与母国进行贸易,

---

① 钱乘旦、许洁明:《英国通史》,第 151 页。

严厉禁止与其他国家自由通商。到18世纪，伴随英国工业革命的兴起，资本阶层的自信心日益膨胀，亚当·斯密的经济自由主义理论流行开来，人们逐步认识到商业垄断不利于母国和殖民地的发展，自由贸易对各方都有好处，与其保护殖民地，不如依靠英国的强大海军去控制世界各地的海上通道，迫使世界各地为英国的商品打开门户。到19世纪初，工业革命已基本完成，英国成为"世界工厂"和"海上霸王"，英国外交的最高原则和核心主题明确转变为保护其全球的商业利益，进而推进英国的国家利益，为了保护英国在世界各地的商人利益不受损失，甚至不惜发动大规模战争。1840年英国与中国爆发的鸦片战争就是典型案例。英国对华贸易的传统形式是用白银、棉花、胡椒等与中国的茶叶、丝绸、瓷器进行交换，从中获得巨额利润，到19世纪初，由于英国西属美洲殖民地的白银产量下降和殖民扩张费用增加，英国开始依靠印度殖民地出产的鸦片重建对华贸易结构，当中国政府厉行禁烟措施使得中英贸易结构面临崩溃时，英国政府立即由商务扩张转换为武力征服，迫使清廷签订丧权辱国的《南京条约》和《虎门条约》等，从此打开了与中国自由贸易的大门，为英国各类产品在中国的倾销创造了条件①。

不仅如此，英国为了维护本国资本阶层的根本利益，对各个殖民地采取了因时而异和因地制宜的政策。英国在重商主义时期主要通过英王发放"特许状"的方式，让各大公司管理殖民地，如东印度公司对印度诸邦的管理、弗吉尼亚公司对北美洲的管理等。到自由资本主义时期，英国对殖民地的管理态度发生重大变迁，由公司管理变为政府管理，尽管英国管理殖民地的方法一直处在持续调整的过程中，但其总体特征就是因地制宜。其中，美国殖民地最早由英王特许的各类公司管理，各公司为了提高经济效率，将土地以契约的形式分给

---

① 李化成：《世界历史中的博弈生存》，光明日报出版社，2005年，第45页。

各地移民进行种植或商业开发，但在英法战争期间，为了保证庞大的财政和军费开支，英国强行向北美殖民地加征各种税收，并逼迫移民支付不断增加的当地驻军费用，与此同时，英当局又不准移民随意占有和开发北美的其他土地，最终引发了美国殖民地的反英独立战争，以美国获胜并独立建国为代价。到 19 世纪 20 年代，加拿大也开始出现反叛事件，为了避免类似美国独立事件的发生或防止加拿大落入美国之手，英国当局开始从对美国殖民地管理中吸取深刻教训，出台法律允许加拿大成立自己的议会，建立内部自治的责任制政府，自己管理自己，英国只派遣总督在涉及帝国事务问题时才干预加拿大事务。之后，这种做法迅速在澳大利亚、新西兰等白人移民占多数的殖民地传播开来。但英国对土著人口占多数的殖民地则采取另类方法予以统治，如英国对印度殖民地的统治方式，一是直接统治，由英国派遣的总督直接管理；二是总督与各土邦王公签订条约，各邦承认英国宗主国的地位，让英国掌管其军事和外交，内部事务则继续由各邦王公全权处理，这种办法使得英国殖民当局和普通印度人之间隔着印度社会上层，从而使印度人民的怨气有可能不直接指向英国当局。英国对非洲殖民地则采取了极其野蛮方式予以管理。以南非为例，它让南非公司采用各种手段攫取非洲领土，通常是公司派出代表与土著酋长签订条约，酋长把部落领土交给公司，接受公司的保护，其间，很多时候是通过威胁和欺诈的方式得以完成，许多酋长根本就不知道条约的含义是什么，如果他们反悔，就立即受到赤裸裸的武力威胁，乃至直接烧杀抢掠土著居民的土地和财富，或将他们贩卖为奴。英国通过此种方式获得了非洲大片殖民地。

　　时至 20 世纪，两次世界大战的爆发对英国的殖民政策产生重大冲击。第一次世界大战前后，各殖民地改称"自治领"，1907 年英国的"殖民地会议"改为"帝国会议"，它标志着各殖民地在自治框架内的民族认同感越来越强，在一战结束后的巴黎会议上，代表英国参战的各自治领随后成为国际联盟的成员，与英国的离心倾向越来越明显。为此，1931 年英国出台了《威斯特敏斯特法案》，开始确认各自治领与英国在法律地位上彼此平等，互不隶属，各地区只以对英王的共同效忠为纽带结合在一起，形成一个"英联邦"。第二次世界大战后，美苏成为超级大国，这两个国家对历史上的殖民运动历来不抱好感，加之，二战初期英国在亚洲的败退给各殖民地造成了极坏的影响，战后他们曾经给参战的自治领的各种许诺基本没有兑现，各殖民地或自治领人民迅速觉醒，民族独立运动蓬勃兴起，而美、英签署的《大西洋宪章》又充分肯定了民族自决原则，这就使得战后各殖民地（如印度、新加坡、南非等）和自治领（加拿大、澳洲、新西兰等）陆续成为独立国家，大英帝国从巅峰状态逐步走向解体。但多数独立国家愿意留在英联邦内，成为与英国平等的伙伴，也算是对英国的一种"安慰"。

（二）以综合实力为基础的对外扩张策略

英国的真正崛起与其依靠海军征服海洋的世界性战略密不可分。早在 15 世纪上半叶的都铎王朝时代，英国就开始了大力发展造船业、创办军火工业、支持海外拓殖、革新海战技术等活动，但真正支撑起英国人独霸世界信心的事件是战败西班牙的"无敌舰队"和挫败"海上马车夫"荷兰。1588 年，西班牙派遣"无敌舰队"气势汹汹来到英国门前，试图控制英吉利海峡，进而入侵英格兰，将正在崛起的英国扼杀于摇篮之中，但英国海军以弱胜强，大败西班牙，后又经过数次远征西班牙，终于以欧洲强国的面貌出现于世界舞台。其间，荷兰乘机崛起，垄断了世界一半以上的海洋贸易，1651 年英国通过《航海条例》，规定进入英国的货物必须由英国船只运输，并至少有 3/4 的英国船员。次年英荷战争爆发，之后又经历了两次战争，英国获得巨大胜利，并夺取了荷兰在欧洲之外的大部分殖民地。经过英西、英荷之间的多次战争,在随后的一百多年中,特别是到 18 世纪上半叶,英国民众中开始弥漫起一种战争精神,一听到英国在哪里又爆发了战争就群情激奋,而且每场战争都受到各种商业集团的大力支持,英国各界普遍认为,英国的财富来自国外,英国的海外利益不容侵犯,每次战争初期对外贸易总额可能有所减少,但战争一结束,海外贸易都会直线上升①。正是这种霸道性的好战精神促使大英帝国一步步膨胀开来。

　　真正奠定英国世界霸主地位的事件是英法战争。1789 年法国大革命爆发后,政局日趋激烈,不但没有建立起君主立宪制国家,反而将国王路易十六送上了断头台,这就激起了包括实施君主立宪制的英国在内的欧洲各封建君主国的恐惧。英法之间经过之前一百多年的争霸拼斗,英国已经占有了基本优势,它不希望法国因大革命成功而扭转这一局势,因此英法之间的矛盾日渐加深。1793 年 2 月 1日,法国向英国正式宣战。战争初期法国接连取胜,到 1797 年法军入侵英国已是迫在眉睫,但经过两次海战,英国获得重大胜利,拿破仑转而去切断英国与印度的通道,并对英国在欧洲大陆的商品实行封锁,这直接危及大英帝国的政治根基。但 1805 年,纳尔逊将军率英国海军在西班牙南部沿海的特拉法加附近,对法国和西班牙的联合舰队痛加打击,大获全胜,使法国的海上力量丧失殆尽,从此彻底奠定了英国的海上霸主地位。尽管拿破仑在大陆上不断获胜,但1812 年拿破仑在俄国战败后,至 1815 年最终被英国威灵顿将军率领的英普联军在比利时的滑铁卢战败,历时二十二年的英法战争以英国获胜而告终。在这二十二年中,英国为了打压法国在欧洲大陆的霸主地位,曾联合欧洲君主国先后七次组成反法同盟予以围剿,每次参加反法同盟的国家时有变化,但英国始终是主要成员。如果说其

———————

① 钱乘旦、许洁明:《英国通史》,第 206 页。

他国家参战的目的是维护本国的君主制度,那么英国主要是为了维护其经济利益和霸主地位。自英法战争之后,到 1820 年,英国在世界工业生产中所占比重达至 50%,煤产量达 1.1 亿吨,生铁产量近 600 万吨,超过美、法、德三国总和,在世界贸易方面,英国所占比重保持在 21%—22%。到 1850 年前后,英国在地中海拥有 800 门舰炮,在大西洋拥有 1000 门舰炮,在太平洋和印度洋拥有 300 门舰炮,其海军实力已超过欧洲大陆各国的总和①。由之,英国以其巨大无比的经济和军事实力牢牢控制着世界市场,成为名副其实的世界霸主。

英国走向衰落起自第一次世界大战。19 世纪最后 30 年,德国完成统一后迅猛崛起,欧洲列强在世界范围内争夺殖民地的斗争日趋激化,到 20 世纪初,形成了两大军事集团:一是德、奥、意组成的同盟国,二是法、俄、英组成的协约国,两大集团用条约互相保证,加盟的任何一国与另一方的某国发生冲突,必须彼此互助。1914 年 8 月 1 日德国对俄宣战,3 日对法宣战,4 日英国站在俄、法方面参战,世界大战爆发。在第一次世界大战中,英国在世界各地参战,投入的兵力约 950 万,其中 600 万出自英国本土,战争结束时,伤亡 300 万人,阵亡 100 万人,支出战费近 100 亿英镑,损失船只 900 万吨位,经济结构受到巨大破坏,根据《凡尔赛条约》规定,英国在世界各地分得了最多的殖民地,但其经济霸主地位已开始走向衰落。

一战结束后,英法作威作福,对苏俄又采取敌视态度,这为德国和意大利集团的崛起创造了国际环境。希特勒上台后,英、法采取绥靖政策,1939 年 3 月希特勒挑起第二次世界大战,德国和苏联密谋,迅速吞并和瓜分捷克和波兰,到 11 月份,德国已控制了北欧和西欧大部分国家,英国成为孤岛。自 1940 年始,温斯顿·丘吉尔带领英

---

① 李化成:《世界历史中的博弈生存》,第 63 页。

国进入了单独抗击德国侵略的艰苦时期。1941 年后由于德国与苏联翻脸并入侵苏联,日本则偷袭美国珍珠港,苏、美被迫参战,之后历时六年,至 1945 年德、意、日法西斯集团以失败告终。在第二次世界大战中,英国再次遭受巨大损失,近 30 万将士战死沙场,6 万多平民丧生,英国商船约一半运载量被摧毁,3500 名海员被打死,英国欠下高达 35 亿美元的战争贷款,战后被迫依靠 50 亿美元的美、加贷款和马歇尔计划勉强维持,众多海外军事基地租给美国使用,租期 99 年,其世界一流强国的位置被美、苏两个超级大国迅速取代①。一个依靠战争起家的世界帝国在两次世界大战中走向没落,这构成了大英帝国令人吊诡的历史逻辑。

(三)英国国际伦理带给人类的福祉与祸患

人类近四百年的历史是打破地理分割而走向全球化的历史,其间,不同族群从"四面八方"走进"世界",而大英帝国是这一全球化过程最为有力的推动者、示范者和引领者。综观大英帝国升沉荣枯的运演轨迹,它在给世界带来一系列普遍性原则和共同性价值追求的同时,也通过殖民和战争的手段来追求自身的特殊利益和优越地位,从而形成了自身特殊主义的价值观。质言之,它在给人类带来无上福祉的同时,也给当代世界引来诸多祸患。

就大英帝国带给整个世界的共同价值和无上福祉而言:首先是对自由和民主的永恒向往。正是英国人对"生而自由"的强烈追求,使其不断地奋起斗争,尽管不同时代和不同社会阶层对自由内容的理解千差万别,但历代英国人都把自由看作他们最宝贵的思想遗产。当然,他们对自由的实践经历了一个由少数人到多数人、由国内到国外的复杂而缓慢的过程,乃至被英国殖民的国家和地区,在开展反殖

---

① 钱乘旦、许洁明:《英国通史》,第 335 页。

民斗争和民族解放运动中,也无不高举自由的旗帜,正所谓"以其人之道还治其人之身",这也充分说明源自英国的自由思想,已经成为人类共同的价值追求。与自由密不可分的另一价值追求是民主,特别是英国的君主立宪制被众多国家所模仿,其所创制的议会制决策模式更是广受世人青睐,其决策机制的特点是,凡涉及国内和国际的各种重大决策,均有国内外官员和商人收集情报信息,由首相掌管的内阁提出解决方案,再交付上下议院进行辩论,最后以国王的名义下达命令,再根据执行过程中反馈的信息及时做出调整,从信息收集、辨析、执行、反馈的各个环节,确保决策的充分民主性和相对正确性。其次是改良主义的渐进发展模式。16世纪时,英国的君主权力至臻顶峰,但自17世纪始,议会向君主权力发起挑战,王权先是对抗,之后采取顺应态度,到维多利亚时代完成了"虚君"的转变,作为回报,英国王位的崇高尊严得以保留,相比之下,世界上众多王冠则纷纷落地。同样,贵族制向民主制的转变,也是在民众抗争的反复冲击下,贵族阶层的权力逐步被压缩,到20世纪完成了民主制的转变,但至今英国仍然保留着贵族的称号,由之,形成了和平渐进和稳健发展的英国模式。最后是对科学技术的高度重视。大英帝国的经济实力从根本上讲,源自其对科学技术的高度重视,英国的第一次工业革命主要发生在纺织、煤炭、钢铁、机械制造行业,正是依靠这些行业科技发展的领先水平,英国在各个殖民地乃至世界范围内建设起了铁路、航运、港口、电力等众多基础设施和遍布全球的交通运输网,在推动人类全球化的过程中,形成支撑帝国荣光的强大经济实力。但随着第二次工业革命的到来,在电子工程、化学工业、汽车制造、飞机制造等领域,德国和美国逐步占据领先地位,而英国受传统产业拖累,无法向新兴产业迅速转移,其劣势暴露无遗,很快被甩到了二流国家。

就大英帝国的特殊价值观和留给世界的祸患而言,首先是其社会达尔文主义的丛林法则。达尔文在《物种起源》中提出的"物竞天择,适者生存"的自然淘汰规则,深刻影响了英国人的社会进化观,无论是马尔萨斯的《人口原理》,还是斯宾塞的《社会静力学》,都或隐或显地体现着他们对人类社会发展规律的认识。反映到国内政策层面,就是对阶级差别合理性的高度认可,他们将自由竞争中的失败者——失业和破产的无产阶级,视为无能者、不务正业者、社会渣滓、感染全民的大毒瘤,甚至主张通过瘟疫、饥饿和战争手段将其逐步毁灭①。反映到国际政策上,就是必须以欧洲文明为核心,由白色人种来教化有色人种,对不服从教化的落后种族,可以通过战争手段将其消灭,这可从英国贩卖黑奴和对不同殖民地的残酷统治中窥斑知豹。其次是经济个人主义对公共利益的消解。经济个人主义的根本特点是从人性自私出发,将个人追求私利当成天经地义和合理合法的事情,并将对私利追求的程度达至最大化。这种极端个人主义的意识形态超越经济领域,渗透到政治、社会、道德等各个领域,其所遇到的最大困难是,个人自由越大,人与人的不平等就越大,社会的不公平也就成为天然合理的事情,人与人的不公平只有通过政治妥协得以解决,那么,是否存在独立和超越于个人私利之上的整体性公共利益?答案是否定的。几百年来在英国社会广泛流行的上述观念,构成了其社会发展的基础性和根本性价值观,乃至今天把公共利益扭曲成私利竞争的产品,并逐步演化为效率与公平之争,如果永远否认整体性公共利益的存在,其各种经济、政治、社会、文化矛盾将是大英帝国永远无法打开的纽结②。三是资本力图在不断扩展、收缩和转移中摆脱危机。每当经济快速增长时,英国的权力和资本阶层就在

① 宫敬才:《经济个人主义的哲学研究》,中国社会科学出版社,2004年,第118页。
② 梁鹤年:《西方文明的文化基因》,生活·读书·新知三联书店,2014年,第382页。

空间层面，通过减少调控和放松监管等措施，尽力强化资本力量，想法压缩劳动阶层的利益空间；或者在时间层面，以信用为基础创新资本样态，通过虚拟资本、借贷资本等手段来鼓动消费者超前消费。每当经济危机爆发时，英国权力和资本阶层就通过让渡一部分非核心利益来保障其核心利益，以便延续其制度本身的存在，包括通过所有制改革、构建福利制度、工人参与管理、平衡劳资关系等措施，来保持资本主义的稳定运行和剩余价值的有效获得。再就是通过公开的战争手段将经济危机转移到其他国家或各个殖民地，英国历史上对世界各国的侵略（如对华鸦片战争）皆是由此引起，其所参与的两次世界大战也与其经济危机密不可分。二战后，则更多的是通过隐蔽的金融方式将其经济危机转嫁给世界各国。马克思主义认为，资本扩张、收缩、转移的空间和时间是有限的，终究难逃最终覆亡的命运，这恐怕是大英帝国所遭遇的根本性无解难题①。从这种意义上讲，大英帝国的迅猛崛起是其符合历史发展规律的必然性因素所致，而其霸道政治的逐步衰落同样是其无法克服的内在根本矛盾使然。

---

① 张严：《资本主义的回旋空间和弹性限度》，《光明日报》2019 年 2 月 1 日。

第六章　美德与极权:法国大革命的伦理冲突

　　法兰西民族自 1789 年至 1871 年这短暂的八十多年,先后爆发了四次重大革命运动,经历了君主专制、君主立宪制、共和制、帝国制、人民公社制、新型共和制等频繁更迭的制度变迁过程。其间,革命与复辟、起义与恐怖、内战与外战交叉运演,跌宕起伏,把近代法国乃至整个欧洲搅得翻天覆地,满目疮痍。传统习惯势力的根深蒂固、敌我双方的拼死抵抗、革命队伍的急遽分化、阴谋谣言的蜂拥而起等,使得法国迈向现代化的进程危机四伏,动荡频仍,充满了各种吊诡奥秘。这也逼迫法国无数革命志士使出浑身解数,运用超常的革命意志,采取各种极端性手段,将险象环生的革命进程逐步推至无以复加的激化程度,从而给世界政治文明留下了异常深刻的历史印记。恰如英国历史学家霍布斯鲍姆在《革命的年代》中所言,法国大革命的特殊规律揭示了整个欧洲反对封建等级制度革命的基本特征,从 1789 年到 1917 年这一百多年里,整个欧洲的政治革命都是法国大革命政治原则的不断延伸[①]。究竟如何正确评价法国革命文化的价值属性? 这种革命文化与近代法国权力、资本、劳动三大社会阶层的德性特质有何关联? 由这种德性特质塑型的民族精神对法国国际规则伦理产生了何种影响? 笔者试图从政治伦理学的视角,对上述环环

---

① 霍布斯鲍姆:《革命的年代》,王章辉等译,江苏人民出版社,1999 年,第 79 页。

相扣的三大主题逐步展开条分缕析的精细解读,从而使我们能够更加清晰地认知欧洲霸道政治升沉荣枯的本真面相。

一、从柏克和马克思看法国大革命的伦理冲突

两百多年来,世人对法国革命文化价值属性的评判,如同法国大革命本身一样,呈现出持续性两极对立状态,有人对之批判鞭挞,置之死地而后快,有人对之讴歌赞美,推入永恒而释怀,前者如柏克、勒庞、哈耶克等人;后者如托克维尔、马克思、列宁等人。笔者认为,在这种判若云泥的价值评判背后,隐含着法国革命文化中两股力量纠缠难分和相互制约的二元张力结构,只有将之还原到其赖以生成的本真性伦理构境中,对两股力量的运演态势进行深入辨析,才能真正洞悉法国革命文化的复杂内涵及其当代价值。

为达此目的,笔者选择了两极对立性观点的代表人物——埃德蒙·柏克和卡尔·马克思的理论予以比照分析。之所以如此,首先,他们的理论主张声名显赫,对后世造成的影响超迈他人之上。柏克的《反思法国大革命》奠定了他西方保守主义理论家的历史地位,使其成为西方学界批判法国大革命的彪炳千古类人物。而马克思的早期著作《关于罗茨纳赫笔记》《黑格尔法哲学批判》《神圣家族》中有大量评述法国大革命的内容。之后的《1848年至1850年的法兰西阶级斗争》《路易·波拿巴的雾月十八日》《法兰西内战》三部论著,更是全面系统地研究并褒扬法国革命文化,对19世纪至20世纪世界各地的无产阶级革命运动产生了深远影响①。其次,柏克在晚年见证了法国大革命开端时新旧秩序激烈交替的混乱场景,马克思在青壮年时代目睹了法国大革命之后持续涌动的社会浪潮,他们对法

① 张芝联:《马克思与法国大革命》,《世界历史》,1983年第5期。

国革命运动产生的强烈反响感受至深,加之他们作为英国人和德国人,对邻国事件的评述较法国梯也尔、基佐、托克维尔等人的论著,更少"当局者迷"的感性色彩,更多"旁观者清"的冷静要素。最后,柏克和马克思对法国大革命所做的理论思考,在冷战结束后,曾再度引发全球范围内广泛而持久的热烈讨论。特别是在中国的改革开放事业进入涉险滩和啃硬骨头的关键阶段,对柏克和马克思围绕法国大革命提出的渐进改良和社会革命理论进行深度探究,无疑具有极端重要的学术创新价值和实践关怀意义。

（一）柏克和马克思法国革命理论根本对立的思想根源

常言道:"事出蹊跷必有因。"柏克和马克思对法国大革命理论与实践的认识何以截然相反? 为探清这一谜底,笔者试图从他们各自人生经历所铸就的价值立场、观察社会所运用的研究方法、洞察历史所具有的精神格局入手,爬罗剔抉,以窥其幽。

1. 柏克和马克思的理论冲突源自价值立场的根本对立

马克斯·韦伯在《经济与社会》中花费大量篇幅讨论现代政治学的价值中立问题,围绕现代官僚管理体制下政府的运作提出了四项重要原则:人员构成上的科学性原则;管理体制上的等级分工原则;运行机制上的合理性原则;工作程序上的连续性原则①。以此强调事实与价值的区别,用技术合理性反对目的合理性,用工具合理性反对价值合理性,试图建立一门价值中立的政治科学。然而,在柏克和马克思对法国大革命的研究中,这种政治上的价值中立原则没有丝毫意义,因为柏克和马克思生存经历的由同到异铸就了他们截然相反的价值立场。

柏克 1729 年出生于爱尔兰都柏林的一个中产阶级殷实之家,父

———————

① 马克斯·韦伯:《经济与社会》,林荣员译,商务印书馆,1985 年,第 356 页。

亲是职业律师，为了工作方便改信英国国教，母亲则是罗马天主教徒。柏克 1749 年二十岁时，从都柏林三一学院毕业后，遵从父命去伦敦著名的英国普通法教育机构中殿律师会馆（Inns of Court）学习，但他对枯燥的法律条文十分反感，两年后弃学，过起了自由职业文人的生活，先后写出了《为自然社会辩护》和《崇高与美观念起源的哲学研究》等论著，由此奠定了在英国文坛的地位。1757 年受出版商罗伯特·多兹利之邀，开始主编《年鉴》杂志，专门报道过去一年欧洲各国政治和思想文化的基本动态，这极大地开阔了他的国际视野，并丰富了知识结构，1763 年柏克三十四岁之后走上从政之路①。马克思 1818 年出生于德国的特里尔小镇，和柏克一样同属中产阶级富有家庭，父母均是犹太人，父亲也是当地知名律师，出于工作需要改信了基督新教，母亲则一直信奉犹太教。1830 年马克思十八岁中学毕业后，如同柏克一样受父辈影响，先后到波恩大学和柏林大学攻读法律，但他和柏克年轻时的秉性不谋而合，在大学期间同样厌恶法律，将学习兴趣转向哲学、历史和文学，后在耶拿大学获得哲学博士学位，随即投入编辑队伍。如同柏克主编英国《年鉴》一样，马克思担任了《莱茵报》主编，但《莱茵报》被查封后，马克思却走上了一条自由撰稿人和职业革命家的坎坷人生路。我们不禁要问，为什么在柏克和马克思之间，早年家庭和学校教育的高度相似性，不但未能塑型出他们共同的价值立场，反而生成了根本对立的政治主张？要明晰其中原因，就必须从他们成年后的职业生涯中觅赜探幽。

　　柏克在伦敦主编《年鉴》杂志时，于 1763 年结识了英国驻爱尔兰总督威廉·汉密尔顿，并随其到爱尔兰任私人秘书，两年后回到伦敦，又成为辉格党党魁罗金厄姆侯爵的私人秘书，1765 年经侯爵举荐，柏克代表温多弗选区当选为英国下院议员，由此开始了长达三十

---

① 参见 Stanley Ayling, *Edmund Burke: His Life and Opinions*, Hohn Murray, 1988。

年的议员生涯,并逐步成为辉格党在议会中的头号辩手,直到 1797
年六十八岁去世。从柏克担任议员期间的政治主张看,一是在代表
传统贵族利益的王室与代表新兴资产阶级利益的下院之间寻求平
衡,尽其所能扩大新兴资产阶级利益,限制王室贵族利益,并大力倡
导宗教宽容,这集中体现在他的《关于当前不满的思考》小册子中①;
二是高举自由、民主、平等旗帜,不断为英国各殖民地资产阶级的利
益进行鼓与呼,主张王室贵族为了英国的长远发展,必须尊重殖民地
的文化传统,并对其实施轻徭薄赋的政策,其所著《美洲三书》是典型
例证②。

　　与柏克职业生涯造就的极力维护资产阶级利益不同,马克思在
《莱茵报》上发表大量同情当地农民和工人的文章,特别是不断指责
政府的各项政策,1842 年该报被查封。1843 年移居巴黎,在那里广
泛接触德国移民中的下层手工业者,还多次参加法国工人协会会议,
并发表系列抨击德法政府的文章,如《〈黑格尔法哲学批判〉导言》
《神圣家族》等,于 1845 年 1 月被法国政府驱逐出巴黎,移居瑞士的
布鲁塞尔。1848 年—1849 年欧洲爆发大范围革命运动,马克思因积
极参与当地工人的游行示威活动,1848 年 3 月又被瑞士当局驱逐出
境。是年 6 月回到德国科隆,将主要精力用于《新莱茵报》的创办,主
张德国工人不仅要争取自身经济生活的改善,更要积极参与各种政
治活动,因为只有政治上获得解放,才能最终赢得经济保障,1849 年
3 月又被德国当局驱逐出境。于 1849 年 8 月到达伦敦,开始参与当
地德国流亡工人组织的各种活动,并积极指导欧洲各地的工人运动,

① Ian R. Christie , *Myth and Reality in Late Eighteenth-Century British Politics* ,
　Macmillan, 1970, ch. 1.
② 杰西·诺曼:《埃德蒙·柏克:保守主义政治教父》,田飞龙译,北京大学出版
　社,2015 年,第 12 页。

长期依靠微薄的稿费收入和恩格斯的不断接济勉强为生,其间,写就了前述有关法国革命的三部重要论著,但此时其主要精力投入到旷世巨著《资本论》的写作中,于 1883 年六十五岁病逝于伦敦①。不难看出,马克思的一生是在竭尽全力为各国工人阶级翻身解放而奋斗,为推翻不合理的封建主义和资本主义制度生命不息,战斗不止,完全实现了他青年时代在职业选择上所确立的"为人类福利而劳动"的志愿。

2. 柏克和马克思的理论对立根源于其研究方法的重大差别

众所周知,经验主义和理性主义作为政治哲学的两种研究方法,在欧美思想史上有其悠久的理论渊源,早在古希腊柏拉图和亚里士多德的政治哲学中,在中世纪唯名论和经验论的政治哲学中,就有明显的经验主义和理性主义倾向,到了近代认识论中,围绕认识的主体与客体、认识的起源与路径、认识的相对与绝对等重大理论问题,两大流派之间既相互对立又相互补充。经验主义强调人的感觉经验的重要性和可靠性,认为任何普遍性理论体系的生成都是在感觉经验基础上抽象演绎的结果,乃至完全否定感觉经验背后存在一个所谓的"本质世界"。与之相反,理性主义认为现实世界就是人的感觉世界,而感觉世界永远处于变动不居的状态,只有透过感觉表象找到其背后的必然规律和逻辑进路,才能真正把握事物的内在本质。

柏克在研究法国大革命时,抱持坚定的经验主义立场,在他看来政治科学的一切知识均来源于一个民族的先辈们积累的各种政治经验,后人对当代政治因果现象的解释,必须建立在可观察的前人经验基础之上,通过实证性的比照和辨析,经历一个从特殊到一般、从个性到共性、从具体到抽象、从经验到理论的逻辑思维过程,最终归纳

---

① 戴维·麦克莱伦:《马克思传》,王珍译,中国人民大学出版社,2016 年,第 469 页。

出科学的结论。特别是个人知识的有限性,决定了任何个人都不可能通晓一切,因此,对个体理性在人类政治事务中的作用,必须保持小心谨慎的态度,避免对理性的期望值超过其承载的限额,导致理性滥用。由之,柏克极端鄙视法国启蒙学者对国家制度所进行的理性设计,不断用英国的传统政治经验驳斥法国大革命中盲目狂妄的理性僭越。他说:"倘若我们不希望让自己纠缠在形而上学的诡辩迷雾中,那就应该承认传统的规则……不能以在原有的社会元素之外建立新的社会秩序为目的,而瓦解掉现存的整个公民与政治群体。"①

　　与柏克不同,马克思对法国革命采取的研究方法是,在政治实践基础上实现经验与理性的辩证统一。一方面,他通过经验性的实证研究来广泛搜集法国政治生活中符合实际情况的感性材料,通过对不断增多的感性材料进行反复比较,提炼出隐匿于材料背后的反映法国政治现象内在的、本质的、必然的联系的抽象概念,再借助这些概念,通过判断和推理得出对法国革命的理性认识成果;另一方面,又将这些理性认识成果运用到法国革命具体事件的研判上,来检验和预测其是否具有客观真理性,经过如此的反复循环,最终形成了马克思对法国革命的规律性认识。其中,《路易·波拿巴的雾月十八日》被公认是分析法国革命的标志性经典文献,马克在详细描述路易·波拿巴1851年12月2日发动政变的全部细节基础上,借助法国大量的经济、政治、文化等实证性历史和现实资料,对法国当时的社会结构和阶级斗争状况进行了科学分析,揭示了法国历史运动的基本规律。指出历次资产阶级革命都把君主专制时代形成的国家机器当作战利品而保留下来,告诫无产阶级革命必须彻底打碎旧的国家机器,建立新的国家机器,并特别强调无产阶级革命必须获得广大

① 埃德蒙·柏克:《反思法国大革命》,张雅楠译,上海科学院出版社,2014年,第22页。

农民的支持,否则就会成为孤鸿哀鸣。

3. 柏克和马克思的理论冲突还与二人在洞察历史中呈现出的精神格局密切相关

政治哲学本质上是关于国家生活的价值理念与政治合法性之基本依据的学说,人们一般地将其理解为对政治生活的哲学反思。这种反思活动通常呈现出现实性与理想性两种倾向,现实性意味着在现实条件和客观因素允许的范围内考虑对现存政治的改变;理想性表现为以至高无上的价值理念和道德要求为标准来改变现存政治。在政治哲学史上,黑格尔的"凡是合乎理性的东西都是现实的,凡是现实的东西都是合乎理性的"这一命题①,最为集中地体现了现实性与理想性的辩证关系,在黑格尔看来,只有具备普遍必然性的东西才是真实的现实性,反之,即使真实存在的政治也只是必将消亡的虚假的现实性。可以说,正是由于柏克和马克思在求解现实性与理想性矛盾冲突时的精神站位不同,导致其理论主张根本对立。

柏克是一位典型的现实型理想主义者,在他身上充斥着英国小资产阶级知识分子奋勇拼搏和利益至上的精神气质,为了步入英国上层社会,他不惜采用各种实用主义和机会主义手段来实现其人生目标。例如,他先后担任爱尔兰总督和罗金厄姆侯爵(辉格党领袖)的私人秘书,其主要动机是改善个人的经济状况并借此进入英国政界。在其担任爱尔兰总督私人秘书时,年薪由主编《年鉴》时的100英镑骤增至300英镑,在后来的议员生涯中,柏克将大量收入用于伦敦的股票投机生意,在担任议员后的第三年即1767年,就以2万英镑的价格买下伦敦市郊白金汉郡的格利高里庄园,占地600英亩,终生居住于此。由之,后人骂他是尸位素餐的禄虫,收受贿赂的宣传家,特权阶层的卫道士。但英国的拉斯基、丘吉尔等著名思想家和政

---

① 黑格尔:《法哲学原理》,范扬、张企泰译,商务印书馆,1979年,第11页。

治家,却把他的政治哲学视为英国政治思想遗产的继承人和保护者,今天无数自由主义者又把他推崇为现代保守政治的教父。在笔者看来,之所以出现上述矛盾现象,是因为在柏克身上还存在着另一种神秘面相,即他不仅具备政治复杂性的完备知识,而且能够用其智慧之光刺入政治生活的隐秘深处,烛照和洞察权力运作之奥玄,特别是他对英国议会的各种政治技艺具有灵活而娴熟的运用能力,很少有人堪与比肩。此外,在他身上也不乏理想主义的成分,如在其晚年,他对英国住印度总督哈斯廷斯(Hastings)发起了弹劾案,此案从1786年提出动议到1795年结束,耗时十年,目的是抨击东印度公司的恶政和对印度文明传统的破坏,尽管哈斯廷斯终因上院袒护而脱罪,但柏克持续多年的弹劾动议,一定程度上改进了英国当局对印度殖民地的管理工作①。

　　与柏克的现实型理想主义不同,马克思是典型的理想型现实主义者。青年时代的马克思凭借家庭的条件、聪颖的禀赋和卓越的才识,完全可能跻身于当时的上流社会,但是他对资产阶级的金钱、权位和各种奢靡享乐不屑一顾,舍弃安定舒适的生活,毅然选择了充满艰难险阻的革命道路,各国反动势力对其一次又一次的驱逐、通缉、构陷、监禁和利诱,都没有动摇他对共产主义社会的坚定理想。当然,马克思的伟大理想决非在书房中幻想出的空洞信条,而是建立在扎实的社会实践基础之上的。从创建共产主义者同盟,到参加1848—1849年的欧洲革命;从领导国际工人协会的斗争,到支持巴黎公社革命;从指导无产阶级政党建设,团结和壮大国际无产阶级的革命力量,到推进世界各国被压迫民族的独立解放运动,他始终站在国际共产主义运动的前列。正是基于对无产阶级解放运动的无限忠

① 关于哈斯廷斯弹劾案,参见 Lionel James Trotter , *Warren Hastings: A Biography*, London , 1878.

诚，马克思在总结欧洲工人运动经验的同时，又高度关注18至19世纪社会科学和自然科学领域的研究实践，他通过博览群书，研精覃思，站在理论和学术的制高点，创立了马克思主义哲学、政治经济学、科学社会主义理论。运用唯物史观阐明了人类社会演进的普遍规律，运用剩余价值论揭示了资本主义剥削的秘密，使社会主义实现了由空想到科学的发展，论证了社会主义、共产主义取代资本主义的历史必然性，为人类社会的未来发展开拓出一种崭新的文明之路。

（二）柏克和马克思围绕法国革命文化的伦理对决

为了搞清柏克和马克思的政治伦理分歧，笔者试图先从二人的行文风格、写作目的、理论特质等层面，对他们有关法国革命的论著予以宏观扫描。首先，柏克的《反思法国大革命》是以书信体的方式来阐述他对法国大革命的看法，而马克思的《1844年至1850年的法兰西阶级斗争》和《路易·波拿巴的雾月十八日》是分别为德国的《新莱茵报》和美国的《革命》杂志撰写的两组文章，《法兰西内战》则是为国际工人协会起草的政治宣言。虽然柏克和马克思的写作体例存在重大差别，但在不同写作体例背后也存在诸多共同之处，即二人均具有极其高深的学术素养，他们在讨论任何问题时，都能够迅速调动起广泛的理论资源，无论是古希腊、古罗马和中世纪的神话故事和各种文学作品，还是神学、法学、政治学、经济学、历史学知识，皆能信手拈来，娴熟地运用到自己的理论架构中，这与二人青少年时代受到的欧洲中产阶级良好的家庭学校教育密不可分，特别是二者均长期从事报刊杂志的编辑和写作工作，巨量的阅读和反思进一步深化了他们已然充足的知识储备。其次，柏克的《反思法国大革命》名义上是写给法国贵族青年杜邦的一封信，但实际上是批判英国革命协会非国教牧师普莱斯博士（Dr. Price）对法国大革命的颂扬之词，以防英国政局受到法国大革命影响而陷入混乱。质言之，表面上关心的是法国事态,骨子里担心的是英国局势。既然柏克心目中的读者是英国大众,这就使他在相关写作中,都是从精心挖掘和赞美英国政治传统起步,以批判法国大革命告终,并不断切割英国光荣革命和法国大革命的关系,极力褒扬前者,贬损后者。而马克思的论著则是为公开发行的杂志撰稿,是国际工人协会的政治宣言书,他心目中的读者是欧美和全世界的工人阶级,因此必然强烈揭批法国和欧洲统治阶级的虚伪、奸诈和残酷,努力传扬工人阶级的优秀品质,并通过展望革命的光明前景,来鼓舞各国工人的顽强斗志。最后,柏克为了证明英国君主立宪制的现实合理性,更多的是借助英国和欧洲历史上的政治宗教文化资源加以论述,但他对法国的了解主要源自书本知识和各种见闻,他一生中只是1773年到法国旅行过几天,并有幸目睹了当时年轻美丽的王妃,从而成为其一生永不磨灭的记忆①,这就决定了他对法国旧制度的描述十分肤浅,托克维尔曾批评柏克“为法国旧政体勾画了一幅肖像,对之加以美化”,并“试图证明法国与英国类同,这只能是大错特错”②。与之相反,马克思曾在法国生活多年,被驱逐后又多次往返法国,其对法国历史和现实的了解远在柏克之上,如恩格斯所言:“马克思不仅特别热衷于研究法国过去的历史,而且还考察了法国时事的一切细节,搜集材料以备将来使用。”③此外,马克思对法国革命除了从政治、宗教层面进行分析外,更侧重从经济学的视角予以深入挖掘,恩格斯认为,这与他在《莱茵报》时期“对林木盗窃法和摩泽尔河沿岸地区农民经济状况的研究密不可分”,正是由此起步,“推动他从纯政治转向经济关系,并从而走向社会

① Stanley Ayling, *Edmund Burke*: *His Life and Opinions*, Hohn Murray,1988,102.
② 托克维尔:《旧制度与大革命》,冯棠译,商务印书馆,2013年,第129—130页。
③《马克思恩格斯文集》第2卷,第469页。

主义"①。当然,要搞清柏克和马克思政治伦理的根本分歧,深入辨析其行文风格、写作目的和理论特质,仅是登堂入室之举,关键是在奥堂之上对二者的核心论点进行逐一比照和辨析。

1. 面对法国大革命提出的以"自由、平等、博爱"为核心的人权价值理念,柏克和马克思的评判尺度迥然有别

众所周知,在 1789 年法国大革命中,以启蒙思想为基础制定的《人权宣言》是人类历史上的一个纲领性文件,其所提出的"自由、平等、博爱"的人权价值观,成为现代人类社会秩序的奠基石。但柏克站在自由与秩序关系的角度,对上述价值理念进行了全面批判,他认为要实现人类社会的自由、平等、博爱,必须由传统的社会秩序提供基本保障,如果一个疯子逃出了精神病院,我们不能祝贺他获得了自由。"在人类的所需中,存在着一种对公民社会里人们的热情进行限制的需求,社会要求制约人们的热情,无论对群众、团体还是个人来说,爱好需要被挫败,意愿需要被管控,激情需要被降服。……这样看来,对人类的限制同他们享有的自由一样,都属于他们的权利范畴。"②什么力量能够完成自由与秩序的统一呢? 只能是遵循社会惯例的固有安排,"如果公民社会是惯例的产物,那么惯例就必须是公民社会的法律。……所有关于立法、司法和执行的权力都经由这一惯例创造而成"③。柏克认为,启蒙学者试图将现代国家建立在抽象的人权基础之上,犯了一个先验理性至上的历史性错误,因为现代国家的运作是一项极端复杂和微妙的技术,它需要深刻洞察人性的幽暗之处,它多于任何人一生能够获得的经验,在丝毫没有现代国家管理经验的前提下,打着自由、平等、博爱的"天赋人权"幌子,贸然推翻

① 《马克思恩格斯文集》第 10 卷,人民出版社,2009 年,第 701 页。
② 埃德蒙·柏克:《反思法国大革命》,张雅楠译,第 69 页。
③ 埃德蒙·柏克:《反思法国大革命》,张雅楠译,第 68 页。

尚可满足社会需求的旧有国家大厦,重构先验而非经验的新型国家机构,将是一项给全体公民带来重大灾难的极端危险的事情。

与柏克不同,马克思充分肯定法国大革命提出的自由、平等、博爱的人权价值理念,因为它从根本上否定了封建主义的王权、神权和特权,用人权和法治取而代之,从而使资产阶级获得了彻底解放。他在《神圣家族》中指出:"正如现代国家是由于自身的发展而挣脱旧的政治桎梏的市民社会的产物,而今它又通过人权宣言承认自己的出生地和自己的基础。……在法国人权宣言中,'自由的人性'的这些表现作为人权得到了明确的承认。"①与此同时,马克思又强调,人权无论是作为一种法定权利抑或政治主张,它的产生、实现和发展都必须以一定的社会经济条件为基础。资产阶级取得政权之后,试图把自己革命时代主张的人权神圣化和永恒化,然而,事实证明,这种人权只是资产阶级生产资料私有制的产物,同样存在着巨大的道德虚伪性和历史局限性。因为它在将自由、平等、博爱宣布为法国公民的绝对权利的同时,总是加上各种各样的附带条件,以便和资产阶级的私有财产权和公共安全权相互协调,因此,资产阶级的人权并没有超出其利己主义的阶级属性。"所有这些自由都得到调整,结果,资产阶级可以不受其他阶级的同等权利的任何妨碍而享受这些自由。至于资产阶级完全禁止他人享受这些自由,那么这都是仅仅为了保证'公共安全',也就是为了保证资产阶级的安全,宪法就是这样写的。"②在马克思看来,只有无产阶级才是人权的真正倡导者和切实捍卫者,因为无产阶级把人的解放作为自己一切革命活动的起点和归宿,它的历史使命就是要建立"一个以各个人的自由发展为一切人自由发展的条件的联合体"。把人的权利还给人本身,它最符合人权

---

① 《马克思恩格斯文集》第 1 卷,第 313 页。
② 《马克思恩格斯文集》第 2 卷,第 484 页。

的精神实质。

2.围绕国家的建构与解构问题,柏克和马克思的理论认知判若云泥

柏克认为,任何国家的政治制度都是由一套庞大而复杂的权力约定和被广泛遵守的惯例体系所构成,这些约定和惯例都与过去或现在的各种情势相适应,它们是我们祖先集体智慧的结晶,它们暗含着一种伟大政治传统自身的逻辑发展线索,必须成为人们所遵奉的对象。他说:"坚持我们的祖先的行为方式和原则,并非对古代的盲信,而是一种明智的类比精神。选择继承制度,等于为我们的政策框架绘制出一幅以血缘关系相连的画面,用我们宝贵的家族纽带将国家的宪法整合在一起,将我们最根本的法律纳入家庭情感的怀抱,让这种情感和法律在它们共同体现的善意中,在我们的国家中、宅邸内、墓园里、祭坛上,相互依存,永不分割。"①但法国大革命适得其反,它是由一帮学识粗陋、思想肤浅、初来乍到、没有任何国家管理经验的鲁莽之人,先是把旧政府的缺点、腐败及各种弊端无限夸大,采用无所不用其极的办法将其予以诋毁,继以阴谋行刺、残忍屠杀、疯狂战争等为手段将其彻底推翻,再用一种全新的形而上学的抽象理念,带着青春式的萌动来开展所谓开天辟地再建新国家的工作。革命领袖们为了吸引更多的人参与到这场狂欢中来,创设出一个不分职业、地位、财产的"人民"概念,并将其历史作用无限夸大,把各种高尚的头衔授予这些教育程度低下、眼界有限、职业肮脏且唯利是图的所谓"人民",人民以极度狂喜的心情驾驶着这艘国家巨轮,以最快的速度向着所谓"自由、道德、繁荣、愉悦而光芒万丈"的新生法兰西前行。"这所有计划的伟大目标,便是要将法兰西从一个伟大的君主制王国转化成一张大赌桌,将这个国家的国民变成一群赌徒,让各种预

---

① 埃德蒙·柏克:《反思法国大革命》,张雅楠译,第37页。

测猜想充斥着整个生命,将这些估测与真正关于其利益的东西混淆为一团,并让人们的期待和恐惧偏离曾经的正常轨道,而变身成为属于机会主义者的冲动、激情和迷信。"①柏克认为,这种毫无原则随意改变国家现状,把国家的历史链条一刀两断,使代际之间毫无关联的行为,最终只能产生一个更加专制、腐败和令人恐惧的国家和政府,正所谓"开端完美的可行性计划最终却以令人惋惜的结果收场"②。

与柏克强调国家是在历史惯例的不断累积中生成,并反对割断历史链条的政治主张完全不同,马克思认为,是人类的"物质生活的生产方式制约着整个社会生活、政治生活和精神生活的过程"。"社会的物质生产力发展到一定阶段,便同它们一直在其中运行的现存生产关系或财产关系发生矛盾。于是这些关系便由生产力的发展形式变成生产力的桎梏。那时社会革命的时代就到来了。随着经济基础的变革,全部庞大的上层建筑也或慢或快地发生变革。"③以上述唯物史观为指导,马克思认为,法国大革命本质上是代表地主阶级利益的封建王朝和代表资产阶级利益的新型政权之间无法调和的利益之争,只有通过革命方式加以解决。并以 1848 年至 1851 年的革命运动为例,指出:"正统王朝不过是地主世袭权力的政治表现,而七月王朝则不过是资产阶级暴发户篡夺权力的政治表现。所以,这两个集团彼此分离决不是由于什么所谓的原则,而是由于各自的物质生存条件,由于两种不同的财产形式;它们彼此分离是由于城市和乡村之间的旧有对立,由于资本和地产之间的竞争。"④与柏克对广大革

① 埃德蒙·柏克:《反思法国大革命》,张雅楠译,第 231 页。
② 埃德蒙·柏克:《反思法国大革命》,张雅楠译,第 70 页。
③《马克思恩格斯文集》第 2 卷,第 591 页。
④《马克思恩格斯文集》第 2 卷,第 498 页。

命群众所持有的极端鄙视态度相反，马克思对参与革命的劳动人民给以极高的道德评价，因为在马克思看来，劳动既是人类社会产生、存在和发展的首要前提，也是人类社会形态逐步演进的客观基础，更是人类社会历史前进的根本动力。他说："整个所谓世界历史不外是人通过劳动而诞生的过程。"正是这种把劳动置于伦理本体论地位的思想主张，决定了马克思必然充分肯定劳动群众在法国革命中的历史作用。当然，马克思在有关法国革命的三部论著中，不乏对法国工人和农民阶级落后观念的深刻批判，但其根本态度是哀其不幸和怒其不争，而非柏克那样，站在地主阶级或资产阶级立场对其予以极端的仇视和谩骂。

3. 在议会代表制和现代政党特质问题上，柏克和马克思的政治认定相差悬殊

由于议会在宪政国家政治生活中具有极端重要的地位，柏克结合个人丰富的议会工作经验，在充分颂扬英国议会传统的同时，用大量篇幅贬斥法国大革命期间国民议会的作用。柏克认为，议员所代表的既不是个体公民的意见，也不是所在选区杂乱无章的多数选民的意见，而是真正体现公共精神和国家利益的意见，这就要求议员必须具备去粗存精和去伪存真的超拔素质，对选民意见负有做出自己最佳判断的义务。每位议员对议会党团的政策建议以及政府执行政策中出现的问题，要能够进行合理质询和提出批评，要能够对自己党派政策建议的可行性及可能遇到的阻碍进行审慎思考，从这种意义上讲，议会组织应当是一个结构非常严密、具有丰富执政经验和高超领导艺术、在党派争执中能够适时妥协折中的由少数国家精英构成的工作机构。反观法国大革命时期的各级议会，从代表生成方式看，立法机构建立在"几何层面的地域基础；算数层面的人口基础；财政层面的赋税基础"之上，即把国土分成 83 个规则的方形，称为省，下

设 1720 个方格称为公社,公社下设 6400 个区[1],每个省、公社、区的土地优劣、人口数量、税赋多少可能有天壤之别,但对代表数额的分配没有实质影响,在这种极端简化实用的选举规则指导下,最终被选入国会的代表与各区选民之间已毫无关联。由于选举完全建立在抽象的人格平等基础上,丝毫不考虑出身贵贱、教育程度、职业状况、财产收入等因素,致使利益集团的煽动家、倒卖股票的投机分子、不知国家为何物的乡村有酬牧师等被选入国民议会,那些杰出法官、顶尖律师、知名教授却无缘进入。这些乌合之众在国民议会里,除了一心实现自己的卑鄙愿望和在混乱中伺机获取钱财外,丝毫没有为公众创造福利的愿景,因为这超出了他们理解力能够达到的界限。大革命其间,议员在发表演讲或表决时,经常有大批民众在议会大厅围观,甚至在场外游行示威,议员演讲如同集市上在吵闹中进行的倾力表演,观众则根据自己的张狂怪想来指手画脚、鼓掌吆喝、粗暴驳斥乃至霸占席位[2],审慎的思考辩论和妥协折中的合理建议被抛掷九霄云外,经常在混乱、疯狂、邪恶、迷惑、相互敌对中完成表决,致使众多决议充斥着极端主义的偏执化色彩,最终把国家带入毁灭的境地。

与柏克用个人所理解的英国议会传统来贬低新生的法国资产阶级议会不同,马克思对法国资产阶级议会的本质特征有着更为深刻的理解。马克思在移居法国之前,曾在德国的罗茨纳赫小镇大量阅读有关法国历史的著作,特别关注法国大革命期间国民议会的各种决议,一度产生撰写一部《法国国民公会史》的计划,虽然未能如愿,但他对法国国民议会中各政党之间激烈斗争的历史了如指掌,这充分体现在他有关法国革命的三部论著中。就法国国民议会代表的构成而言,马克思认为:"普选权并不具备旧派共和党人所寄托于它的

---

① 埃德蒙·柏克:《反思法国大革命》,张雅楠译,第 207 页。
② 埃德蒙·柏克:《反思法国大革命》,张雅楠译,第 80 页。

那种魔力,旧派共和党人把全体法国人,或至少是把大多数法国人看作具有同一利益和同一观点等等的公民,这就是他们的那种人民崇拜。但是,选举所表明的并不是他们意想中的人民,而是真实的人民,即分裂成各个不同阶级的代表。"①不仅议会代表的选举和构成,深受阶级分裂的影响,而且议会的各种决议决非柏克所言"体现的是公共精神和国家利益",相反,体现的完全是统治阶级的利益。马克思指出,在法国大革命之后各个时期的政治体制下,"政府都被置于受议会控制,即受有产阶级直接控制的地位。它不但变成了巨额国债和苛捐重税的温床,不但由于拥有令人倾心的官职、金钱和权势而变成了统治阶级中各不相许的党派和冒险家们彼此争夺的对象,而且,他的政治性质也随着社会的经济变化而同时改变"②。正是基于对资产阶级议会本质特征和历史局限性的深刻洞察,马克思对巴黎公社的执政方式给予高度评价,"公社是由巴黎各区通过普选选出的市政委员组成的。这些委员对选民负责,随时可以罢免。其中大多数自然都是工人或公认的工人阶级代表。公社是一个实干的而不是议会式的机构,它既是行政机关,同时也是立法机关。……从公社委员起,自上至下一切公职人员,都只能领取相当于工人工资的报酬"③。尽管今天人们对巴黎公社在短暂的紧急状态下生成的社会管理模式褒贬不一,但其所倡导的核心价值取向,对世界各国工人阶级政党产生了深远影响。

4. 对待传统道德与宗教文化的历史作用问题,柏克和马克思的处置方式大相径庭

柏克认为,法国乃至整个欧洲文明奠基在贵族精神、绅士精神、

---

① 《马克思恩格斯文集》第 2 卷,第 99 页。
② 《马克思恩格斯文集》第 3 卷,第 152 页。
③ 《马克思恩格斯文集》第 3 卷,人民出版社,2009 年,第 154 页。

骑士精神、宗教精神等历史文脉之上,并对上述诸种精神的核心内涵进行了简要提示。他认为,绝大多数法国的贵族和绅士"拥有高尚的情操和强烈的荣誉感,不论对他们个人来说,还是对这个阶层的整体来讲都是如此。同时,他们还有着高度的自律精神,这完全超越了其他国家的状况。他们教养优良,心怀善意,仁慈博爱,热情好客"①。与此同时,柏克还对法国的骑士精神给以高度评价,认为正是法国的骑士精神让其保持了在欧洲各国的优势地位,"骑士精神征服了骄傲和权力的凶猛,它让国君驯服于社会尊严温柔的束缚,让严正的权威屈从于优雅,并让威风的法律征服者拜在风范仪表的麾下"②。柏克还特别对法国的宗教精神倍加赞美,认为宗教包含了深刻而丰富的人类智慧,它向常人传授真理,向弱者施与慈善,使大人物们低下傲慢和放肆的颈项,让人们生活在理性、秩序、和平、德性、悔过组成的世界,并认为法国绝大多数教士生活检点、品德高尚、受人尊敬。但暴烈的法国大革命彻底摧毁了法兰西民族的贵族和绅士精神,歇斯底里的民众把国王、王妃及王室贵族们作为俘虏,押解在大街上游行示众,最后在满是恐怖的吵嚷、尖锐的嘶喊、发疯的舞动、无耻的凌辱中,将他们在皇宫广场残酷杀害。柏克特别用大篇幅内容,激烈抨击法国革命者对教会财产的掠夺和没收行为,认为这是对学识、虔诚与美德的肆意践踏,是对神圣、崇高和圣洁的无耻亵渎,目的是满足粗野、险恶、贪婪的无神论革命者们龌龊肮脏的一己私利,摧毁人类伟大信仰的物质根基。柏克曾预言,伴随法兰西上述传统精神支柱的断裂和崩塌,法国社会必将进入新旧势力持续不断的冲突和动荡之中。

　　与之相反,马克思认为任何社会的道德传统和历史文脉,都与该

---

① 埃德蒙·柏克:《反思法国大革命》,张雅楠译,第161页。
② 埃德蒙·柏克:《反思法国大革命》,张雅楠译,第89页。

社会的生产力发展水平、生产资料所有制形式和生产关系状况密不可分，社会各个阶层在道德或宗教领域的对立与斗争，都是由其各个社会阶层的经济利益和在生产关系中所处地位决定的，伴随科学技术和生产力水平的不断进步，社会各阶层的道德状况和宗教信仰或早或晚都会发生重大变革。他在《神圣家族》中，对大革命时期法国社会道德和宗教领域发生的巨大变革予以高度赞扬，认为法国大革命提出的"自由、平等、博爱"等资产阶级伦理思想，作为历史发展的辩证中介力量，为之后共产主义伦理思想的产生提供了前提条件。"1789 年在社会小组中开始、中期以勒克莱尔和卢为主要代表，最后同巴贝夫的密谋活动一起暂时遭到失败的革命运动，产生了共产主义的思想。1830 年革命以后，在法国，这种思想又为巴贝夫的友人邦纳罗蒂所倡导。这种思想经过了彻底的酝酿，就成为新世界秩序的思想。"①但通过对以罗伯斯庇尔和圣茹斯特为代表的大革命领袖人物的各种演讲稿进行仔细梳理，马克思发现雅各宾派惨遭失败的思想根源，恰恰不是柏克所讲的不尊重历史传统，而是因为他们过于尊重历史传统，他们不断用古希腊和古罗马奴隶制时代的公民道德，来教育和约束新兴的资产阶级市民，乃至通过杀戮和恐怖手段，来实现他们的心目中充满古典韵味的美德理想国，最终只能是被后者再杀戮，并被遗弃在历史前进的大路旁。"罗伯斯庇尔、圣茹斯特和他们的党之所以灭亡，是因为他们混淆了以真正的奴隶制为基础的古典古代实在论民主共同体和以被解放了的奴隶制即资产阶级社会为基础的现代唯灵论民主代议制国家。"②与此同时，马克思又充分肯定雅各宾革命党人在反封建中的历史作用，"尽管恐怖主义想要为古典古代政治生活而牺牲资产阶级社会，革命本身还是把资产阶级社

---

① 《马克思恩格斯文集》第 1 卷，第 320 页。
② 《马克思恩格斯文集》第 1 卷，第 324 页。

会从封建桎梏中解放出来,并正式承认了这个社会"①。而且,马克思认为,在法国大革命后期,拿破仑由成功走向失败,就是因为他最初维护资产阶级利益,才赢得了民众的爱戴,但称帝之后,他借现代国家之名行封建之实,并努力与欧洲各封建国王妥协,从根本上违背了资产阶级利益,最终只能以失败告终。针对法国大革命中,由启蒙学派倡导和民众自发实施的反抗宗教压迫和没收宗教财产的行为,马克思更是给予高度评价,并从宗教的本质特征、宗教解放和政治解放的关系出发,发展出自己的唯物主义无神论思想体系。他在《〈黑格尔法哲学批判〉导言》中指出,宗教是人的本质在虚幻世界的颠倒反映,"宗教里的苦难既是现实的苦难的表现,又是对这种现实的苦难的抗议"②。在《论犹太人问题》中又说:"人把宗教从公法领域驱逐到私法领域中去,这样人就在政治上从宗教中解放出来。""当国家作为一个国家,不信奉任何宗教,确切地说,信奉作为国家的自身时,国家才以自己的形式,以自己本质所固有的形式,作为一个国家,从宗教中解放出来。"③法国大革命就是通过"对天国的批判变成对尘世的批判,对宗教的批判变成对法的批判,对神学的批判变成对政治的批判"④。马克思认为,剥夺教会财产是消灭僧侣特权和实现国家与宗教剥离的重要手段,"教士的薪俸不由税吏们强制征收,而只有各教区的居民依其宗教情感自愿捐赠,那是极为合理的"⑤。"教士们要重新过私人的清修隐遁的生活,像他们的先驱者即使徒们那样靠信徒的施舍过活。"⑥

---

① 《马克思恩格斯文集》第1卷,第324页。
② 《马克思恩格斯文集》第1卷,第4页。
③ 《马克思恩格斯文集》第1卷,第28页。
④ 《马克思恩格斯文集》第1卷,第4页。
⑤ 《马克思恩格斯文集》第3卷,第161页。
⑥ 《马克思恩格斯文集》第3卷,第155页。

5. 对待社会改良与暴力革命的关系问题，柏克和马克思的因应态度截然相反

尽管柏克高度重视历史传统对人类政治生活的奠基作用，但他并非一味保守传统，同样重视改革的重要作用，只不过他所希冀的改革，更加强调在人们不知不觉中缓慢推进。他说："在走向目标的路途上，我们的耐心比力量更为关键。"①之所以如此，是因为政治体制改革不同于拆毁一个废弃的建筑物，顷刻间即可完成，它的内容关涉到有感知能力的每一个体，如果让国家在瞬间发生翻天覆地的变化，很可能使无数人顿时陷入悲惨的生活境地，因此他要求政治家必须具备小心谨慎的管理智慧、沉着坚韧的道德品质和悲天悯人的博大情怀，能够做到在保留旧制度有用元素的同时，让新加入的元素和以往框架相匹配，新元素优势的存在并非要建立在牺牲其他要素优势的基础之上。他说："通过一个缓慢却持之以恒的过程，每一步效果便显现出来，前一个版本的良莠得失，都会给后一个版本以启迪；就这样，经过一次次启发，我们便安全地完成了整个过程，我们保证了政体和每个部分之间不会发生冲撞。"②反观法国大革命，巴黎的民众对一切普通平常的事物感到绝望，只对卢梭、狄德罗、伏尔泰等所谓"启蒙"学者们杜撰的浪漫故事和奇谈怪论感兴趣，总希望有巫师、仙女、英雄、巨人创造出各种奇迹供他们欣赏。在这群人看来，普通药物只能治疗一般疾病，对法国政治机体中积累的重病沉疴，必须下猛药才能产生治疗奇迹，这就需要革命领袖们必须具备一颗冷硬的内心和无须怀疑的自信，要有横扫一切污泥浊水和牛鬼蛇神的力量。柏克认为，后来的事实充分表明，许多革命领袖由于太过憎恨邪恶，丧失了人类应有的悲悯情怀，生成了一种冷酷恶毒的性格，不惜用暴

---

① 埃德蒙·柏克：《反思法国大革命》，张雅楠译，第 202 页。
② 埃德蒙·柏克：《反思法国大革命》，张雅楠译，第 202 页。

力和冒险撕碎现实中的一切,试图瞬息平地起高楼,一夜之间实现他们的理想目标。尽管柏克在《反思法国大革命》中对法国统治阶级顽固不化的特点有所察觉,但他仍然主张通过社会改良而非暴力革命实现国家进步。

与柏克的上述看法相反,马克思在其三部研究法国革命的论著中,深入系统地分析了法国封建地主阶级和新兴资产阶级执掌政权的突出特点:一是高度维护本阶级的各种既得利益,不惜以流血和杀戮方式来镇压被统治者的反抗,统治阶级不具备英国王室或资产阶级关键时刻妥协让步的折中本性;二是统治阶级丧失去政权后,为了重新获得原有的封闭利益,会竭尽全力通过各种残酷斗争力求复辟。如在法国大革命时期,封建王朝曾经与新兴资产阶级展开过多次殊死搏斗,每次复辟后都会对革命领袖大肆杀戮,并重新加重革命者革命时已经减轻的税赋,这就不断激发起被统治阶级的顽强斗志,一旦重新获得政权,他们也会以更加暴烈的方式来惩罚复辟势力。而资产阶级掌握政权后,更是利用其所继承的旧有国家机器,对无产阶级的抗争行为展开血腥镇压,1848 年的六月革命失败后,资产阶级残杀了 3000 多名参加斗争的工人俘虏①。1871 年巴黎公社时期,被流放和处决的工人人数一直是个谜,有学者统计有 13000 人被监禁和流放,先后有 20000 人被处决②。马克思曾形象描述法国大革命的特征:"在第一次法国革命中,立宪派统治以后是吉伦特派的统治,吉伦特派统治以后是雅各宾派的统治,这些党派中的每一个党派,都是以更先进的党派为依靠,每当某一个党派把革命推进得很远,以致它既不能跟上,更不能领导的时候,这个党派就要被站在后面的更勇敢的

---

① 《马克思恩格斯文集》第 2 卷,第 101 页。
② 吕一民:《法国通史》,第 232 页。

同盟者推开并且送上断头台,革命就这样沿着上升的路线行进。"①
正因如此,马克思才说:"革命是历史的火车头"②,并告诫无产阶级
政党,不要听信资产阶级的花言巧语,"他们的战斗口号应该是:不断
革命"③。当然,马克思从不否认社会改良的作用,特别是恩格斯晚
年(1893 年)在为马克思的《1848 年至 1850 年的法兰西阶级斗争》撰
写导言时,再次强调通过议会选举的和平方式来提高工人阶级的政
治地位,但综观他和马克思一生的斗争经历,他们从未放弃过暴力革
命和不断革命的基本政治主张,同前述柏克零打碎敲的改良主义社
会变革理论相距甚远。

(三)柏克与马克思法国大革命伦理悖论的当代境遇

任何思想考古的真正兴趣必在当代。当我们讨论柏克和马克思
对法国大革命价值属性的两极评判时,实际上是在谈论我们当下周
遭的生活与世界。通过对二人价值取向、研究方法、精神格局、核心
观点的深入比照和辨析,我们无疑会产生一种冰火两重天的奇特思
想体验。柏克的秩序与自由、保守与革古、怀旧与鼎新的政治观念,
如同一幅悠久的历史画面,尽管绵延不绝、庸常平凡,但却让人回味
无穷。马克思敬重劳动、颂扬革命、催人奋进的唯物史观和剩余价值
理论,如同一种高峰体验,猛烈急促、绚烂至极,但却不免命途多舛。
在我国经历了暴力革命、国家建设、改革开放之后,再次寻求中华文
明伟大复兴之时,柏克和马克思有关法国大革命的伦理悖论,作为一
种切时而又切近的理论资源,对当下中国特色社会主义建设有何裨
益呢?

---

① 《马克思恩格斯文集》第 2 卷,第 494 页。
② 《马克思恩格斯文集》第 2 卷,第 161 页。
③ 《马克思恩格斯文集》第 2 卷,第 199 页。

就柏克而言,他坚定地站在统治阶级立场,不断地用自己深深挚爱的英国传统政治文化来类比法国的政治历史与现实,从而对迅猛爆发的法国大革命抱持极端仇视的贬抑态度,极力主张传统国家的各种惯例是塑造现代国家的可贵资源,只有在维系好原有社会秩序的前提下,通过对庞大的国家机器进行日积月累的微调与慢试,才能在不为人知的缓慢前行中革故鼎新,逐步引领国家、市场、社会走向未来的辉煌前沿。时光荏苒,斗转星移,中国共产党已经由一个领导全国各族人民致力于暴力革命和不断革命的政党,演变为执掌中国政权七十多年和领导改革开放四十多年的世界大党,今天要引领中华民族十四亿人口走出一条中国特色的现代化道路,就必须具备海纳百川的广阔胸襟,善于借鉴世界各国不同历史时期政治文化的有益经验。笔者认为,柏克保守主义政治理论给我们的启迪表现在多重层面,例如:他对国家传统治理经验以及各种历史文化资源的高度珍视,之于当代中国传统政治文化的创造性转化和创新性发展,具有极端重要的镜鉴价值。但就当前而言,柏克理论最为重要的政治伦理启示在于,要做好新时代中国的改革开放事业,只有通过持续的增量民主,来实现存量民主的不断扩展,才能最终完成中华民族长时段、大范围、深层次的现代性经济、政治和社会结构转型①。其间,我们必须自始至终正确处理改革、发展、稳定三者之间微妙而复杂的关系,在这三者中,社会稳定是前提条件,因为只有保持社会稳定,才能不断推进改革和发展,恰如邓小平三十多年前所反复强调的:"如果没有一个稳定的环境,中国什么事情也干不成。"②如果说稳定是前提,那么改革则是根本动力,因为只有通过不断的改革,才能解决好发展过程中出现的各种问题,社会稳定才能获得持久可靠的制度保

① 闫健编:《民主是个好东西》,社会科学文献出版社,2006年,第49页。
② 《邓小平文选》第3卷,人民出版社,1993年,第348页。

障,如果仅是一味强调维护稳定,不进行或推迟进行改革和创新,最终必然引发更大的不稳定,而发展则是重中之重和根本目的所在,只有通过持之以恒的发展,才能最终解决经济、政治、社会、文化、生态等问题,并为各项改革和持久稳定提供坚实的物质基础①。质言之,要把改革开放的力度、国家发展的速度和社会大众的承受度有机统一起来,永远保持在统筹兼顾的综合考量之中。

　　当然,我们从柏克的渐进改良主义出发,强调改革、发展、稳定之于当代中国的极端重要性,并非以此否定马克思的暴力革命和不断革命理论。首先,自改革开放以来,在我国学术界一直存在着一种或明或暗的"告别革命"理论,在这种理论的思想内核中,暗含着一个"如果这样……会好得多"的历史虚无主义假设,即无论是孙中山领导的辛亥革命,还是共产党领导的土地革命,都未能很好地选择晚清时期康有为和梁启超主张的渐进改革之路,否则,今日中国会别开生面。毋庸讳言,中国近代史就是一部暴力革命和不断革命的历史,但我们必须看到,正是腐朽没落的大清王朝不思改革,对"戊戌六君子"残酷镇压,才有辛亥革命的结果。正是蒋介石"4·12"反革命政变对共产党人血腥屠杀,才有共产党人土地革命的发生。放眼整个中国历史,正是历代统治阶级的肆意屠戮,才逼迫无数底层民众将革命作为别无他途的必然抉择,致使改良逐渐走向历史的反面。因此,马克思的暴力革命和不断革命理论,能在近代中国扎根发芽并长成参天大树,是中国近现代史乃至全部历史发展规律使然,绝非"告别革命"者的良好愿望所能诠释。其次,柏克的渐进改良主义政治主张,是以英国统治阶级的妥协让步和被统治阶级的适可而止为前提条件的,而马克思的暴力革命和不断革命理论,则是以法国统治阶级的残酷镇压和被统治阶级的忍无可忍为底色背景的。从这种意义上讲,人

---

① 参见靳凤林:《追求阶层正义:权力、资本、劳动的制度伦理考量》,第148页。

类历史进步的基调应当是改良与进化,革命只是改良与进化受到壅塞时的溃决,然而,壅塞一旦变为常态,溃决也就不断发生,革命也必将成为不依人的主观意志为转移的客观历史规律。

深入辨析柏克和马克思围绕法国大革命价值属性而生成的伦理悖论,除了具有上述重大深远的理论探究价值外,对求解当代中国纷繁复杂的现实问题,同样具有极端重要的实践关怀意义。党的十九大报告明确指出:"中国特色社会主义进入新时代,我国社会主要矛盾已经转化为人民日益增长的美好生活需要和不平衡不充分的发展之间的矛盾。"那么,新时代的"人民"概念应包含哪些具体内容? 不平衡不充分发展的矛盾主要表现在哪些方面? 要高质量回应和完成这一重大而紧迫的时代课题,就必须以马克思的唯物史观为指导,从政治伦理学的视角予以深度反思。笔者认为,中国特色社会主义市场经济发展至今天,其所面临的最为尖锐严峻的根本矛盾是权力、资本、劳动三大社会变量之间的关系问题,以及如何建构处理三大变量关系的制度伦理规则。其中,权力、资本、劳动三大社会阶层的利益冲突,已经使我国社会出现利益主体多元化、利益趋向多极化、利益差别显性化、利益矛盾集中化的基本态势。如果以权力阶层中的不法之徒和资本阶层中的贪婪分子为代表的既得利益集团,在权力资本化和资本权力化的道路上越走越远,致使权力不再为民生谋福祉,而是成为要挟民众为资本服务的工具,则必然导致对劳动阶层利益的肆意侵占,最终出现"赢者通吃"的结果,一旦这种状况不被遏制而任其发展,其所造成的后果只能是严重的社会不公和两极分化①。如果让"富者累巨万,贫者食糟糠"的现象蔓延开来,改革开放所追求的共同富裕目标化作了"镜中花和梦中月",那么利益固化的樊篱将

———————

① 参见靳凤林:《资本的道德二重性与资本权力化》,《哲学研究》,2014 年第12 期。

愈发难以突破，当下改革所应完成的"涉险滩"和"啃硬骨头"的任务很可能半途而废，从而使中国再次陷入几千年来传统社会"一治一乱"的低水平循环之中，那么马克思曾经描述的"压迫恒久而无情，反抗短促而暴虐"的法国大革命情景，就会由欧洲的过往陈迹变为中国的当代再版。或许正是深刻体察到长期繁荣背后遮蔽的巨大危机，托克维尔《旧制度与大革命》所揭橥的历史主题，成为我国社会各界广泛关注的热点话题①。这无疑在不断警醒我们，要使当代中国的权力、资本、劳动三大社会阶层，不因深刻性伦理冲突导致混乱分裂，并使社会各阶层在社会主义市场经济的利益博弈中，能够遵守正义性制度伦理规则，就必须对柏克的保守主义政治伦理进行深度思考、重新评价和认真镜鉴，通过不断推进民主政治制度制衡公共权力，通过长期完善市场经济制度规范资本运营，通过持续强化社会组织制度保障劳动阶层利益，从而在权力、资本、劳动的妥协包容与和谐共生中，保持不同社会阶层之间的权责一致和公平流动。唯其如此，才能在国家（权力）、市场（资本）、社会（劳动）三者的动态平衡中，有效避免"暴虐动荡而重复"，逐步进入"温和渐进而向好"，最终实现中华民族伟大复兴的中国梦！

二、近代法国三大阶层德性特质的多维透析

一部近代法国大革命波澜壮阔的斗争史，就是封建权贵阶层、新兴资本阶层和普通劳动阶层，在猛烈碰撞中相互对抗、相互交融、相互转化的历史，当新兴资本阶层和封建权贵阶层对国家政权展开激

---

① 2012 年 11 月 30 日，原中纪委书记王岐山同志在一次座谈会上，提议大家认真阅读托克维尔的《旧制度与大革命》，由之引发了社会各界对该书的广泛关注，致使这本思想性和理论性很强的学术著作在市场上多次脱销。

烈争夺时,普通劳动阶层已经开始了反对新兴资本阶层的斗争。要深入把握法国大革命这一重大历史事件的运演轨迹,就必须对法国社会这三大阶层的基本构成、价值追求、德性特质、行为方式等问题探赜索隐,特别是要仔细探究这三大阶层之间利益博弈和伦理冲突的具体表征形式。唯其如此,我们才能够透过这幅多层次、立体性画面,获致法国大革命政治哲学基因构序和伦理构境的终极秘诀。

(一)封建权贵阶层的利益固化与冥顽不化

法国的封建权贵阶层主要以王公贵族和教会僧侣为主,在大革命爆发前夕,这一阶层不仅权力高度集中,而且体系极其庞大。众所周知,法国中世纪后期由于王权衰弱和国家破碎,曾长期受到英国的侵略,为了夺回失去的土地,自 1337—1453 年同英国进行了一百多年的战争。在民族战争中,王权成为团结整个民族的精神象征,但由于各级土地贵族在民族战争中做出过巨大贡献,不断出现地方贵族与国家王权明争暗斗的现象,战后历代国王为了保证国家统一,克服地方分离势力的消极影响,逐步建立起高度专制的王权体系,凡尔赛宫就是为了收拢地方贵族和扩大王权而修建的供王室和贵族们尽享荣华富贵的地方。此外,在大革命前,法国是个天主教一统天下的社会,几乎所有居民都是天主教徒,教会控制了从城市到乡村的各个角落,负责指导信徒的精神生活、宗教仪式和民事登记等工作,各级教会的教士构成一个特殊的社会阶层,包括正规教士、世俗教士等不同类别,形成了教皇、枢机主教、大主教、神父、司祭的教阶制体系,他们同王公贵族一起构成了法国大革命前基本的封建权贵阶层。

法国权贵阶层的根本价值追求就是通过升官发财来维系自身的经济利益。为了支撑庞大官僚体系的运转,法兰西王国建构起高度复杂的财政税收体制,包括土地税、人头税、所得税以及各种间接税,每当遇到外部战争或国内动乱,国库入不敷出时,就不断开征新税,加大对农民、工匠等劳动阶层的税收力度。但法国财税制度的真正复杂性在于各种免税特权，国王为了笼络贵族并彰显自己的恩惠，不断赋予各级贵族不同形式的赋税豁免权。特别是教士阶层获得了最多的王家税收豁免权，诸如免交地产税、军役税、人头税等，并形成了自己独特的教会财政体制，进而通过信徒捐赠、国王和贵族赏赐以及自身的宗教什一税等途径，积累起大量地产和巨额财富①。当普通劳动阶层的税负达至极限，贵族和教士的赋税豁免权又不断扩张，必然导致国库空虚，此时，王室就通过公开出售官职来获取亟需资金，由之，捐官制或买官鬻爵制（亦即 venality）成为大革命前法国政治的一道奇特风景线，从军事将领、财税官员到基层小吏，都可以通过公开竞标卖给最高投标者，到 16 世纪早期亨利四世时，只要租主愿意付费，还可以把公职变成世袭财产，致使各级贵族和新兴的资产阶级拼命让子女买官从政，以便更好地发财致富②。由之，我们就能够理解"赋税平等""反对特权"，何以成为法国大革命中新兴资产阶级和普通劳动阶层响彻云霄的革命口号。

　　法国权贵阶层升官发财的价值追求奠定了其奢靡腐烂型生活方式的基础。以凡尔赛宫为例，路易十四国王在位五十年，自 1664 年完婚之后，为了体现其"太阳王"的威严，决定将王宫由巴黎的卢浮宫迁往凡尔赛，经过其不懈努力，最终将凡尔赛宫建设成了欧洲最雄伟、最豪华的宫殿建筑，成为欧洲的贵族活动中心、艺术展览中心和文化时尚发源地，凡尔赛宫全盛时期，房间有 1300 间，王公贵族及各类侍从多至 36000 人。他把众多贵族收拢到宫中居住，白天让他们遍尝山珍海味，晚上参加宫廷舞会，祝宴、狩猎、郊游、戏耍的活动终

---

① 黄艳红：《试析法国旧制度末年教会的免税特权》，《世界历史》，2009 年第 2 期。
② 弗朗西斯·福山：《政治秩序的起源》，毛俊杰译，广西师范大学出版社，2014年，第 306 页。

日不断,把欧洲的绝色佳人、珠光宝气全部汇聚到这里。路易十四为了安置他众多的"正式情妇",还在凡尔赛宫周围建设了诸多小型宫殿,并设置无数宫廷职位,凡是王室的衣、食、住、行等,只要想得出名目,都有专人所司,诸如御衣官、御马官、侍膳官、侍酒官等①。贵族们每天被这些声色犬马、赏赐荣誉搞得心花怒放,把受到国王宠幸当成自己朝思暮想的政治目标和生活追求,最终成为专制王权的忠实奴仆。

由于升官发财的价值追求和奢侈糜烂型生活方式的长期浸润,法国权贵阶层对自身利益的维护达至冥顽不化和根深蒂固的程度。1789 年三级会议召开时,人们并没有推翻王位的想法,但由于封建权贵阶层对自身利益的坚定维护,致使作为第三等级的新兴资本阶层和普通劳动阶层逐步由反对贵族特权发展至反对专制王权,把原来的"国民议会"变成了"制宪议会",开始制定宪法来规范王权,当王公贵族们不甘失败,并试图联合欧洲其他国家的封建势力镇压第三等级时,革命终于爆发,最终将路易十六及其王妃送上了断头台。然而,颇具讽刺意味的是,在争取民主和反对欧洲复辟势力斗争中涌现出来的拿破仑,打着宪政的旗号,最终又走上了专制独裁的皇帝宝座,而之后的波旁王朝更是反复发动、集结、联合旧势力,不断掀起封建复辟浪潮②。自 1789 年至 1871 年这短暂的八十多年,法国先后经历了君主专制、君主立宪制、共和制、帝国制、人民公社制、新型共和制等频繁更迭的制度变迁过程。与英国王室不断向革命者妥协让步相比,法国权贵阶层通过一次次复辟行为来坚定地维护自身利益,逼迫新兴资产阶级和普通劳动阶层不断掀起革命运动,来同各种封建复辟势力展开殊死较量,致使法国近代政治文化镌刻上极深的"革

① 参见吕一民:《法国通史》,第 73 页。
② 参见《马克思恩格斯文集》第 2 卷,第 477 页。

命"烙印。

（二）新兴资本阶层的持续蜕变与权力追求

17、18 世纪是法国新兴资本阶层迅速发展时期，在呢绒、纺织、印刷、玻璃、制陶等行业，陆续出现众多具备资本主义性质的手工工场，如呢绒业手工工场在诺曼底、皮卡尔迪、朗格多克等地发展速度最快，麻织业手工工场以布列塔尼、曼恩两地最为发达，丝织业中里昂称雄全国，马赛和波尔多兴起造船业，首都巴黎的化妆品和珠宝业傲视全国。从宏观上看，可将法国上述各类手工行业的资本阶层划分为三大类别：一是从业人员高度集中型的资本家，主要分布在采矿业、铸造业、火药制造业、造纸和印刷业；二是分散型手工行业资本家，主要分布在麻布制造业和花边编制业；三是分散与集中结合型资本家，主要分布在制绒业，呢绒制造商把羊毛分发给家庭手工业者去纺织，然后再把收回的纺织品在自己的工厂进行染色加工①。之后，伴随地理大发现和新航路的开通，法国众多沿海城市如波尔多、南特、拉罗舍尔等，涌现出一大批从事贸易、金融、航海的新兴资本阶层。

法国资本阶层的特殊成长环境使其价值取向、道德特质和行为方式呈现出独特的法兰西风格。一方面，他们同权贵阶层有着深刻的利益关联，如宫廷贵族的奢侈消费带动了早期资本阶层相关商业、手工业的兴盛，为其精细化和集成化生产提供了机会并创造了条件，实现了权贵阶层财富向新兴资本阶层的缓慢转移，许多资本家发财致富后，通过购买政府官职、与旧贵族联姻等方式演变为新型贵

---

① 参见吕一民：《法国通史》，第 50 页。

族①。另一方面,他们在艳羡、惊愕进而追逐王公贵族生活方式和各
种特权的同时,又因自己没有高贵出身而产生巨大的耻辱感,并对王
公贵族鄙视和冷落资本阶层的傲慢态度产生深度的怨恨情绪,激发
了他们对王公贵族各种专制特权现象的极端愤懑和仇视心理。因为
在相邻的英国,贵族阶层经商现象十分普遍,且并不影响其加官进
爵,而法国贵族阶层在各种特权的庇荫下,把经商行为看作十分卑贱
的活动,并通过各种苛捐杂税对商人肆意盘剥。这就导致法国资产
阶级革命呈现出独特的发展道路和强烈的个性色彩,它们对王公贵
族的各种特权深恶痛绝,对自由、平等、博爱的政治主张表现出空前
的政治热情,1789 年通过的《人权宣言》将人人平等的社会理想异乎
寻常地绝对化,在法国大革命中形成的近现代政治伦理具有英国革
命文化望尘莫及的"彻底性",彰显出激进性、分裂性、对抗性等突出
特征②。加之,孟德斯鸠、伏尔泰、爱尔维修等著名思想家的理性启
蒙著作,对君民关系、分权而治、社会改革、思想创新等提出了鲜明的
政治主张,尤其是法国大革命精神导师卢梭的著作,如《论人类不平
等的起源》《社会契约论》《忏悔录》等,通过浪漫主义和感性主义的
鼓动,驱使罗伯斯庇尔、圣茹斯特等资产阶级革命领袖,高举"主权在
民""人人平等"的道德理想主义旗帜,通过山呼海啸般的广场革命,
彻底颠覆了风雨飘摇的封建王权③。

　　令人吊诡的是,法国大革命作为王公贵族专制社会的终结和新
兴资本阶层民主社会的开端,似乎应该始终如一的贯彻执行自由、平

---

① 维纳尔·桑巴特:《奢侈与资本主义》,王燕平等译,上海人民出版社,2000
　年,第 125 页。
② 高毅:《法兰西风格:大革命的政治文化》,浙江人民出版社,1991 年,第 37 页。
③ 卡罗尔·布拉姆:《卢梭与美德共和国》,启蒙编译所译,商务印书馆,2015
　年,第 154 页。

等、博爱的政治路线。然而,研究法国革命史的人皆知,在大革命被推进到高潮的雅各宾专政时期,法国革命的动力机制中就已经孕育出一种新型专制主义的潜在因素。首先,用"黑白对分法"区别对待资产阶级思想家们的内部分歧,如 1793 年 11 月 5 日,罗伯斯庇尔在雅各宾派俱乐部公开提出打倒百科全书派,把主张无神论的百科全书派代表人物米拉波、爱尔维修的雕像推倒砸烂,只保留布鲁图斯和卢梭这两位有神论者的雕像,之后又把卢梭遗骸移入先贤祠①。其次,对资产阶级内部的反对派大开杀戒,如罗比斯庇尔将丹东推上断头台,随后罗伯斯庇尔又被国民公会推上断头台,在雅各宾派执政时期,从牧月法令通过到热月政变发生,不到 50 天时间,仅巴黎市内一共处决了 1376 人,平均每周杀 196 人,除少数王公贵族外,被推上断头台的人大多是新兴资本阶层的内部人士,革命者与被革命者的鲜血激荡着塞纳河的流水②。法国资本阶层的专制嗜血本性不仅表现在大革命时期本阶层内部的互相残杀,待其获得国家政权后,又进一步表现在对普通劳动阶层的残酷剥削和血腥杀戮上。在法国大革命运动中,新兴资本阶层和普通劳动阶层虽然能够携手合作,但革命目的截然不同,前者为了获得政权,后者为了果腹生存,前者对后者既爱又恨、既宠又怕。一方面,前者为了夺取权力,必须依靠后者;另一方面,后者又不断给前者带来麻烦,前者力图扬长避短。但当普通劳动阶层最终觉悟后,开始走向新兴资本阶层的对立面,而新兴资本阶层也展现出阴毒残忍的阶级本性。正如马克思在《法兰西内战》中所指出的那样,资产阶级把国家"变成了巨额国债和苛捐杂税的温床,不但由于拥有令人倾心的官职、金钱和权势而变成了统治阶级中各不相让的党派和冒险家们彼此争夺的对象……国家政权在性质上也

---

① 朱学勤:《道德理想国的覆灭》,上海三联书店,2003 年,第 279 页
② 朱学勤:《道德理想国的覆灭》,第 297 页。

越来越变成了资本借以压迫劳动的全国政权,变成了为进行社会奴役而组织起来的力量,变成了阶级专制的机器"①。1871 年在普通劳动阶层为反对新兴资本阶层统治而奋起反抗的巴黎公社时期,被资产阶级政权流放和处决的工人人数一直是个谜,有学者统计有 13000人被监禁和流放,先后有 20000 人被处决②。不难看出,表面上新兴资本阶层以气壮山河的誓言和惊天动地的行动,展现出同封建传统伦理的一刀两断,但实际上,无所不在的传统伦理就像蜘蛛网一样,死死缠住了新兴资本阶层的手脚,他们处心积虑建构新型政治伦理,但又时时流露出旧世界所具有的模糊不清的痕迹,充满着新与旧的矛盾冲突和前与后的逻辑混乱③。

(三)普通劳动阶层的革命道德及行为特征

据法国社会学家里·卡昂计算,法国大革命爆发前的 18 世纪中后叶,巴黎市内的人口总量约 50 万左右,其中,封建权贵阶层中的贵族约 5000 人,教士约 1 万人,制造业、商业、金融业和专门的职业资本阶层有 4 万人左右,剩余的绝大多数人口属于普通劳动阶层,包括小店主、小商人、工匠、帮工、一般劳工、流浪汉和城市贫民,这些人后来被统称为无套裤党④。乔治·鲁德根据法国档案馆文件统计,在法国大革命期间,攻占巴士底狱和图伊勒里宫的 11693 人中,被捕和受控告的人有 554 名石匠、510 名装修木匠、416 名鞋匠、321 名家具匠、285 名锁匠、286 名裁缝、283 名油漆匠和 191 名酒商⑤。这些人

---

① 《马克思恩格斯文集》第 3 卷,第 152 页。
② 吕一民:《法国通史》,第 232 页。
③ 参见高毅:《法兰西风格:大革命的政治文化》,第 44 页。
④ 乔治·鲁德:《法国大革命中的群众》,何新译,北京师范大学出版社,2016年,第 15 页。
⑤ 乔治·鲁德:《法国大革命中的群众》,何新译,第 232 页。

以宽大的长裤、工作服、平坦的发型和红色无边软帽为流行装束，并以简朴勤劳、严肃刻苦和语言粗狂而著称，同表面上温文尔雅但骨子里却骄奢淫逸的封建权贵阶层和新兴资本阶层区别开来。他们之所以参与到法国大革命运动中来，主要是由于迫切需要廉价和充分供应的面包以及其他生活必需品。因为大革命爆发前的法国，小麦长期缺乏和价格高涨，给城市居民中较为贫穷的人带来悲惨后果，而这种情况到了1787—1789年达至高峰，这就逼迫普通劳动阶层愿意与新兴资本阶层联合起来，同维系封建权贵阶层的旧制度展开殊死搏斗，从而决定了法国大革命中普通劳动阶层地位之突出和影响之重大，为世界各国历史上其他早期资产阶级革命所无法企及。

法国普通劳动阶层在整个革命运动中，所彰显出来的最为突出的政治伦理特质有两点：

一是团结一致的集体主义精神。在大革命前后，法国新兴资本阶层中的精英分子主要通过撰写陈情书、小册子、给公众演讲、组织选举、在议会中捍卫本阶层利益来发挥作用，而普通劳动阶层中的任何个体由于教育水平和政治技能低下，不足以对国家、市场、社会上的任何权威采取有意义的行动，他们唯有以集体行动的方式来捍卫本阶层的利益，才能彰显出巨大的威力。在大革命前的旧巴黎，不同社会阶层的人是生活在不同社区或教区之中的，社区或教区群众之间彼此熟悉且感情深厚，极易协调一致地开展行动。同时，法国几乎所有的职业群体都有各自的团体组织，每个团体都有自己的守护神、规章制度和礼仪要求，每个人只有把自己联系到某个团体中才能安身立命，致使团体主义的观念渗透到了社会生活的方方面面。上述因素决定了普通劳动阶层在大革命及其之后的一系列政治活动中，充满了团结一致的集体主义精神。如巴黎的圣安东郊区和圣马瑟勒郊区的普通劳动阶层，及时串联彼此熟悉的群众，并互相鼓励和共同行动，在攻占巴士底狱和推翻王室的过程中发挥了巨大作用。再如当圣雅各教堂的神父因为没有得到贫穷死者23里弗报酬而拒绝埋葬一个木匠帮工时，教区群众愤怒地冲进教堂，不断高喊"打倒教士阶级"，并对神父嘲笑起哄和示威抗议，神父被迫屈服，在群众的喝彩声中为死者做了庄严的亡人弥撒①。二是视死如归的英雄主义精神。在法国大革命上升阶段，普通劳动阶层总是冲在新兴资本阶层的前头，以其浩大的声势和规模而大大强化了政治斗争的激烈性，他们有时为了个人生计去冲击食品杂货店、强行实施限价政策、哄抢贵族和教会财产，正是大批巴黎普通劳动阶层的妇女联合起来，把国王和王妃从凡尔赛宫挟持到巴黎，接受人民的质询和批判。而新兴资本阶层获得国家政权后，普通劳动阶层对其阶级本质的认识日渐清晰，政治独立性逐步提高，他们在和新兴资本阶层的斗争中更加坚定无畏乃至视死如归。如1848年6月巴黎工人阶级为了对抗资产阶级政府封闭"国家工厂"的法令，举行大规模武装起义，经过四天的英勇斗争，最终被残酷镇压。而1871年，巴黎公社的无产阶级在同法国资产阶级和前来镇压的普鲁士军队的斗争中，更是英勇无比，经过最后八天的激战之后，敌军闯入贝尔维尔和梅尼尔芒坦高地，赤手空拳的公社捍卫者同其进行了殊死搏斗，最后一批捍卫者在拉雪兹神父墓地经过激烈抗争后被残酷屠杀，这堵"公社战士墙"至今还伫立在那里，作为无声的雄辩见证②。

当然，法国普通劳动阶层在大革命及其之后的历次革命斗争中，也呈现出群众斗争的诸多弊端，古斯塔夫·勒庞的《乌合之众》、埃里克·霍弗的《狂热分子》等社会心理学著作，对相关问题都有过深入细致的理论剖析，如勒庞将法国人与英国人的种族特性进行比较之后，认为法国大革命中的群众在群情激愤状态下，在一知半解的所谓

① 乔治·鲁德：《法国大革命中的群众》，何新译，第71页。
②《马克思恩格斯文集》第3卷，第107页。

"理想"的鼓舞下,在专制独裁的革命领袖引导下,以残酷镇压异己为荣耀和幸事,呈现出典型的偏狭教条、轻信谣言、桀骜不驯等极端情绪化特质。埃里克·霍弗则认为,法国的底层群众正是通过投身所谓神圣伟业的群众运动中,将自己的失意、无能、恐惧、责任得以掩埋,从中获得虚幻的成就感。撇开上述社会心理学的分析不谈,笔者仅从政治伦理学的视角检审法国大革命中的群众行动,认为其主要缺陷如下:一是对"人人平等"的炽烈追求具有极大的虚幻性,缺乏具体内容和可操作性,一旦进入现实的社会生活中,对等级秩序的无限尊重和迷恋再次呈现出来。二是愈演愈烈的集体请愿浪潮、广场集会文化、街道抗争运动,以强烈的直接民主制方式,不断冲击着各级代议制间接民主制度(初级议会和国民公会),使国家治理体系处于低效无能的瘫痪和半瘫痪状态,最终只能产生更加强烈的专制集权来恢复国家机器的正常运转,拿破仑·波拿巴帝国体制及其侄子路易·波拿巴帝国体制的两次出现和波旁王朝的两次复辟就是明证。三是轰轰烈烈的群众运动无视任何权威,只强调用独立个人和群众团体的天赋权利代替封建权贵阶层的各种旧有特权,致使根深蒂固的"重权轻法"传统难以破除,人们视法律如儿戏,从1789年大革命开始到1814年波旁王朝复辟,在十五年内轮番出台和替换了五部宪法,致使国家宪政制度的确立举步维艰。法国民众真正步入现代性民主法治社会,还要经历共和体制与封建帝制的反复较量,直到六十多年后的1877年才真正奠定了资产阶级共和制度。但法国普通劳动阶层在历次革命运动中生成的德性特质和行为方式,会积淀为一种独具特色的政治基因,在法国未来的社会政治生活中反复发作,诸如20世纪60年代的"五月风暴"运动、2018—2019年持续进行的"黄马褂"运动等,从中不难窥见法兰西民族不同于其他民族的政治伦理特质。

　　通过对法国三大社会阶层道德特质和彼此互动过程的深入剖

析,不难看出,法国革命的特殊性既是法国封建社会的典型性所致,也是新兴资本阶层和普通劳动阶层所接受的启蒙理性思维逻辑的产物,这种炽烈地追求自由、平等、博爱的热望,塑型出法兰西民族独特的政治伦理风格,它不仅为法国人所骄傲,而且也是人类大同理想的一次空前规模的宣誓和实践,但当法国不同社会阶层前赴后继地力争把自己心中的理想变成现实,并把一个比一个更加激进的社会革命阶层推向历史前台时,每一个走向前台的革命阶层和革命者,其内心世界无时不在为自己可能幻灭的理想所困扰、所折磨。然而,人类历史也许正是在这种血与火的洗礼中,不断展现着惊心动魄的生机与奥妙,不断创制出更为新型的政治文明模式。

三、拿破仑的身份伦理转换与帝国兴衰的运演机理

　　贝多芬的《英雄交响曲》是一部慷慨激昂且极具情感动员能力的曲目,但他最初的曲名是《拿破仑·波拿巴交响曲》,是贝多芬为了歌颂拿破仑马背上的"普世精神"而创作,人们一听到这首曲子,脑海里就会浮现出拿破仑"提三尺剑,开疆万里"的英雄形象,但拿破仑窃国称帝后,贝多芬愤怒地撕掉献辞,改成了现在普适性的《英雄交响曲》。由此可见,要深入研究近现代法国霸道政治的生成逻辑,拿破仑必定是无法绕开的核心人物,但在汗牛充栋的拿破仑研究论著中,对其霸道政治理论与实践的评价褒贬不一、毁誉纷纭。恰如歌德所言:"在我看来,拿破仑的童话恰似约翰启示录,每个人都感到其中还隐藏着一些东西,只是不知道那究竟是什么。"①笔者试图从拿破仑

---

① 埃米尔·路德维希:《拿破仑传》,梁锡江等译,长江文艺出版社,2008年,第1页。

身份伦理的两次转换,即劳动阶层身份向资本阶层身份的转换、资本阶层身份向权贵阶层身份的转换为切入点,深入透视拿破仑及其法兰西帝国霸道政治兴衰成败的运演机理。

(一)劳动阶层顽强奋斗的道德意志与拿破仑的华丽转身

从政治伦理学的视角看,道德意志特指道德主体在某种道德认知和道德情感基础之上,排除来自外部和内部的各种干扰,克服重重困难,长期专注于一种道德行为的抉择能力和坚持精神,它是道德主体自主性、自决性、自律性的重要表现,它通常由道德意向、道德计划、道德执行三个环节构成。拿破仑作为法国社会普通劳动阶层的特殊一员,自青少年时代起,正是依靠其顽强的道德意志,通过极端的刻苦努力和高强度的勤奋学习,积累起卓越的军事和政治才华,虽历经千难万险,但在追逐政治权力的道路上始终保持着一种百折不挠的奋斗精神,并不失时机地抓住一切机会,较早地完成了由普通士兵向战场将军的华丽转身。

笔者之所以将拿破仑界定为法国劳动阶层的特殊一员,与其社会身份的复杂性密切相关。拿破仑出生在地中海西部的科西嘉岛上,该岛原来属于意大利的领土,后被法国人占领,成为法国本土外的重要领地。拿破仑的父辈先是和岛民一起与法国侵略者抗争,斗争失败后又被迫服从法国人的统治,且出于家庭生计需要,还做了法国人在岛上新成立的法院的陪审推事,拿破仑也因此有机会到法国本土免费就读贵族学校,之后成为一名军官。但由于拿破仑少年时代法语水平极差,在贵族学校读书时受到法国本土贵族子弟的歧视,他从内心深处又极端仇视法国贵族,一度幻想长大成人后能作为科西嘉岛的领袖,带领科西嘉人摆脱法国人的统治。1789年法国大革命爆发时,伴随国王被送上断头台,他也的确回到科西嘉岛高呼"自由、平等、博爱"的口号,试图带领科西嘉人走向独立,但在岛民错综复杂的内部争斗中,他最终败北又回到了法国本土,成为法军的一名军官。然而,天之大道历来是"福兮祸所伏,祸兮福所倚",正是因为拿破仑国籍身份的复杂构成,待其成为法军统帅后,他能够以意大利纯正血统自居,并说着母语,打着从哈布斯堡王朝和撒丁王朝压迫下解放意大利人民的旗号,获得了法国在意大利战争中的巨大胜利,由此,奠定了他在法国未来政治生活中至高无上的历史地位。

拿破仑青年时代社会身份的特殊性还表现在他经济状况造就的心理状态上,他虽然时常以科西嘉岛的贵族自居,但又和普通百姓一样一贫如洗。科西嘉岛的社会风气是人若受到侮辱当场复仇,动辄兵戎相见,宗族之间的仇杀绵延不绝,这就使得多子多孙成为科西嘉人的共同希望。拿破仑的父母生育五男三女共八个子女,要把八个孩子养大成人无疑是件极其艰难的事情,拿破仑十岁时以贵族身份被送到法国本土的布里埃纳军校免费学习,但因个子矮小,腼腆寡言,特别是家境贫寒,又几乎不会法语,受到法国本土达官显贵家庭同学的不断嘲笑,每遭受一次歧视或嘲笑,都不断增加着他对法国本土贵族阶层的仇视和自信。他曾给父亲写信说:"我已厌倦了解释自己的贫穷,听够了外国小子们的嘲笑,他们只不过比我有钱而已,精神上远远不如我高贵。"但父亲的回信是:"我们没有钱,你必须待在那里。"①然而,贫穷的生活却激发了拿破仑依靠刻苦学习来改变人生命运的无穷斗志,他如饥似渴地阅读普鲁塔克的《希腊罗马名人传》,读到感兴趣的章节,经常是热血沸腾,神往不已,他还大量阅读伏尔泰、卢梭、孟德斯鸠等法国启蒙学者的作品。十六岁军校毕业后成为一名少尉,被分配到炮兵部队,在军队驻地瓦朗斯,其他军官和士兵把业余时间都花到了跳舞、打台球等社交活动上,他则把执勤外的全部时间用到了在咖啡馆读书,咖啡馆隔壁打台球的声音十分嘈

---

① 埃米尔·路德维希:《拿破仑传》,梁锡江等译,第4页。

杂,但他竟然把附近租书店的书全部读完,还买新书看。他所读的书籍内容广泛,涉及炮兵的原理和历史、攻坚战的法则、雅典和斯巴达人宪法、英国历史、腓特烈大帝征战、法国财政、天文、地理和气象学等等,在读书过程中他还做了大量笔记,并写了十多篇文章,拿破仑爱好读书的习惯终生未变,他坚信"世界上只有两种力量:智慧和剑。从长远看,剑总是被智慧所战胜"①。

　　在拿破仑身上最能体现法国劳动阶层本质特征的东西是"勤奋"与"节俭"的优良品质。他凭借其强健体魄,能连续乘坐 100 个小时的马车,从提尔斯特到德累斯顿,在到达时依旧精神抖擞;也能够马不停蹄从维也纳前往西梅林,在那里用早餐,晚上回到枫丹白露宫继续工作;他甚至能够在 5 小时内骑马狂奔 80 英里;在指挥战争的间隙,他能够随时随地倒头便睡,半小时后起来,立即精力充沛,他视战争为艺术,特别是对炮兵作业极端熟悉,装火药、操作器械、放炮等,没有他干不了的事,由此赢得了士兵对他的无限爱戴。法国许多暴发户喜欢把星座、守护神、圣贤、猛兽等当作自己的图徽,而拿破仑却选择蜜蜂作为自己的徽记,他解释说,蜜蜂启示人们,真正的天才就是以勤奋为业,只有不懈追求,不停工作,才能赢得一切。当拿破仑的兄弟姐妹和亲戚朋友都在利用他的显赫权势谋取金钱和地位,装饰自己的生活时,拿破仑自己却因超强度的工作而无法享受这一切。此外,他在很大程度上继承了其母亲莱蒂齐亚节俭的习惯,对日常生活毫不讲究,他的床、伙食以及照明都没有固定的样式,他经常拿在手上的鼻烟壶看上去就像个玩具,他生活中不可或缺的只是壁炉、科隆香水、红葡萄酒以及每天两件干净的内衣。他最奢侈的享受就是在艰苦作战的间隙或办公劳累之后,痛痛快快泡个热水澡,随着年龄

---

① 埃米尔·路德维希:《拿破仑传》,梁锡江等译,第 90 页。

的增长,他泡澡的时间越来越长,泡澡的水温越来越高,直到去世为止①。

　　拿破仑上述努力所指向的终极目标是,寻找一切机会获取发号施令的政治权力,因为权力意志深深植根于他的内心深处,这种意志既非一种追求,也非一种思索,而是化作了他的一种本能。拿破仑终生都以普鲁塔克在《希腊罗马名人传》中描写的古代杰出人物为榜样,在他位于圣克卢的办公室里,摆放着两尊半身像:西庇阿和汉尼拔,没有什么比罗马皇帝和哈利法更适合他所追求的权力目标了。他一直认为,女人是为男人而生的,而男人则是为了家庭和国家的荣誉而生的,他的胸中装满了各类宏伟计划,在前进的征途上,他能够随时把过去的荣誉抛在身后,总有无数新的计划和荣誉等待着他去攫取。

(二)坚定维护新兴资本阶层利益与拿破仑的霸业兴盛

　　1793 年拿破仑二十四岁时,受到法国大革命中罗伯斯庇尔指派到土伦的军事指挥官的提携,被任命为炮兵营长,在与英军作战中大获全胜,一举成名。1795 年受国民公会委派,他在巴黎又用炮轰方式成功镇压了围攻杜伊勒斯宫的激进分子,再次名声大振。1796 年3 月他二十七岁时,又获得了国家军方授予的意大利战场指挥权,以其卓越的军事才华赢得了意大利大捷,在之后的数次抗击反法同盟战争中不断获胜,直到 1799 年成为法国政府第一执政,再到 1804 年12 月 2 日加冕为法兰西帝国的皇帝。在这十多年的时间里,拿破仑从一个普通劳动者逐步转变为法国新兴资产阶级代理人,这可以从其新型宗教思想观念、反复辟战争策略、国家出台的法律政策等方面充分体现出来,也正是其身份伦理的第一次大转变,促成了法兰西帝

---

① 埃米尔·路德维希:《拿破仑传》,梁锡江等译,第 36 页。

国的兴旺发达，为法国近现代史书写出辉煌灿烂的一页。

　　就其新型宗教思想观念而言，拿破仑深受法国资产阶级启蒙运动影响，一方面，他是一个唯物主义无神论者；另一方面，他又充分肯定宗教的现实作用，对宗教抱持典型的实用主义态度。拿破仑从小就未做过弥撒，他终其一生都拒绝任何形式的忏悔，他摒弃一切形式的教条主义，不相信《圣经》中的任何神迹，完全将它们归因于人类的理性想象所致，但他又充分肯定宗教对人民群众的麻痹作用。他曾说："没有财产分配的不均，就没有社会；而没有宗教，则无法维持这种不均。穷人忍饥挨饿以致冻死街头，他们只梦想还存在更高一级的权力，只能希望在永恒的世界里，将会有另外一种秩序。"①他在意大利战争中同罗马教皇谈判时，自称是天主教徒；在征战埃及时，告诉当地人他信奉真主安拉；最能体现其无神论和宗教实用主义特质的事例，当属他在巴黎圣母院的皇帝加冕礼。在等待已久的加冕时刻到来时，人们都在期待着他向教皇行跪拜礼，突然，在众目睽睽之下，他背对教皇，自己给自己戴上皇冠，然后，他又亲自给跪在地上的夫人戴上凤冠，而且，他的皇冠和夫人的凤冠不用基督教的十字架象征物制作，而是用异教徒的金色月桂叶圈成的小花环制成，其所作所为令在场的教皇颜面扫地，但教皇还被迫替他们涂上圣油，并为他们祝福。由之，彻底打破了一千多年来"君权神授"的谎言，彰显出近代资产阶级"我思故我在""吾事吾做主"的主体性特质及行事风格。

　　拿破仑以杰出军事家闻名于世，这也决定了他事业兴衰与军事成败密不可分，要总结其军事成功的经验，必须将其全部军事活动置于法国大革命这一历史背景中予以仔细检审。拿破仑在做法国终身执政（1802 年 8 月）之前所指挥的绝大多数战役，胜者多败者少，究其根由在于：首先，他主动顺应了法国资产阶级大革命提出的历史

①　埃米尔·路德维希：《拿破仑传》，梁锡江等译，第 319 页。

要求。法国大革命彻底摧毁了以波旁王朝为代表的封建贵族和教会僧侣的利益,满足了广大资本阶层和农民阶层的利益,当欧洲各国封建势力为了支持波旁王朝复辟,一次次发动围剿法国革命势力的战争时,法国士兵清醒地认识到,只有打败整个欧洲的封建势力,他们才能够保住自己大革命中已经获得的利益,因此,他们是倾尽全力且发自内心地积极参与和支持拿破仑领导的正义战争。恰如恩格斯所言:"现代战争的作战方法是法国革命的必然产物。它的前提是资产阶级和小农的社会解放和政治解放,资产阶级出钱,小农当兵。两个阶级摆脱封建的和行会的枷锁,是创建现今的庞大的军队所必需的条件。"①相比之下,欧洲反法联盟的军队大都由雇佣军构成,语言多样,沟通困难,为了佣金而战,没有统一的思想将其维系在一起。其次,拿破仑满足了广大士兵的切身利益要求。他在战争中彻底打破波旁王朝只有贵族才能担任军官的做法,完全以战功来决定将士的升沉荣枯,一个掷弹兵因作战勇敢,三次战役后就升为上校;一个见习水手在波旁王朝军队里干了十四年,还只是个中士,在拿破仑军队里,因为骁勇善战,几周内就被擢升为将军;很多社会渣滓投入拿破仑门下,几场战役下来因敢打敢拼,不怕牺牲,迅速成为英雄和将帅。在这种制度下,所有卓越的人都可以实现自己对地位、权势、财富的追求,因为领导这一切的人就是一个跟自己一样出身贫寒的人。不仅如此,拿破仑做了第一执政后,任命省长、部长时,同样不问出身和党派,惟能者居之。相比之下,反法盟军的指挥官们全是年老体衰和论资排辈走上来的贵族,反应迟钝,谨小慎微,根本不是二十七岁统帅拿破仑的对手。再次,反法同盟的君主们因为害怕本国人民效仿法国大革命,才联合起来派军队入侵法国,以便波旁王朝再次执政,而拿破仑则是转守为攻,带领法国军队到国

———————

① 《马克思恩格斯文集》第 2 卷,第 329 页。

外进行正义的复仇，每占领一地就向当地人民发表宣言，要把他们从传统的封建贵族反动统治中解放出来，让他们像法国人民一样享受自由、平等、博爱，并将法国新兴资本阶层在革命中和革命后创制的各种政治、经济、社会、文化制度移植过来，这种崇高的战争使命极大地激发了所到之处进步人士的革命意识。正是上述原因构成了拿破仑战无不胜的重要法宝。

　　拿破仑对新兴资本阶层利益的坚定维护，除了体现在宗教思想观念的创新和反复辟战争的正义性外，最为重要的标志性成果则是《拿破仑法典》的制定。1800 年 8 月，他先后任命四位著名法学家组成起草委员会，草案拟出后，参政院先后召开了一百多次讨论会，拿破仑在军政事务极端繁忙的情况下，主持了其中的三十五次会议，对这部法律倾注了大量心血，在每次讨论中他都让大家畅所欲言，并以其卓越的智慧和缜密的思维，时常就草案提出精辟独到的见解。特别是法学家们对草案具体条文纠缠不休时，拿破仑总能够发挥出高超的组织和协调才能，有条不紊地归纳和锤炼出明白通晓的条款，最终凝练成 2281 条无懈可击的一个整体，后人无不惊叹这位巨匠的构筑技巧。该法典几乎细化到了社会生活的各个领域，在这套崇尚资产阶级人权、自由、平等、博爱的法律体系中，消除了世袭贵族的存在，所有子女将平等地继承父母遗产；所有父母都有养育子女的法律责任；在法律面前人人平等；人们既可以在政府有关部门注册结婚，也可以自由解除婚约；保障合法的契约自由，承认汇票和其他商业票据等等。拿破仑征服到那里，就将这部法典执行到那里，卢森堡、丹麦、希腊、德国、瑞士、葡萄牙、巴西等各国民法典的制定，全部受到了《拿破仑法典》的深刻影响，可以说，正是这部法典彻底动摇了中世纪以来欧洲大陆的封建秩序，极大地促进了欧洲各国资本主义的萌芽与发展。拿破仑本人也极其珍视这部他付出巨大心血的法典，他在去世前曾说道："我真正的光荣并非打了 40 次胜仗，滑铁卢之战抹去了关于这一切胜利的记忆。但是有一样东西是不会被人忘却的，它将永垂不朽——那就是我的民法典。"①

(三)对封建权贵阶层的日渐折服与拿破仑的霸业衰亡

如果说拿破仑从土伦一战成名始，直到自我加冕为法兰西帝国皇帝止，其所作所为更多地代表了法国新兴资本阶层的根本利益，那么伴随其皇位日渐巩固和法兰西帝国疆域的不断扩张，他本人逐步变得炎威逼人，目空一切，其政权的性质也开始由君主立宪向君主独裁转换。与此同时，拿破仑的身份伦理也开始由新兴资本阶层利益的坚定维护者，演变为对欧洲各国封建势力妥协让步的保守主义者，最终蜕变为大力维护封建权贵阶层利益的投机分子。其所实施的霸道政治策略与人类发展大势渐行渐远乃至背道而驰，所有这一切使其帝国命运注定会无可避免地走向衰亡。

常言道："万事皆有定。"拿破仑因战争胜利而建构起一个庞大的法兰西帝国，同样也会因战争失败而走向国破家灭。张芝联先生曾将拿破仑一生所指挥的战争分为三种类型：一是以反法同盟国俄罗斯、奥地利、普鲁士等为作战对象的战争，目的是保卫法国大革命的成果，反对外国武装干涉，这类战争大多以胜利告终。二是以英国为作战对象的战争，既有保卫大革命成果的性质，也有与英国争夺殖民地、商业利益和海外霸权的性质，这类战争有胜有负。三是对埃及、叙利亚、葡萄牙、西班牙以及 1812 年对俄罗斯发动的战争，纯属侵略性质，均以失败告终②。如在 1808 年 2 月发起的西班牙战争中，拿破仑强行逼迫西班牙王室把王位让给其长兄约瑟夫，激起西班牙人民的极大愤慨，西班牙人民通过六年多的广泛性游击战争，打得法军顾

① 吕一民：《法国通史》，第 141 页。
② 张芝联：《关于拿破仑的评价及其方法论问题》，《文史哲》，1988 年第 3 期。

此失彼,坐卧不宁,拖住了法国几十万军队,最终获得了胜利。再如与俄罗斯的战争,起源于拿破仑对英国展开的长期性大陆封锁政策,它对俄国的经济发展造成巨大伤害,俄罗斯被迫撕毁与法国一起遏制英国的秘密协议,开始开放港口并与英国合作,这极大地挫伤了拿破仑称霸欧洲的野心,1812年他亲率61万大军远征俄罗斯,抵达莫斯科,但最后陷入求和不成、欲战不能的境地,结果以失败告终。所有这些战争表明,欧洲自1618—1648年的三十年宗教战争之后,伴随《威斯特伐利亚和约》的签订,民族主权和民族国家的独立意识正在逐步觉醒,但拿破仑仍在幻想依靠武力建立起一个以巴黎为首都的欧陆大帝国,这种逆历史潮流而动的行为必将以失败告终。

　　拿破仑疏远和背离革命原则、逐步回归封建传统的典型事例,当属休掉与其生活多年但丧失生育能力的皇后约瑟芬。由于拿破仑本人出身低微,他内心深处对欧洲最正统的古老王朝抱有一种深厚的仰慕情结,为了使自己创立的王朝后继有人,他先是向沙皇的妹妹求婚,被拒绝后,又向哈布斯堡王朝一等世家奥地利王室提亲,奥王被迫将其长女,年方十八的玛丽·路易丝嫁给了拿破仑,这极大地满足了拿破仑的虚荣心,但却被广大法国人民所不齿。不仅如此,他还仿照欧洲各封建王朝的传统做法,大张旗鼓地建立了"帝国贵族"制度,从1808年至1814年,先后册封了几十个亲王和公爵,数以百计的伯爵和一千多个男爵,其中旧贵族出身的占22.5%,资产阶级出身的占57.5%,这些新旧贵族的联盟构成了法兰西帝国的重要社会支柱①。这些被册封的帝国新贵们有不少是胡作非为和游手好闲者,他们竟可以享受一代法国人为之流血奋斗所废除的种种特权,而且不出一代人,这些新贵族的后裔会有上万之众,他们没有任何功劳,却同样能享受到各种政治或社会特权,而当年正是这种特权才激起了民众

---

① 吕一民:《法国通史》,第151页。

的激烈反叛,爆发了法国大革命。不难看出,拿破仑已经逐步由消灭旧王朝的革命战士演变为竭力和旧王朝结盟、妥协,乃至要成为欧洲帝王中首屈一指的至上者,彻底丧失了早年反封建勇士的气质与魄力。特别是早年跟随他打仗的将士们被封为公爵、伯爵、男爵后,都在一味地聚敛财富和享受生活,再也不愿意跟随他鞍前马后去卖命,曾经忠实地支持他的法国广大农民为了保住正在经营的财产,更不愿意为了满足皇帝无休止的称霸欲望,再次让战争去吞噬掉自己的生命,因此,拿破仑兵败滑铁卢只是时间早晚而已。

　　拿破仑的身份伦理由资本阶层的利益维护者向封建权贵阶层的折服者的巨大转换,更集中地体现在他对家庭伦理关系的处理方式与方法上。前已备述,科西嘉人高度重视家族势力的兴旺发达,习惯了家长制及其岛民之间的宗族仇杀,这一根深蒂固的传统比法国本土更为悠久,而这种岛民的宗族情结对拿破仑一生的影响极其深远。由于拿破仑的父亲去世较早,拿破仑又是八个兄弟姐妹中天资聪颖、勤奋努力、吃苦耐劳的典范,当他还是炮兵少尉时,就主动和长兄约瑟夫、二哥吕西安担负起协助母亲养育弟妹的责任,经常把工资收入贴补家用,自己却省吃俭用,把别人消费娱乐的时间变成自己刻苦读书的时间。但这种早年劳动阶层的优秀品质,待其成为法兰西皇帝之后,却转换成了法兰西帝国大兴家族裙带关系的杰出代表,伴随拿破仑政治地位的不断上升,其兄弟姐妹的政治和社会地位也在迅速攀升,他的长兄约瑟夫被封为西班牙国王,他的二哥吕西安被封为意大利国王,他的大弟路易被封为荷兰国王,他的三个妹妹艾莉莎、卡罗利娜、波利娜也获得大量金钱和赏赐,并嫁给了他的将军和被他分封的贵族们,他这些兄弟姐妹的德才素质与拿破仑相比有天壤之别,但却都无比自负,甚至不把拿破仑放到眼里,他(她)们对生活的享受达至登峰造极的程度。如他的长兄约瑟夫被封为西班牙国王,但根本不具备治国理政的能力,致使二十五万法国大军驻扎在那里,仍然被西班牙游击队打得焦头烂额。特别是他家中排行最小的弟弟热罗姆受到拿破仑父亲般的偏爱，最终发展为溺爱，他二十三岁被封为普鲁士国王，却把当国王视为风流游戏，整天花天酒地，有不计其数的情妇和私生子，拿破仑派他带队出征时，他竟带着除王后之外的所有后宫的情妇和宫女们去行军打仗，而且对他皇帝哥哥的申斥置若罔闻。在拿破仑的整个家族中，只有他的母亲莱蒂齐娅一生过着俭朴生活，但对子女们的所作所为又无能为力，她很早就对自己的密友讲："我的子女们索取的太多，最后必定会失去一切。"①伴随滑铁卢之役的失败，1814 年 4 月 6 日拿破仑被迫退位，作为战胜国的英国将其两次流放，1821 年 5 月 5 日，一代战神和杰出政治家在大西洋中遥远的圣赫勒拿岛恶劣的生存环境中悲愤离世，享年仅五十二岁。

　　不难看出，伴随拿破仑身份伦理的两次巨大转换，法兰西帝国经历了从无到有、从盛到衰的流变历程。从怀特海过程哲学的视角看，拿破仑的整个人生历程就是变与不变两种要素的结合体，他的一生都在新与旧、善与恶、野蛮与文明的伦理冲突中度过，但他的野蛮有其野蛮存在的理由，文明有其文明发展的动力。拿破仑死后，被他推翻的波旁王朝再次复辟，之后新兴资本阶层的革命势力再次崛起，又一次推翻波旁王朝。但令人吊诡的是 1852 年 12 月 2 日，拿破仑去世三十一年后，其侄子路易·波拿巴再次披上皇袍，建立法兰西第二帝国，直到十八年后的 1870 年又一次被推翻。历史一直延续到 1874年，法兰西民族才最终建立起现代意义上的资产阶级共和制。马克思曾对法国的政治变革和路易·波拿巴再次建立封建帝制做了精当描述："人们自己创造自己的历史，但是他们并不是随心所欲地创造，并不是在他们自己选定的条件下创造，而是在直接碰到的、既定的、

① 埃米尔·路德维希：《拿破仑传》，梁锡江等译，第 154 页。

从过去继承下来的条件下创造。一切已死的先辈们的传统,就像是梦魇一样纠缠着活人的头脑。当人们好像刚好在忙于改造自己和周围的事物并创造前所未有的事物时,恰好在这种革命危机时代,他们战战兢兢地请出亡灵来为自己效劳,借用它们的名字、战斗口号和衣服,以便穿着这种久受崇敬的服装,用这种借来的语言,演出世界历史的新的一幕。"[1]

---

[1]《马克思恩格斯文集》第 2 卷,第 471 页。

第七章　民族与强权:德意志发动战争的精神动因

要深入研究欧洲霸道政治的历史,如何看待身处欧洲核心位置的德意志民族无疑是一个必须面对的重大课题,因为正是两次世界大战的爆发及其之后的长期冷战,构成了 20 世纪人类历史的重要内容,而这些问题的出现与德意志民族独特的近现代历史密不可分。德意志民族国家的生成与战争有何关联? 德意志民族精神的实质是什么? 近代德国权力、资本、劳动力量结构的严重失衡及其道德流变对发动两次世界大战有何影响? 德意志民族的怨恨心态与发动两次世界大战有何关联? 对上述问题的回答无疑成为我们探究欧洲霸道政治不可或缺的内容。

一、德意志国家生成中的战争基因与民族精神

1871 年,铁血宰相俾斯麦完成德意志民族统一后,德国经济迅猛发展。此时,德国大思想家马克斯·韦伯尚处青年时代,1895 年他就任德国弗莱堡大学教授时发表了《民族国家与经济政策》的就职演讲。他强调,德国处于欧洲的中心位置,东边是落后的波兰和俄罗斯,西边是发达的英国和法国,德国要做一个什么样的国家? 德国人要做什么样的国民? 德意志民族在当代世界竞争中如何自我定位? 它有什么样的历史抱负? 马克斯·韦伯给出的答案是:德国逃脱不

了大国的命运,其唯一积极的态度是正视自己的命运,在强敌环伺的格局中闯出一条路来,既要同东部的野蛮竞争,又要和西部的文明竞争。其间,既不能在和野蛮人竞争中变成野蛮人,也不能在和文明人竞争中变成英国人或法国人,而是要在政治、经济、文化的竞争中彰显德意志民族的主体性,成为主宰世界历史的主人①。要深入理解马克斯·韦伯的上述思想主张,就必须回溯德意志民族国家生成中极端复杂的分裂因素和俾斯麦在德意志民族国家统一中的高度专制性,并从二者的张力结构中揭橥德意志民族精神的矛盾复杂性和多重分殊性。

(一)德意志民族国家生成中极端复杂的分裂因素

早期德意志民族国家生成时的真实状况,决非纳粹德国极端民族主义者"日耳曼血统论"和"优秀种族论"宣传的那样,他们是有着纯粹优秀血统的独特种族,相反,在他们身上充满着极端复杂的多重因子,这可从其前后相继的历史运演中窥其端倪。

1.德意志早期部落民族构成的分崩离析性

公元 1 世纪前后,在罗马帝国北部边陲的多瑙河以北和莱茵河以东这片景物荒凉的中欧平原上,居住着众多未接受罗马帝国教化的"蛮族"部落。塔西佗在《日耳曼尼亚志》中将其称为"大日耳曼尼亚",哥特人、汪达尔人、法兰克人、勃艮第人、弗里森人、盎格鲁撒克逊人、波美拉尼亚人、巴伐利亚人、普鲁士人等众多部族居住于此。马克思和恩格斯将那个时代的经济和社会状况称为"马尔克公社所有制",即部族民大会决定全公社的重大事件,公社选出军事领袖专门负责打仗和劫掠,其共同特点是只要能用流血方式抢掠财物,就不

---

① 参见韦伯:《民族国家与经济政策》,甘阳译,生活·读书·新知三联书店,1997 年,第 86 页。

愿用流汗方式耕作土地,他们经常劫掠多瑙河南部富有的罗马人。公元375年,中国北部的匈奴人在黑海一带摧毁了日耳曼人部落联盟的抵抗,日耳曼各部落以大雪崩的方式迁徙到意大利、高卢、西班牙、不列颠地区,公元476年这些大迁徙的部落将西罗马帝国灭亡。之后在早期的西班牙、法国、德国和意大利大地上,先后出现过墨洛温王朝和卡罗琳王朝两个法兰克王国,此时,各个部落逐步进入封建化时代。其间,大日耳曼尼亚土地上的各个部族也呈现出某些共同特征:一是各个种族在大迁徙中不断冲突又持续融合,成书于12—13世纪的《尼龙根之歌》就反映了早期日耳曼各部族适者生存的真理;二是王室将大量土地分封给各个部落的军事统领,使其成为伯爵、侯爵、公爵等;三是自公元496年法兰克人首领克洛维率三千亲兵在兰斯大教堂接受洗礼始,各部族全都改信罗马天主教,接受了天主教会的教务管理。随着卡罗琳王朝式微,公元919年,萨克森公爵之子亨利一世,将原属卡罗琳王朝的东法兰克王国改名为德意志王国,真正意义上的德意志历史正式发端。可见,德意志民族和欧洲其他民族一样,皆是在相互分裂又不断统一的过程中生成的多种族混合物①。

2. 神圣罗马帝国内王权与教权的激烈争执

亨利一世将德意志王权传给儿子奥托一世(936—973)后,在罗马教皇的帮助下,奥托一世被加冕为"罗马皇帝",建立起新的"罗马帝国",开启了之后"德意志民族的神圣罗马帝国"的历程②。新的"罗马帝国"下辖德意志、意大利和伦巴德,形成国王和教皇互助互利的政治局面,主教、修道院长和公爵、王室军官可以互换岗位和交流爵位,创建了所谓"奥托的王国教会体制"。但到11世纪后,围绕主

---

① 丁建弘:《德国通史》,上海社会科学出版社,2002年,第25页。
② 德国的称谓经历了一个复杂的变化过程,在962年被称为"罗马帝国",11世纪改称"神圣罗马帝国",14世纪又改称"德意志民族的神圣罗马帝国"。

教任命权问题，逐步出现王权和教权的激烈冲突，1077年，国王亨利四世和教皇格里高利七世公开抗衡，最终教皇以开除国王教籍相威胁，迫使亨利四世到教皇所在地卡诺莎城堡认罪，"卡诺莎事件"成为欧洲历史上神圣教皇降服世俗国王的著名事件。之后教皇不断支持德意志诸侯中的分离主义势力，致使王权日渐式微，到13世纪霍亨斯陶芬王朝垮台后，"德意志民族的神圣罗马帝国"的王权彻底衰落，陷入"王权空位"的小邦分裂状态，最多时有360个小诸侯国，国王只能通过诸侯选举的方式产生，没有一个选侯能长期占据王位，德国的所谓"皇帝"犹如走马灯一样换来换去①。这种政治格局致使德意志一直未能形成英、法绝对主义君主专制式民族国家，一个表面上长期统一，实际上持久分裂的德国，不仅成为罗马教皇的"乳牛"，还先后沦为英、法、俄的附庸，成为他们争霸欧洲的工具和牺牲品②。

3. 宗教改革时代德国的无政府状态

　　始于意大利的文艺复兴运动和德国的宗教改革运动，把欧洲带出了中世纪，永久而全面地改变了欧洲人的精神风貌，但问题是德国经历了长期性宗教改革动荡后，其四分五裂、破烂不堪的政治版图并没有丝毫改变。自马丁·路德1517年10月31日在维滕贝格城堡教堂大门上贴出《评赎罪券的效能》（即"九十五条论纲"）大字报起，对罗马教廷发放赎罪券的抨击，有如一粒火种扔到了火药桶，立刻燃起燎原大火，掀开了基督新教和罗马天主教激烈斗争的大幕。先是德国的骑士等级强烈不满天主教会和世俗诸侯的专权，试图通过暴力推动宗教改革，恢复中央集权的君主国，最终遭到选侯们的镇压。进而闵采尔领导下层工人、农民进行所谓"人民宗教改革"，促发了

---

① 钱乘旦、陈意新：《走向现代国家之路》，第128页。
② 参见佩里·安德森：《绝对主义国家的系谱》，刘北成等译，上海人民出版社，2016年，第173页。

1524—1525 年波澜壮阔的德意志农民战争，他们占领了几百个天主教城堡和修道院，惩办了一大批土豪劣绅，给各地诸侯封建势力以沉重打击，但由于起义军内部以及工人和农民之间存在严重的利益分歧，又得不到城市资产阶级的支持，如火如荼的农民战争终以失败告终①。这些下层百姓的宗教改革又促发了新教诸侯和天主教诸侯之间的激烈斗争，导致 1618—1648 年的三十年宗教战争。其间，德意志神圣罗马帝国先后经历了捷克起义、丹麦干涉、瑞典入侵、法国参战四个重要历史时期，直到 1648 年各方签订《威斯特伐利亚和约》。该和约一方面结束了中世纪以来"一个教皇、一个皇帝"的局面，划分了欧洲大陆各国的国界；另一方面也加深了德意志帝国内部的分崩离析。

（二）德意志民族国家统一中生成的高度专制政府

从三十年战争结束到拿破仑入侵的一百六十年中，各自为政又贫困落后的德国各诸侯邦国，亟需一个高度权威的君主来引领他们摆脱任人宰割的局面，以便追赶上英法两国经济、政治、文化快速发展的步伐，就在这样一个悲惨的时代，德意志东部勃兰登堡和波罗的海沿岸的普鲁士骤然崛起，使德国诸侯和整个欧洲瞠目结舌。统治普鲁士的霍亨索伦家族涌现出一位强权人物弗里德里希·威廉（1640—1688），他强调军事立国，建立起王室常备军，并不断扩军，提出著名口号："普鲁士不是一个有军队的国家，而是一个有国家的军队。"②这一精神被其后世子孙所继承。它通过国家利益至上的新教虔敬主义、严格禁欲的王族加尔文主义、服从命运安排的新斯多葛主义三种理论训练士兵，让士兵从灵魂深处打上服从、尽职、勇敢、节

---

① 《马克思恩格斯文集》第 2 卷，第 319 页。
② 钱乘旦、陈意新：《走向现代国家之路》，第 133 页。

俭、守时、准确的职业道德烙印。通过这支强大的军队不断制服周围各邦国"容克贵族"的反抗①，又通过各种重商主义经济政策，大力发展贸易、建立手工工场，并设置军事专员公署作为行政机构来管理国家的全部税收工作，借助这种所谓"开明的君主专制制度"，使得普鲁士逐步演变为高度集权的军国主义国家。

正当普鲁士封建王朝迅猛崛起之时，其深忌的西部强邻法国经历了资产阶级大革命之后，青年将领拿破仑·波拿巴1799年成为法国政府第一执政，大力推进资产阶级改革政策，1804年12月2日又加冕为法兰西帝国皇帝，面对欧洲各封建王国对法国这个新兴资产阶级国家的联合剿杀，拿破仑接连发起了数次针对欧洲大陆各封建王朝的大规模战争②。在长期战争中，刚刚崛起的普鲁士封建王朝与拿破仑帝国、哈布斯堡王朝、沙皇俄国之间，既有合作又有竞争，但由于其狭隘、保守的封建性特质，使其无法得到普鲁士广大民众的支持，最终被法兰西帝国战败，成为其附庸国。在拿破仑资产阶级思想影响下，德国各诸侯邦国在经济、政治、社会、文化等各方面，也被迫走上了资产阶级化的新型改革之路，此时，受英法启蒙主义影响，德意志各邦的民族意识和"德意志祖国"的观念开始深入人心。特别是伴随拿破仑在之后的侵俄战争中一败涂地，普鲁士掀起了摆脱法国统治的轰轰烈烈的民族解放运动，1812年3月，普王又联合沙皇战败拿破仑，德国终于赢得了民族独立。但强大的沙皇为了自身利益，通过离间普鲁士和奥地利的关系，极力阻止德国的统一，而奥地利梅特涅政府在其"欧洲均势"政策的影响下，为防止德国走向强大，也暗中

① "容克"（Junker）一词源自中古高地德语，本意是尚未成为骑士的年轻贵族。后来主要指拥有土地的贵族阶级，特别是在东普鲁士地区，这一阶级在其发展过程中逐步控制了所有的土地和政府机构。
② 吕一民：《法国通史》，第141页。

支持普鲁士诸邦与普王抗衡,这就使得普鲁士既面临外部势力阻挠其统一,又面临内部资产阶级强烈要求改革的双重压力。

到 1850 年前后,在英法工业革命的影响下,普鲁士诸邦的经济获得极大发展,工业革命的曙光缓缓到来,资产阶级力量逐步增强,为了消除各诸侯邦国之间关卡林立,税负沉重的局面,各邦亟需通过关税同盟建立统一的国内市场。恰在此时,沙俄同英、法为争夺巴尔干和近东霸权,于 1853—1856 年爆发了克里米亚战争,极力阻止德国统一的沙俄惨遭失败,放松了对普鲁士事务的控制权。1861 年即位的普鲁士国王威廉一世(Wilhelm 1,1861—1888 在位),为了完成德意志的统一,实现普鲁士由封建君主国向资产阶级君主国的转变,于 1862 年 9 月 24 日,任命时年四十七岁的奥托·冯·俾斯麦(Otto von Bismarck,1815—1898)为宰相。俾斯麦身上既有封建容克专横暴戾的作风,又有资产阶级经营庄园生产所具备的精明气质,因新旧社会交替而迸发出来的政治、经济、历史冲突在他身上得到充分表现,作为一名资产阶级化的容克贵族,一方面他重视行动,讲究现实,为达目的,不择手段;另一方面他又意志坚强,富有感情,干劲十足[1]。俾斯麦拯救德国的核心之道是:实现普鲁士君主政体和资产阶级双方的相互妥协,创立一种君主立宪的政治体制,既能确保君主政体的统治优势,又能在一定程度上满足资产阶级的愿望。

俾斯麦被任命为宰相一周之后,在普鲁士议会预算委员会慷慨激昂地发表了著名的"铁血演说",他要求普鲁士内部各社会阶层,必须停止一切对抗,积聚全部力量,实现一致对外的目标,决不能再错过国际上出现的得以增强普鲁士力量的大好时机,只有通过一场无可避免的铁与血的严重斗争,才能最终实现德意志人的伟大目标。后人将其"铁血演说"的核心内容概括为三点:(1)德国统一只能由

[1] 丁建弘:《德国通史》,第 210 页。

普鲁士领导；（2）德国统一必须凭借武力和战争手段；（3）必须用民族主义的口号来凝聚德国各个阶级的力量。之后，俾斯麦高举德意志民族统一的大旗，通过实施各种经济、政治、社会、文化改革手段，不断壮大普鲁士的军事力量。上任两年后，他利用手中掌握的这支武装力量，于1864年发动了同丹麦的战争，把易北河公国地区的各邦国统一到了普鲁士的旗下，使得整个德意志民族主义情绪变得空前高涨，也赢得了议会多数派的支持。1866年，他又发动了同奥地利的战争，把奥地利排挤出了德意志联邦，消除了奥地利在德意志联邦中的领导地位，使普鲁士在北德的霸权地位得以确立。1870年，他又发动了同法国拿破仑三世的战争，在粉碎法国人抵抗之后，直逼巴黎，在拿破仑家族的帝国废墟上，面对巴黎市民，俾斯麦正式宣告，曾被法国占领和统治过的德国南部诸邦开始接受普鲁士鹰的保护，成为德意志不可分割的组成部分，1871年1月18日，在巴黎凡尔赛镜厅举行了德意志帝国成立仪式，威廉一世被立为帝国皇帝①。俾斯麦，这位出身保守阵营的资产阶级化容克贵族，通过以"铁血政策"为代表的战争暴力手段，彻底摧毁了阻碍德国统一的国内旧有关系和国际反动势力，完成了三百多年来德意志民族的统一大业。随后，德国又通过一系列政治现代化和经济工业化的方针政策，逐步演变为一个欧洲中心地带的现代化强国。

（三）近代德意志国家生成中民族精神演化的逻辑进路

通过对德意志民族国家生成过程的探赜索隐，我们不难看出，德意志民族精神呈现出多元混合性和多重分殊性特征，既有诸侯分离势力猖獗和王权式微的时代，也有启蒙自由主义和封建专制主义冲突的时代，更有邦国化爱国主义和民族大一统主义斗争的时代。正

---

① 陈衡哲：《西洋史》，岳麓书社，2010年，第287页。

是这种"德意志"和"非德意志"、"向心力"和"离心力"之间的不断较量，形成了德意志民族精神多元共存的张力结构。一旦这种张力结构达致极限，进而出现结构失衡时，德意志民族就会迅猛陷入某种精神变态的境地，从进步性民族主义滑向极端性民族主义，最终给德国自身和整个世界带来既是进步又是灾难的结果①。如果说哲学是时代精神的精华，那么德意志民族的精神特质就集中反映在其抽象思维的哲学世界里，而这种抽象思维的代表人物就是近代德意志民族群星灿烂的哲学家队伍，从莱布尼茨、康德、费希特、谢林，直到集大成者黑格尔。笔者认为，从普鲁士建国之初的马丁·路德基督新教精神到启蒙主义的理性自由观，再到普遍主义的集体秩序观，这样一个否定之否定过程构成了近代德意志民族精神生成和发展的独特逻辑进路。

1. 普鲁士建国之初的基督新教精神

前已备述，统治普鲁士的霍亨索伦家族涌现出的强权人物弗里德里希·威廉一世，将马丁·路德创立的基督新教精神贯穿于训练士兵和管理国家的全部过程之中，笔者将这种新教精神分解为以下三个层面：一是国家利益至上的新教虔敬主义。其要点是强调追求内心的虔诚，过圣洁的宗教徒生活，把每日精读《圣经》作为教徒团契的重要内容，反对机械死板地奉行教条，反对举办跳舞、演出等世俗化的娱乐活动，并把教徒灵魂的再生同普鲁士国家利益紧密结合，注重信仰活动产生的社会效益，以此唤起所有信徒把自身利益转向对国家利益的义务感上面。二是服从命运安排的王族加尔文主义。其信条是人无法靠自己的努力获得上帝的救赎，因为人受个体自由意志的左右，已经变得绝对腐败，只能蒙圣灵的扶助才能获得救恩，圣

---

① 埃米尔·路德维希：《德国人：一个民族的双重历史》，杨成绪译，中国社会科学出版社，2010年，《自序》。

灵将救恩加给人时，人无法拒绝，人的品德和善行只是获得救赎后，神在世人身上的表达方式。普鲁士国王为了加强统治，进而强调整个王族是获得上帝救恩的代表，在现世服从普鲁士王族统治就是对神的恩典的最好回报。三是严格禁欲的新斯多葛主义。由希腊城邦衰落后演变而来的斯多葛主义与基督新教结合形成新斯多葛主义。新斯多葛论者深信神圣的上帝具有支配一切的力量，人生在世的天职就是演好上帝指派给每个人的角色，无论你是主角还是配角，由于人性和自然性之间存在着道德吻合，因此人必须通过严格的意志训练学会自我满足，信徒最好的美德就是果敢、坚韧、忠于职责和不受享乐的诱惑①。不难看出，上述基督新教精神的本质就是要培养普鲁士的全体民众具备忍耐、勤勉、守纪律、为国服务的道德品质，这种思想的长期灌输，构成了普鲁士国民最基本的精神基因，对后世普鲁士国家精神的演变发挥着根本性奠基作用。

2. 以康德为代表的启蒙主义理性自由观

启蒙运动作为 18 世纪欧洲的一个广泛性思想解放运动，其主要任务是摆脱中世纪神学的羁绊，教育人们运用自己的理性勇敢地独立思考，它发端于 17 世纪的英国，兴盛于 18 世纪的法国。但对处于小邦诸侯专制主义鄙陋状态的德意志而言，它却是一个新生事物，然而，伴随拿破仑挟法国大革命雄风横扫欧洲大地，特别是占领德国之后，启蒙思想也在德国出现了微弱的折光，如德国早期启蒙思想家托马西乌斯、莱布尼兹、沃尔夫、莱辛等，但最为杰出的人物当是哲学家康德。他在《纯粹理性批判》(1781)、《实践理性批判》(1788)和《判断力批判》(1790)三大力作中，对人类的理性能力进行了全面的批判性研究，着重解决了存在于真、善、美三大领域的问题。特别是他的《纯粹理性批判》，首先，彻底推翻了 18 世纪流行的上帝存在、意志

---

① 乔治·萨拜因:《政治学说史》上卷，邓正来译，第 192 页。

自由、灵魂不灭的旧形而上学体系，认为上帝存在只是一个假设，要用人"先天综合判断能力"具有的概念、判断、推理等理性因素重新为自然立法。其次，康德系统地提出了人的主体能动性问题，从主客体关系角度讨论了思维与存在有无同一性以及思维对存在的反作用问题。再者，康德提出了以"二律背反"为核心的理性辩证法思想，深入探讨了有限与无限、绝对与相对、局部与整体、短暂与永恒的辩证关系①。正是康德在哲学领域发动的"哥白尼革命"，引领德国人的精神世界逐步摆脱了宗教神学的束缚，但由于德意志经济发展的落后性和资产阶级发展的不成熟性和软弱性，使得康德哲学又呈现出巨大的调和性和不彻底性特征。例如：他在《纯粹理性批判》中否定上帝存在、意志自由和灵魂不朽，而在《实践理性批判》中为了调和人类的"德福悖论"，主张必须承认人在道德领域需要上帝存在、意志自由和灵魂不朽的假设②。这种既充满矛盾又相互妥协的哲学思维反映到他的政治主张上，一方面他反对贵族专制，力倡法治和共和，认为人类经历各种矛盾冲突之后，最终会走向永久和平。另一方面又承认在其所处时代贵族等级制度的存在具有现实必要性，但要对其进行自上而下的改革，同时还认为法治、共和、永久和平尽管只是人们的永恒期盼，但对人类行为发挥着引领性作用。

3. 以黑格尔为代表的普遍主义集体秩序观

如果说康德的理性主义自由观摆脱了以路德宗为代表的国家神学理论的桎梏，那么黑格尔的政治哲学则克服了康德哲学妥协性和调和性的弱点，将康德的理性主义自由观转化为普遍主义的集体秩序观。在《法哲学原理》中，黑格尔一方面对人的自由意志问题进行了深入探讨，并将其与资产阶级所关注的私人财产权、契约理论、法

---

① 康德：《纯粹理性批判》，韦卓民译，华中师范大学出版社，2000年，第513页。
② 康德：《实践理性批判》，韩水法译，商务印书馆，2000年，第133页。

治建设等结合起来；另一方面他又强调个人的意志自由必须深入人的内心世界，接受良心的自我反省，同时又要融入家庭、市民社会和国家主权之中，才能获得其现实性。他说："在谈到自由时，不应从单一性、单一的自我意识出发，而必须单从自我意识的本质出发，因为无论人知道与否，这个本质是作为独立力量而使自己成为实在的，在这种独立的力量中个别的人只是些环节罢了，神自身在地上的行进，这就是国家，国家的根据就是作为意志而实现自己的理性的力量。"①不难看出，黑格尔把康德的理性主义自由观吞噬并融入了他所崇奉的普遍主义国家秩序中。不仅如此，在黑格尔看来，康德所提倡的永久和平论，只是一种虚无缥缈的人类幻想，相反，民族国家间持续不断的战争才是防止人类走向自我堕落的重要一环，就好比风的吹动防止湖水腐臭一样。在其《历史哲学》中，他进一步指出，各个民族国家的历史只是世界精神所要经历的必然环节，世界精神所具有的普遍性特质通过世界各国的民族精神逐一展现出来，它会按照东方王国、希腊王国、罗马王国的顺序，最终落脚到日耳曼民族身上，只有日耳曼民族能够按照神的本性和人的本性相统一的原则，引领人类步入真正意义上的现代化理想世界②。

　　通过对德意志民族国家生成中极端复杂的分裂因素、民族统一过程中高度专制性政府的综合考察，我们看到其所孕育的民族精神具有明显的多重分殊性特征，但就其本质而言，它是按照神的统一、人的自由到神人统一的逻辑进路发展而来。特别是黑格尔所宣扬的更高水平的世界主义，实际上是德意志的文化民族主义，他的真实目的是，既要为普鲁士专制政权提供意识形态服务，又要引领德意志民

---

① 黑格尔：《法哲学原理》，范扬、张企泰译，商务印书馆，1961年，第259页。
② 黑格尔：《历史哲学》，王造时译，上海世纪出版集团，2001年，第338页。

族走向伟大①。但其精神内核中所孕育的军国主义和极端民族主义病毒基因,曾在之后的俾斯麦、希特勒身上反复发作。如果说俾斯麦的强权政治具有促进民族统一大业的进步因素,那么希特勒极端独裁的法西斯主义则将德意志民族之恶推至顶点。

二、近代德国三大阶层的结构
失衡及其德性流变

俾斯麦领导的德国民族统一运动,在政治层面彻底摧毁了1815年以来德意志各个诸侯邦国的全部旧有关系,在保留普鲁士王朝强大政治势能的同时,又孕育着称霸欧洲和拯救世界的精神内核。与此同时,统一后的德国在19世纪的最后三十年,迅速经历了英国一百多年才完成的工业革命,逐步由一个农业生产占优势的落后国家转变为一个高效率的现代化工业大国。而伴随工业革命的快速推进,德国的经济结构、社会结构和阶级结构也在发生着根本性转变,这种政治统一率先完成、工业革命迅猛跟进、社会和阶级结构急剧嬗变的局面,使得德国权力、资本、劳动三大阶层的内在构成和德性特质也在发生着重大变迁,这标志着一种不同于英、法、美的具有浓厚德国特色的现代化发展道路正式生成,而这一道路的不断开拓和延展,对20世纪的欧洲和人类历史产生了深刻而广泛的影响。

（一）权力阶层的无限膨胀与尼采的超人哲学

自1861年普王威廉一世即位到1888年去世这二十七年间,由俾斯麦宰相辅佐,德国在国家主义至上原则的指引下,首先,通过军队体制的变革完成了军国主义国家的建构过程。威廉一世是欧洲历

---

① 张旭东:《全球化时代的文化认同》,北京大学出版社,2005年,第85页。

史上第一个穿军服的国王，以此充分彰显军人在国家中的地位。与此同时，他还把全国居民的日常生活纳入军事化管理之中，在其统治末期，国家年收入 700 万塔勒，其中 600 万用于军队建设，军队人数由其执政初期的 3.8 万扩增至 8.3 万①。其次，通过行政体制改革建构了以军队体制为核心的国家治理体系。这一体系主要包括军粮供应体系和财政管理体系，为了保证庞大军队的粮食供应，在中央设立"军粮总局"，各省及地方设立相应机构和办事人员；与"军粮总局"相平行的机构是"国家财政管理局"，开辟各种税收渠道（如盐税、啤酒税等），保证军队和其他国家机器的正常运转。此外，在城市和乡村自上而下设立市政、村政管理委员会代替原有的各种自治组织，接受国家的严格控制；帝国虽然也有议会机构（上院和下院），名义上是人民的代议机构，但实际权力极小，只不过是为中小资本阶层代表提供一个合法讲坛而已。最后，通过大陆法系的改革完成国家司法体系的重构。设立单一的中央集权制的司法系统，每省设立一个中心法院，使用统一的司法程序，将国家法律汇编成法典，全国统一使用②。通过上述军队体制、行政体制、司法体制三位一体的制度变革，建构起庞大高效的德意志官僚体制，并形成一个以王室为核心、以军人和容克贵族为主要成员的极端强势的国家权力阶层。

　　威廉一世 1888 年以九十一岁高龄去世后，其身患喉癌的儿子弗里德里希三世继位，99 天后去世，其二十九岁儿子威廉二世登上皇位。他上台伊始，就逼迫"年高德勋"的俾斯麦宰相辞职，开辟了德国著名的"威廉时代"。尽管威廉二世早年在英国和德国的大学生活中受到过自由主义思想的影响，但后来在普鲁士近卫军中接受训练，逐步养成了唯我独尊、刚愎自用的性格，他把军营纪律置于一切道德和

① 丁建弘：《德国通史》，第 96 页。
② 杨光斌：《政治变迁中的国家与制度》，中央编译出版社，2011 年，第 217 页。

自然法则之上，认为德国的光荣集中体现在新兵齐步走时动作的绝对准确上，人们普遍认为普鲁士历代国王身上的专制主义、神秘主义、军人主义、官僚主义、独断主义等品质，全都集中到了他的身上，并被其发挥得淋漓尽致。他表面上宣称执行威廉一世和俾斯麦时期的内外政策，亦即"路线照旧"，实际上却在以"全速前进"的方式执行一种"新路线"。这种"新路线"集中体现在他所制定的"世界政策"上，由于德国工业的迅猛起飞加剧了它与英法帝国主义国家间经济发展的不平衡，德国要求重新瓜分世界市场和殖民地。在威廉二世看来，如果说19世纪初期普鲁士在同奥地利的斗争中上升为德意志大国，中期在同法国的斗争中上升为欧洲大国，那么在19世纪末期就是同英国进行较量，最终上升为世界强国。而英国最大的优势是强大的海军力量，为此，威廉二世1898年很快让军事部门制定了庞大的海军建设方案，规定在十七年内德国海军舰队数量要翻一番，陆军的规模和质量也要实现跨越式发展。在他看来，在国际舞台上，国家的权力必须由一支组织良好的军队来体现，而战争则是上帝制定的优胜劣汰的基本法则[1]。与上述"世界政策"相适应，19世纪末在德国权力阶层内部的军界和政府各级官员中，一种民族沙文主义思潮迅速蔓延开来，1894年德国成立了"泛德意志协会"，该协会鼓吹要联合世界上的所有德国人，组建一个庞大的泛德意志国家，由伟大的德国统治世界，大力支持威廉二世在欧洲和海外推行强权政策，并将扩张的矛头指向巴尔干、土耳其和亚洲（中国），掀起一波在世界范围内瓜分殖民地的新热潮。

最能体现德国权力阶层精神特质的道德哲学当属德国哲学家尼采（1844—1900）的权力意志哲学。首先，尼采对德国社会普遍存在的传统价值观予以猛烈攻击，其矛头直指基督教。他在《反基督教》

---

[1] 丁建弘：《德国通史》，第279页。

中认为，德国乃至整个欧洲主流的价值观是建基在基督教之上，基督教道德是一种奴隶道德，其善恶观的出发点是保护弱者，从而造成了人们谦卑和顺从的劣根性，压抑了人的生命力和创造力，这种价值观既无精神、理性、思维，也无灵魂、意志和真理，由之，他宣布"上帝死了"，从而彻底推翻人们心目中基督耶稣这个最崇高最完美的形象①。其次，既然上帝已死，圣神不复存在，这个世界该由谁来统治呢？尼采将叔本华的悲观厌世主义改变为积极进取的唯意志论，认为"权力意志"才是世界的本原，这种意志是一种不受传统观念和理性思维束缚的超出善恶界限的生命的本能冲动，它作为一种巨大无比的力量，生生不息，不知疲倦，一直推动着人类世界的发展与进步，例如生物界的弱肉强食、适者生存就是权力意志的具体表现。这个世界必须要有体现这种权力意志的"超人"来统治，这类超人就是人间少数出类拔萃者，包括天生的统治者和天才的艺术家等。超人的诞生一是要有优良的家世和血统；二是在智力和体魄上需经过超强的意志磨炼，永远保持一种有追求、有目标、有创造的状态，永远居高临下地统帅和俯瞰着人间的善恶；三是要在战争中接受锻炼，学会在战争中引领群众和锻造群众，要像马基雅维利所说的那样，懂得不择手段地运用一切来达到自己的目的②。可见，尼采的道德哲学极大地满足了19世纪末德国权力阶层乃至整个德意志民族的愿望，从思想深处预言了帝国主义和法西斯主义的诞生，之后，被德意志极端民族主义者加以改造和利用，并一度奉为德意志民族至高无上的生存哲学。

（二）资本阶层的强弱不均与韦伯的新教伦理

在19世纪早期和中期，当英、法、美现代性工商业迅猛发展，以

---

① 卡尔·洛维特：《尼采与基督教——尼采的〈敌基督〉论集》，刘潇枫编，田立年等译，华夏出版社，2014年，第85页。
② 尼采：《权力意志》，张念东等译，商务印书馆，1998年，第80页。

大资本家和大工业家为主的资本阶层开始呼风唤雨,主导整个国家经济、政治和社会生活时,德国还处于十分落后的地步,在大中城市中,小手工业者和小商人阶层占据着城市人口的多数,如恩格斯所言,这些小店主、裁缝、鞋匠、木匠等,必须仰赖宫廷、贵族及国家公务人员的惠顾才能得以生存,否则就会破产[1]。但到 19 世纪后半叶,在威廉一世和铁血宰相俾斯麦治下,德国终于完成了民族统一,1871年正式建立德意志帝国后,作为后发国家的德国,借助英、法、美工业革命的技术和经验迅速掀起了工业革命的高潮。俾斯麦为了确保帝国的统一,把军事工业作为优先发展方向,其中军事交通运输被认为是保证国家长期统一的重要保障,铁路建设尤其受到重视,几乎主导了德国工业化的整个过程。1879—1885 年间,普鲁士开始将各州的私营铁路和州营铁路国有化,1870 年德国铁路有 18560 公里,到1890 年时已增至 41818 公里,密密麻麻的铁路网把德国紧紧地箍在一起,德国铁路里程升为欧洲之冠,到 19 世纪末,铁路业已成为国家收入的主要来源[2]。铁路的发展创造了足够大的国内需求,猛烈地刺激了煤炭开采、钢铁冶炼、机械制造等行业的高速发展,德国煤炭产量从 1875 年的 4781 万吨,达至 1890 年的 8929 万吨,超过法国,稳居欧洲第二位;1875 年德国生铁产量为 203 万吨,1914 年为 1400 万吨,超过英国的 1020 万吨,成为世界第一[3]。与此同时,德国的电气工业、化学工业、光学工业也逐步占据世界之首,伴随大工业的快速发展,与之密切相关的银行业、保险业、证券业等金融行业也获得了急剧的扩张。到 1910 年时各国工业生产比重占世界工业生产的比重为:美国 35%,德国 16%,英国 14%,法国 7%,俄国 5%,日本 1%。

---

[1]《马克思恩格斯文集》第 2 卷,第 356 页。

[2] 戴维·兰德斯等编著:《历史上的企业家精神》,姜井勇译,第 351 页。

[3] 丁建弘:《德国通史》,第 227 页。

德国已经成为名副其实的现代化世界工业大国①。

德意志经济的高度工业化,使得德国新兴资本阶层呈现出不同于英、法、美资本阶层的独有特质:首先,德国资本阶层大多采用行业垄断方式经营企业,与国家形成了高度依附性关系。由于大工业生产的高度集中直接导致了大量企业联合体的出现,在德国被称为卡特尔,即各独立企业以行业之间的契约协定为基础,按照市场份额来进行生产,以便减少价格竞争,通过独占性影响提高盈利水平。1896年德国卡特尔有 260 家,1911 年增至近 600 家,钢铁、电气、化工都被几十家巨型企业所垄断,到纳粹时期,不仅在工业领域实施卡特尔,在商业领域也强行禁止开设小型批发零售商店,通过巧取豪夺,把小店主合并到大型垄断性百货商场,废除了价格竞争。之所以出现上述局面,与德国国家干预经济的历史传统密不可分,因为 19 世纪 70年代后,帝国政府制定了大量保护关税的政策,实行出口补贴,特别是通过高利润的军事订货来扶植和强化垄断经营,以便形成强大的国际竞争力。其次,由于德国大工业根源于军事需要,资本阶层中的众多工商业精英普遍信奉军事威权主义精神。在企业管理过程中充满浓重的普鲁士军国主义作风,军队要求士兵进行的军事操练,在德意志各类国营和民营企业中广泛盛行,即使在个别时段或环节实施民主化管理手段,但也仅被视作形式上的权宜之计,直到二战之后很长时间,德国企业盛行的这种反民主态度才被英美的多元化企业管理文化逐步取代。

前已备述,德国的统一主要是以俾斯麦为代表的德意志容克贵族依靠武力打出来的,其国家治理体系和治理能力要稍逊于英、法、美等资本阶层主导下的先进国家,而德国资本阶层要想取代容克贵

---

① 丁建弘:《德国通史》,第 273 页。

族获得国家的政治领导权，就要证明自己有能力、有勇气、有资格和更有捍卫自己文明的责任感，但问题是当时的德国资本阶层还远没有达到足够的政治成熟程度。为此，德国亟需创造出一套超越英、法、美等国的具有普遍价值意义的理论体系，用它来指导资本阶层担当起德意志民族复兴的重任，以便实现德意志资本力量在海外大力扩张的宏伟目标。而此时德意志著名社会学家马克斯·韦伯（1864—1920）通过其经济学、政治学、法学、宗教学等世界范围的比较研究担起此大任。特别是在《新教伦理与资本主义精神》一书中，他致力于西方尤其是德国资本主义的独特性、合法性、合理性研究，并将这种研究与德国传统的新教伦理资源有机地结合起来，以此深入诠释欧洲特别是德国资本主义的内在品格及其未来命运。他认为德国的新教伦理赋予了德国乃至整个欧美资本阶层所独有的精神特质：（1）经济理性主义。资本主义市场经济要求资本阶层必须学会算计，当然，这种算计不是针对个别人的算计，而是要详细核算成本投入和效益产出之间的比例，追求经济利润的最大化。（2）天职观。基督新教伦理认为上帝许诺给人的唯一生存方式，不是要人以苦修的方式超越世俗性道德，而是要人们完成他在现世生活中上帝赋予的神圣责任和义务，新教徒毕生工作的最重要目的之一就是合乎理性的组织劳动，为人类提供丰富的物质产品。（3）新型禁欲观。基督新教同样倡导禁欲，但它不是让人们将禁欲生活局限在修道院内，而是让人们整个一生必须与上帝保持一致，俭朴、纯净、优雅、舒适、心灵充实构成了新教徒所追求的理想生活模式，一个人财产越多，越要经得住禁欲主义生活态度的考验。（4）紧迫的时间感。教堂上空按时敲响的钟声养就了教徒们认真计算时间的习惯，对时间的焦虑激发了基督徒充分利用时间，立志追求进步的紧迫感，新教徒把虚掷时光当作万恶之首，鼓励人应当异常勤勉地将所有精力投入到自己所从事的职业活动中，以认真负责的态度对待自己的工作①。韦伯由此证明，只有西方社会所具有的基督新教文化资源才能引领整个人类迈向现代社会，而东方的中国、印度和阿拉伯国家不具备上述文化资源，故无法自发地实现现代化，必须在西方上述普遍主义文化资源的刺激和引领下，才能走上现代社会的光明坦途。正因如此，我们说韦伯为德国资本阶层的主体性能够在世界范围内扩展其政治空间、文化空间和价值空间提供了充足的理论证明，也正是由于他对德国和欧美资本阶层的文化忠诚，使其著作在现代世界的文化斗争中获得了超越时尚的稳定性经典地位。

（三）劳动阶层崛起中的英雄品格及迅猛裂变

德国统一后在极短的时间完成了工业革命，这就使得德国的经济结构、社会结构也在短期内发生巨大改变，随之带来了德国劳动阶层内部构成及其德性特质的深刻嬗变。德国经济结构的转变具体表现在三个方面：(1)工农业比例。1871 年德国人口约 4106 万，其中农村人口 2622 万，占 63.9%，到 1890 年德国总人口 4943 万，农村人口占 53%，城镇人口 47%，而到 1900 年，德国总人口 5637 万，农村人口占 45.7%，城镇人口已占 54.3%。(2)三大产业就业结构。第一产业(农业类)的就业比例 1871 年为 51%，1890 年 41%，20 世纪初 36%。第二产业(工业类)与之相对应的是 28%，35%，38%，第三产业(服务业)没有太大变化。(3)投资结构比例。帝国统一后的 1871—1874 年，总投资额为 20.4 亿马克，农业占 10.3%，工商业 32.6%，铁路 23.8%，城市建设 33.2%；到 1896—1899 年，总投资为 53.8 亿马克，农业投资只剩 9%，工商业投资达 54.5%②。透过以上

---

① 马克斯·韦伯：《新教伦理与资本主义精神》，于晓、陈维纲译，三联书店，1987 年，第 32 页。

② 丁建弘：《德国通史》，第 235 页。

经济结构具体数字的变化，不难看出，到 19 世纪末德国已经彻底转化为一个工业化国家。德国工业的高速发展敲响了传统家庭农业的丧钟，农村经济转化为工厂化的大农业，小块农地转化为工业化的大农场，大批小农破产，到 19 世纪 90 年代，出现了从东部农业区向西部工业区的人口流动大潮，大批农民流向大城市并被彻底无产阶级化。1871 年德国城市人口有 1479 万，到 1910 年时已达到 3897 万；1850 年时德国 10 万人口以上的城市只有 3 个，分别是柏林、汉堡、慕尼黑；1910 年时 10 万以上人口的城市已增至 45 个，单是柏林人口就增至 373 万，城市居民的快速增长不仅改变了德国城乡人口比例，也彻底改变了德国劳动阶层的内部构成①。

伴随工业化和城镇化的快速推进，工业无产阶级的队伍迅速壮大，据统计，1895 年在工业企业中的产业工人为 590 万，到 1907 年已达至 846 万。从整体状况上看，这一时期德国工人阶级的劳动强度极大，但工资收入却远远低于英、法国家的同类工人。德国工人的极端贫困和巨大苦难提高了他们同大资本阶层和容克贵族阶层斗争革命积极性，劳资冲突和反抗政府压迫的工人运动此起彼伏，使德国各大城市迅速成为继巴黎公社失败后欧洲国际工人运动的中心，为国际无产阶级的革命斗争树立起光辉的榜样。也正是在这一时期，德国涌现出了一大批杰出的工人运动领袖，如马克思、恩格斯、拉萨尔、倍倍尔、李卜克内西等，他们分别从理论研究、政治运动、经济要求等各个战线上带领工人阶级同时展开斗争。恩格斯曾将德国工人运动同欧洲其他国家工人运动做比较研究，认为德国工人运动存在两大优越之处：一是他们属于欧洲最有理论修养的工人，由于受到马克思主义哲学、政治经济学、科学社会主义理论的重大影响，德国工人的理论感深入到了他们的血肉之中，不像法国、西班牙、意大利工人那

---

① 丁建弘：《德国通史》，第 238 页。

样,容易受到蒲鲁东主义、巴枯宁主义错误理论的迷惑。二是从时间上看,他们是站在英国、法国工人运动肩上发展起来的,能够直接利用英国、法国工人运动用很高代价换来的经验,从而避免他们当时容易犯的那些错误①。正是由于德国工人所处的上述有利地位,使后起的德国工人运动站到了国际无产阶级革命的前列,并去经受各种出乎意料的严峻考验和重大事变。

　　面对工人阶级激烈持久的反抗运动,以俾斯麦为代表的德国容克资产阶级采取了多种措施予以应对,一方面采取各种高压政策,颁布各种反对工人运动的法律,强行解散许多活跃的工人阶级政党,如:1878年在议会通过所谓"非常法",对进行社会主义宣传的各种组织、出版物和集会活动进行查封,规定可不按法律手续予以逮捕和放逐,可随时宣布戒严;另一方面又制定广泛的保险制度和法律,来逐步满足工人阶级的部分要求,以便削弱日益强大的工人运动,1883年颁布了《疾病保险法》,1884年颁布《意外灾害保险法》,1889年又颁布《残疾和老年保险法》,以此维系和稳定容克资产阶级的统治地位。面对容克资产阶级的上述统治策略,德国各类工人阶级政党也在不断经历着斗争的考验,在不同历史时期,由于工人领袖们的社会出身不同、理论认识差别和实践经验各异,形成了工人运动不同的战略和策略。如马克思恩格斯的《共产党宣言》强调,社会的经济生产决定其上层建筑和意识形态结构,人类历史就是一部阶级斗争史,今天西欧资本主义生产方式已接近成熟,无产阶级只有通过暴力革命来解放全人类,最后才能使自己从资产阶级的压迫中解放出来。但德国在经历了1848—1849年革命失败后,马克思、恩格斯和他的战友们几乎都流亡国外,德国的工人运动在容克资产阶级的高压和利诱下也在不断地发生着裂变。马克思去世之后,特别是"非常法"取

---

① 《马克思恩格斯文集》第2卷,第218页。

消之后,德国原来的各种社会主义工人党取得合法地位,德国工人运动内部开始发生分裂,1891 年 10 月在埃尔富特成立德国社会民主党,以考茨基、伯恩施坦为代表的工人领袖们,开始将和平改良主义和议会斗争手段作为劳动阶层的主要斗争策略,之后这种思想逐步占据德国工人运动的主流。

　　到 1914 年时,暴发起来的德国容克资产阶级同奥匈帝国、意大利组成同盟国集团,法、俄、英组成协约国集团,开始了 20 世纪初人类历史上的第一次世界大战。从本质上讲,这次大战就是全球范围内现代工业资本主义民族经济扩张力之间的大碰撞,各国为了争霸世界,将本国的各个社会阶层全部拉下了水。德意志在长期的民族沙文主义和军国主义思想熏染下,最终充当了大战挑起者的角色。其间,德国的权力、资本、劳动等各个社会阶层,也在普遍的战争狂热鼓舞下直接参与其中。

三、从希特勒看德国怨恨心态
引发的两次世界大战

　　人们通常将欧洲的 20 世纪称为战争的世纪,因为该世纪最重大的事件就是连续爆发了两次世界大战,前后长达四十年,之后是由两次世界大战导致的"冷战",又延续五十多年。正是这两次世界大战,使人性的扭曲和堕落达至空前绝境,人类文明崩溃产生的道德影响贻害深远。要把握欧洲乃至人类 20 世纪的历史主线,就必须深入到发动两次世界大战的德意志民族的内心世界,从道德心理学的视角去洞悉其民族心理和行为特质。基于此种认知,笔者试图结合近现代欧洲历史大动荡的宏观背景,对一战前后德国社会怨恨心态产生的思想历史根源予以简要分析;再以希特勒为典型标本,先就其早年怨恨情绪的生成机制予以伦理学的解析,然后对希特勒法西斯主义

怨恨型政治哲学的三大理论支柱进行仔细检审。

(一)一战前后德国社会怨恨心态产生的思想历史根源

德国思想家舍勒在其《道德意识中的怨恨》一文中指出,怨恨心态本质上是人类社会特有的一种生存性的伦理情绪,并从三个层面对之进行了深入分析:①怨恨作为情绪状态的性质是什么? 舍勒认为,怨恨作为人类的一种情感和心态,反映的是主体之间特殊样式的共存关系,它涉及生存性的伤害、生存性的隐忍和生存性的报复。②形成怨恨情绪的条件是什么? 舍勒认为,它源于主体把自身与他者加以比较的社会化心理结构,由于人作为一种社会性的生物,总是在价值比较中来理解自身和他人,也正是这种比较中的理解构成了人之为人的伦理存在。通常情况下,当一个人将自身价值与他人价值进行比较时,比较双方对价值的理解方式存在重大差异,"强者"一般会认可当前社会客观存在的价值层级结构,"弱者"则对既定价值秩序产生强烈的不满情绪。此时,强者会产生通过奋发努力去追求更高价值的心态,而弱者面对这种价值差异可能自惭形秽,特别是受条件限制又无力采取任何行动去获取时,被比较者的存在就会对他形成一种生存性的压抑,怨恨心态随即产生。为了消除这种怨恨心态,怨恨者会由自卑走向自傲,并通过两种价值评价的方式来进行生存性报复,一是贬低被比较者的价值,将其降低到与自己同等乃至更低的状态;二是提出一种不同于被比较者的新型价值理论,以便取代自身无力获得的现存价值实体。③怨恨情绪引导出的价值理念和社会机制是什么? 舍勒认为,在古代或中世纪由于受上帝决定论或命定论的影响,特别是受到内在的等级森严的社会制度的制约,个体性怨恨心态的存在比较普遍,但整体性社会怨恨情绪相对较少。人类进入现代社会之后,伴随启蒙运动中无神论和天赋人权思想的出现,尤其是法国大革命提出的自由、平等、博爱价值理念的广泛传播,使得传统社会的等级制被逐步消灭,激发了每一个体、群体以及社会阶层追求自身价值的巨大欲望,任何一个社会"位置"都可能成为人们普遍攀比追逐的对象,这就极大地强化了人们怨恨心态的积聚机制,由之带来社会经济、政治、文化秩序的持续解构与建构①。笔者试图依据舍勒的上述理论来分析德意志民族近现代怨恨心理的运演轨迹,从中透析他们发动第一次世界大战的国内外动因。

就国内怨恨情绪的积聚而言,自从俾斯麦通过铁血政策统一德国之后,德意志的容克贵族阶层作为国家权力的代表主导着德意志民族的政治生活,但是为了追逐英、法、美工业发展的步伐,必须完成德国工业化和城市化的发展目标,此时,工商业活动成为德国社会发展的动力之源,与之相伴的资产阶级和无产阶级力量迅速壮大。但是在当时的德国仍然是容克贵族阶层的生存价值观占据主导地位,这就导致新兴资本阶层和工业劳动阶层,在传统社会既存的价值评价秩序中处于弱势地位,他们因自身的德性品质处于较低位置而产生巨大的怨恨情绪,他们在持续不断的阶层利益冲突中逐步意识到,只有颠覆既存的价值评价秩序,才能确立自己德性品质的高阶地位。于是在现代平等观(德性平等、财富平等、身份平等、权利平等)思想的指引下,开始强调美德并不是一种脱离人的行为而独立自存的价值品质,美德的品质是由人的行为活动来决定的,这就使得由对容克贵族德性品质的怨恨转而肯定另一种德性原则,即将德性与人的自我劳动结合起来,只要一个人勤劳、节俭、诚实,能够在企业经营和生产劳动中能干事、巧干事和干成事,就堪称具有优美的德性。以财富平等观为例,新兴资本阶层对容克贵族阶层不劳而获地获得财产,对依靠祖先原有或馈赠继承获得的财产,特别是对贵族阶层的生活方

---

① 参见马克斯·舍勒:《舍勒作品系列:道德意识中的怨恨与羞感》,林克译,北京师范大学出版社,2014年,第35页。

式和审美趣味，均以鄙夷蔑视的眼光对待，大力倡导人皆有权利得到依靠自己劳动创造出来的价值等量的财富。正是这种日益积聚的怨恨心理，将企业家经营成功的实用价值以及劳动阶层勤劳致富的职业价值，推崇为社会普遍有效的德性价值，用广大群众的评价压倒少数贵族精英的评价。依照舍勒怨恨理论的逻辑进路，无论是韦伯的《新教伦理与资本主义精神》，还是马克思、恩格斯的《共产党宣言》，皆是资本阶层和劳动阶层怨恨心理的理论表现和价值再造，藉此整个德国社会逐步实现资本主义工业化和城市化过程中的价值重塑，特别是新兴资本阶层开始由国家权力的边缘地带步入中心地带，并试图将其价值观推广到世界各地，为其资本的全球扩张和殖民主义行径提供理论辩护，这构成了德意志民族挑起第一次世界大战的心理根源和价值依据。

就国际怨恨情绪的积聚而言，伴随德国工业革命的迅猛发展，现代平等观集聚而成的怨恨情绪，不仅使德国国内传统的贵族等级制面临解体的危险，同时也在逐步打通社会下层向上层流动的渠道，德国容克贵族阶层为了消解国内日益集聚的怨恨情绪，不断将其导入国际政治格局中，持续激发德意志民族与英、法、美国家的生存比较意识，在生存比较中因极端不平衡导致的自卑与自傲的多样性组合，构成了德意志民族一战前怨恨心态的基本样式。前已备述，德国居于欧洲的中央地带，东部和西部长期受到俄国和法国这两个强邻的激烈争夺，这是导致德意志长期分裂的主要国际诱因，特别是 1807 年拿破仑和沙皇亚历山大一世签订的《提尔西特和约》，沿着易北河瓜分了欧洲和德国，西部归法国，东部归俄国，拿破仑失败后，俄国又长期压制日益高涨的德意志民族统一运动。俾斯麦任普鲁士宰相后，已经非常清晰地看到，所有欧洲大国都是德意志统一的敌对者，由此，我们就不难理解，他通过发动战争的所谓"铁血手段"战败法国后，逼迫法国将阿尔萨斯和洛林地区割让给德国，并于 1871 年 1 月

18 日,在巴黎凡尔赛宫的镜厅举行德意志帝国成立仪式,其目的既是要鼓舞德军士气,让德国南部的邦侯们来法国巴黎仰视德皇的威严,更是要疏解德意志人被法国长期欺压而产生的怨恨情绪。直到德皇威廉二世 1914 年 6 月挑起第一次世界大战前,德国一直在高举极端民族主义的大旗,大搞煽动民族怨恨情绪的宣传活动,最高统帅部采用各种专制独裁手段压制议会内的和平主义主张,但由于无法承受法、俄、英协约国对德国的长期性联合夹击,德国军事力量难以为继,终至崩溃,霍亨索伦王朝结束,德皇威廉二世逃亡荷兰。1918年 11 月 8 日,经过四年多的惨烈激战,德国被迫宣布无条件投降,德意志帝国在第一次大战中覆灭,德国魏玛共和国宣告成立①。但令人惊叹的是,作为战胜国的法国同样充满巨大的怨恨情绪,用以牙还牙以眼还眼的手段,带着德国新成立的魏玛政府领导人,再次来到巴黎凡尔赛宫的镜厅,如俾斯麦当年在此逼迫战败的法国签约一样,逼迫德国签下充满羞辱意味的极端不平等的《凡尔赛和约》,夺回了五十多年前被迫割让的阿尔萨斯和洛林,以解法兰西民族积蓄已久的心头之恨,同时,也使近代欧洲帝国主义霸道政治的本性暴露无遗。

（二）早年希特勒怨恨情绪生成机制的伦理学分析

国际社会研究希特勒的论著汗牛充栋,人们通常把希特勒视为一个狂热的、歇斯底里的、魔鬼般的煽惑者,他是潜伏在魏玛共和国庸人后面的一代暴君。然而,他的演讲何以能让一战后的德国大众欣喜若狂,为何人们确信只有他才能够带领德国人民走出战后困境,

①　丁建弘:《德国通史》,第 294 页。

并最终将其推向德意志"第三帝国"元首的宝座①？要正确回答这些问题，我们除了从欧洲历史大动荡的宏观格局中，全面了解德意志民族一战前后怨恨情绪的集聚过程，还要从希特勒本人早年的独特成长经历中管窥其怨恨心理的生成机制。

首先，希特勒青年时代在维也纳的悲惨遭遇奠定了其怨恨心态得以萌发的社会根基。希特勒 1889 年 4 月 20 日出生于奥地利的一个普通农庄，其父亲曾在一个小镇上任哈布斯堡王朝海关督察办公室的下层官吏，母亲是位善良的家庭主妇，希特勒十四岁时父亲去世，十八岁时母亲去世。希特勒在镇上的技工学校读书期间，迷恋上绘画和建筑艺术，父母去世后，他开始依靠微薄遗产到维也纳求学。维也纳这座国际大都会，是光彩夺目与贫穷龌龊的结合体，这里既有铁一般的传统习惯，又有知识分子的激进试验；既有自由主义思想的论坛，又有民族主义的强烈偏见，它从多个层面影响了希特勒未来的人生走向。由于失去了父母的支持，经济拮据的希特勒为了节省开支，不断寻找最便宜的房屋租住，经常是饥肠辘辘，逐步沦落为乞丐，最后只能到远离市中心的一个叫布里吉特瑙的流浪汉收容所居住。其间，他不断将自己的画作拿到市内的酒吧或咖啡馆出售，依靠时断时续的微薄收入勉强维生，同时又在那里参与到各种各样的时政和艺术辩论之中，有时还到哈布斯堡王朝的议会大厅认真倾听议员们的辩论，并高度痴迷瓦格纳充满激情和感染力的音乐和歌剧，回到住地后，他经常结合自己的见闻和思考，给收容所的流浪汉们高谈阔论他的政治和艺术观念，渐渐成了那里最能言善辩的中心人物。希特勒当时的人生目标是进入维也纳艺术学院读书，为此他不断把自己

---

① "第三帝国"并非希特勒上台后德国的正式国名，希特勒曾禁止使用该国名，他一直提倡使用"德意志国"，但世人习惯于把纳粹党统治时期的德国称为"第三帝国"。

的画作自荐给艺术学院或博物馆的教授们评判，以求得到赏识或推荐入学的机会，但屡屡受挫甚至被个别教授不屑地轰出大门，连参加考试的资格都无法得到。其间，他发现在维也纳工商界的有钱人和艺术界的知名教授当中，绝大多数是犹太人及其后裔，他认为这些人看似精明绝顶，实际上是斤斤计较，吝啬至极，乃至冷酷无情，寡廉鲜耻。他在这个又爱又恨的魔都度过了五年半的光阴，求学和创业之路均以失败告终，最后带着对这座城市的满腹怨恨，于1913年5月离开维也纳，前往慕尼黑寻找新的前程①。由之，他在《我的奋斗》中认为，维也纳时期是他一生中最悲惨的岁月。

其次，对第一次世界大战德国战败原因的反思让希特勒的怨恨情绪找到了国内发泄对象。希特勒到达慕尼黑的第二年，即1914年6月第一次世界大战爆发，战争的狂热席卷了整个德国，8月16日希特勒报名参军，开始在巴伐利亚第十六步兵团服役，在长达四年的战争中，希特勒参加了多次最为艰巨的战斗任务，两次负伤住院，因作战英勇和不怕牺牲，曾获得所在部队的四次嘉奖，战地生活既给他带来了归属感，也使他逐步走向成熟自信。在战争的间隙，他把全部精力用到了阅读历史和哲学书籍上面，他曾反复阅读叔本华的哲学著作选集，以致到被翻烂的程度。大战结束前的1918年10月14日，希特勒在一次战役中受毒气进攻而双目失明，被迫到后方医院疗伤，11月9日德国宣布无条件投降，之后新的德国魏玛共和国宣告成立。疗伤中的希特勒听到德国投降的消息无比气愤，刚刚恢复的视力开始频繁出现幻听幻觉。而战争结束后的德国，通货膨胀极其严重，经济几近崩溃，德国各地的犹太商人依靠其精明的经营头脑大搞囤积居奇，一直接受马克思主义指导并深受俄共影响的德国共产党和受英法美自由主义思想影响的德国民主党，在全国各地掀起了此起彼

① 约翰·托兰：《希特勒传》，郭伟强译，浙江文艺出版社，2016年，第53页。

伏的罢工浪潮。面对此情此景，一直认为德国在从事伟大正义战争的希特勒，对德国的前途和命运充满了无限忧虑。他病愈后回到慕尼黑所在部队，经过反复思考，开始深信"匕首神话"，即德国军队在战场上并未被打败，而是因为背后被卖国贼匕首刺伤而败，这些卖国贼就是唯利是图的犹太资产阶级和从事和平反战活动的德国共产党。希特勒发誓要用铁拳消灭贪婪无比的犹太种族和各种以和平反战著称的马克思主义政党，要像俾斯麦那样，用鲜血铸就新的德国政权。1919 年 3 月 31 日，希特勒自愿退伍，走上从政之路，掀开了其华彩而罪恶的人生大幕①。

最后，《凡尔赛和约》使德国蒙受的巨大耻辱让希特勒的怨恨情绪找到了国际发泄对象。一战失败初期，德国人对战败的后果没有认真考虑，希望得到一个公平正义的和约，但 1919 年 5 月 7 日和约文本在柏林发表后，整个德意志民族完全被惊呆。《凡尔赛和约》除了把战争全部责任推给德国外，还包括以下极端不公平的内容：一是关于领土和殖民地。德国必须放弃所有海外殖民地，由英、法、日等国瓜分，包括中国的青岛被日本占据，将 1/7 的领土割让给法国、比利时等国。二是军事条款。规定莱茵河右岸为非军事区，左岸由获胜的协约国占领十五年，占领费用由德国负担，德国陆军不得超过 10 万，海军不得超过 1.5 万，解散现有军事机构，废除普遍义务兵役制等。三是赔款和军事条款。1921 年之前德国先行赔付协约国 200 亿马克的现金或货物，其他赔款项目再行商议，协约国货物自由输入德国，德国的主要河流被宣布为国际河流，各国可共同使用②。面对这一极端不平等条约，包括希特勒在内的整个德意志民族被彻底激怒了，但最后通牒是：如果七天内不签署，协约国将对德国采取更加严

---

① 约翰·托兰：《希特勒传》，郭伟强译，第 96 页。
② 丁建弘：《德国通史》，第 312 页。

厉的惩罚措施。德意志民族在经历了战争浩劫后,又遭到协约国的血腥掠夺,不得不无限悲愤地吞下这一自种的恶果,但这又极大地激发出德意志民族更深层次的怨恨情绪,希特勒纳粹党正是借助国民这种巨大的怨恨情绪迅速积聚起巨大的报复力量,为不久的将来发动第二次世界大战找到了充足的理由和借口。

(三)对希特勒从政后怨恨型政治哲学的理论检审

1919 年 3 月,三十岁的希特勒自愿退伍,这标志着其青年时代的结束。之后便开始组建"德国国家社会主义工人党",1920 年将该党正式定名为"民族社会主义德意志工人党"(Nationalsozialistische Deutsche Arbeiterpartei,简称 Nazi,纳粹党),由此正式踏入德国政治舞台。经过希特勒的不懈奋斗,纳粹党的政治势力持续扩张,1933 年 1 月 30 日,魏玛共和国总统兴登堡正式任命希特勒为政府总理,1933 年 2 月 27 日,希特勒又通过策划国会大厦纵火案,在白色恐怖中让纳粹党获得议会压倒多数席位,1934 年 8 月 2 日,魏玛共和国总统兴登堡去世,希特勒颁布《德国国家元首法》,总统和总理由希特勒一人担任,随后发动第二次世界大战,1945 年 4 月 30 日战败后自杀身亡。笔者在此撇开二战细节不谈,仅就希特勒建立纳粹党后所崇奉的怨恨型政治哲学从以下三个层面予以理论剖析。

(1)民族社会主义理论。族裔冲突在欧洲很早就存在,但三十年战争结束和《威斯特伐利亚和约》签订之后,"民族国家"的诞生成为近代欧洲的重要政治现象,各种民族主义理论应运而生,成为世人关注的重点和热点问题,而在欧洲大陆比较贫穷的中欧和东欧,不同族裔混杂而居由来已久,在处理族裔冲突过程中,民族主义思想尤为凸显。但希特勒的民族社会主义有其独特的四大理论支点:①他认为人类的一切社会进步都根源于适者生存和弱者灭绝的族群竞争,在同一种族内部天生的精英通过斗争脱颖而出,成为该种族的领袖阶层,不同种族之间的斗争使优秀种族胜出,退化种族灭绝,优秀种族必须时刻保持其纯种基因,因为种族之间的杂交必然导致优秀种族的退化。②他主张人类各种社会制度和文化都是由少数几个民族创造出来的,他将人类的种族分为三类:创造文化的种族、继承文化的种族、破坏文化的种族。③他认为创造文化的种族会把每个人自我保存的本能转化为对族民共同体的关注,其优秀品质表现为忠于职责和民族理想主义。④日耳曼民族是创造文化的优秀种族,它要通过鼓励人口增长、优生优育、安乐死等一系列措施来不断扩展自身的力量,为未来统治欧洲和世界做好准备。希特勒认为,要彻底贯彻他的民族社会主义主张,必须坚决打击两种政治力量:一是消灭犹太民族。因为这个民族是破坏人类文化的劣等种族,他们不仅密谋杀害了基督教的创始人——耶稣,而且他们丧失以色列家园后流落到世界各地,把其上帝选民的骄傲感转化为赚取钱财的盈利欲望,成为唯利是图和博取名誉的世界贱民,日耳曼民族必须把消灭犹太贱民当作首要任务。二是消灭马克思主义政党。因为犹太后裔马克思创立的共产主义理论,大力鼓吹国际主义、和平主义、人道主义,与种族社会主义理论背道而驰,特别是他的阶级斗争和革命造反理论,把日耳曼民族富人与穷人之间搞得四分五裂,极大地破坏了日耳曼民族的内部团结,因此必须彻底铲除这类组织,真正将工人阶级的火热情感转化到促进日耳曼民族团结和热爱德意志国家的民族社会主义上来,为日耳曼民族的伟大复兴和迎接世界历史的德国时刻而贡献力量①。

（2）民族生存空间理论。希特勒的种族社会主义理论暗含着向欧洲东方和南方实施领土扩张的企图,因为在欧洲历史上,以色列被罗马帝国征服之后,其民众向东欧和中欧转移的数量最多,因此,在

---

① 伊恩·克肖:《地狱之行》,林华译,中信出版集团,2018 年,第 7 页。

中东欧存在着众多犹太人及其后裔的居住区,这样就让"土统"成为"血统"的自然补充。当然,要厘清二者之间的关系还必须深入透析希特勒的地缘政治学理论。希特勒认为,欧洲历史可以通过中东欧和中亚内陆民族对沿海各民族的压力来解释,英国、法国及西欧各国皆是在中东欧民族持续性冲击下逐步生成,而德意志民族就生活在欧洲的中心地带,谁控制了德国和中欧地区,谁就控制了欧洲的心脏。德国北部面临大海,和英国隔海相望,具有海洋民族的超强特质;东部连接东欧、俄罗斯及西亚,又具有陆地民族的优良基因,无论从海洋国家的角度看,还是从陆地国家的角度看,德国都占有统治欧洲和世界的最好地缘位置。希特勒认为,一个民族国家就是一个生命有机体,从来没有什么固定的边界,它只有在不断地扩张和发展中才能充满活力,决不会被人为设定的空间所限制,一旦停止扩张就会受到劣等民族的攻击。民族国家在一国之内制定各种法律制度,只是为了提高和助推自身的内在活力,各种国际条约和国际法只对劣等民族有约束力,它是强国制服弱国的工具,对强国而言毫无意义。世界不同区域性经济和政治组织的出现,只是短期内不同力量暂时性平衡的结果,真正的优等民族就是要通过不断制造边界事端来打破平衡,从而持续扩展自己的生存空间。其间,这个民族必须大力发展本国的工商业经济,但经济繁荣只有依靠政治控制才能高效持续地运转,而经济繁荣和政治控制最终都要依靠军事实力来支撑。希特勒的最终结论是:德国不能像英、法、美那样,率先依靠发达的工商业经济来征服世界,因为今天世界各地的殖民地早已被它们瓜分完毕,德国只有率先发展军事实力,建立强大的陆军和海军,才能在强权国家的基础上,向北征服大海,向西和向东征服陆地,为德国工商业在世界范围内的扩展找到理想的生存空间①。

---

① 乔治·萨拜因:《政治学说史》,邓正来译,上海人民出版社,2010年,第622页。

（3）极权主义专制理论。一战后新成立的德意志魏玛共和国，面对的是政党纷争不断、阶级斗争此起彼伏、各种社会思潮激烈冲突、整个社会四分五裂的局面，各个社会阶层都丧失了安全感。希特勒打着超越一切政党成见为德意志民族寻找出路的旗帜，吸引了大批下层群众，很快使法西斯党成为国会中占据多数议席的大党，待其担任政府总理和国家元首之后，便开始了极权主义的专制统治：①在政治上通过策划国会大厦纵火案，嫁祸于德国共产党，并在其所制造的恐怖氛围中趁机废除魏玛宪法赋予公民的各项权利。先是大肆镇压德国共产党，随后没收社会民主党财产，取缔全德工会联合会和全德自由职员联合会，在全国各州建立集中营，关押上述各类组织成员以及犹太人，使得很多人惨遭杀害，并逐步将国家的立法、司法和行政权力全部集中到政府内阁，至此，希特勒领导的法西斯党和政府拥有了至高无上的独裁权力①。②在文化上把一切具有进步思想的人士全部清理出文教部门或禁止其工作。1933 年 5 月 10 日，德国所有大学公开焚烧图书，马克思、恩格斯、卢森堡、海涅、爱因斯坦等伟大思想家、文学家和科学家的著作全部被焚毁。与此同时，纳粹党又在文教、艺术、科技等领域，大力提拔和重用认同其民族社会主义理论的学者，并委以重任使其享受荣华富贵，如哲学家马丁·海德格尔被任命为弗莱堡大学校长，卡尔·施米特被任命为国家法学家和希特勒的首席法律顾问，他们开始从哲学理论、法律制度等不同层面，竭力为纳粹在欧洲的战争暴行提供理论支撑，他们要把德国年轻人培养成"充满骄傲神色和具有猛兽般精神"的令全世界都望而生畏的青

---

① 汉娜·阿伦特：《极权主义的起源》，林骧华译，生活·读书·新知三联书店，2008 年，第 507 页。

年①。③在经济上建立所谓国家保护主义经济体制，由国家政府部门、大资本家、大地主垄断国内市场，通过大量发行短期和长期国债，大力发展与军备密切相关的各类重工业，小商店和手工业部门纳入国家管理体系，禁止任何犹太人经商，通过兴建大量使用人力的铁路、高速公路、军用机场等公共劳动项目来减少失业，建立强制性"国家农民协会"，由大地主充任农民领袖，最终形成所谓"经济与国家共栖"的国家垄断资本主义民族经济体系②。④撕毁《凡尔赛和约》中的各项军事条款，正式颁布《普遍义务兵役法》，降低服役年龄和延长服役年限，短期内把陆军兵力由 10 万扩充到 80 万，大力发展海军和空军，且质量迅速超过法国和英国。本来协约国完全可以联合起来制止德国军事力量的发展，使其必须遵守《凡尔赛和约》的规定，但由于德国通过各种合纵连横手段，非常成功地利用了协约国的内部矛盾和犹豫不决的绥靖心态，希特勒获得了他认为足以赢得一场长期战争的武器装备和弹药储备，完成了他所谓"铸造巨剑"的全部计划。

　　1939 年 9 月，德国在欧洲正式发动第二次世界大战，战争经历了德国猖狂进攻、苏联顽强抵抗、苏美英盟国发动总攻三个阶段，1945年 4 月 30 日，德国法西斯彻底覆灭，"人为刀俎，我为鱼肉"，这就是德国发动世界大战后的应得下场。二战之后德国被盟国划分为"一个民族两个国家"，只能在美苏争霸的夹缝中寻求一线生机，直到"柏林墙倒塌"，德国才再次走向统一。回顾 20 世纪两次世界大战的历史，德意志民族应当拥有极大的负罪感，为其极端民族主义所犯下的滔天罪行承担起法律和道义责任，唯其如此，才能在追求经济发展、人民民主、世界和平的新型发展道路上，使德意志民族和国家实现

① 伊冯·谢拉特：《希特勒的哲学家》，刘曦等译，上海社会科学院出版社，2017年，第 132 页。
② 丁建弘：《德国通史》，第 345 页。

"凤凰涅槃"。今天世界人民从德国政治家勃兰特在华沙犹太人集居区纪念碑前的下跪中,从科尔、默克尔等德国政治家不同场合的反复忏悔中,从阿伦特、德里达、哈贝马斯等德国思想家对两次世界大战的深刻反思中,特别是从德国政、商、学等各界人士对建立欧盟所做的巨大贡献中,已经看到了德意志民族精神和国家体制走向新生的希望。

第八章　说辞与行为:美利坚新型帝国范式的道德悖论

　　近现代以来,美利坚合众国作为继大英帝国之后的头号世界强国,其对全球事务发挥的巨大操控力和影响力,致使其政治合法性与正当性的叙事谱系备受世界各国广泛关注。当代美国保守主义大师拉塞尔·柯克(Russell Kirk)在其代表作《美国秩序的根基》中,为了给当今美国政治、经济、社会、文化制度寻找历史合法性的思想根源,将美国秩序的根基锁定到《圣经·旧约》的先知时代。他认为,西方漫长历史的每一次演变都在为当代美国秩序的生成发挥着奠基与酝酿作用,包括:耶路撒冷的信仰与伦理、雅典的理性与荣耀、罗马的美德与力量、伦敦的法律与市场等,所有这一切西方历史的涓涓细流,最终都汇聚到了美利坚的伟大秩序之中①。我们不禁要问,与欧洲近现代历史上先后出现的西班牙帝国、荷兰帝国、大英帝国、法兰西帝国、德意志帝国相比,作为新型帝国范式的美利坚合众国究竟具有何种独特的政治伦理品性? 它又是借助怎样的文化价值理念和经济、政治、军事运作机制在两次世界大战中铸就辉煌? 它为何能够通过数十年的冷战拖垮同为二战战胜国的苏联,一跃成为当今主导全球秩序的独角兽? 在"黑沙白浪相吞屠"的全球化和逆全球化激烈博弈中,这一新型帝国的前途命运又将如何? 针对上述重大问题做出

---

① 拉塞尔·柯克:《美国秩序的根基》,张大军译,第4页。

科学回答，无疑是研究西方霸道政治的应有之意。基于此种考量，笔者在本章中试图以马克思、恩格斯全球化理论中的世界历史理论为指导，吸收当代西方左翼学者的帝国主义理论研究成果，从近现代以来主权国家的生成、跨国资本的流动、全球劳工的迁徙三维视角，深入探究美利坚新型帝国范式的历史转向、运作机制、根本矛盾、解构路径等问题，从中对百年大变局中人类文明形态大转型的普遍规律予以哲学伦理学层面的辨析与总结。

一、美利坚新型帝国范式的历史伦理学转向

在西方历史叙事传统中，一个大国的崛起总是同强国之间的竞争、斗争、战争密不可分，古希腊历史学家修昔底德在《伯罗奔尼撒战争史》中，讲述公元前 5 世纪雅典和斯巴达争霸地中海时指出："使战争不可避免的真正原因是雅典势力的增长和因而引起斯巴达的恐惧。"①这被称为著名的国强必霸的所谓"修昔底德陷阱"，而美国取代英国成为西方强国的霸权更替历史，却是在相互斗争与彼此合作中，经历了一个漫长的恩爱情仇过程，最终以相对和平的方式逐步实现的②。

---

① 修昔底德：《伯罗奔尼撒战争史》（上册），谢德风译，第 19 页。
② 当代美国国际战略学家华尔兹、米尔斯海默等人将雅典和斯巴达的战争史、美国和英国的战争史上升为人类社会发展的普遍规律，进而推测伴随当代中国的崛起，最终中美之间必将发生一场你死我活的大决战。而中国共产党人反复强调，中国特色社会主义开创的是一条政治上多极共治、经济上合作共赢、风险上责任共担、文化上多元互鉴的人类和平发展道路，这一道路将建构一种人类文明新形态。参见靳凤林：《欧美学界文化比较研究的五种范式》，《马克思主义与现实》，2018 年第 1 期；《中国特色社会主义对人类文明形态的多维创新》，《马克思主义与现实》，2021 年第 6 期；《在超越西方文明等级论中再造中华文明新形态》，《马克思主义与现实》，2022 年第 5 期。

（一）英美帝国霸权转换中的恩爱情仇

欧洲自 14、15 世纪始，在封建社会内部催生了一个以商人和作坊主为主的资本阶层，他们以城市为中心建立起一个日益广泛的经济交换网络，特别是他们对以金银为象征物的货币财富的追求，导致了传统封建庄园内农民经济义务的货币化，而对金银货币的迫切需要使得重商主义理论应运而生。重商主义者认为，一个国家财富多少是以金银货币的多寡为标志，而财富积累主要来源于货物的流通，一个国家要想生产更多的用于流通的对外贸易货物，不能依赖与其竞争的他国原料，必须从殖民地攫取价廉物美的原材料，并运回国内将其转换成本国制造的工业品销往他国，从而在对外贸易竞争中获得成功，并积累起国家的巨额财富。要实现这一目标，就必须加强中央集权，反对封建割据，特别是要对本国贸易和殖民活动提供充足的政治、法律和军事保障。早期西班牙和葡萄牙帝国在对拉丁美洲进行殖民的过程中，主要通过国王派遣总督带领军人来摧毁和征服当地原始部落政权，建立与母国具有相同性质的专制政权来占领和控制土著人，掠夺他们的各种贵金属或迫使其开采金银矿，并种植和生产当时欧洲各国亟需的咖啡、蔗糖等所谓"生活奢侈品"。葡萄牙和西班牙的军人主要由年轻人构成，他们进入拉美地区没有家眷的拖累，于是为了满足自己的生理和生活需要，长期驻守拉美的很多年轻军人不得不与土著人发生性关系直至结婚生子，从而造成拉丁美洲国家大量混血后代的出现。西欧各国在非洲、美洲这块大西洋三角区之间的奴隶贸易兴起之后，拉美白种人和黑人结婚或婚外生育现象也非常普遍，这成为南美洲各国历史上种族冲突现象相对较少的重要原因之一①。

---

① 尼尔·弗格森：《文明》，曾贤明、唐颖华译，中信出版社，2012 年，第 97 页。

与之不同的是,英国人对北美洲的殖民活动是通过国王颁发商业贸易公司特许状,让到北美洲探险的贸易公司组织众多拖家带口的契约佣工,到美洲大陆圆其在英国本土无法实现的发财致富梦。1620 年 11 月 11 日的《五月花号公约》就是英国清教徒奔向美国新大陆时,把故国政治秩序和法治思想在新土地上发扬光大的生动象征,是奠定美国共和政体性质的"出生证",是联结英国《大宪章》与美国《独立宣言》的精神桥梁,乃至被比喻为《圣经·旧约》中摩西带领犹太人到达流着奶与蜜的迦南地的美国翻版。这些拖家带口的契约佣工到达北美后,没有拉丁美洲那般可以掠夺的金银财富,只能靠辛勤耕耘土地获得收成之后,还清与组织者最初签订的各种契约费用(包括来北美的船票费、工作介绍费等),然后,通过获得或大或小的地产和参与地方事务管理的代表权来实现自己的所谓"美国梦"。与此同时,也使得带有家眷的英国白种人很少与当地土著人结婚生育,即使与非洲的奴隶贸易兴起后,北美殖民地的白种人也和南美西班牙的白种人不同,他们很少和其眼中的所谓"下等黑奴"结婚生育,这是造成北美民族融合缓慢、种族冲突连绵不断的深远性历史根由。后人通常把拉丁美洲的政治体制形容为深受霍布斯《利维坦》思想影响而生成的粗陋式独裁政权,把北美的政治体制比喻为深受洛克《政府论》思想影响而建立的三权分立式共和体制。

如果说搞清美国新型帝国原始政治基因与其宗主国英国之间的关系是我们把握英美帝国转换的历史文化前提,那么深刻洞悉美国建国二百多年来的历史演变轨迹则是了解美利坚新型帝国范式的必备条件。众所周知,美国的独立源于 1756—1763 年的英法战争,英国获得胜利之后,法国将自己在北美的部分殖民地交给了英国。之后,围绕英国在北美殖民地驻军问题、英国北美殖民地西部土地奖励参战士兵问题,特别是英国在北美殖民地的征税问题,北美殖民地人民和宗主国产生了严重分歧和激烈冲突,促使北美殖民地的广大人民群众逐步走向觉醒与联合,自 1775 年 4 月 19 日莱克星顿的反抗枪声响起,到 1781 年 9 月英军投降,历时六年半。其间,1776 年 7 月 4 日,反抗将士在费城召开大陆会议正式通过《独立宣言》,宣布美利坚合众国脱离英国而独立。在之后的二百多年里,美利坚合众国先后经历了由追求地区霸权向追求世界霸权的巨大转变,国际学界通常将其分为前后相继的两个阶段:一是 19 世纪追求地区霸权阶段;二是 20 世纪追求世界霸权阶段①。

就美国 19 世纪追求地区霸权而言,19 世纪初期,美国独立战争之后的第二次美英战争对美国整个 19 世纪的内政外交产生了重大影响。美国独立后,英国虽然在政治上放弃了在北美的帝国权益,但仍然控制着美国的经济命脉,并一直企图以加拿大为根据地卷土重来。到 1806 年,拿破仑在欧洲大陆发动的英法战争进入白热化阶段,英法两国均严格禁止美国商船与对方贸易往来,给其造成重大损失。之后,法国率先向美国抛出橄榄枝,1812 年 6 月 18 日,美国倒向法国一边,正式向英国宣战,战争初期英军在海陆两线给予美国军队沉重打击,乃至焚烧了美国的白宫和国会大厦,之后美军奋起反抗,冲破各种艰难险阻,最终取得胜利。19 世纪初的这场美英二次战争使得建国不久的美国政治精英们深刻地认识到,其国家未来的主要任务不是卷入欧洲事务,而是要让自己真正强大起来。为此,美国先后从法国手中购买了路易斯安那州,从西班牙手中获得了佛罗里达州,和英国签约获得了俄勒冈州,和墨西哥宣战征服了加利福尼亚州,又从俄国购买了阿拉斯加州。到 19 世纪上半叶,美国领土已是法国、英国、澳大利亚、普鲁士、西班牙、葡萄牙、比利时、荷兰、丹麦领

---

① 约翰·米尔斯海默:《大国政治的悲剧》,王义桅、唐小松译,上海人民出版社,2021 年,第 265 页。

土之和的三倍,成为横跨大西洋和太平洋具有广袤土地的泱泱大国①。到了19世纪下半叶,美国不再有扩张领土的需要,而是开始在既有领土内缔造强大国家,包括:发动内战消除奴隶制及联邦分离倾向;消灭和迁移本土的土著人;大量吸收移民;大规模发展经济等。此时,长期称霸世界的大英帝国只能是看着自己培育的后代不断壮大,再也无力对其发起挑战。而德国在欧洲大陆的迅猛崛起,成为继西班牙、荷兰和法国之后对英国构成的又一大威胁,迫使英国调集遍布全球的帝国力量来应对身边的这一庞然大物。此时,美国在不断强大自身的同时,力图将欧洲势力赶出整个美洲地区,在这一点上它完全抄袭了其母国英国的做法,因为英国为了对抗和削弱西班牙和葡萄牙在美洲建立的殖民地势力,曾经大肆鼓励这两个国家的殖民地人民走向独立,进而将他们逐步纳入英国的贸易网络之中。此时的美国政府,一方面大肆鼓励美洲各国摆脱包括英国在内的欧洲各个宗主国的统治,逐步走向独立富强。特别是1823年12月2日,詹姆斯·门罗总统在国情咨文中提出了著名的"门罗主义"外交政策,即建立"美洲人的美洲"。为了削弱西班牙、葡萄牙、英国、法国等在拉丁美洲的传统殖民势力,美国率先承认智利、阿根廷等国独立。1822年巴西宣告独立后,美国明知这个国家实行的是君主专制的帝国体制,且仍然保存着被世人痛恨的奴隶制度,与美国长期倡导的自由共和制政治理念完全不符,但美国为了塑造其作为美洲领导者而受到拉美诸国自发追随的伟岸形象,1824年率先承认巴西独立,这极大地促进了拉丁美洲人民的民族独立和解放事业。另一方面,美国又通过形式平等而实质不平等的各种政治、经济、军事等交易手段和制度安排,在美洲大陆建立起支配—依附型国际关系,并通过多种隐匿或显白的政治、经济、军事等措施在美洲行使"国际警察权力",

---

① 约翰·米尔斯海默:《大国政治的悲剧》,王义桅、唐小松译,第269页。

逐步将"美洲人的美洲"建成了"美国人的美洲"，日益成为整个美洲当之无愧的地区霸主。

就美国20世纪追求全球霸主而言，如果说19世纪初的第二次美英战争奠定了美国力图成为美洲地区霸主的决心，那么20世纪初的两次世界大战则为美国从地区霸主迈向全球霸主提供了绝佳的历史契机。从19世纪中叶到20世纪初叶，主要是英国和法国在欧洲大陆争夺地区霸权，但进入20世纪之后，德国经过一系列的政治、经济、军事改革，迅速成为欧洲最强大的国家，为了在欧洲争夺各个领域的霸权地位，1914年8月1日，德国发动了第一次世界大战，迅速形成了以德国、奥匈帝国、奥斯曼帝国等为首的同盟国和以英、法、俄等国为首的协约国两个军事集团。美国很长一段时间抱着坐山观虎斗的心态，同时和这些国家开展包括军事贸易在内的各种商业活动，从中赚得盆满钵满。直到1917年4月，美国看到德国在战争中逐步占据上风，很有可能威胁到美国的经济利益，于是开始陆续派遣军队向同盟国开战，最终在美国的帮助下协约国战胜了以德国为首的同盟国。在一战后二十年左右的短暂和平期，美国在外交上仍然采取所谓"孤立主义"（isolationism）政策，继续通过工商业贸易手段从欧洲各国获取自己的政治、经济利益。1939年9月1日，希特勒再次挑起战火，引发第二次世界大战。由于德国很快战胜法国，大举入侵苏联，将英国军队从欧洲大陆赶回本土，使美国深刻感受到德国对自身利益的巨大威胁。从此，美国开始迅速扩军并暗中向英国输送战略物资，同时也一直没有停止与德国商人的军火生意，更未向德国直接宣战。直到希特勒鼓动日本偷袭美国珍珠港之后的第四天，美国才正式向德、意、日法西斯宣战。二战当中英国损失惨重，从全球霸主地位"飞流直下三千尺"，被自己培育的嫡长子——美国取而代之。二战胜利后，为了有效制约社会主义苏联的西扩，美国通过马歇尔计划为欧洲重建做出了巨大贡献，并领导组建了北大西洋公约组织，在冷战高峰期保持了在欧洲 40 多万的驻军和 7000 枚核弹头。出于同样的原因，为了预防苏联东扩和中国大陆崛起，又在东北亚的日本、韩国和中国台湾等地派驻大量军队。然而，美国通过四十多年的冷战拖垮苏联之后，并没有因为苏联放弃社会主义制度而与其结盟，而是忌惮俄罗斯继承了苏联庞大的军备力量，一直拒绝其加入北约，直到挑起俄乌战争，其目的就是要通过各种手段持续不断地削弱俄罗斯的有生军事力量。与此同时，由于美国深受冷战思维影响，对中国大陆二战后特别是 1978 年改革开放之后四十多年的迅猛发展戒心日增，不惜借助"以台制陆"，特别是通过经济、科技、文化等各个领域的全面脱钩，乃至企图建立由美、英、加、澳、新西兰"五眼联盟"外加印度、日本、韩国等国参加的亚洲新北约，来展开打压中国的新一轮全球冷战活动，美国追求和保持世界霸主地位的真实面目尽人皆知。

　　通过对英美国际霸权转换历程的简要回顾，我们不难看出，两国之间既有激烈的冲突与斗争，又有密切的联合与协作，其间，既体现了大英帝国的不甘与无奈，也反映了美利坚新生帝国的隐忍与奋发。虽然二者之间霸权地位的翻转在人类历史上是不可复制的，但它也向世人证明，任何一个世界大国的崛起必将经历一个漫长的历史发展过程，恰如一名个体强者的成长经历一样，只有身历心悟了"苦其心志，劳其筋骨，饿其体肤，空乏其身，行拂乱其所为，所以动心忍性，增益其所不能"之后，国际社会才能"降大任于斯人"。同时，它也深刻启示其他后发国家："出则无敌国外患者，国恒亡，然后知生于忧患而死于安乐也。"（《孟子·告子下》）即没有强大敌国与之抗衡的国家最终会衰亡，因为一个国家只有身处忧患之中，才能踔力奋发，昂扬向上。

(二)美利坚新型帝国的政治伦理品性

每个国家由于所处自然地理环境、经济发展状况、政治力量对比、历史文化传统等因素各不相同，都会逐步生成自身区别于其他国家的独特政治伦理品性抑或"国家性格"。与欧洲历史上先后涌现出的西班牙、荷兰、英国、法国、德国等各个近现代帝国相比，美利坚新型帝国无疑是人类历史进入近现代以来，在各种必然和偶然因素综合作用下生成的一个最为独特且"巨无霸"的政治生命体，深入探讨这一新型政治生命体所内蕴的特殊伦理品格就成为研究当代西方霸道政治所必需。

首先，与欧洲老牌帝国在建构现代政治文明中高度重视阶级和阶层平等相比，美利坚新型帝国更加看重对自由与民主价值理念的不懈追求。众所周知，托克维尔在《旧制度与大革命》中，通过对法国古老的土地清册、赋税簿籍、地方政府奏章、君主指示、大臣间的通信、三级会议记录和1789年大革命爆发前的各种陈情书等原始资料进行深入研究，具体描绘了旧制度下土地、财产、教会、三级会议、中央与地方行政、农民生活、贵族地位、第三等级状况等问题，进而全面阐发了自己的政治观点。他认为法国革命之所以呈现出决裂性、连续性和反复性特征，在1789年出现第一帝国之后，1848年又冒出第二帝国，根本原因在于农民和领主、第三等级和特权阶层之间长期孕育着深刻而尖锐的阶级矛盾，每一次革命都是试图通过摧毁旧有不平等制度建立人人平等的新社会①。而法国历史的特殊规律揭示了整个欧洲封建等级制度的基本特征，可以说从1789年到1917年这一百多年里，整个欧洲的政治革命都是法国大革命政治原

---

① 托克维尔：《旧制度与大革命》，冯棠译，第65页。

则的不断展开①。与各个老牌欧洲帝国不同，托克维尔在《论美国的民主》中认为，美国政治的最大特点是工商阶层占据主导地位，他们没有欧洲各国封建等级制度的沉重包袱，这里自由与民主构成了广大人民群众政治生活中的核心价值追求，"他们之拥护自由，不仅因为他们认为自由是一切最高品德的基础，而且因为他们把自由视为一切最大福利的源泉"②。"在美国人民主权原则决不像在某些国家那样隐而不显或毫无成效，而是被民情所承认，被法律所公布，它可以自由传播，不受阻碍地到达最终目的。"③尽管托克维尔所赞誉的美式自由与民主在之后的历史发展中，受到了美国社会庞大资本怪兽的深度侵蚀，但他的确深刻指明了美利坚新型帝国对"自由"的追求胜过欧洲老牌帝国对"平等"的挚爱，这构成了美国新型帝国与欧洲历史上各个帝国政治伦理品性的重要差别之一。在美国建国一百周年时，法国赠送给美国一尊自由女神雕像，该雕像高举火炬，怀抱《独立宣言》，脚下是打碎的手铐、脚镣和锁链，它象征着挣脱暴政的约束与自由，至今已经在纽约自由岛上矗立了一百多年，一直是美利坚新型帝国向世人展示其自由精神的重要文化标识。

其次，美国由近现代欧洲民族国家中心论转向市民社会中心论，并形成了独具特色的市民社会运作机制。众所周知，现代欧洲国家直接奠基于三十年战争之后的《威斯特伐利亚和约》体系之上，该体系在极大地促进和强化欧洲各国民族国家观念的同时，也引燃了欧洲大地上的无数战火，直至引发两次世界大战的熊熊烈火。与之相反，美国是一个由不同国家移民构成的现代新型国家，其最为突出的特点是社会中心论。因为美国的国家生成史就是先有成熟的社会，

---

① 霍布斯鲍姆：《革命的年代》，王章辉等译，中信出版集团，2017 年，第 64 页。
② 托克维尔：《论美国的民主》上卷，董果良译，商务印书馆，2009 年，第 14 页。
③ 托克维尔：《论美国的民主》上卷，董果良译，第 61 页。

后有代表国家的政府。如果深入考察美国城市发展史会发现，无论是东部较早的纽约、波士顿，还是西部大开发时代在密西西比河沿岸形成的各个城市，都是由当地富有的工商阶层组织人们建设起供水系统、排污系统、道路桥梁、博物馆、私立医院和各类大学等，然后大家再按照自由契约原则建立起小规模的市镇政府、县州政府，独立之后的美国政府、议会、法院三权分立机构也是最初东部十三州代表民主协商的结果。对美国建国之初的宪政制度安排发挥重要作用的《联邦党人文集》，其核心理念就是上级政府必须充分尊重下级政府独立自治的权力，然后是公民权利对各级政府权力的神圣至上性和高度制约性，最终形成了"权利制约权力和权力相互制约"的美国特色政治文化①。这样一种原始政治基因使得美国各级政府没有欧洲大陆国家神圣不可侵犯的专制味道，而是纯粹为个人发迹和社会服务的工具。上述"先社会后政府""大社会小政府"的历史运演轨迹造就了美国以个人主义、自由原则、民主政体为核心的主流价值观和国民政治品格，也推动了美国市民社会的高度发达，包括各类宗教组织、慈善团体、社区组织、游说集团、贸易商会、工会组织等，这些组织信奉的基本原则是"自己解放自己、自己管理自己"②。市民社会在长期的发展过程中，逐步生成了独具特色的自我运转机制，其中著名的《罗伯特议事规则》就集中反映了美国各种市民社会组织的议事程序，可用"三纲五常"来概括其核心内容。"三纲"即三大权力：多数者的意志可以约束少数人；充分尊重少数人表达意见的权利；满足法定人数要求以便保护缺席者的权利。"五常"即五项基本原则：一人一票原则；一时一议原则；一事一议原则；多数票决原则；法定人数生

---

① 汉密尔顿、杰伊、麦迪逊等：《联邦党人文集》，程奉如等译，商务印书馆，1980年，第443页。

② 朱世达主编：《美国市民社会研究》，中国社会科学出版社，2005年，第5页。

效原则。该议事规则的创始者罗伯特将军深刻意识到，在各种市民社团组织做出的决议中，很少有"全体一致"通过的现象，只有让少数人参与了公开透明的辩论，通过"过半数表决"之后，才能最大程度地得出符合组织整体利益的决定。他曾明确指出："民主最大的教训，是要让强势一方懂得他们应该让弱势一方有机会充分、自由地表达自己的意见，而弱势一方明白既然他们的意见不占多数，就应该体面地让步，把对方的观点作为全体的决定来承认，积极地参与实施，同时他们仍有机会通过规则来改变局势。"①应该说被多次修改完善之后反复再版的《罗伯特议事规则》，有力地推动了美国市民社会治理结构的完善，增强了集体决策的科学合理性，降低了沟通决策的成本，激发了全社会的创造力，保护了社会成员的正当利益，促进了美国社团组织的文明发展。当然，今天伴随美国资本力量的猖獗和政治生活的衰败，这一议事规则也正在经历着深刻的历史蜕变。

再者，由欧洲帝国对殖民地的残酷剥削转向美利坚帝国对全球贸易的大力推进。欧洲资本主义在早期原始资本积累阶段，曾依赖本国政治和军事力量的大力支持，通过赤裸裸的暴力手段来扩张殖民地，包括采取消灭土著民族、贩卖黑奴、武力吞并、海盗抢劫、贸易欺诈等卑鄙手段实现国家的繁荣富强。与之不同的是，美国新型帝国主要通过经济贸易手段在全球收割财富，但美国对其经济贸易手段的运用因时因地因人而异，并且经历了不同的历史发展阶段：一是由早期贸易保护主义向二战后贸易自由主义的转变。在美国立国之初，杰斐逊的以农立国派与汉密尔顿的工商立国派发生激烈争论，最终汉密尔顿的主张成为美国的立国方针。他借助英国的历史经验和

---

① 亨利·罗伯特：《罗伯特议事规则》，袁天鹏、孙涤译，格致出版社、上海人民出版社，2008年，第16页。

欧洲列强的竞争现实,结合美国发展所处的历史阶段,提出了通过关税保护、改善美国工业发展条件、建立国家指导下的各种金融机构来大力发展美国工商业的重商主义政策,这些政策的长期实施,极大地保护和推动了美国工商业的发展。二战之后,伴随美国在政治、经济、军事上取得世界霸权,它又从之前的贸易保护主义转向大力倡导贸易自由主义,包括20世纪中后期所大力推广的所谓"华盛顿共识",其本质就是为强大之后的美国跨国资本在全球畅行无阻提供理论和实践支撑。可见,无论是对美国向全世界推销的各种工商业产品,还是各式各样的经济发展理论,我们都必须做情景化、语境化的历史理解,进行审慎选择,决不可照单全收①。二是二战之后美国挟大国之雄风,召集四十四个国家的政府特使商议成立国际货币基金组织和世界银行,建立起美国主导的下的"布雷顿森林体系",该体系采取了美元和黄金挂钩、其他国家货币和美元挂钩、随时调整国际汇率、确定国际储备资产、实现国际收支平衡等一系列措施,来解决二战之后全球贸易发展面临的重大问题。毫无疑问,这一体系在结束战前金融混乱、促进国内经济发展、扩大世界贸易等方面取得了重大成就。但与此同时,也为美国收割世界财富提供了契机,到20世纪70年代,由于发达国家之间经济发展不平衡日渐扩大,该体系逐步走向瓦解。三是到20世纪下半叶,美国不断将国际贸易与"公平贸易"挂钩,打着维护人权、保护知识产权等旗号,依据美国国内法(如:一般301条款)不断开展贸易调查活动,通过各种各样的长臂管辖,用国内法取代国际法来惩罚其他所谓"不遵守国际规则"的国家,从中保护和获取美国自身的巨大经济利益。特别是到21世纪初,在全球经济深度融合的今天,为了充分保障美国利益,应对所谓"中国挑战",美国开始了与中国的全面竞争与斗争,不惜采用取消中国最惠

---

① 伍山林:《西方经济思想选择性传播评议》,《文汇报》2018年3月2日。

国待遇、不承认其市场经济地位、建立印太经济框架、与中国全面脱钩断链等各种手段,力图将中国排挤到全球经济大循环之外,再次走上美利坚建国初期的贸易保护主义老路①。通过分析美国经济贸易发展的历史轨迹,不难看出,美国所采取的各种经济贸易手段与欧洲老牌帝国对其殖民地赤裸裸的掠夺、压榨和奴役相比,更加隐蔽、成本更低、效率更高、收益更丰。从这种意义上讲,尽管世界上众多国土不在美国新型帝国版图之内,美国似乎也不事抢占殖民地或领土扩张,然而,它又是一张覆盖全球的无形权力网络,美国的各种私人资本可以打着自由流动的幌子,深入各个主权国家内部,扮演着以更加"文明"和"精巧"的方式大肆攫取利润和无限扩张权力的角色。

　　最后,用美国单极治下的和平取代多极和两极共治的全球治理体系是美利坚新型帝国范式的重要特色。前已备述,在欧洲历史上由于碎片化的地理环境、多元民族共存的历史传统等诸多原因,形成了近现代以来西班牙、荷兰、英、法、德等大国不断展开权力竞争的多极共治格局,无论是第一次世界大战中各个同盟国和协约国之间的战争,还是第二次世界大战中英、法、德、苏等帝国参与的地区战争,其根本原因肇始于欧洲内部各个大国在多极共治中争夺世界霸权,二战之后又逐步演化出以美国首的北约组织和以苏联为首的华约组织两极对峙的国际治理体系。但冷战结束后,迅速生成了美国在国际社会一极独霸的格局,这就使得美国这一"全球霸主"同历史上的各种"地区霸主"彻底区别开来。直到今天,它仍在寻找各种机会来不断巩固和增强自己的全球权力,并不断摆脱民族国家的主权限制和《联合国宪章》的各种要求,向整个世界贯彻其所主导的所谓全球治理规则。特别是美国善于利用庞大的资本存量和高科技力量,通

---

① 强世功:《文明终结与世界帝国》,三联书店(香港)有限公司,2021年,第259页。

过各种手段对世界各国予以权力规训和经济、政治、文化等多重控制，例如，美国的跨国金融公司可以对全球资源进行等级划分，选择投资方向，通过复杂的货币运行机制来决定世界市场的地理分布；美国可以通过自己的高科技通讯网络来繁殖、建构各种各样的国际关联因子，从而不断设定全球政治、经济、文化空间的新结构和新秩序，形成为美国所操控的"世界主流话语体系"①。可以毫不夸张地说，美利坚新型帝国的权力影响已渗透到人类生活的各个方面，远超任何一个欧洲老牌帝国之上，它不是君权却胜似君权，其帝国权力的弥漫性扩张已达至无远弗届的程度。

（三）美利坚新型帝国政治合法性的论证逻辑

所谓政治合法性就是通过各种方式来论证一个国家、政府或政党各类制度体制、国内外政策的合理性或正当性。从表层上看它是一个法律问题，从深层次看它又是一个道德伦理问题。要完成这一任务，既可以从政治权力的来源、获得、维系、更新的视角进行本源性论证，也可以对建构政治权力的结构、行使政治权力的方法进行后果性论证。无论是本源性论证还是后果性论证，都涉及对这个国家、政府或政党核心价值群的排序问题，这些价值群的内容既包括以人类福祉为核心的基础价值群，也包括以公平正义为核心的目标价值群②。欧美学界特别是美国学者对美利坚新型帝国范式政治合法性的论证关涉以上问题的各个层面，并通常以"美国例外论"的形式表达出来，其中最为典型也最为重要的理论逻辑包括以下几个重要

---

① 迈克尔·哈特、安东尼奥·奈格里：《帝国》，杨建国、范一亭译，江苏人民出版社，2005年，第39页。
② 姚新中：《中外文明视域下政治合法性的伦理向度》，《武汉大学学报》（哲社版），2021年第4期。

支点:

　　一是清教山巅之城论。在"两希文明"(古希伯来和古希腊)基础上生成的基督教文化,由于强调灵与肉、物质与精神的二分论,孜孜以求现象背后的本体世界,故而预设了超绝独立、创生万物和凌驾于信仰者之上的至真、至善、至美、至圣的上帝的存在。受此文化的浸润与熏陶,欧洲各资本主义强国都将自己通过海外殖民、战争掠夺、工业革命等手段走向强大的根本动因,诉诸上帝赋予的神圣使命。二战之后迅猛崛起的美国,更是充满了天降大任于斯人的神圣使命感和荣光感,彰显出唯我独尊和俾倪一切的霸道面孔。早在1630年由英国驶往英属北美殖民地的"阿尔贝拉号"移民船上,著名清教徒约翰·温斯罗普(John Winthrop)就在《基督教仁爱的典范》这篇布道词中,明确提出了要在北美建立"山巅之城"的宏伟理想,"我们必须意识到我们将如山巅之城,全世界的目光都在注视着我们"[1]。这个山巅之城是人间的一片净土,它不仅充满了正义和仁慈,而且处于上帝安排的特定秩序之中,它既为上帝所拣选,又蒙上帝所福佑,真正代表了上帝的神圣意志,它不仅卓越优秀和独一无二,而且还被赋予了引领和统治其他国家和民族的重大使命。这一出自《圣经·新约》"马太福音书"的布道词,最初在美国清教徒不同教派中的影响到底有多大,也许无法进行精细的学术考证,有人认为它主要为美国清教徒中的福音派和基要派所信奉,而其他教派(如长老派、独立派)并不特别崇奉这种说法[2]。但到了20世纪下半叶,傲视群雄的美国需要在世界上不断定位和美化自身的伟岸形象,于是在美国清教徒中流行的"山巅之城"之说,先后被肯尼迪、里根两位总统在不同场合多次引用和倡导,之后陆续被固化到美利坚新型帝国

---

① 何顺果:《美国历史十五讲》,第62页。
② 董小川:《美国宗教史研究》,文史出版社,2014年,第156页。

的国家叙事传统之中，它与《五月花号公约》《独立宣言》等著名历史文本一起，逐步成为美国国民集体记忆和国家信仰的重要原则之一，经过美国宣传机器的大力倡导和意识形态的不断灌输，今天已演变为美国例外于其他任何国家并超拔于世的文化形态集成。

　　二是普世价值代表论。有了山巅之城的宗教信念就必然产生与之相关的价值追求，早在古希腊晚期斯多葛学派的世界主义哲学中就产生了西方早期的普世价值追求，到了欧洲中世纪，伴随基督教超越种族、国界的广泛传播，逐步形成了以"信仰、希望、博爱"三大德目为核心的基督徒的普世价值目标。但在近现代之前人类受到生产力水平的限制，不同国家、不同民族形成的不同文明，只能在不同空间中按照自己的价值追求向前发展。到了地理大发现之后，西方文明崛起所推动的全球化，使得不同地理空间中的文明连接到了一起，逐步形成了人类的全球历史，彼此分隔的人们要在人种、语言、文化、信仰完全不同的复杂现象背后，找到指引人类未来发展方向的普遍性价值追求，而人类不同区域中生产出来的价值追求就被降格为"地方性知识"。这就迫使人类不同地理空间中发展出来的不同文明共同参与到普遍性价值发明权的争夺之中，而欧美国家依靠其强大的经济、政治、军事、文化实力，最终将自己在基督教文明基础上生成的普遍主义价值观上升为超越其他各种文明的全人类的所谓"普世价值观"，包括自由、平等、博爱、民主、法治、富强以及奠基其上的多党竞争制度、民主代议制度、三权分立制度等，而非西方的价值观则被降格为"地方性""区域性"和"前现代性"价值观①。但是伴随人类全球化现象的深度推进，各个国家和民族逐步意识到，真正的人类普世价值发明权不应该为欧美国家所独创和独享，而应该是各个国家和民族在平等、互鉴、对话、包容的前提下，将人类不同文明融会贯通基

---

① 强世功：《文明终结与世界帝国》，第23页。

础上生成的共同价值，这一共同价值不仅是各国传统文化与现代文明的结合，更是人类不同区域、不同国家、不同文明长期交流互鉴的结晶。例如：中国共产党人提出的"和平、发展、公平、正义、民主、自由"等价值观更能真正体现人类的共同价值。

　　三是海洋文明优越论。在近代之前，人类就形成了千姿百态的狩猎文明、游牧文明、农耕文明等，各种文明类型在其适应自身环境的过程中互有所长。但自从欧洲开启大航海时代之后，海上贸易成为现代社会的重要基石，欧洲人开始从海洋的视角重新撰写世界史。认为海洋是自由与智慧的诞生地，大海是思想开放、技术创新、制度革命的摇篮，只有那些善于掌控海洋和港口的民族，才配享有经济、政治、军事、社会、文化的权力，只有控制了海洋的国家才能走向帝国之巅，农耕文明和游牧文明只能被海洋文明所统辖。由此，海洋文明站到了人类文明鄙视链的顶端位置，在海洋文明中生成的海盗精神和丛林法则也被置于人类精神阶梯的中心地位。黑格尔在《历史哲学》中说："大海给了我们茫茫无定、浩浩无际和渺渺无限的观念，人类在大海的无限里感到他自己的无限的时候，他们就被激起了勇气，要去超越那有限的一切。大海邀请人类从事征服，从事掠夺，但同时也鼓励人们追求利润，从事商业。平凡的土地、平凡的平原流域把人类束缚在土壤里，把他卷入到无穷的依赖性里边，但是大海却挟着人类超越了那些思想和行为的有限的圈子。"①英国著名地缘政治学家哈·麦金德的《历史的地理枢纽》②、德国法学家卡尔·施密特的《陆地与海洋》③都曾大力论证海洋文明的优越地位，甚至认为陆地文明

---

① 黑格尔：《历史哲学》，生活·读书·新知三联书店，1956年，第134页。
② 哈·麦金德：《历史的地理枢纽》，林尔蔚、陈江译，商务印书馆，1985年，第44页。
③ 卡尔·施密特：《陆地与海洋：古今之"法"变》，林国基、周敏译，华东师范大学出版社，2006年，第54页。

与海洋文明的斗争是人类历史的天然根基和终极宿命。而美国经过近百年的领土扩张，最终成为横跨大西洋和太平洋的典型性海洋国家，于是，对海洋文明优越论的鼓吹也随之登峰造极。如美国海权论的代表人物马汉就认为，海洋占据地球表面 3/4 的面积，它是大自然赋予人类四面八方的交通媒介，它必然成为渴望获得财富和拥有实力的海上强国进行竞争和发生冲突的主要领域，坐拥两大洋的美利坚合众国要成为海上强国，就必须通过各种途径获得海上行动自由，这就要求美国必须在平时和战时逐步建立起强大的海军，只有这样才能保障美国军队的海上决胜能力和海上封锁能力①。

　　四是白人种族至上论。在欧洲 19 世纪下半叶，由于西欧各国日益增长的科技和军事优势，特别是达尔文生物进化论的广泛流行，曾经盛行一种所谓"科学种族主义"理论。二战之前，以德、意、日为代表的法西斯主义分子们大肆鼓吹这种理论，德国人对犹太人的屠杀、日本人对中国人的戕害都有所谓"科学种族主义"理论作为支撑，伴随德、意、日战败，这种理论变得臭名昭著，人们很少再提及它②。但作为一种重要的意识形态理论，它曾经是 19 世纪下半叶至 20 世纪初国际政治主题思想的重要组成部分，今天它仍然以某种或隐或显的形式，潜伏在西方白人或日本大和民族个别人的内心深处。深究"科学种族主义"理论的历史根由，它部分来源于启蒙运动对种族分类的偏好，部分来源于欧洲人的殖民经历。该理论的核心主张是，社会等级秩序应该建立在基于生物标记之上，不管这种标记是外在的肤色差异还是内在的种族血统。一般来说，肤色更浅的民族处于社

① 阿尔弗雷德·塞耶·马汉：《海权论》，一兵译，同心出版社，2012 年，第 207 页。
② 围绕西方现代性、科学种族主义与大屠杀之间的关系问题，英国著名思想家鲍曼在《现代性与大屠杀》一书中做了深入细致的分析。参见鲍曼：《现代性与大屠杀》，杨渝东、史建华译，译林出版社，2002 年，第 82 页。

会等级阶梯的最高位置，肤色更深的民族则处于底部，根据社会达尔文主义的要求，逐渐灭绝"次等种族"有利于人类的长远发展。"科学种族主义"与不同种族的文化、宗教、艺术相结合之后，人们开始根据文化能否促进经济增长或维持足够"高雅"的品性来对其进行比较和排序①。在上述思想影响下，今天在美国仍有极少数人将量化后的生物学标准和现代生物基因技术相结合，来论证白种人的"聪明基因指数"远远高于其他人种，特别是高于黑人种族，为美国文明的优越性进行所谓"人种学"的科学辩护。当然，任何事物都有两面性，这种观点在为"美国例外论"提供重要支撑的同时，也构成了美国种族冲突持续不断的重要诱因②。如果完全忽视历史上的所谓"科学种族主义"理论，我们将很难理解美国黑人与白人之间的仇恨情绪，更难洞悉新冠大流行时"黑人的命也是命"运动的历史由来。

　　五是人类文明终结论。在近代之前，人类受到大海、高山、沙漠等天然条件的阻隔，基本处于离散状态，各个民族生成了由不同交往形式、制度模式等要素构成的文化样态，由之形塑出世界范围内多姿多彩的文明类型，从本质上讲，各种文明类型都是适应各自生存环境的产物，并无高低贵贱之别。但基督教诞生之后，它将古希腊和古罗马时代的循环型时间观拉直为"过去—现在—未来"的直线型时间观，并逐步生成了一种历史进步主义思想。自大航海时代开始，欧洲人在这种历史进步主义思想指导下，开始把分布在地球不同空间的各种人类文化差异转化为同一时间顺序中的文明先后的历史差异，由此逐步形成一套文明有先后之分和等级差别的

①　巴里·布赞、乔治·劳森：《全球转型：历史、现代性与国际关系的形成》，崔顺姬译，上海人民出版社，2020年，第111页。
②　参见靳凤林：《在超越西方文明等级论中再造中华文明新形态》，《马克思主义与现实》，2022年第5期。

话语体系①，并把欧洲所经历的古代奴隶制、中世纪封建制、近现代资本主义制度当作衡量一切文明进步与否的唯一标杆，欧洲所拥有的现代资本主义文明被界定为人类文明的最高阶段。尤其是福山的"历史终结论"更是极大地彰显了西方文明至高无上的根本特质，他认为任何国家的政党和政府都面临统治合法性的挑战，与共产主义、民族主义和各种宗教神权的统治相比，以美国为代表的自由民主主义乃是人类历史上最理想的政治生活方式，因为这种生活方式深深扎根于人性之中。"如果我们现在无力想象一个与我们自己身处其中的世界本质上不同的世界，也找不到明确的或显然的方式，来表明未来世界会对我们当前秩序有一个根本的改变，那么我们就必须来思考历史本身可能走到了尽头这样的可能性。"②然而，进入 20 世纪后期至今，伴随包括中国、印度、巴西等在内的后发国家现代化进程的快速推进，人类历史进步和建构现代化国家样态的多种可能性日渐凸显，人们逐步认识到，美国和欧美的现代化模式远未穷尽人类现代文明的未来走向。于是，亨廷顿的《文明冲突论》又进一步激发了欧美基督教文明对中国儒家文明和中东伊斯兰文明的恐惧感，并通过隐匿或显白的方式，号召欧美基督教文明做好应对儒家文明与伊斯兰文明联合挑战的心理准备，再次彰显出欧美文明至上论的本质特征。

　　不难看出，美利坚新型帝国政治合法性抑或"美国例外论"的上述论证有着极其缜密、层层递进的逻辑脉络，它包含着意识形态上的神圣性、制度设计上的现代性、文化发展上的先进性等复杂内容，以

---

① 刘禾主编：《世界秩序与文明等级》，生活·读书·新知三联书店，2016 年，第 5 页。
② 弗朗西斯·福山：《历史的终结与最后的人》，陈高华译，广西师范大学出版社，2014 年，第 72 页。

此为基础共同构成美国政治合法性和"美国例外论"的主要理论依据，它们与人类现代化早期的"欧洲例外于世界""英国例外于欧洲"同根同源，一脉相承，可谓是一丘之貉。这些理论也成为美国能够在全世界成功发展的核心理由或法理基础，更成为美国凌驾于国际法之上，推行全球霸权主义、张扬极端利己主义、干涉他国内政的重要借口和思想渊源。如何从理论逻辑、历史逻辑和实践逻辑层面对美利坚新型帝国上述法理和伦理合法性的论证内容与方法予以深度思想剖析，进而展开学术性理论批判，无疑是我国理论界面临的重大任务之一，笔者已在相关研究课题和论著中做过初步探讨，兹不赘述①。

二、美利坚新型帝国运作机制的根性伦理冲突

通过对英美帝国霸权转换中的恩爱情仇、美利坚新型帝国范式的政治伦理品性、美国政治合法性的理论依据进行深入剖析，我们对美利坚新型帝国范式在近代人类帝国发展史上所完成的历史伦理学转向获得了清晰认知。至此，我们不禁要问，美国建国二百多年来又是通过怎样的帝国运作机制来完成这种历史伦理学转向的呢？为科学回答这一问题，笔者试图从美利坚新型帝国范式的治国理念、资本扩张、政治运作、军事保障四重视角，来深入揭橥其生存奥秘及其所蕴涵的内在伦理冲突，从而使我们能够从生动具体的例证中全面洞悉这一独特政治生命体的四大核心支柱。

---

① 参见靳凤林：《在超越西方文明等级论中再造中华文明新形态》，《马克思主义与现实》，2022年第5期；靳凤林等：《祠堂与教堂：中西传统核心价值观比较研究》（修订版），人民出版社，2023年。

（一）实用主义哲学孕育的自由主义说辞和现实主义行为

前已备述，到达北美殖民地的英国移民从文化渊源上带有母国的人文背景和思想印记，他们都来自古希腊、古罗马和基督教文明，承袭了盎格鲁—撒克逊新教伦理传统和经验主义思想特质，即不拘泥于天主教形而上学的宗教神学和礼俗传统，侧重经验性和实证性思维方式的具体运用。早在 16 世纪末，英国就出现了以培根、霍布斯、洛克、休谟等为代表的著名经验论哲学家，成为与欧洲大陆思辨理性相对立的哲学派别，他们强调人的感觉经验是认识的直接来源，高度重视经验归纳法在人类认识中的巨大作用，这种哲学思维方式不仅推动了英国经验实证性社会科学的蓬勃兴起，也加快了英国以实验为主的自然科学和工程技术的不断进步。17、18 世纪来到北美的移民绝大多数是英格兰人，他们在当地严酷的自然环境条件下，必须首先解决自己在日常生活中遇到的实际问题和各种意想不到的生存困难，任何耽于概念思辨的理性游戏只有解决了眼前遇到的实际问题才能彰显出其价值和意义，由之形成了早期美国社会独有的实用主义哲学传统①。首先，这种哲学强调现实的可变性，把人类的各种知识当作控制现实的重要工具；其次，主张各种理论原则和逻辑推理都是次要的，实际的工作和生活经验至关重要，看一种理论是否具有真理性，关键是看它是否能够给行动带来实际的利益和能否使行动获得成功；再者，辨析任何信仰和观念是否真实，关键是看它能否给人带来实际效果以及综合效用的大小。当然，美国实用主义哲学在不同历史时期具有不同的表现形态，如早期实用主义哲学家詹姆士突出实用主义哲学的方法论作用，认为它是从实际效果出发，发现真理效用的重要工具。而杜威更强调实用主义哲学的世界观意义，

---

① 陈乐民、周弘：《欧洲文明扩张史》，第 276 页。

认为人的经验是主客体复杂互动的历史过程,没有客观规律可言,有用即真理,没用即谬误,抽象的形而上学问题只有在科学实验中才能获得解决。

如果说实用主义哲学奠定了美国社会生活的思想根基,那么奠基其上的自由主义和现实主义传统则构成了美利坚帝国处理国际关系的两大主流性理论谱系。自由主义传统(又称理想主义)可上溯至18世纪欧洲的启蒙运动时期,如德国哲学家康德就是自由主义的典型代表,自由主义对国际社会的未来前景充满康德在《永久和平论》中描述的"理想主义"色彩,通常被人们贴上"乌托邦"标签。自由主义国际关系理论有三大逻辑支点:(1)主张个人权力和个体理性是人类一切行为逻辑和思想逻辑的支点,自由主义尽管也高度重视主权国家和国际组织的作用,但在他们看来,人类建构各种民族国家、各类国际组织和非政府组织的根本目的是为了保护个人的自由权、财产权和生命权,相对于各种个人权利而言,它们永远处于从属地位,亦即"人权高于主权"。(2)民族国家的内在特质对其国际行为发挥着深刻的影响作用。民主国家通常被视为"好"国家,具有寻求国际合作和减少战争的天然和平倾向,而专制国家则属于"坏"国家,具有挑起争端和通过武力解决问题的战争倾向。(3)由之,自由主义国际关系理论进一步相信,民主国家的统治者并不过分看重权力的作用,它通常会用其他类型的政治、经济、文化等手段解决国际问题。而专制国家统治者受权力贪欲驱使,为了猎取国内和国际权力,很多时候会以不惜牺牲他国利益为手段来获得自己的至上荣耀①。以上述理论为支点形成了经济、政治、社会三大自由主义国际关系理论:经济自由主义主张,只要国家之间实现经济上的相互依赖就不会发生战争,因为自由的经济往来以及由此建立的自由经济秩序会有效促进

---

① 约翰·米尔斯海默:《大国政治的悲剧》,王义桅、唐小松译,第12页。

国家之间的繁荣与和平,这被称为"经济和平论"。政治自由主义主张,只要国家之间通过相互协商建立起符合自身需要的完善性国际条约和国际制度,并共同承认和遵循这种条约和制度约束,就能有效提升国家之间相互合作的前景,并最大限度地减少国家间战争的可能性,这被称为"国际制度和平论"。社会自由主义则认为,跨国之间的相互交流会极大地增加各国公民的彼此认知和深入了解,从而减少误会、冲突与战争,以文化交流为例,通过强化国家之间的旅游来往、互派留学生、访问学者等文化交流措施,会有效降低各国之间的陌生与敌对,这被称为"社会交往和平论"①。

　　与自由主义乐观性国际政治主张完全相反,美国各种现实主义理论对国际政治持有悲观性论调,其核心观点包括:(1)世界各国处理国际关系的逻辑起点不是奠定主权国家根基的所谓"个人权利"。恰恰相反,主权国家本身才是国际政治的逻辑起点,特别是主宰国际事务的大国决定着国际政治的未来走势,他们是引发国际动荡和各种战争的决定性因素。(2)大国的国际行为与其国内政治是民主抑或专制的政治属性无关,无论谁来掌控政府,都要受到本国政治文化和政治体系传统的深刻影响,因此,主权国家没有好坏之分,其所采取的各种外交政策主要取决于该国所处时代国际体系结构的变化。(3)主权国家对国内外权力的竞争是决定其行为方式的核心因素,很多时候主权国家会采取零和博弈乃至发动战争的方式来获取自己的终极目标,包括追求国家之间的强势地位、地区内部的主导优势和全球范围的世界霸主等。当然,即使是交战国双方也可能采取偶尔合作的方式处理问题,其中,起决定作用的因素是各自的利益关切②。

---

① 小约瑟夫·奈、戴维·韦尔奇:《理解全球冲突与合作的理论与历史》,张小明译,上海人民出版社,2012年,第76页。
② 约翰·米尔斯海默:《大国政治的悲剧》,王义桅、唐小松译,第14页。

尽管现实主义传统在欧洲国家历史悠久（如意大利马基雅维利的《君主论》、英国霍布斯的《利维坦》、德国克劳塞维茨的《战争论》和施密特的《政治的概念》等，皆是欧洲现实主义国际关系理论的代表作），但美国理论界在全面继承欧洲现实主义传统的同时，又极大地丰富和创新了现实主义国际关系理论，并赋予其鲜明的美国特色，其中影响广泛的代表性理论有以下三种：一是人性现实主义理论。摩根索的《国家间政治——权力斗争与和平》是美国人性现实主义传统的奠基之作，他认为国家行为本质上受到人性的支配，人生来就存在着对权力贪得无厌的胃口，各国在缺乏世界政府管理的丛林状态下，一国相对于他国的权力膨胀必然引发国家间的权力斗争和利益冲突，由之，寻求国际均势以维持国家的生存从而避免战争就成为国际关系的恒久话题，为此，他提出了通过恢复外交传统、国际和解、国际共同体、建立一个有中央政府的世界国家等手段来实现世界和平的构想①。二是防御性现实主义理论。华尔兹的《国际政治理论》主张，任何国家为了生存必然追求安全，而国际体系是一个由各种要素构成的复杂的系统结构，各国只有大力采取有效的防范措施，才能维持好现有国际结构的正常运转，使其保持在安全的均势状态，从而有效避免残酷战争的发生②。三是进攻性现实主义。米尔斯海默在《大国政治的悲剧》中，进一步发展了摩根索和华尔兹的现实主义理论，他认为在国际政治中无法看到华尔兹所强调的维持现状的国家，因为国际体系为牺牲对手获得本国权力提供了巨大的诱导因子，一旦所能获得的利益超过了防御成本，任何大国都会抓住机会，通过创造更多物质财富、提高军事投入、离岸平衡、发动战争等手段，努力成为

---

① 汉斯·摩根索：《国家间政治——权力斗争与和平》，徐昕、郝望等译，北京大学出版社，2006年，第77页。

② 肯尼思·华尔兹：《国际政治理论》，信强译，上海人民出版社，2017年，第40页。

国际体系的霸主①。

　　建基在实用主义哲学基础上的自由主义和现实主义外交理论构成了美国处理各种国际关系的主要指导思想,美国历代政治精英在言辞上通常高举自由主义旗帜,具有浓重的未来乐观主义和道德理想主义色彩,而且在美国的意识形态建构和对外宣传中,自由主义始终占据主导地位。但是,当美国高层精英们在白宫内部制定具体外交政策时,其所思考和讲述的却是满口的权力语言,他们不会顾忌人类共同利益、国际通行法则等问题,而是完全按照现实主义逻辑来制定国际战略和策略,从而在公开言论和实际操作之间形成巨大鸿沟。当然,在美国的不同历史时期,自由主义和现实主义传统对其外交策略的影响各不相同,例如:在20世纪30年代后期,由于苏联领导人斯大林在国内清除异己,在国外同纳粹德国签订互不侵犯条约,美国的宣传机器就把苏联描述成魔鬼国家,但到了1941年美国开始和苏联合作抗击德、意、日法西斯侵略时,美国政府展开了大规模的公关运动,有效清理新盟国的政治形象,逐步把苏联描绘成一个伟大的民主国家②。此外,自由主义传统和现实主义传统之间也并非总是截然对立、冰火两重天,而是各有所长、彼此互鉴。正如乔纳森·哈斯拉姆所言:"与自由主义传统相比,现实主义不是在罗盘上每一点都不同于自由主义对手且仔细界定自身而有别于其他的一束焦点,相反,它是由光亮到黑暗等不同色调组成的一种思想谱系。"③米尔斯海默继其现实主义成名作《大国政治的悲剧》之后,又撰写了《大幻想:自由主义之梦与国际现实》,我们通读两书会对美利坚新型帝国

①　约翰·米尔斯海默:《大国政治的悲剧》,王义桅、唐小松译,第155页。
②　约翰·米尔斯海默:《大国政治的悲剧》,王义桅、唐小松译,第21页。
③　乔纳森·哈斯拉姆:《马基雅维利以来的现实主义国际关系思想》,张振江、卢明华译,中央编译出版社,2009年,第340页。

如何通过高扬自由主义理想达至现实主义目标形成极其清晰的思想印象。可以毫不夸张地说，正是自由主义和现实主义的交互变换构成美国外交政策因人、因事、因地而异并随时做出调整的思想基轴。

我们不禁要问，为什么在美国政治文化的根基处，存在着说辞与行为之间如此显著的道德悖论？我认为，它主要源自美利坚民族内心深处的两种极端不信任情绪：一是对内不信任国家政府。由于美国公民长期伸张个人权利的神圣至上性，公民在良心和行为上对政府机构具有不服从的悠久传统，可以通过良心拒绝和各种非暴力反抗表达自己的主张，并高度赞扬宗教社团、慈善机构等各种非政府组织的社会作用，这构成美利坚自由主义政治文化赖以生成的民族心理根源。二是对外不信任其他国家和各种国际组织。他们始终认为，国际社会永远处在一种无政府状态，主权国家之间只能是霍布斯所指称的"狼与狼"的敌对状态，弱肉强食的丛林法则永远占据支配地位，各种国际组织本质上是主权国家为了解决一时利益冲突而建构起来的临时机构，伴随时过境迁，最终都会消亡，只有始终相信并不断充实自己的实力，才是唯一正确的理性抉择。这种对外不信任必然引发国内倡导的自由主义价值理想与国际社会追求的现实主义国家利益之间发生深刻冲突，最终导致美国历届领导人外交政策上的言行不一和口是心非。一方面对外高举自由主义旗帜，声称自己是自由、民主、正义等高尚道德的化身，指责他国是专制、独裁、卑鄙的邪恶轴心和麻烦制造者，从而充分激活多数国民内心深处道德十字军的讨伐心理。另一方面，当美国政客们关起门来筹划本国国家安全问题时，又完全依据现实主义理论主张和实际需要，做出损害和牺牲他国利益的政治抉择，乃至不择手段地无所不用其极。英国现实主义国际关系学大师爱德华·卡尔早在1939年就对自己民族的思想和行为特质做出过深刻说明，他在成名作《二十年危机》中明确指出，世界上的英语民族是"在伪善的外衣下掩盖其自私自利的国家利益的艺术大师"，"这种伪善是盎格鲁—撒克逊人思维中的特有怪癖"①。可见，我们唯有深刻揭橥美利坚新型帝国公开言辞与实际行为之间存在的深层道德悖论，才能对美国长期以来所奉行实用主义哲学以及建基其上的自由主义和现实主义外交理念获得深刻而清醒的科学认知。恰如马克思所言："如果事物的表现形式和事物的本质会直接合二为一，那么一切科学就成为多余的了。"②实际上美国国徽的深层喻义最为形象地昭示了美国外交理念的伦理悖论，国徽上的白头鹰一手执橄榄枝，一手执利箭，象征着美国的立国原则从来都是自由和平与军事战争的交替使用，白头鹰头顶上的群星图案和绶带上用拉丁文写成的"万众归一"，预示着美国虽然强调众多个体的价值与意义，但众多个体的意志必须统一到国家的意志上来。

（二）美利坚新型帝国资本运作机制的道德嬗变

从政治文化层面搞清了美利坚新型帝国治国理政的价值理念之后，就需要我们进一步了解这一政治生命体的深层运演逻辑。国内外不少学者认为，美国国家制度的主流叙事源于欧洲特别是英国的自然法理论、法律实证主义、多党竞争制度、民主代议制度、三权分立制度等。但这种说法掩盖了一个重要的历史事实，即美国的历史就是从英王詹姆士一世 1606 年 4 月 10 日颁发的弗吉尼亚公司和普利茅斯公司特许状起步的，这种从公司到国家的原始基因决定了美国政治制度的根本性质，今天美国政治、军事上的无比强大也根源于各类公司创造的巨额财富，而马克思的唯物史观更是高度重视经济基础对上层建筑的奠基作用。综合上述考量，笔者认为要真正洞悉美利坚

---

① E. H. Carr, *The Twenty Years Crisis*, *1919–1939*: *An Introduction to the Study of Internation Relation*, 2d ed. London: Macmillan, 1962, 82.

② 《马克思恩格斯全集》第二十五卷，人民出版社，1974 年，第 923 页。

新型帝国的运作机制，就必须着眼于公司—国家这一独特视角①。

　　首先，美国原始资本积累的血腥基因奠定了其资本阶层的独特品性。如果说以英国为代表的欧洲各国的崛起受惠于对殖民地的残酷掠夺，那么美国独立前后的历史发展则与对原住民的种族灭绝制度和新型奴隶制度的长期盛行密不可分。就种族灭绝制度而言，英国白人进入北美之后，将原住民印第安人视为"野人"，不断对其予以残酷剿杀。美国独立后，先后颁布了《宅地法》《印第安人迁徙法》等法律，规定每位二十一岁以上美国公民缴纳 10 美元就可以获得 160英亩土地，为了获得更多的土地，美国白人开启了对原住民大屠杀的历史进程。特别是在西部大开发的过程中，很多公司规定，交给公司一个印第安人头骨，奖励 5 美元，与此同时，还剥下印第安人的皮肤制成高筒皮鞋广泛出售，赚取高额利润，正是通过这种血腥的种族灭绝行为使得美国的边疆不断向西、向南扩展开来。据美国历史学家弗雷德里克·特纳 1893 年在其论文《边境在美国历史上的意义》中统计，自 1776 年独立以来美国政府对印第安人发动袭击在 1500 次以上，并通过剥夺印第安酋长的自治权、摧毁和瓦解其部落制度、以基督教为主的文化和教育规训等各种措施，使印第安人由 1482 年的500 万降至 1800 年的 60 万②。此外，欧洲移民自身携带的病毒对缺乏免疫力的土著印第安人造成的大面积疾病传染，也是其死亡人数剧增的重要原因之一。就新型奴隶制而言，美国著名历史学家爱德华·巴普蒂斯特在其《被掩盖的原罪：奴隶制与美国资本主义的崛

---

① 范勇鹏：《美国制度的起源与本质：从公司到国家》，《学术月刊》，2020 年第10 期。

② 参见何顺果：《美国边疆史：西部开发模式研究》，北京大学出版社，1992 年。特别是该书第三章就美国西部大开发中对印第安人的屠杀问题进行了深入探讨。

起》中认为，每当人们提起"奴隶制"一词时，通常将其视作人类早期历史中的一个特殊发展阶段。但他通过对近代美国黑奴贸易史的深入挖掘，用极其确凿的大量数据和历史事实证明，近代早期的新型奴隶制为美国崛起并成为超级强国发挥了奠基性作用。我们知道，美国摆脱英国殖民统治走向独立后，开始了从发达东北部和东部沿海十三州向南部和西部密西西比河流域不断扩张的"西部大开发"过程。其间，穿越大西洋从非洲运来的大批黑奴从美国东北部地区源源不断地被输送到西南边疆地区。18世纪末，英格兰的奴隶贩子把150万被绑来的非洲黑人奴隶经由大西洋中央航道运送到美洲各地，1775年，北美13个殖民地的人口共计250万，其中奴隶占50万。美国欧裔白人正是通过血腥剿灭土著印第安人和残酷压榨黑人奴隶才逐步走向富裕，包括华盛顿本人在内的美国绝大多数开国领袖的庄园内都有大量蓄奴。1800年之前，美国北方殖民地的商业贸易很大程度上依赖将南方种植园主利用奴隶种植的棉花、烟草等产品贩卖到欧洲赚取利润，美国正是通过极端残酷的奴隶制实现了国家版图的持续扩张和市场经济的日益壮大，而美国南北战争的爆发本质上是美国北方工商业主为了自身利益，与英国工商业主极力支持的南方棉花种植园奴隶主之间的巨大的商业利益冲突所致①。美国内战结束后，废奴运动蓬勃兴起，南方自由农、受薪农大量涌现，他们所种植的棉花由主要供应英国曼彻斯特转向重点供应美国北方工商业主，由此带来了美国纺织业的快速崛起②。需要指出的是，伴随美国的日益强大，主导美国社会的白人精英们开始重述自己攫取"第一桶

---

① 爱德华·巴普蒂斯特：《被掩盖的原罪：奴隶制与美国资本主义的崛起》，陈志杰译，浙江人民出版社，2019年，第4页。

② 斯文·贝克特：《棉花帝国：一本资本主义全球史》，徐轶杰、杨燕译，民主与建设出版社，2019年，第214页。

金"的真实状况,有意识地淡化美国早期屠杀土著印第安人和奴役黑人的血腥历史,在各种文学创作和好莱坞的影视作品中,刻意拔高当年黑人奴隶的居住和生活条件,极力刷洗过往历史中留下的斑斑劣迹,努力把自己打造成文明形象的代表和公平正义的化身,大力彰显美国市场经济制度、民主政治制度、科技创新制度在其历史发展中的决定性作用。但蕴藏在美国早期殖民历史和制度初创时期幽暗血脉中的深层种族歧视和贫富差距"双螺旋基因"总会不失时机地表达出来,20 世纪 50 年代马丁·路德·金领导的反对种族歧视运动如是,2020 年伴随新冠病毒大流行和美国经济大滑坡引发的"黑人的命也是命"运动亦复如是。

其次,美国通过其资本有机构成的持续性提质增效,逐步成为主宰世界经济的核心力量。在美国独立前的殖民经济发展阶段,农业在其经济结构中占有较大比例,英国和欧洲大陆国家的移民主要种植玉米、黑麦、荞麦、燕麦、小麦等作物,同时又养殖驴、马、猪、鸡等家禽。与此同时,在英国重商主义思想影响下,为母国服务的木材业、造船业、纺织业、冶铁业、捕鱼业快速发展起来。这一时期的美国移民主要由农场主和种植园主、商人和技工、契约奴和黑奴三部分人构成。到了美国独立之后的经济发展阶段,美国开始仿效母国逐步走上工业革命的道路,北部的纺织业、采矿业、钢铁业,特别是以铁路和汽船为主的交通运输业快速发展;美国南部则主要以棉花和烟草种植为主,成为世界棉花种植中心;西部主要从事农业垦殖。美国南北战争结束之后,经济迅速起飞,主要经济结构逐步实现由农业向工业的转变,在整个 19 世纪,美国钢铁、铁路、石油、汽车、电信和金融业经历了突飞猛进的快速崛起过程,出现了以安德鲁·卡内基为代表的钢铁业巨头、以范德比尔德集团为代表的铁路业巨头、以洛克菲勒为代表的石油业巨头、以杜邦家族为代表的化工业巨头、以福特为代表的汽车业巨头、以贝尔为代表的电信业巨头和以摩根财团为代表的华尔街金融巨头等。南部和西部的种植业逐步实现以拖拉机、播种机为主要工具的大规模农业机械化和产业化。到了20世纪初,两次世界大战先后爆发,由于美国远离欧洲和亚洲战争中心,其本土没有遭受战火的焚掠,在军费开支大幅提升的背景下,整个工业体系迅速扩张并与军事战争捆绑在一起,形成了军民融合和军工企业蒸蒸日上的经济局面,出现了包括雷神公司(Raytheon Company)、洛克希德·马丁公司(Lockheed Mar-tin Corporation)等为代表的大批军工企业,他们成长为美国称霸世界的重要军事支柱产业。二战之后的20世纪,以电子、信息、能源、新材料、生物制药等为核心的高科技产业成为主导美国经济的基本力量,科技知识产业逐步上升为美国经济的第一产业,而美国传统的第一产业——农业和第二产业——工业则相应地降为第二和第三产业。美国"白领工人"在职工人数中的比重迅速提升,大工业时代造就的蓝领工人占比迅速下降,出现了以比尔·盖茨、乔布斯等为代表的一大批知识资本新贵阶层,这也标志着美国开始由典型的工业社会迈向后工业社会。

再者,美国资本阶层通过各种方式俘获国家权力,逐步形成了独具特色的资本权力化运作机制。人们在讨论市场与政府的关系问题时,通常会对二者彼此作用的大小歧义纷呈,然而从某种意义上讲,这是一个典型的伪命题,因为二者关系的关键问题是谁对市场与政府的运行规则具有解释权和调整权,在美国社会毫无疑问是市场说了算。因为美国资本阶层为了实现资本在市场中的边际效益最大化,必须不断通过各种各样的创新措施来实现,但每一次创新措施的贯彻落实都会对原有特定利益集团,特别是对广大劳工阶层的利益结构带来激烈震荡,从而产生各种各样的社会阻力,为了减少阻力就必须不断废除旧有体制机制的障碍和各种传统法律的约束,要达成上述目标就涉及资本阶层和权力阶层之间复杂的政商关系互动。从美国资本阶层俘获权力阶层的常见手段看,主要包括以下几种:一是充分发挥各类游说公司的巨大作用。由于游说活动在西方被视为言论、集会和请愿自由的一部分,因而受到法律的严格保护,美国华盛顿市西北区的 K 街聚集了大量的游说公司、公关协会、智库研究所等,这些机构的工作人员曾经在国会或华府长期工作,或者与国会议员及总统身边工作人员存在特殊关系,他们在大大小小的企业或行业协会资金支持下,代表各种利益集团来影响国会议员或政府的工作,从立法、听证、表决、执行、监管等各个环节,诱使或促成国会及政府官员做出有利于某个企业或行业的决策。二是企业通过网络、报纸、电视、杂志等各种大众传媒来影响公众的价值信仰,包括推送企业形象广告、倡议广告、慈善广告等各种传媒手段,迫使议会或政府制定有利于自己企业或行业的公共政策。三是在企业内部或所在社区培养选民,要求并鼓励员工或与企业有密切关系的利益相关者向立法机构或政府反映意见,在竞选时推举为企业利益服务的各级议员或政府官员。四是企业或行业协会通过深入调查来撰写各类研究或咨询报告,为决策者提供相关信息或在各种听证会上提供证词,以便影响各类法律制定或政府决策等。五是在各级议会或政府领导人选举中,直接捐款或成立政治行动委员会,为其竞选活动宣传造势,一旦竞选成功,再通过政治分肥制或各种渠道满足企业或个人利益,甚至各类企业家直接参与国家和地方的议员或政府官员选举①,特朗普以大商人身份当选总统就是典型例证。不难看出,美国资本权力化的本质就是资本利益集团用金钱兴办和资助各种组织或政党,推出自己的代理人参与议会和政府的政策制定或直接参选领导人,把资本权力转化为政治权力,所谓三权分立式"民主政治",本质上是资本利益团在公共权力运作中的全过程博弈,它必然导致各种利益

---

① 高勇强:《中国转型社会的政商关系研究》,光明日报出版社,2007 年,第 303 页。

集团拼命争夺选民,最终引发广泛的社会撕裂。不难看出,美国的资本权力化受到国家法律的直接保护,具有结构性与整体性特征,是一种制度化的利益输送机制,它是与资本主义经济制度与政治制度密不可分的必然产物。

以上我们分别对美国原始资本积累的血腥基因、美国资本有机构成的历史流变、美国资本俘获权力的运作机制进行了初步分析,但上述问题只是我们了解美国新型帝国资本运作的敲门砖,要真正搞清美国资本阶层运演机制的道德特质,特别是在其历史流变过程中呈现出的各种伦理悖论,还需要我们进一步从哲学伦理学的视角予以更加深入地考察与辨析。

一是美国资本阶层持续创新与垄断独占的伦理冲突。美国经济学家熊彼特在《经济发展理论》中强调,经济发展本质上是一种生产方法的新组合,而这种新组合是由创新引起的一个动态的质变过程。其中,企业家群体具有英雄主义的王者风范,他们为了追求企业的高额利润,能够勇敢承担各种市场风险,他们会通过不断开发新产品、采用新工艺、开辟新市场、建立新组织、创立新制度等各种措施,来破坏旧秩序、旧规范、旧习惯[①]。这种永不枯竭的创新行为与自由市场、开放社会相结合,构成了以企业家为代表的美国资本阶层的本质特征。例如:19世纪末,以泰勒为代表的科学管理学派,通过对"动作与时间"关系的深入研究发明了"差别计件工资制",极大地推动了美国制造业生产效率的大幅提升。到了20世纪末,美国金融业通过金融技术、金融产品、金融工具、金融市场、金融管理的持续创新,使得资金流动不断加速,金融市场空前活跃,促进了人们投资和融资的选择空间,有效推动了美国科技的快速发展。特别是到了21世纪初,美国资本阶层利用自身的技术优势,建立起规模庞大的数字平

---

① 约瑟夫·熊彼特:《经济发展理论》,何畏等译,商务印书馆,1990年,第89页。

台，大批互联网巨头异军突起，与传统工商业模式相比，各种在线平台以无与伦比的创新速度迅猛增长，谷歌、苹果、微软、亚马逊、脸书等网络平台成为直接控制全球经济的重要企业，彻底改变了自远古以来人类的交流方式，全世界不同地区之间的交流效率得以快速提升，相互传递的信息量达到空前水平，地球真正变成了一个小小的"村庄"。美国正是通过上述持续不断的技术创新，实现了从农业资本主义到工业资本主义，再到金融资本主义，直到今天数字资本主义的高速发展，其社会财富的聚积速度获得极大提升，并在创新效应的影响下被不断放大。

　　然而，必须指出的是，在美国资本阶层持续创新行为的背后，掩盖着从国内市场到国际市场的巨大垄断倾向。从国内市场看，早在19世纪后半叶的工业资本主义时期，美国的钢铁、石油、铁路等行业为了获得高额垄断利润，就开始把威胁自身利益的竞争对手挤出市场，著名评论家劳埃德曾经指出："新经济发展的火焰包围着我们，我们转身发现竞争谋杀了竞争，企业发展壮大，比国家还要强大……我们时代赤裸裸的问题在于财产反仆为主。"①为此，美国先后出台了《谢尔曼法》（1890年）和《克莱顿法》（1914年）等反托拉斯法，来禁止通过连锁董事会、捆绑性契约等方式进行掠夺性定价或各种价格歧视行为。到了金融资本主义时期，华尔街的各种大型金融公司为了攫取巨额利益更是沆瀣一气，通过操纵贷款基准利率、提供内幕信息、低价收购股票等手段，来实现彼此之间的相互联合，从而有效控制金融市场。到了今天的数字资本主义时期，各大高科技公司则是借助知识产权、网络效应、自然垄断、高昂的研发成本、游说集团、强大的起诉律师军团等手段来保障其垄断地位，他们通过各种复杂方

---

① 罗伯特·赖克：《拯救资本主义》，曾鑫、熊跃根译，中信出版集团，2017年，第48页。

式持续主宰市场和不断塑造市场，从而有效避免市场内新进入者蚕食企业巨头的市场份额。从国际市场看，早在二战之后，罗斯福总统的科技顾问范内瓦·布什在《科学，无尽的前沿》中就强调，美国要想保持自己在国际社会的主导地位并保证世界的永久和平，就必须使其科学技术超越其他国家几个时代，才能有效制衡未来法西斯主义的重新崛起，而科学技术发展和工业产品的迭代更新，离不开基础科学的长期投入。为此，美国二战之后大幅提升基础科学和科技应用的财政开支，并出台政策鼓励大型企业向科学研究领域投入巨额研发经费，以保证美国在全球范围的高科技垄断地位。1994 年美国推动《与贸易有关的知识产权协定》，强行推动美国化的知识产权保护标准，以便固化其科技垄断优势。20 世纪 80 年代美国更是通过启动"301"调查和多边谈判威胁等手段，逼迫日本签订《美日半导体协定》，导致日本半导体企业全面衰退。更令人惊讶的是到了 21 世纪，美国把科技问题政治化、人权化和意识形态化，打着维护国家安全的旗帜来打压和制裁世界各国的高科技公司，包括对法国阿尔斯通公司、中国华为公司等世界各国高科技企业的全面封杀和围堵。他们甚至通过无差别监听、黑客攻击、模拟手机基站信号、侵入云服务器等手段，来盗取世界各国的机密数据，以便确保美国资本帝国在高科技领域的长期性垄断地位。

二是美国资本阶层经济正义与贪婪攫取的伦理冲突。所谓美国资本阶层的经济正义主要指人们对美国经济发展和人类生存关系之间所做的价值评判，其所关注的重心是在经济发展过程中如何实现人的自由全面发展，而不是以人的自身异化为代价来片面发展经济。美国资本阶层的经济正义既体现在其国家的经济制度设计和经济体制机制运作方面，也体现在生产、交换、分配、消费等各种具体经济活动中，更体现在美国资本阶层作为经济主体的具体行为选择之中。它主要涉及四方面的基本原则：一是自由原则，即市场主体自由地进出市场，并根据自己的利益需求做出自主选择。二是平等原则，即在个人与社会关系层面能够实现权利与义务的辩证统一，并努力照顾少数最不利者的利益。三是效率原则，即投入与产出之间的最佳关系和各种资源的理想配置。四是秩序原则，即在公共理性和道义良知基础上达到经济运行的合理有序。与欧洲中世纪封建统治者的强取豪夺和欧洲早期资本主义的残酷殖民相比，美国资本阶层在其经济发展的过程中无疑具有明显的经济正义特质，包括在全部市场活动中充分尊重市场主体的自由与平等、高度重视市场经济的效率与公平等。也正是因为美国市场经济所具有的上述突出特点，才广泛吸引了欧洲和世界各地的企业家及全球杰出人才来到这片热土，用自己的聪明才智去实干创业和发家致富，从而推动了美国国力的日渐强大，并逐步完成世界经济重心由欧洲向美国的持续转移。

　　然而，必须看到在美国经济发展史上，广大资本阶层在通过经济正义实现成功发展的同时，其贪婪攫取的特质也表现得淋漓尽致。说到资本阶层的贪婪性，人们首先会想到马克思在《资本论》中的论述：资本来到世间，从头到脚每个毛孔都滴着血和肮脏的东西。马克思所言的资本贪婪性在美国经济发展史上的例证可谓汗牛充栋。如：在美国工业资本主义时代，美国标准石油公司创始人洛克菲勒青年时代就养成了记账的习惯，其一切费用都有记录，在他的炼油厂里，提炼一加仑原油的成本被计算到一分钱的千分之一，乃至将其同胞弟弟——弗兰克的企业视为竞争对手，以冷血无情的方式予以打击，然后吞噬其全部资产①。到了金融资本主义时代，美国各类投资机构利用精湛的金融创新技术将购得的证券打包、分割、组合变成新的金融创新产品，出售给对冲基金和保险公司，致使金融衍生品越来越复杂，金融交易链条越来越长，金融市场的透明度越来越差，金融

①　任学安主编：《公司的力量》，山西教育出版社，2010年，第67页。

风险日益积聚和蔓延,最终演化为 2008 年一场轰然坍塌的全球金融大灾难。在这场大灾难中,美国金融大亨们仍然根据企业合同获取高额薪酬和奖金,令美国乃至世界各国人民所不齿。到了数字资本主义时期,美国资本阶层财富攫取周期更是大大提速,许多老牌工业巨头上百年积累的财富敌不过科技公司数年的财富增长,例如:特斯拉单日市值波动就可以超过拥有百年历史的福特汽车全部市值水平①。不仅如此,美国资本在全球范围内更是大肆蚕食和鲸吞世界财富,第二次世界大战后,美国主导的布雷顿森林体系、国际货币基金组织和世界银行与马歇尔计划共同确立了以美元为核心的国际货币体系,美国利用其一系列制度设计和规则安排,向全世界收取"铸币税",用其一钱不值的废纸去掠夺其他民族的资源和财富,特别是不断操纵国际金融组织,迫使受援国推行金融自由化和开放化政策,为美国资本的渗透、投机和收割各国财富减少障碍。尤其令人震惊的是,由美国军事部门、军工企业、国会和国防科研机构组成的庞大利益集团构成的所谓"美国军工复合体",通过不断炒作国际热点,蓄意树敌,挑动冲突,持续制造紧张局势,深度把控国家外交政策,通过加大国防预算、提高军售订单、将大量武器销往热点地区等各种手段,大发因战而生的不义横财。正是科技、贸易、金融、军事等各类资本的高度融合与无限膨胀,铸就了美利坚帝国资本阶层的贪得无厌,进而对世人财富饕餮成性的血盆大口。

三是美国资本阶层自律博爱与精神异化的伦理冲突。马克斯·韦伯在《新教伦理与资本主义精神》中对欧美国家特别是美国资本阶层的伦理精神进行了深入剖析,他认为美国资本阶层具有以下突出性伦理特质:一是经济理性主义,即擅长详细核算成本投入和效益产

---

① 沙烨:《跨越财富鸿沟:通往共同富裕之路》,当代世界出版社,2021 年,第78 页。

出之间的比例，以之追求经济利润的最大化。二是天职观，即新教徒们总是将合乎理性的组织劳动，为人类提供丰富的物质产品，视作上帝赋予自己的神圣天职。三是新型的禁欲观，即提倡将俭朴、纯净、优雅、舒适、心灵充实当作自己的理想生活模式，一个人财产越多越要经得住禁欲主义生活态度的考验。四是紧迫的时间感，即对时间的焦虑激发了基督徒充分利用时间，立志追求进步的紧迫感，新教徒把虚掷时光当作万恶之首，鼓励人们应当异常勤勉地将所有精力投入到自己所从事的职业活动中，并以认真负责的态度对待自己的工作①。不仅如此，他们还将上述精神体现到自己的"散财之道"上，包括设立种类繁多的基金会来资助文化教育活动、从事国际人文交流等，诸如大家熟知的卡内基基金会、洛克菲勒基金会、福特基金会等，都曾大力捐助美国的高等教育和教会事业。此外，他们还大量从事各种慈善活动，包括开展志愿服务、帮助弱势群体、推动可持续发展等。

　　但我们还要看到问题的另一面，即伴随美国从工业资本主义、金融资本主义到数字资本主义的发展，上述新教伦理精神也在发生着深刻而持久的道德蜕变。有人指出，现在的美国基金会早已丧失了卡内基"拥巨富而死者以耻辱终"的神圣使命感，而是转变为变相敛财、提高声誉、逃避税收的重要手段②。丹尼尔·贝尔针对美国现代文化特质指出："现代主义文化不但不像宗教那样设法驯服邪恶，反而开始接受邪恶、探索邪恶，从中取乐，还把它（正确地）看作某种创造性的源泉。"③为此，他针对美国社会的狂欢聚会、挥霍摆阔、及时

---

① 马克斯·韦伯：《新教伦理与资本主义精神》，于晓、陈维纲译，第 34 页。
② 资中筠：《财富的责任与资本主义演变：美国百年公益发展的启示》，上海三联书店，2015 年，第 353 页。
③ 丹尼尔·贝尔：《资本主义文化矛盾》，赵一凡等译，生活·读书·新知三联书店，1989 年，第 209 页。

行乐等精神异化现象进行了深入剖析。特别是美国进入金融资本主义阶段之后，其精神世界的深刻裂变更是受到世人的广泛关注，例如：美国众多企业为了实现股东利益最大化，企业管理层在巨额利润目标的推动下，将大批本来用于实体工业技术创新的资金，投入到能够带来快速盈利和短期绩效的股票、保险、证券等金融领域，这种实体工业"脱实向虚"的价值取向，必然导致不断关闭效益增长缓慢的工业生产部门，而这种工业金融化的制度性诱拐，迫使美国大批制造业迁往成本低廉的第三世界国家，致使美国数百万蓝领工人被持续裁员，工业制造能力急剧退化，由此导致美国"铁锈地带"的大量涌现①。这一独特现象要求我们必须从美国资本的感性杂多性现状中深度反思其精神内核，实际上美国金融资本的高流动性和无疆界性已经将全世界锁定到极高的风险之中，特别是在计算机和互联网等高科技数字平台的加持下，金融资本疯狂的投机意志正在将全世界转变成一个充满风险的投资赌场。例如：期货贸易、按揭贷款等金融创新产品的出现，本质上反映了人类不断开拓时空生存资源的诉求，但它的未来不确定性又成为引发人们无尽忧愁的情感之源，无数人抱着财富倍增的热望投资各种金融产品，结果全部财富被彻底归零，从而陷入物质生活和精神生活的无底深渊之中。特别是人类生命的整全性精神结构受到金钱嗜欲和癖性的深度腐蚀，在"时间就是金钱"观念的驱使下，其对时空价值的理解被囚禁到各种金融产品价格浮动的牢笼之中，致使疯狂逐利的金融意志主义将人类这一历史性存在物引向资本精神所塑造的主观性和任意性的各种"创意"领域，包括被过高估值的股票、证券化的资产、金融衍生品等②。尽管如

① 孙喜：《制度诱拐、金融拖累与能力退化》，《科研管理》，2017年第12期。
② 参见张雄：《金融化世界与精神世界的二律背反》，《中国社会科学》，2016年第1期。

此,它犹如长江后浪推前浪一样,仍然在吸引着无数个体朝着金钱至上、唯利是图的货币化和世俗化方向狂奔,在这条走火入魔的不归路上,人性深处崇高精神超越世俗生活的神圣禀赋,正在变得日益脆弱和无能为力,最终结果只能是将人类精神本质的异化导入愈加深重的灾难之中。

上述现象不禁使我想到,20 世纪 90 年代,在我国红遍大江南北的电视剧《北京人在纽约》中有一句经典台词:"如果你爱他,请送他去纽约,因为那里是天堂;如果你恨他,请送他去纽约,因为那里是地狱。"然而,真实的纽约或美国,既不是天堂,也不是地狱,而是一个资本逐利的战场。在那里尽管看不到军事战场上的硝烟弥漫,但俯视之下皆是血流成河,无数胜利者权杖上的红宝石每时每刻都在摇曳着嗜血的光芒,每一个资本王座之下都堆积着累累白骨。从这种意义上讲,要全面揭橥美国社会的本质属性,就必须深潜美国资本阶层的内部与腹地,通过探寻其结构嬗变、纵观其功能权变、透视其道德蜕变,才能从美国社会所流淌的血脉之中把握其霸道政治的内在基因。

(三)美利坚新型帝国全球治理手段的伦理冲突

如果说建基在实用主义哲学之上的自由主义说辞和现实主义行为,奠定了美利坚合众国实施全球霸权统治的思想根基,美国资本阶层高超的资本运作机制与操控水平为美利坚帝国在全球的霸权扩张提供了雄厚的物质基础,那么从国际政治学的宽视域看,美利坚新型帝国全球治理手段的花样翻新和综合运用,无疑构成了维系其全球霸权地位的重要战略举措。对相关领域的具体内容予以深入细致的历史考察,并就其所蕴含的伦理悖论展开理论辨析,无疑为进一步把握美利坚霸道政治的深层运演逻辑所必需。

(1)借助国际联盟拉帮结派,大搞全球或地区分裂活动。在国际政治的长河中,国际联盟的起源历史悠久。由于国家之间的合纵连横事关一国兴衰、地区稳定、国际秩序的变更等重大问题,这就使得联盟战略成为美国全球战略的重要组成部分,是其实现力量倍增、遏制挑战者、约束盟友、控制伙伴和保持全球优势的重要工具。与欧洲历史上的各种国际联盟相比,美国的联盟战略特别是冷战之后的联盟战略有着自身的独特品性:一是美国公民社会强大,议会党派斗争激烈,特别是各州政府具有自己的独立决策权,这种历史与国情决定了以总统为代表的中央政府的权力非常有限,总统许多时候很难单纯依靠国内的政治力量去推动某些政策议题,他只能通过拉帮结派和制造全球分裂活动,以不断树立强大外敌的方式来为美国内部制造主动性政治共识,从而达到整合各种政治力量的目的,这就必然导致美国政府将结盟方式视作其内政外交最为重要的国际战略予以大力推广。二是与欧洲一战、二战时期对抗性联盟的短暂寿命相比,美国的联盟体系有着更加稳固的结构和更为多样的功能,并具有较强的适应力和生命力,它通过利益协调式、制度规则式、霸权主导式等不同的管理模式来处理联盟内部矛盾分歧和具体事务,从而有效维持和管控遍布全球的各种联盟体系。以北约为例,冷战结束后,伴随苏联解体和华沙组织解散,北约联盟已经失去其存在的政治基础,但美国却通过北约的大力扩张将其责任推行到原来华沙组织控制的东欧地区,将北约防止苏联侵略的职能转换为维系北约乃至北约之外地区稳定的职能,并由冷战期间对北约事务以盟主自居大包大揽转换为冷战后重视发挥盟国作用,强调与盟国建立平等伙伴关系,尽可能让盟国去承担更多的责任。这也就是美国面对自身实力下降和各种新型地区威胁的出现,为了继续维持其全球霸权而主动调整联盟战略的内在原因。三是伴随改革开放以来中国的和平崛起,美国开始通过不断炒作"中国威胁论",将中国视为美国主导的现行国际秩序的持久挑战者,其联盟工作的重心向亚太地区转移,开始在亚太地区强推"印太战略"，纠集"五眼联盟""四边机制""美英澳三边安全伙伴关系"，通过拉帮结派大搞封闭排他的小圈子，强迫亚太各国选边站队，通过不断制造热点事件加剧亚太地区的深度分裂，进而煽动亚太地区的各种对抗行为持续升级，极尽所能破坏亚太地区的和平稳定，也迫使中国在保持战略耐心和定力的前提下，在政治、经济、军事、外交等各个领域多措并举，去主动加强战略谋划和积极应对。

（2）通过颠覆他国合法政权，大力扶植亲美傀儡政府。美国将本国内部处理国家与社会关系的伦理规则运用到国际社会，罔顾"橘生淮南则为橘，橘生淮北则为枳"的基本政治规律，通过抹杀世界各国经济、政治、社会、文化结构的个性特质，强行将美国政治体制先进化、普世化、神圣化，并不遗余力地向全球推广。其所采取的主要手段是由美国国务院和中情局幕后操控，由美国国家民主基金会作为马前卒或白手套，以所谓非政府组织的"民间社团"面目出现。美国国家民主基金会（National Endowment for Democracy，简称 NED）下属四个核心受让机构，分别是美国国际事务民主协会（National Democratic Institute）、美国国际共和研究所（International Republican Institute）、美国国际劳工团结中心（American Center for International Labor Solidarity）、国际私营企业中心（Center for International Private Enterprise）。这些机构打着"促进民主"的幌子，资助各国异见人士赴美留学、访学，大力创办报刊杂志，积极参与各种论坛讲座，从而进行意识形态的深度渗透。在此基础上通过炮制"民主对抗威权"的虚假叙事逻辑，大肆挑动和加深所谓"威权国家"内部的族群分裂、阶层对立和社会隔阂，进而制造虚假信息，炒作反政府言论，营造敌对氛围，恶意挑拨事端，颠覆别国合法政权，培植亲美傀儡势力，在世界各地留下斑斑劣迹。如：1986 年和 2001 年，以"人民力量"为名干预菲律宾内政，将前总统老马科斯和埃斯特拉达赶下台。1989 年为波兰团结工会提供资金,帮助推翻当时的波兰政府。2000年策动塞尔维亚"天鹅绒革命",颠覆了米洛舍维奇政府。自2003年起,接连煽动格鲁吉亚发生"玫瑰革命"、乌克兰发生"橙色革命"、吉尔吉斯斯坦发生"郁金香革命"。2011年开始在埃及、也门、约旦、阿尔及利亚、叙利亚、利比亚等国,发动所谓"阿拉伯之春"运动,导致阿拉伯世界深陷战争泥潭,持续出现社会动乱和经济衰退。美国前国务卿蓬佩奥在其2023年1月出版的新书《寸步不让》中披露,美国曾计划对委内瑞拉实施政治干预,迫使马杜罗政府同美国扶植的反对派达成协议,否则就剥夺委内瑞拉通过出口石油和黄金获取外汇的能力,凭借这种经济高压手段影响2018年委内瑞拉的总统选举结果①。此外,由于美国人天性中反对所谓"国家专制",因此,他在各国打着自由、民主、平等旗帜扶植现行傀儡政权时,一定会同时在该国扶植反对现政权的所谓"温和的反对派",帮助该国组织、管理、宣传各种新成立的反对党,一旦其所扶植的傀儡政权长期执政后逐步与美国离心离德,"温和的反对派"就会在美国上述组织的支持下,迅速演变为推翻现政权的激进力量。美国国务院、中情局和美国国家民主基金会从来都把这种短期和长期政治投入相结合的颠覆策略奉为金科玉律,这也成为跟随美国的第三世界国家政权更迭迅速,长期处于混乱状态的根本原因,但美国人却把这种现象称为"美丽的风景线"。此外,这些机构更是积极策动和全面支持针对中国香港、西藏、新疆的各种街头抗议和社会暴乱活动,以此手段大力对冲和阻遏中国共产党引领中华民族伟大复兴的历史进程。

（3）通过实施长臂管辖和设置司法陷阱,充分保障美国在全球各类事务中的主导地位并极力阻遏全球治理体系的深度创新。所谓"长

---

① 参见新华社北京2023年2月20日电:《美国的霸权霸道霸凌及其危害》。

臂管辖"主要指美国司法机关对于住所和居所在其域外的人员或实体实施的管辖。美国通过不断降低行使"长臂管辖"的门槛,借助"最低联系原则"来滥施过分且不合理的管辖。当然,要真正了解美国政府的这一行为,就必须对其实施长臂管辖和设置司法陷阱的历史逻辑、基本路径、根本目的、执行手段予以深入辨析①。就其历史逻辑而言,任何一个国家的法律背后都蕴藏着这个国家数世纪发展的故事。作为英国的殖民地,美国建国初十三个州的移民来自包括英国在内的众多欧洲其他国家,各州都是模仿其宗主国的法律来管理本州事物,这就必然导致各州法律之间以及与不同宗主国法律之间产生冲突,各州为了保护本州的利益不断扩大其法律管辖范围,只要发生的案件与本州存在"最低限度的联系",各州都可以用本州法律实施长臂管辖。面对各州的法律冲突,直到 1963 年,联邦私法统一委员会才制定了《统一的州际和国际程序法》。之后,随着美国逐步成为一个完整的全球性新型帝国,通过制定《谢尔曼反托拉斯法》《海外反腐败法》等一系列法律,从法律地理学的视角塑造了一种相互重叠交叉的管辖空间,最终确立起无论法律行为或物品是否发生在美国本土,只要对美国领土内造成了违反美国国家法律的实际效果,美国就可以"基于效果的域外管辖权"对各国商业行为予以法律管辖。由之,美国法律由"跟着美国国旗走"转换为"跟着美国资本走"。但美国执法部门从来都是采取选择性执法,例如,在劳工保护领域,面对美国海外公司对其他国家雇员的恶劣待遇拒绝予以司法管辖,相反,如果与美国相关联的其他国家的公司对美国国内或海外劳工

---

① 参见强世功:《文明终结与世界帝国》,第 295 页。该书对美国建构的全球法秩序进行了深入细致的研究,尤其是第五章对美国的司法陷阱和长臂管辖问题,从法律层面进行了深度分析。

利益产生了不利影响，美国会千方百计对其予以各种形式的制裁。就其基本路径而言，美国要落实其"长臂管辖"权力，就必须由执法机构获得相关证据材料，并能够在实践中获得执行。为此，美国司法部首先利用其下属的联邦调查局的域外调查权来获取各种证据，1940年联邦调查局又成立特别情报局，负责收集与美国利益相关的包括经济、政治、文化等在内的其他国家各种信息，直接服务于美国的战略制定，特别是二战之后，通过美国驻世界各地的"使馆法律参赞"制度，进一步强化了司法部在海外的情报证据收集工作。"9·11"事件之后，美国颁布了《爱国者法案》，对美国在信息、通讯、隐私方面的法律做出大幅度修订，只要美国执法机构认为涉嫌恐怖主义，就可以合法搜集任何人的电话、邮件、通讯、医疗、财务等信息，并在政府相关部门之间彼此共享。随着互联网数字技术的发展，2018年美国又出台了《云法案》，极大地扩张了美国对互联网数据的司法管辖权，巧妙地建立起以美国为"数据核心区"，其他国家为"数据合作区"，打着"维护全球数据公共安全"的旗帜，实际由美国来掌控的数据帝国。就其根本目的而言，虽然美国从来强调立法、执法、司法的三权独立，但历经建国以来的长期性历史蜕变，今天的美国在涉及帝国全球事务层面，已经发展为一个总统领导下的行政机构真正掌握国家法律运作的国家，在长期对外使用过程中，逐步发展出一个体系庞大、相互补充、环环相扣的法律体系。其设置司法陷阱的根本目的就是依靠美国法律作为经济战和政治战的有力武器，来削弱竞争对手并最终低价收购对手，从而有效维持其全球垄断地位。法国企业家皮耶鲁的《美国陷阱》一书，详细描述了美国如何利用法律武器打压法国阿尔斯通公司的详细过程，包括美国政府以皮耶鲁作为"人质"，大力协助美国通用公司与法国阿尔斯通公司展开商业并购谈判，并以美国《海外反腐败法》为依据，逼迫阿尔斯通公司要么认缴巨额罚款，要么放弃拯救皮耶鲁，其间，美国中央情报局、国家安全局、财政部和司法部上下联手,逼迫法国阿尔斯通公司彻底就范①。实际上德国的西门子、日本的三菱、中国的中兴和华为都遭受过同样的命运。其间,美国遍布全球的大型律师事务所(有时被称为解决全球利益冲突的法律兵团),游走在公司辩护者和国家起诉者之间,成为激烈竞争的各种权贵集团之间的利益勾兑者,这就使得与美国利益相关的各大跨国公司纷纷聘请美国的法律团队为其进行合规审查和风险管控,而这些被聘任的法律专家很多就是美国中情局的线人,到了关键时刻,他们将公司商业机密全部提供给美国执法部门。例如:中国中兴公司聘请的犹太律师最后摇身一变成为美国执法部门的卧底,使中兴公司蒙受巨大损失。就其执行手段而言,美国法律之所以具有超越领土的"域外管辖权",关键是美国用其强大的经济实力控制着世界货币美元,用其超前的技术实力控制着互联网,而美元和互联网又是通往全球经济的必由之路。特别是二战之后的整个20世纪,世界各国争相与美国发生经济联系,包括直接到美国投资、吸引美国跨国资本到自己国家投资、大量人员与美国发生多方面往来等因素,这就必然使得美国政府和执法机构有充足能力通过所谓"间接领土手段"来保证其强大的法律执行力。

(4)美国曾经主导世界各国制定了诸多国际规则,但随着"时"与"势"的变迁,它本身对这些规则通常采取"合则用,不合则弃"的双重标准。众所周知,1648年三十年战争之后制定的《威斯特伐利亚和约》标志着民族国家的诞生,自从欧洲出现民族国家这一独特现象之后,约束国家行为的各种国际规则层出不穷,致使欧洲成为人类社会近现代各种国际法的策源地。二战之后,美国挟战胜国之雄风逐步取代欧洲各个强国,成为资本主义列强的领头羊,引领世界各国

---

① 佛雷德里克·皮耶鲁齐、马修·阿伦:《美国陷阱》,法意译,中信出版集团,2019年,第333页。

创建了众多国际组织(国际货币基金组织、世界开发银行、世界贸易组织等)并制定了大量新型国际法律(《联合国宪章》《联合国人权宣言》等)。但到 20 世纪中后期,民族独立运动蓬勃兴起,包括中国在内的不少国家摆脱殖民统治后逐步走向强大,使得当今国际力量对比发生重大变迁,修订和创新各种国际法规的呼声此起彼伏。此时,在对国际规则的运用上,美国开始采取"合则用,不合则弃"的实用主义策略,乃至对国际规则完全采取美国式解读,即从美国一己私利出发,随时予以调整,一旦遭到他国反对,毁约退群就成为美国外交的家常便饭。例如:美国曾经于 1984 年和 2017 年两次退出联合国教科文组织。2017 年特朗普政府以联合国人口基金会"支持和参与强迫堕胎或非自愿绝育手术"为由,宣布对该组织断供。2017 年宣布退出有关国际气候变化的《巴黎协定》。2018 年为了维护盟国以色列的尊严,认为联合国人权理事会对以色列"存在偏见"和"无法有效保护人权",宣布退出该理事会。美国为了不受约束地发展各种先进武器,先后于 2019 年和 2020 年退出了《中导条约》和《开放天空条约》。特别是美国是世界生物武器的研发大国,同时也是世界生化武器库存最多的国家,它坚决反对国际社会共同达成的《禁止生物武器公约》,极力妨碍国际社会对美国生物武器活动进行核查,成为全球生物军控进程中最大的"绊脚石"。2020 年全球新冠疫情大爆发并迅速蔓延,在亟需国际卫生组织展开病毒溯源的关键时刻,美国将污水泼向中国,动辄以"中国病毒""武汉病毒"相称,并以断供和退出国际卫生组织相威胁,要求彻查中国科学院武汉国家生物安全实验室,但世卫组织专家经过彻查后,未能找到任何证据,当全世界将怀疑目光指向美国最大生化武器研发基地德特立克堡时,特朗普政府最初装聋作哑,之后以美国未曾加入国际社会《禁止生物武器公约》为由,完全拒绝世卫组织的核查,也不给美国人民和国际社会任何交待。

　　通过对美国上述全球治理策略目标和具体手段的分析,我们不难看出,美国实现其国家利益的主要途径与维护人类整体利益之间存在着极其深刻的价值冲突。从维护人类整体利益的视角看,人类已经进入到有史以来规模空前的深度全球化时代。与此同时,人类也陷入前所未有的全球化生存困境之中,诸如全球变暖、生态失衡、生物多样性破坏、疾病传染、数字鸿沟、南北差异、恐怖主义盛行等一系列问题。面对上述各类全球风险社会的到来,仅靠一国的单打独斗无法取胜,这就要求全球范围内更多治理主体必须在精诚合作的基础上才能取得最终胜利,包括联合国各种机构的支持、各国政府间合作组织的努力、全球公民社会的共同参与等。而要建构这种适应当今时代要求的新型全球治理体系,就必须牢固树立"人类命运共同体"理念,并以此理念为指导大力维护人类的共同价值,诸如和平、发展、公平、正义、民主、自由等。笔者仅以"公平"价值观为例予以说明,它既涉及国家与国家之间的公平,也关涉个人与个人之间的公平。就前者而言,它要求国家无论国土面积、人口数量、经济发展程度等各种要素如何,国家主权必须一律平等。就后者而言,它强调虽然人与人之间在事实上存在着诸多差异,诸如国籍、民族、性别、肤色、受教育程度等,但从道德和法律上讲,每个人都共同分享着人类的本性,都拥有众生平等的内在价值、道德人格和法律地位,没有某一个人在本质上比他人优越。但美国完全违背上述人类共同价值追求,特别是冷战结束后,伴随东欧剧变和苏联解体,美国为了维持其"一强独霸"的世界格局,仍然固守冷战思维,大搞集团政治,挑动隔阂分裂,持续对立对抗,一直抱持着"文明等级论""国家依附论"的陈旧执念,高举"美国优越论""单极稳定论"旗帜,不断炮制"民主对抗权威"的虚假叙事体系,随意给其他国家贴上"邪恶轴心""流氓国家"的标签,经常绕开联合国的决议,带领少数北约成员国横行世界,用美国及其小集团的局部私利践踏全球范围的人类公利,呈现出唯我独尊、恃强凌弱、倒行逆施的丑恶嘴脸，包括发动科索沃战争、利比亚战争、伊拉克战争、阿富汗战争等，依靠其雄厚的国家实力，肆无忌惮地侵犯弱小国家的主权，随意颠覆他国的合法政权。上述行为背后折射出的根本价值冲突是，美国和欧洲列强从来都是以现实主义的"丛林法则"作为其外交行为的根本指导思想，将本国或小集团的利益置于人类整体利益之上，随时随地通过牺牲他国利益来换取自身和小集团的最高利益。要彻底解决上述深层次价值冲突，就要求世界各国特别是后发国家，必须对美国的全球治理指导思想进行根本性改塑，通过对其进行创造性转型和创新性发展，才能真正建构起人类命运共同体的全球性现代政治理念。

（四）美利坚新型帝国军事战争手段的义利辨析

全面分析美国治国理政的价值理念、资本运作、国际政治等问题，固然为深入透析新型帝国霸道政治的本质所必需，但纵观欧洲历史上任何帝国升沉荣枯的历史，军事战争必然是其最为重要的内容之一，因为当今国际社会的本质仍然是无政府状态，这个世界上没有统管和保障各国和平相处的上帝，每个国家只能依靠自己的力量并有效争取他人来制服敌人。从这种意义上讲，主权国家间政治斗争的本质是安全竞争，而安全竞争的最终结局是军事战争，因为军事力量是解决一切问题的终极手段。要对美利坚新型帝国的运行机制予以政治伦理学检审，其军事手段所蕴含的道德旨意无疑构成我们必须深入考察的又一重要内容。

（1）美利坚新型帝国全面继承了欧洲列强的嫡传衣钵，将军事战争视为国家生存与发展的至高战略。德国思想家维尔纳·桑巴特在《战争与资本主义》一书中曾深刻指出，军事战争具有双重面相，从表面看战争似乎破坏了资本主义的历史进程，遏制了资本主义的发展速度，但从内在本质上看，战争同样极大地促进了资本主义的发展，欧洲各资本主义国家正是在同殖民地土著居民的残酷战争中,同嫉妒眼红的欧洲邻国的无数次军事争斗中,最终占领并获得了各自的殖民地,在此基础上逐步走向国家的强大。桑巴特认为,现代战争从财产的集聚、观念的塑造和统一市场的形成三个方面推动了资本主义经济体系的发展,特别是极大地促进了技术创新、战争对大宗物资的需求拉动了经济的增长、军队管理方式的改进对现代企业生产方式具有巨大的启迪和转化作用。最后,他得出结论说:"没有战争就根本不可能出现资本主义。"①无独有偶,美国思想家查尔斯·蒂利同样对"战争如何促成现代国家的生成以及现代国家如何通过战争走向强大"进行了深入思考,他认为,正是无数次的战争编织起欧洲的民族国家之网,而欧洲各个国家在准备战争和不断征战中产生了持久而强大的现代国家结构,包括征兵机构的建立、军队供应部门的产生以及与之密不可分的税务局、财政部等②。而美利坚新型帝国与欧洲列强如出一辙,它就是在战争中生成、在战争中扩张、在战争中称霸的,可以毫不夸张地说,好战是蕴藏在美利坚民族血液中的核心基因。自1776年成立以来,美国以屠杀印第安人为起点,先后入侵加拿大,发动美墨战争,策动美西战争,吞并夏威夷,第二次世界大战后,先后挑起和发动朝鲜战争、越南战争、海湾战争、科索沃战争、阿富汗战争、伊拉克战争、利比亚战争、叙利亚战争。总之,不断发动军事战争构成美国国家生存的重要战略,近年来美国年均军事预算达7000多亿美元,占全世界军费总支出的40%,超过第2名至第16名国家的总和③。正应了毛泽东《贺新郎·读史》所言:"人世难逢开口

① 维尔纳·桑巴特:《战争与资本主义》,晏小宝译,上海人民出版社,2023年,第18页。

② 查尔斯·蒂利:《强制、资本和欧洲国家》,魏洪钟译,上海人民出版社,2007年,第77页。

③ 参见新华社:《美国的霸权霸道霸凌及其危害》,《瞭望》,2023年2月20日。

笑,上疆场彼此弯弓月。流遍了,郊原血。"有关战争如何促进美国军工复合体发展的问题,前文已做过讨论,兹不赘述。

(2)通过实施离岸平衡策略、代理人战争等手段,争取国际权力最大化是美国发动和开展军事打击最重要的策略之一。正像当年英国面临欧洲大陆强国争霸时,很少承担遏制大陆潜在霸主的责任,而是尽可能长期地靠边站,直到争霸双方打得精疲力竭之时,英国才会在关键时刻介入,以便达到"鹬蚌相争,渔翁得利"的目的,英国人将这种行为称之为"离岸平衡策略"(offshore balancing strategy)。美国作为英国的嫡长子成为世界强国之后,全面复制其母国的战略方针并将其发扬光大。美国在一战爆发前后,没有派一兵一卒跨越大西洋来欧洲大陆承担维护和平的义务,二战初期德国入侵波兰后,美国同样不愿承担维护和平义务来阻止德国扩张,直到苏德战争后期,才加入针对德国的反法西斯战争。但需要指出的是,美国参战并非为了其所大肆宣扬的"维护世界和平",而是为了阻止德国这一危险的敌人获得地区霸权进而威胁到美国利益,和平仅是这些努力做出之后获得的副产品。美国在东北亚同样如此,直到日本轰炸美国珍珠港之后,美国才开始卷入东北亚抗击日本的侵略战争之中,因为他担心日本会和纳粹德国一起击垮苏联,导致德国在欧洲的霸权和日本在东北亚的霸权迅猛增长,从而危及美国在欧亚大陆两端的各种利益。可见,美国在历史上更倾向于将消灭潜在对手的责任推给其他国家,而不是亲自出面对抗大国威胁。新近发生的俄乌战争最为典型地彰显出美国离岸平衡战略和代理人战争的巨大作用,为了削弱俄罗斯的军事实力,打破默克尔和普京大力推进的欧盟与俄罗斯的商贸合作战略,美国通过北约东扩来逼迫和诱使俄罗斯发动对乌战争,然后,通过援助乌克兰并鼓励北约各国为乌克兰提供金钱资助和战略物资,在持续性拱火浇油的过程中,使得俄乌战争不断升级,并极尽其所能来阻止俄乌和平谈判。与此同时,又借机大发欧洲能源危机的横财，通过鼓励本国制造业的不断回流来逐步掏空和打压欧洲制造业复兴的步伐，从而有效阻遏了欧盟内部德、法等大国试图战略自主的历史进程。这种远离美国本土并横跨大西洋，以全面摧毁乌克兰为棋子，以牺牲俄罗斯和削弱欧盟利益为代价的一箭多雕的所谓"离岸平衡战略"，将"美国单极治下的和平"的虚伪面孔和极端自私的霸道政治本性暴露在光天化日之下，尽管此种战争策略举世皆知且为世人所不齿，但人们在短期内又对其无可奈何。

（3）通过遍布全球的军事基地，以世界警察的面目随时随地恐吓他国政府，构成美国全球治理的重要手段之一。美国二战后逐步在世界各地建立起自己主导的军事联盟体系，在全球各地建立了大量海外军事基地，二战前被大英帝国控制的世界各地的海上交通枢纽全部落入美国囊中。由于这些军事基地的规模大小不一，又处于不断的调整、调度和变迁之中，一种说法是有 471 个，分布在 140 多个国家，其中海军基地 247 个，空军基地 224 个。另一种说法是美国在海外拥有 800 多个军事基地，分布在 150 多个国家和地区，单是在日本就有 88 个军事基地，包括海军、陆军、空军等不同兵种，美国大兵可以在 20 分钟内到达任何一个军事基地驻在国的总统府。美国国防部对上述说法讳莫如深，从来不加辩护与说明，任凭人们去生发各种猜想，只要它能够证明美国的强大无比即可。这些军事基地全部坐落在重要的军事岛屿上，凭借其 11 个航母编队的支撑，可以在极短时间内将其军事影响投射到周边任何一个国家或地区，从而构成覆盖全球的所谓战略"岛链"。美国西北大学著名历史学教授丹尼尔·因莫瓦尔在其新著《被隐藏的帝国》中指出，世界上包括美国在内的大多数人只熟悉美国本土地图，很少知道在美国本土之外，还有散落在全球的美国岛屿、环礁和群岛，那里居住着各色美国人等，星条旗在这些岛屿上高高飘扬。他深入分析了美国建国之后，如何将军事触角伸进至中美洲,甚至拿下如波多黎各、美属维京群岛,在靠近远东地区,更有著名的太平洋领地,包括夏威夷、关岛、中途岛、维克岛、豪阑岛等众多军事基地。特别是在该书第二编的"点画帝国"部分,他对美国在全球范围的军事基地与美国本土的复杂关系进行了深入细致的辨析,认为这些军事基地本质上就是美利坚新型帝国长期托管的国家海外飞地①。

　　(4)2001 年的"9·11 事件"彻底改写了全球军事战争的基本法则,使美国的反恐战争彰显出浓厚的经济、政治、文化混合一体的总体性战争色彩。"9·11"恐怖主义行为将犯罪手段与现代战争技术巧妙地结合起来,采取了一种极端分散灵活的带有游击战性质的攻击方式。一方面,恐怖分子公开挑战当代资本主义国家形态本身,是对全球资本主义体系不平等结构的彻底反抗,是用伊斯兰原教旨主义具有的内在信仰力量对近代以来资本主义的现代性精神标志——"世界贸易中心"予以彻底摧毁。另一方面,它不同于国家与国家之间公开的理性主义军事战争,具有明确的宣战和停战仪式、谈判代表、战争时间表等,但也不是跨国犯罪集团行为,因为任何犯罪团伙都有赖以生存的具体国家和明确追求的金钱、权力、美女等目标,而恐怖主义分子要实现的不是某一具体目标,而是一种主义、一种信仰、一种宗教。这种特殊类型的战争迫使美国放弃冷战以来所奉行的"威慑与遏制"原则,而是采取"先发制人"和"新干涉主义"战争原则,这种"先发制人"和"新干涉主义"不仅指军事上的不宣而战,还包括随时随地实施各种类型的策反、恐吓、暗杀等行为。美国在成功暗杀"9·11 事件"策划人本·拉登之后,又暗杀过多名伊斯兰世界重量级人物,如:伊朗"圣城旅"是伊朗革命卫队的主要军事力量之

---

① 丹尼尔·因莫瓦尔:《被隐藏的帝国》,林玉菁译,台北城邦文化实业股份有限公司,2021 年,第 434 页。

一,其核心人物苏莱曼尼具有"魔鬼般的天才指挥能力",曾指挥过伊拉克、叙利亚、约旦等多国境内的渗透、暗杀和颠覆活动,使美国驻中东的军事力量多次受到严重打击,损失惨重。2020 年 1 月 3 日美军经过精密策划,在伊拉克巴格达国际机场发动空袭,杀死伊朗高级将领苏莱曼尼等人,伊朗随之拟定了包括美国、伊拉克等国在内的 48 人名单,持续展开报复活动。此外,在这种新型反恐战争中,美国除了派遣军队直接摧毁阿富汗塔利班政权外,还通过美国财政部、商务部、司法部以及各种金融机构,在全球范围内追查恐怖组织的资金流,这也为之后美国借助反恐之名,通过经济和司法手段精准控制全球经济体系提供了重要契机。与此同时,美国在大力批判恐怖主义分子精神信仰的强迫性时,又逼迫恐怖分子接受美国的价值和信仰,以"保卫自由"的名义在中东地区大力推广美国的价值理念和生活方式,乃至实施"大中东民主改造计划",致使反恐战争变成了美国为建构世界帝国而展开的军事、政治、经济、文化的全面总体战。然而,令人大失所望的是,庞大的美国军团在阿富汗花费巨额资金征战二十年后,抛弃 78 架飞机、95524 枚导弹、30 万件武器、4 万辆汽车,最终以大溃败的方式草草收场,其所痛恨的塔利班政权再次回到首都喀布尔,重新夺回久已丧失的执政地位。美国反恐战争的失败再次表明,美国坚持的资本主义现代性依然是"单向度"的现代性,只有通过容纳多元现代性,赋予不同文化和文明探索现代性道路的自由,才能引导伊斯兰文明在其内部持续推动宗教改革,最终探索出符合伊斯兰文明的现代化道路①。

如何从政治伦理学的视角评判美国发动的各种军事战争,一直是国际学术界存在广泛争议的话题。因为传统的正义战争理论认为,只要一个国家发现自己面临入侵的威胁,而且这个威胁已经危及

---

① 参见强世功:《文明终结与世界帝国》,第 132 页。

它的领土完整和政治独立,它就有权以正义战争之名发动战争。但是美国发动的各种战争,已经远远超出这一传统正义战争范畴,无论是以世界和平受到威胁来发动海湾战争,还是以消灭恐怖主义分子为名发动阿富汗战争,都不是基于自卫或抵抗,而是以军事行动去取得所谓的"秩序与和平",它已演变为自己为自己提供伦理合法性的活动①。不仅如此,按照现代正义战争的要求,任何战争都涉及开战正义和交战正义,开战正义包括六项基本原则:(1)正当理由;(2)合法权威;(3)正当目的;(4)成功的可能性;(5)成本和收益的相称性;(6)最后手段。这六项相互联系的原则包含着极其复杂的内容,以"最后手段"为例,它强调在诉诸战争前,应当非常明确各种外交努力已经没有意义,当然,如何判断外交努力的内容已经穷尽是个十分棘手的问题。与开战正义原则不同,交战正义原则主要适用于战争发动之后,它包括相称性原则和区别对待原则。相称性原则指将益处最大化和将害处最小化,要在战争导致的罪恶和获得的收益之间进行权衡。区别对待原则强调对参战人员的身份要加以区分,以确定合法攻击目标②。

　　根据上述正义战争理论来分析美国发动的各种军事战争,我们会看到美国从来都以维护人权或避免人道主义灾难、维护世界和平之名发动战争,但就其每次战争的具体过程而言,其所遵循的根本原则完全是现实主义战争理论,即为了获得战争胜利可以不择手段,从来不接受各种道德约束。2001 年以来,美国以反恐之名发动的军事战争已造成超过 90 万人死亡,其中有 33.5 万是平民,数百万人受伤,数千万人流离失所。2003 年伊拉克战争导致约 20 万至 25 万平民死亡,被美军直接致死的超过 1.6 万人,造成 100 万人无家可归。

---

① 迈克尔·哈特、安东尼奥·奈格里:《帝国》,杨建国、范一亭译,第 13 页。
② 参见靳凤林:《制度伦理与官员道德》,人民出版社,2011 年,第 321 页。

2016年至2019年,美国发动叙利亚战争以来,叙利亚有记载的死于战乱的平民33584人,其中美国领导的联军轰炸致死3833人,且大多数是妇女和儿童。长达二十年的阿富汗战争更是让阿富汗变得满目疮痍,1000多万人流离失所,共4.7万名阿富汗平民以及6.6万—6.9万名与"9·11"事件无关的阿富汗军人和警察在美军行动中丧生。2021年"喀布尔大溃败"后,美国宣布冻结阿富汗央行约95亿美元资产,被国际社会公认为是赤裸裸的掠夺①。

通过前述文化、经济、政治、军事四个方面的深入解析,我们不难看出,如果说实用主义哲学奠定了美国霸道政治的价值根基,高超的资本运作能力为其提供了雄厚的物质基础,国际战略与策略的综合运用构成其霸道政治的基本运演机制,那么各种军事手段的灵活运用则为支撑美国霸道政治的存续提供了重要保障,这四个层面彼此扶持、相互贯通、丝丝入扣,构成了保障美利坚新型帝国称霸世界的四大核心支柱。然而,"言不可极,极之而衰"。人类进入21世纪之后,2001年9月11日,全世界目睹了美国纽约曼哈顿岛上世界贸易中心在熊熊烈火中轰然倒下;2011年,美国资本大鳄的极度贪婪引发全球金融大危机之后,广大民众为了反对美国社会的为富不仁、权钱交易和分配不公,发起了轰轰烈烈的占领华尔街运动;2021年,庞大的美国军队占领阿富汗二十年后,给世人留下一幅落荒而逃的悲惨画面。21世纪初渐次发生的上述现象已经向世人充分表明,美利坚新型帝国的文化、经济、政治、军事正在陷入深刻的重大危机之中,一场对冲、反制、超越美利坚新型帝国霸道政治的人类文明大转型,正在缓缓拉开其厚重的历史帷幕。

---

① 参见新华社:《美国的霸权霸道霸凌及其危害》,《瞭望》,2023年2月20日。

三、美利坚新型帝国的三重
危机与人类文明的转型升级

　　人类文明在地球上的发展历史就是分散在不同地理空间中的各个民族或国家,通过长期的相互接触和不断扩展,持续建构人类普遍性共同历史的过程。其间,人类经历了从村庄、部落、城邦等小型共同体不断迈向民族国家、国际联盟、联合国等大型共同体的复杂历程。如果从帝国发生学的视角看,人类经历了从"区域性文明帝国""世界性殖民帝国"再到"全球性世界帝国"的过程,19世纪的美国通过扬弃大英帝国的残酷殖民模式而采取自由贸易模式,最终发展为20世纪最强大的"全球性世界帝国"。但进入21世纪之后,以互联网为媒介的微信、微博、抖音等科技平台,让人类之间的各种交流更加便捷,人类对全球的时空感受被大大压缩,每个生命个体对国内外情况的了解更加直接与感性,它标志着人类深度全球化时代的加速到来。但美国这一全球性世界帝国自身的深刻矛盾,致使其所作所为与人类深度全球化的发展大势背道而驰,无论是世界各国的政治领袖、行业精英还是普通百姓,日益真切地感受到美国正在逐步由世界的伟大解放者演变为新型全球化时代的霸凌者和绊脚石。为了深入诠释这一独特现象在美利坚新型帝国的生成过程与运演机理,笔者试图从市场经济、国家政治、劳工社会三位一体视角,仔细凝望蕴藏在美国历史与现实深处的各种根本性道德冲突和伦理悖论,深刻揭橥美利坚新型帝国三重危机的历史脉络与核心根由,进而从哲学伦理学的视角,对美利坚新型帝国文明式微与全球文明秩序大转型的未来走势予以定向把脉。

（一）美国经济失衡的国内外延展与全球经济的合作共赢

20 世纪初叶，德国思想家桑巴特在《为什么美国没有社会主义》一书中指出，美国由于存在庞大富裕的中产阶级队伍而闻名于世，这构成美国无法产生社会主义的重要原因之一①。然而，自 20 世纪后半叶至今，美国财富向上聚集的总体趋势日渐加剧，根据 2019 年《世界不平等报告》统计，从 1980 年到 2016 年，美国前 1% 的富人阶层收入占国民收入比重从 10% 上升至 20%，而后 50% 的美国民众收入占国民收入的比重则从 20% 下跌至 13%。不难看出，在这四十年的历史变迁中，前 1% 的富人阶层收入占国民总收入的比重翻倍增长，而后 50% 的普通民众收入在国民总收入占比缩水超过 1/3。2020 年新冠疫情的大爆发使得美国的财富不平等状况更加严重，彭博新闻社的数据显示，2022 年美国 1% 富人的净资产总额已经达到约 34.6 万亿美元，而后 50% 的普通民众的净资产总额只有约 2.09 万亿美元，前者拥有的财富总量是后者的近 17 倍②。中间 40% 中产阶级的收入同样呈现持续性下降趋势，他们在美国阶层结构中的整体占比正在逐步缩小。

在美国社会之所以出现如此巨大的贫富差距和经济失衡现象，其原因极端复杂，但笔者认为，不受约束的新自由主义市场理论在美国经济领域广泛而持久的蔓延，无疑是引发美国社会出现深度贫富差别的根本原因。在资本主义发展史上，曼德维尔、斯密、哈耶克等经济学家认为，个人追求私利的行为，在"看不见的手"的指引下，反而会推动公共利益的发展，国家干预会妨碍市场机制发挥作用，应该

---

① 维尔纳·桑巴特：《为什么美国没有社会主义》，赖海榕译，社会科学文献出版社，2003 年，第 85 页。
② 参见沙烨：《跨越财富鸿沟：通往共同富裕之路》，第 60 页。

排除对市场上进行自由交易的各种限制措施,鼓励个人在市场上追求自己的正当私利。然而,正如诺贝尔经济学奖得主斯蒂格利茨所指出的那样,自从美国进入 20 世纪下半叶以来,逐步完成由工业资本主义向金融资本主义、数字资本主义的转变,金融寡头和数字巨头占据美国和全球市场的主导地位,他们在大力鼓吹新自由主义经济政策的同时,通过不断改变市场游戏规则,创新市场垄断手段,使得传统工业资本主义的市场竞争局面逐步走向衰弱,成功筑起了巨大的市场进入壁垒,仿佛挖了一条宽阔而幽深的护城河,进而在高度垄断的国内外市场中不断赚取高额利润①。笔者在此仅以美国金融机构对美国经济失衡的影响为例予以说明。我们知道银行的根本职责是在企业寻找资金时,以合理条件为其提供融资,特别是通过长期投入促进经济的持续增长是银行业的重要责任。但美国银行业出于急功近利的需要,通常将注意力集中在更容易快速获利的短期项目上,正是银行业肆无忌惮地追求自身利益最大化导致了美国经济危机的频发,特别是银行业通过手中的钱财驱使国家政客们制订出有利于他们的各种游戏规则,诸如:放松管制、政府借贷、税收减免等,从中获取巨额财富。尤其是美联储一旦遇到美国发生重大危机,习惯于实施货币宽松政策,进而导致通货膨胀,其间,穷人成为货币"放水"的主要受害者,而富人则从货币政策推动的股市、楼市繁荣中获益巨大。例如:新冠疫情暴发后,美联储 2021 年 10 月开始实施大规模货币补助"放水"措施,有数据显示,其间美国最富有的 1% 的富人群体在公司股票和共同基金上的财富增长超过 6.5 万亿美元,远超最底层 90% 的穷人财富增长总额的 5 倍多。此外,在新自由主义政策影响下,"股东利益至上"成为美国现代企业管理制度的重要价值取向,

———————
① 约瑟夫·斯蒂格利茨:《美国真相》,刘斌等译,机械工业出版社,2020 年,第 64 页。

这极大地减轻了企业管理层对各类利益相关者的社会责任，从而成为美国两极分化的重要原因之一。例如：2008年美国金融危机爆发后，政府为了维持信贷的稳定流动，被迫对面临倒闭的银行实施财政救援，此时，政府本可以向银行开出硬性条件，要求其将救助金援助美国中小企业和平民阶层。然而，事与愿违，这些导致经济危机的银行家们却根据经营者与股东们的原有契约，将大部分救助金作为奖金发放到了银行家们的口袋里，致使数百万中小企业的工人因企业倒闭而流落街头，由之引发无数美国普通百姓的愤慨之情，这成为2011年占领华尔街运动爆发的直接诱因。

　　特别是在新自由主义思想体系下成长起来的数字巨头们，正在利用平台垄断快速崛起，他们通过各种技术资本的叠加重新改写传统市场规则，对传统价值分配机制形成更大的结构性扭曲，展现了与以往任何垄断形式皆不相同的新型特征，进一步加剧了社会不平等的程度，造成了更深的财富鸿沟。在传统工业时代，资本增值的方法是通过实体生产活动获取劳动者的剩余价值，其中，资本要完成一个增值周期，必须经历前期研发、投资建厂、雇佣劳动力、购买设备、生产、销售等诸多环节，每个环节都要分走一部分收益，致使资本增值速度非常缓慢且十分有限。但进入数字经济时代之后，数字平台企业重塑了价值创造过程，企业不再是价值创造的唯一源头，数字平台利用无数匿名个体的分布式价值创造活动，彻底取代以往线性企业内部的生产活动。通过网络效应实现平台对用户、用户对平台、用户对用户等全方位立体式的交互影响，所产生的价值效益远超传统线性企业的增幅。这使许多老牌工业巨头上百年的财富积累比不上新型数字平台公司几年内的财富增长，2020年全球市值最高的五家公司分别是谷歌、苹果、微软、亚马逊和脸书，传统的通用汽车公司、卡内基钢铁公司、洛克菲勒石油公司等被远远甩在后面。当平台巨头们轻松赚到几十亿上百亿利润的同时，为其辛苦付出的各类汽车司机、外卖骑手只能拿到微薄的收入,他们不仅要承受超长的工作时间,还缺乏加班费、病假补贴等最基本的福利保障,因为数字平台公司不承认司机、外卖员与自己存在雇佣劳动关系,认为司机是"独立合约人"或"终端用户"。面对这种数字经济时代的新型劳资关系,传统国家对数字平台与劳动者之间的监管理念、监管策略、监管手段等一系列问题,亟需从理论和实践层面进行深度更新。

不仅如此,美国内部的财富鸿沟通过其跨国资本的全球流动源源不断地输出到世界各地。法国经济学家皮凯蒂以研究财富集中和不平等而闻名,他将世界经济分成两个基本要素:资本和劳动力,两者都被用于生产并分享产出的收益。资本与劳动力的区别在于,资本可以买入、卖出、拥有,而且从理论上讲可以无限积累,劳动力是个人能力的使用,可以获得酬劳,但不能被别人所拥有。皮凯蒂用"r>g"的公式来表示全球不平等问题,r 代表资本收益率(利润、股利、利息、租金等),g 代表经济增长率。他认为,由于资本回报率总是倾向高于经济增长率,所以贫富差距是资本主义的固有本质,他预测全世界顶级富豪的财富年增速约 7% 到 8%,而世界 GDP 年增长率约2%—3%,平均收入年增长率仅为 1%—2%,因此,发达国家贫富差距只能是继续扩大,进而提出通过征收全球性财富税和提高劳动者的生存技能来缩小贫富差距的想法①。如果说皮凯蒂对全球资本主义市场经济问题做出了系统性诊断,那么要找出产生上述现象的根本原因,还需要对跨国资本全球流动的内在规律探赜索隐。英国经济学家大卫·哈维认为,资本主义的发展是一个涉及全球的地理经济学问题,而且资本主义国家在其发展史上曾经出现过"内部空间修整(spatialfix)"的过程,之后又将自身积累的贫富差距和社会矛盾转嫁

---

① 托马斯·皮凯蒂:《21 世纪资本论》,巴曙松等译,中信出版社,2014 年,第27 页。

到国际市场。为此，大卫·哈维深入探讨了马克思的相关论述："资本按其本性来说，力求超越一切空间界限。因此，创造交换的物质条件——交通运输工具——对资本来说是极其必要的：用时间去消灭空间。"①大卫·哈维以马克思的这一著名论述为指导，提出了他自己享誉欧美的资本时间与空间修复理论。该理论主张，在人类社会深度全球化的背景下，资本主义活动的地理学景观承受着各种技术和经济压力，因为竞争与垄断、集中与分散、固定与变动、动力与惰性，以及各种不同范围的经济活动之间的紧张状态，无一例外地都产生于资本在时间与空间的展开过程之中，它构成了资本主义体系无限扩张的核心逻辑。大卫·哈维举例说，铁路、公路、机场、港口、电网、自来水、输油管等各种物质基础设施吸收了大量资本，它们是被嵌入到一个国家国土中的固定资本，而这些资本的回收取决于其使用的效率和效益状况，资本一旦收回成本或取得巨大收益后，就会继续开辟新的战场。最后，他得出结论说："资本主义永远在一段时间内，在一个地方建立一种地理学景观来便利其行为；而在另一段时间，资本主义又不得不将这一地理学景观破坏，并在另外一个地方建立一种完全不同的地理学景观，以此适应其追求资本无限积累的永恒渴求。"②

　　当然，任何跨国资本除了通过自身的时间和空间修复来积累财富外，还需要主权国家对其出台各种保护措施，因为只有建立起某种国际性法律、契约和货币安全的制度保障，资本积累才能通过以价格垄断为基础的市场交换得以完成。笔者以世贸组织的运行机制为例来说明美国政府如何为其跨国资本的增值保驾护航。美国作为世界第一大经济体和世贸组织的创立者和重要受益者，本应遵守规则、践

① 《马克思恩格斯全集》第三十卷，人民出版社，1995年，第521页。
② 大卫·哈维：《新帝国主义》，初立忠、沈晓雷译，社会科学文献出版社，2009年，第83页。

行承诺,发挥主要成员的表率作用,为维护多边贸易体制的权威性、完整性和有效性做出应有贡献,与包括中国在内的其他成员国一道,共同推动多边贸易体制在全球治理中发挥更大作用。然而,恰恰相反,美国却成为被世贸组织其他成员国发起争端解决最多的国家,它不仅选择性执行世贸组织裁决,还千方百计阻挠上诉机构成员的遴选,故意使其陷入瘫痪状态,逐渐演变为全球多边贸易体制的破坏者,并经常以"人权""国家安全""强制技术转让"等各种借口,对其他成员采取单边制裁,任意加征关税,滥用贸易救济,大规模实施排他性、歧视性的补贴政策,不断挑动其他国家脱钩断链,通过单边关税措施倒逼美国和其他国家跨国公司产业链向美国回流,试图建立以美国为中心的全球产业链和供应链。可见,美国为了保障本国跨国资本的财富积累,已逐步演变为全球化时代产业链和供应链的最大扰乱者。

通过上述分析我们不难看出,人类的新型全球化运动正在不断推动全球经济联为一体,并逐步形成了比较优势下的全球分工体系,在斯密提出的"看不见的手"的作用下,这个全球体系永远处在不断变化之中,特别是在中国这一全球最大发展中国家的带动下,全球产业升级给整个人类的经济增长带来巨大希望,因为中国从来主张,大国与小国相处应当践行正确的义利观,要义利相兼,义重于利,通过政策沟通、设施联通、贸易畅通、资金融通、民心相通,不断构建互利合作的全球网络,携手共筑共赢共享的实践平台。然而,这和美国控制下的技术垄断产生了空前的矛盾,于是,美国开始利用其主导的新型世界帝国优势,对中国展开贸易、科技、金融、政治、军事等全方位混合战争,其本质是打压中国崛起给全人类带来的总体福利。因为大量被西方垄断的高新技术一旦被中国攻克,原来西方公司在国际市场上的高额垄断价格立刻因为中国产品的进入而变成"白菜价",为了有效避免这种现象的蔓延,美国政府不仅将其跨国资本高额垄断的利益凌驾于美国人民之上，更要凌驾于世界人民之上。如果追溯美国因"制造业空心化"和"铁锈地带"出现而导致下层百姓失业的根源，我们可以清晰地看到，这一现象恰恰起源于1970年之后，美国金融资本依靠其军事和政治力量形成的垄断，借助世界银行和国际货币基金组织，不断通过金融手段来席卷全球财富，从而推动美国从实体经济逐渐转向虚拟经济。而此时美国制造业向中国的转移，恰恰是全球比较优势所推动的自然历史过程，如果美国真想恢复制造业，就应该像奥巴马支持拍摄的《美国工厂》那样，大规模吸引中国政府和企业家投资美国，而不是挥舞制裁大棒推动"中美脱钩"①。

　　从马克思对资本主义批判的角度看，无论是布罗代尔世界市场经济的高低层次论、沃勒斯坦的世界体系中心边缘论，还是阿明的后发国家依附发达国家论，都是在通过经济史理论的深入探究来批判资本主义造就的全球不平等现象。但人类历史已经充分表明，高低层次论、中心边缘论、先后依附论都是可以通过各国人民的艰苦努力而加以改变的，为什么美国可以通过自己的不懈奋斗取代英国的殖民帝国而成为新型世界帝国，而后发国家就不能通过自己的努力由低层次市场经济走向高层次市场经济、由世界体系的边缘进入世界体系的中心、由依附他国走向独立自主？问题的根源在于美利坚新型帝国就是要求所有后发国家，必须固定在这种命定论的叙事结构中而不能与之抗衡。然而，从近现代全球发展史的角度看，今天的全球经济不平等主要根源于欧美发达国家与后发国家的政治不平等，特别是从殖民时代直到今天，欧美发达国家主要依靠其军事暴力来维系当今世界的不平等结构。因此，后发国家要真正实现全球经济平等，除了自身要创新技术和发展经济外，就必须关注全球政治平等，唯其如此，才能最终颠覆美利坚新型帝国强加于当代世界的各种

---

① 参见强世功：《文明终结与世界帝国》，第370页。

不平等结构。

(二)美国政治失能的国内外症候与全球治理的多边主义

自由、民主、宪政是美国标榜其政治先进性的重要标识,在此基础上生成的两党制、票决制、代议制、三权分立制等,它们共同构成美利坚新型帝国的完备性制度体系,相比于早期欧洲的封建专制制度而言,它无疑是对人类以往政治理念、政治制度、政治实践的全面革新和转型升级,法国政治思想家托克维尔在《论美国的民主》中对此予以高度评价。他在是书中结合自己对美国社会的实际考察,就其联邦制、三权分立、地方自治、结社自由和新闻出版自由等一系列问题进行了深入分析。他认为在整个文明世界,欧洲的一切民族不是被战争所破坏,就是由于内讧而衰败,只有美国人民安然无恙。之所以如此,是因为"在美国,人民主权原则决不像在某些国家那样隐而不显或毫无成效,而是被民情所承认,被法律所公布的;它可以自由传播,不受阻碍地达到最终目的"①。不仅如此,托克维尔进一步指出:"民主制度失误的机会多于一个国王或一群贵族,但它一旦察觉失误,回到正确路上的机会也多,因为民主制度本身一般没有与大多数人对抗和反对理性的利益。"②上述内容是托克维尔 1835 年研究美国政治制度后得出的重要结论,至今已有近二百年的历史。然而,问题是任何政治制度都会伴随一个国家经济发展状况、政治力量对比、文化传统积淀的改观而发生重大变迁,今天的美国政治现状已远非托克维尔当年所描述的那般美妙。

首先,两党制的深刻嬗变使得美国的政治极化现象日趋严重。这里的政治极化主要指美国政党政治、国会精英的两极分化,集中表

---

① 托克维尔:《论美国的民主》上卷,董果良译,第 61 页。
② 托克维尔:《论美国的民主》上卷,董果良译,第 256 页。

现为政党对抗的白热化、国会议员阵营化和意识形态两极化。如果说创建美利坚合众国的国父们最初试图通过党派的彼此竞争来实现国内的政治制衡，以便保证美国政治纠偏能力的提质增效，包括防范政治暴虐、平衡多元利益、增强决策审慎等，那么今天的美国党争已经与其初衷相去甚远。美国民主与共和两党及其所代表的利益集团之间围绕国内外各种问题的矛盾日益加剧，相互之间的争斗和各种非理性行为愈演愈烈，两党之间的政治共识不断压缩，对立制约已经成为家常便饭，"我办不成事也不能让你办成"蔚然成风。由于否决对手会加强自身阵营的身份认同，而身份阵营的加强又迅速巩固自身阵营的支持力量，于是"否决政治"成为美国的政治常态，两党因痴迷于"否决"而陷入难以自拔的恶性循环。由这种政治极化导致的各个社会阶层之间的凝聚力日渐减弱，国家治理的制度成本显著提升，民主决策效率低下甚至成为不可能，各种类型的政治瘫痪现象越来越严重，使得真正有利于美国民众和国家利益的任何改革都难以推进。据统计，自从1976年美国国会正式通过国会预算程序法之后，民主党和共和党围绕政府赤字问题已经让美国联邦政府先后关门停摆十八次，每次受影响最大的都是与民生息息相关的劳工、卫生、教育、医疗等部门。

其次，通过金钱控制话语权，进而决定重大政治决策已成为美国政治的根本痼疾。每隔两年至四年，美国人就会投票选举出他们的众议员、参议员、州长、总统等，在美国建国初期特别是到了20世纪中期，美国广大中产阶级在决定社会基本发展方向上有着很大的话语权，然而，发展至今天，在民主正常运行的伪装下，在所有仪式性投票的背后，美国已经完全演变为用金钱来决定重大政治事务的国家。美国研究政治制度的学者们最喜欢引用英国阿克顿公爵的一句名言："权力导致腐败，绝对的权力导致绝对的腐败。"但实际上这句名言在美国已经变体为："金钱导致腐败，绝对的金钱导致绝对的腐败。"在美国大大小小的选举中,竞选人必须通过"烧钱"来提升自己的"存在感",包括打广告、雇佣工作人员、印制宣传品、到各地举办竞选活动,乃至打击竞争对手等,这就使得找到出资"金主"历来是竞选人的头等大事。人们经过统计发现,1860 年美国大选时,共和党花费 10 万美金,使得亚伯拉罕·林肯当选美国第 16 任总统。2004 年美国两党总统竞选经费是 7 亿美元,2008 年增加到 10 亿美元,2012年是 20 亿美元,2016 年是 66 亿美元,2020 年是 140 亿美元①。更令人痛心的是,无论在任何国家,个人和企业利用金钱来影响公共决策都被认为是腐败,但在美国人们并不认为用金钱影响国家或地方的公共政策是腐败行径,而是将其视为完全合法的行为。美国政客们借助利益集团提供的巨额资金获取权力之后,自然再用手中的权力投桃报李,很多政客下台后转往商界,将多年积累的政治资源兑换成真金白银,这种"政商旋转门"在美国是一种完全合法的利益交换手段。

　　我们常说,任何国家的国际政治均服务于国内政治,因为国际政治是国内政治的延伸和扩展,由之,美国国内政治的上述两大特征必然会深刻影响其国际政治的运演机制。首先,美国为了确保自己在全球统治的核心地位,将国内两党激烈竞争的手段广泛运用到国际政治斗争中。为此,美国不断在地区之间制造对立,使对立双方相互消耗,不断抵消彼此的核心实力,从而在动态平衡中获得自己的稳定地位。与此同时,通过经济利益、军事技术、安全承诺等手段将某些国家绑定在一起,动员他们一起承担冲突与对抗的重担。当然,这些国家也知道自己是美国布局中的棋子,但关键是只要棋子之间相互怀疑超过他们对美利坚帝国的怀疑,就能使美国这一诡诈的国家机

---

① 李云舒、柴亚欣:《最大政治献金案曝光美国制度腐败的真实面目》,《中国纪检监察报》,2022 年 9 月 19 日。

器运转无碍。美国通常是在权力平衡破裂或盟友无法支撑时，才将武力干预作为最后手段付诸实施。其中，乌克兰危机最为典型地反映了美国将国内两党竞争手法运用到国际社会，将国际社会分裂为彼此对抗的两大阵营，形成一种最为典型的对外政策理念，即"你要么与我为伍，要么与我为敌"。美国政府为构建全球反俄大联盟，通过远程喊话、发表声明等各种措施施压，威胁其他国家选边站队，否则，就以各种各样的制裁相威胁。当然，上述行为正在招致众多发展中国家的反感，美国吹嘘有40多个国家参与了对俄制裁，恰恰说明占联合国会员国绝大多数的140个国家未曾参与制裁，这种应者寥寥的局面充分说明，美国抱持的集团对抗思维正在经历着前所未有的孤立，其国际霸权行径不得人心。其次，美国将国内的金钱政治手段广泛运用到国际社会，充分彰显出资本独裁力量的巨大威力。例如：美国在国际社会长期实施"外国军事融资计划（United State Foreign Financing，简称FMF）"，主要执行机构是美国国防部下属的"美国国防合作安全局（Defense Security Cooperation）"。其主要职能是向美国盟友提供财政和技术支持，被国际社会看作是全球最大的官方军火销售商和军事服务总包商。它主要通过美国政府对美国国内军事承包商进行转移支付，来帮助其他国家购买美国的军事服务和军火产品。该机构通过制造不安、恐慌、危机、动乱、战争等手段，用千百万人的鲜血为美国政府和军工企业赚取了重大利润。美国政府官方开支网站显示，美国每年的GDP总量大概在21万亿美元左右，从2019年至2022年的国防开支中，每年的军费开支高达7000多亿美元，其军费开支占据GDP总量的4%左右，成为全球军费开支最多的国家。单是2022财政年度，美国国防合作安全局就从FMF计划中获得了美国政府40亿美元的转移支付，其中10亿美元用于支付从事网络架构、信息安全、云存储服务、网络防火墙、民用无人机等业务的私人大型企业。美国政府问责局的报告也显示，仅在2019年，就有超过 3.7 万名军方官员离任后,在 14 家大型军火承包商那里谋得职位,美国政府和美国军工复合体之间在政治和经济上的深度关联由此可见一斑①。这些军工复合体内部早已确立了最基本的企业价值观,即必须让美国之外的欧亚大陆及其他国际区域保持适度可控的对立、冲突与混乱,这既是美利坚新型帝国维持其全球霸权统治的地缘政治需要,更是为美国军工复合体内部商人资本获取重大经济利益提供可靠契机。

究竟如何评价美国极化政治和金钱政治造就的各种政治失能现象以及由此引发的国内外症候,这就需要从国际政治伦理学的视角予以深度思考。我们知道,正是法国在与英国的全球争霸中败北后,为了报复英国,转而支持北美从大英帝国分裂出去,这就使得美国革命在摧毁旧欧洲君主王朝统治下的殖民体系过程中,呈现出典型的两面性特征:一方面,它继承了欧洲旧秩序中殖民主义的遗产,无论是早期向西扩张、吞并墨西哥领土、使拉美国家变为附庸国,还是之后参与二战、美苏冷战、反恐战争等,自始至终伴随着军事暴力的扩张。另一方面,它又包含了极强的革命性,即要建立共和主义和世界主义的永久和平的全球帝国,二战之后通过推动民族解放运动,在摧毁欧洲殖民体系基础上建立的联合国就是这种思想的明证。然而,伴随冷战爆发,美国为了与苏联抗衡,进而谋求世界霸权,又重新拾起了老欧洲拉帮结派的离岸平衡政策,特别是依靠其强大的资本力量,随意采取单边或多边军事行动,经常以世界警察的面目出现,将入侵其他主权国家的侵略行径解释为帝国内部的治安执法行动,并通过国际法上的各种条约体系来维持美国对全球贸易、科技、金融体系的控制,逐步将其他国家演变成美国的"准殖民地"和"附庸国"。

然而,当今世界只有一个体系,就是以联合国为核心的国际体

① 朱瑞卿:《政治失能、经济失衡、社会失序》,新华社,2022 年 12 月 21 日电。

系；只有一个秩序，就是以国际法为基础的国际秩序；只有一套规则，就是以《联合国宪章》宗旨和原则为基础的国际关系基本准则。美国标榜所谓"基于规则的国际秩序"，其本质是用少数欧美国家制定的规则取代国际社会普遍接受的国际法则，将自己的"家法帮规"强加给世界各国，倚仗自己胳膊粗、嗓门大来主导世界事务。然而伴随20世纪世界各国在深度全球化背景下开启自身的现代化进程，全球范围内东西方之间、南北方之间的权力差距逐步缩小，特别是人们对中国、印度、巴西、南非和其他崛起国家的热切关注，昭示着美国超级霸权体系的逐步瓦解。今天已有更多的国家、地区、民族正在努力建立与全球主义相匹配的国际权力模式，世界大国和区域性强国共存，区域主义思潮日渐凸显，这将使得国家间的权力分配更加均衡和分散，这种去中心化的全球主义运动的广泛兴起，意味着美国正在失去主导整个国际社会的特权地位①。在霸权秩序终结之后，世界力量格局将呈现出多中心状态，多种多样的国际行为体和全球行为体共处并存，在物质实力多极、制度结构多层、思想理念多维的背景下，共同利益和共同规则将成为构建合作型国际社会的重要基础②。它要求必须在包容性多边主义思想指导下，通过天下无外的伦理原则、兼容并蓄的价值取向、民主协商的决策程序，逐步建立起一个和平、繁荣、进步的新世界。

（三）美国社会失序的新旧表征与全球劳工的觉醒之路

人们常说，美利坚新型帝国是全球最富有的国家，但美国社会却是全球问题最严重的社会。这里的"社会"主要指以共同的物质生产

---

① 巴里·布赞、乔治·劳森：《全球转型》，崔顺姬译，第271页。
② 参见秦亚青：《世界秩序的变革：从霸权到包容性多边主义》，《亚太安全与海洋研究》，2021年第2期。

活动为基础,在广大劳动者之间逐步形成的相互联系的集合体。在当代美国,相对于由资本要素构成的"市场"和由权力要素构成的"国家"而言,由劳动要素构成的"社会",因利益诉求渠道狭窄、组织化水平较低、维权技能较差、参与决策机会较少,在与资本要素和权力要素进行利益博弈过程中,劳动阶层受损的可能性最大。笔者将美国社会存在的根本问题概括为两点:一是种族歧视历史悠久且广泛蔓延;二是社会撕裂不断加剧且难以愈合。

　　就种族歧视而言,人们通常将种族歧视理解为因种族原因不喜欢或虐待他人,然而,美国社会的种族歧视问题要比这种说法复杂得多,它本质上是一种基于种族的优势体系而形成的一整套等级制度体系,并深嵌于美国社会和美国文化的各个层面。两百多年前,从欧洲来到北美新大陆的白人凭借强大的经济和军事优势,建立起白人占据统治地位的政治制度和基于种族主义的奴隶制经济,把人根据肤色深浅分为不同的等级群体,既极大地强化了各个群体内部的忠诚,也激发了不同群体之间的激烈竞争关系,逐步塑造出种族主义的偏好、观念乃至信仰,这就使得美国社会的种族划分和种族隔离获得了精神层面的重要支撑。美国南北战争之后,黑人奴隶制得以废除,但种族隔离却一直存在,它潜移默化地塑造着美国基于种族主义的群体身份认同,甚至鼓励人们以种族主义的方式思考问题或采取行动。美国历史学家佩尼尔·E·约瑟夫在《第三次重建:美国21世纪的种族主义斗争》一书中,通过大量日常生活故事揭示了美国社会所隐藏的形形色色的种族冲突现象,从低估黑人住房价值的鉴定歧视,到密歇根州和密西西比州等黑人为主的城市出现的水危机,再到不断延长的被警察打死的手无寸铁的黑人男性名单……所有这些线索汇集起来,人们可以清晰地看到,尽管在美国历史上合法的奴隶制和种族隔离制度早已消失,但潜在的种族仇恨和种族歧视仍然根深蒂固地存在于美国社会的各个方面。当然,美国的种族歧视并不局限于白人与黑人之间，白人歧视黑人，黑人则歧视亚裔、西班牙裔、穆斯林等其他族裔，例如：1882年，美国国会通过《排华法案》，禁止一切华工进入美国，还禁止已获得永久居住权的中国人入籍成为美国公民，这一法案直到1943年才被废除。特别是近些年，由于美国劳动力缺乏，吸收外来移民的速度加快，新老移民之间的矛盾进一步加剧了种族之间的歧视与冲突，特朗普就任美国总统期间，就是为了防范西班牙裔墨西哥移民和其他拉美国家移民，才修建了贻笑大方的美墨边境墙。

就社会撕裂而言，在贫富差距、激烈党争、种族冲突等各种因素的共同作用下，美国各个社会群体的裂痕日益扩大，特别是反精英、反体制、推崇暴力话语和倡导极端平民主义立场的民粹主义广泛传播。美国的民粹主义大致分为左、右两大阵营，一般而言，左翼民粹主义以城乡低收入群体、外来移民等草根阶层为主，他们将个人生活的窘迫归咎于精英阶层的操纵和现行体制的缺陷，主张通过对美国整个制度的改造来开拓自己的生存空间。右翼民粹主义则以中产阶层尤其是农业州和"铁锈地带"的白人蓝领为主体，他们认为是经济全球化导致了美国制造业衰落，特别是大量外来移民抢走了他们的就业机会和福利份额，故坚决反对高税收和医保改革政策。而左翼和右翼又都讨厌富人，都认为是富人抢走了他们的财富，但又有一批右翼更不喜欢左翼，认为让穷人获得太多社会福利，就必然加重他们的税收①。不难看出，美国社会撕裂现象的表现形式多种多样，根源也极端复杂，美国社会学家霍赫希尔德在其名著《故土的陌生人》中总结道："阿拉斯加州及美国南部、中西部的农村地区向右倾，而大城市、新英格兰地区和东西海岸则向左倾。受小镇自治传统和欧洲的影响，新英格兰人往往相信服务于共同利益的善政。阿巴拉契亚地

---

① 参见庞金友：《当代美国政治极化的多重根源》，《光明日报》，2022年3月6日。

区和得克萨斯州人通常爱好自由的小政府。"①她进而站在政党支持率的角度指出，支持共和党的红州更容易右倾，这些地方通常经济更落后，红州居民的平均寿命比支持民主党的蓝州居民短五年②。而美国律师万斯在其畅销书《乡下人的悲歌》中进一步验证了这一状况，他的外祖父母为了逃离贫困，从肯塔基州的阿巴拉契亚山区向北迁居到俄亥俄州，他们通过艰苦努力跻身蓝领阶层，但他的外祖父母、母亲、姐姐却从没有完全摆脱滥用毒品、酗酒和生活动荡造成的精神创伤，他在整个家族中是唯一一通过个人努力成功逃离贫困的人。从他对其亲属的精细描述中可以看出，大多数美国白人蓝领很难摆脱掉世袭的贫穷与困顿③。在拜登和特朗普的总统选举较量中，充分彰显出美国社会的深度撕裂情况。拜登的主要支持者是两党的建制派、跨国公司、金融巨头、科技巨头、传统媒体、城市精英、黑人及部分少数族裔、高校知识分子等，特朗普的支持者主要是美国白人蓝领、基督徒、中产阶级、本土企业主、城市工商业者和本土制造业工人。

　　究竟如何消解美国社会的种族歧视和社会撕裂现象，国际学界对相关问题的认识歧义纷呈。曾担任美国政府劳工部长的罗伯特·赖克认为，美国社会问题的根源不在于政府与市场谁大谁小，而在于重建抗衡市场和政府彼此勾结深度侵蚀劳动利益的社会力量，为此他提出了一系列重构美国社会的改革主张：一是改革美国竞选资金制度，把大财阀逐出政坛。包括通过修改宪法，授权国会严格监管竞

---

① 阿莉·拉塞尔·霍赫希尔德：《故土的陌生人》，夏凡译，社会科学文献出版社，2020 年，第 18 页。
② 阿莉·拉塞尔·霍赫希尔德：《故土的陌生人》，夏凡译，第 10 页。
③ J. D. 万斯：《乡下人的悲歌》，刘晓同、庄逸抒译，江苏凤凰文艺出版社，2017年，第 237 页。

选经费的支出；公平划分选区防止少数派选票受到压制；民选和政府任命的政府官员退休后五年之内不能受聘任何企业和营利性机构；披露专家学者和智库人员研究成果的资金来源等。二是彻底改造美国的公司制度，终止企业财富的预先分配。包括降低公司首席执行官的薪酬，增加普通员工的薪酬；通过成立公司管理委员会重新构建和改造公司董事会制度，避免股东至上主义的盛行；缩短专利和版权保护年限、禁止股票内部交易、持续提升企业员工技能水平等。三是在不断适应机器代替人类劳动的大趋势下，通过改革二次分配制度，让普通百姓过上有尊严的生活。包括鼓励人们通过发明创造和高科技投资，不断改善人们的生活质量。与此同时，通过强化累进税制度加大对高科技垄断行业和金融行业的税收水平，防止财富向少数人的过度集中；通过国家财政的二次分配，让因机器代替人类而失业的国家公民获得最低经济收入；通过加大遗产税征收力度避免没有参与财富创造的富有者子孙后代坐享其成①。美国诺贝尔经济学得主斯蒂格利茨针对美国的上述社会问题，进一步提出了与罗伯特·赖克主张相类似但更加完备化和体系化的改革方案，一是恢复美国的民主传统。包括通过全面改革选举制度，维系好权力制衡；通过改革游说公司、竞选捐款、政商旋转门等，遏制和消解金钱力量对美国政治的深度影响。二是重拾美国经济活力。包括以就业稳定和机会均等为前提，大力促进美国的经济增长；构建更加公平、包容、安全的社会保障体系，为所有人提供教育、健康、住房等各种保障措施。三是人人过上体面生活。包括充分发挥政府作用，合理调节公共部门和私人部门的竞争，为所有人提供更加丰富的健康保险、退休年金、抵押贷款等选择项目，让每一个人退休前有合适的工资，退休后有基本

① 罗伯特·赖克:《拯救资本主义》,曾鑫、熊跃根译,第 157 页。

的安全感等①。不难看出，各类仁人志士面对美国社会的严重失序问题痛心疾首，但在笔者看来，要真正求解美国社会的上述问题，还需要从更加宏阔的全球化视角予以综合考量。

　　美国国内的社会失序问题并非一种孤立现象。我们知道，在现代信用货币制度下，资本与劳动之间存在着此消彼长的复杂关联，跨国公司有充足能力将资本与劳动进行各种类型的拆分，并在具有不同要素禀赋的国家进行重新分配。而美国因资本与劳动之间的巨大贫富差距，必然将国内的种族冲突和阶层分裂现象投射到美国与其他国家的关系层面。自从布雷顿森林体系瓦解之后，货币发行与黄金储备之间的约束关系被解除，美国的货币规模大幅增长，逐步成为资本过剩的大国。而中国改革开放后，将人民币与美元挂钩，成为性价比最高的劳动输出大国。正是美国资本和中国劳动的各自比较优势，使得中国沿海地区承接了美国的大量外溢资本，这种资本与劳动的空间分离塑造出人类历史上效率空前的全球化，构成了过去四十年人类全球化的主要轴线。其间，特别是美国金融和高科技资本通过促使全球劳动之间的激烈竞争，实现了资本价值剩余的最大化。与此同时，财富严重缩水的美国劳动阶层对坐拥巨大财富的美国资本阶层表达出越来越强烈的不满。而 2008 年美国华尔街引发国际金融危机之后，中国金融和科技资本的生成和集聚速度快速提高，推动中国经济进入全球产业链的顶端，对美国金融和科技资本构成巨大威胁。此时，美国在全球化中受到威胁的资本阶层和财富损失严重的劳动阶层达成空前共识，于是，美国资本大鳄身上蕴藏的贪婪精神与劳动阶层中的民粹主义思潮相互结合，开启了中美经济、政治、文化、军事等各个领域的全面对抗，美国试图把中国重新打回到改革开放前的贫穷状态，一股由美国掀起的逆全球化大潮逐步形成惊涛

---

① 约瑟夫·斯蒂格利茨：《美国真相》，刘斌等译，第 157 页。

拍岸之势。

如何求解因为美国国内社会严重失序引发全球不平等再次加剧现象,国际社会普遍认为,只有不断推进全球治理体系的深度变革,实现主权国家、跨国资本、全球劳工的利益平衡,才能逐步削弱和动摇美利坚新型帝国的霸权地位,最终实现真正意义上的全球正义。美国著名思想家迈克尔·哈特与意大利哲学家安东尼奥·奈格里在他们合著的《帝国》一书中指出:①美利坚新型帝国本质上是依靠金钱、炸弹和网络来支撑,通过压榨全球劳动者血汗而生存于世的寄生物,它依靠自身在全球范围内的巨大影响力,推广了一整套资产阶级主导下的价值标准体系。伴随全球化运动的深度发展,全球劳动者只有发挥自身的主体性力量,打破和摧毁美国资本阶层控制的观念牢笼,不断构建新的全球价值标准体系,才能从形而上的哲学本体论高度确立全球劳工运动的思想根基。②由于美利坚新型帝国主要依靠跨国资本的"时间—空间修复策略"来实现对全球劳动者剩余价值的剥削,这就需要全球劳工不断突破民族国家的各种限制,打破跨国资本借助民族国家而树立起的各种等级、种族、血缘、肤色等人为隔离空间,借助全球劳工的快速流动和深度结合(诸如跨国婚姻、跨种族婚姻等)来消解跨国资本的"时间—空间修复策略"。③伴随科学技术的快速发展,智能化机器劳动将逐步取代大量蓝领工人的体力劳动,此时,全球劳工要善于从因资本有机构成提高生成的霸权式投资中解放出来,通过建构整全的人性和全球劳工联合意识,在逐步打破资本借助各种分割来控制人类的过程中,实现全球劳工的自由全面发展①。而英国思想家大卫·哈维认为,要拯救美利坚新型帝国的内外危机,就必须在全球范围内实行一种"新政",这种新政要将资本循环和资本积累的逻辑从新自由主义制造的各种锁链中解放出

---

① 迈克尔·哈特、安东尼奥·奈格里:《帝国》,杨建国、范一亭译,第403页。

来,充分发挥国家本来应当具有的对资本与劳动的干涉能力,通过限制金融和科技资本的投机力量,对金融大鳄和科技寡头以及各种垄断集团所掌握的压倒性力量进行分散化、民主化管理,不断提高全球劳工的综合技能和福利保障水平,最终形成一种新型的全球政治格局,从而瓦解美利坚新型帝国的资本暴政①。法国经济学家皮凯蒂则认为,面对美利坚新型帝国造就的全球不平等现象,如果西方还想与中国模式或其他模式在全球治理中保持持续性优势,那就必须在其内部以及国际上推广一种更加平等的经济模式,发展出一种"参与式社会主义"模式,其中最为关键的措施是,通过税制、财富再分配和监管体系的全面改革,对社会权力进行永久性的重新平衡和再分配,这必将是一场全球范围的重大社会政治斗争②。尽管国内外学界有不少学者认为,欧美新左派的上述主张具有大众主体的模糊性、反抗策略的苍白性、未来图式的空洞性特征,但他们毕竟对美利坚新型帝国的本质属性和根本问题进行了深刻说明,并提出了一系列动摇和改造美利坚新型帝国的战略举措,值得我们以礼敬的态度予以认真对待。

(四)对美利坚新型帝国三重危机的文明历史学检审

要对美国的经济失衡、政治失能、社会失序问题予以全面把握,就必须从文明历史学的视角予以仔细检审。因为文明本身就是一个历史命题,它以清晰的历史意识、宏大的历史叙事、广阔的历史尺度来研判人类社会发展史,因而充满了巨大的理论生命力。从一定意义上讲,人类的任何文明都是一个生命有机体,都会经历自我肯定、

---

① 大卫·哈维:《新帝国主义》,初立忠、沈晓雷译,第148页。
② 托马斯·皮凯蒂:《为深模式届变得越来越平等》,《文化纵横》,2022年第24期。

自我否定、自我变革、自我衰落的生命周期。在跌宕起伏的全球文明发展史上，人类没有永恒不变的文明重心，因为挑战与机遇并存，不同时代的文明重心都会随着不同的历史契机而处于流变迁徙之中，众多伟大文明都曾显赫一时，但最终陨落为历史中的一粒尘埃，成为人们只有在博物馆中才能看到的历史遗迹。正因如此，马克思主义文明史观特别强调，我们必须善于运用历史唯物主义的立场、观点和方法，努力做到系统、具体、历史地分析不同文明的发展历程及其内在规律，不断创新和发展人类的文明理论与实践，包括：科学建构新的人类文明发展理论、开拓人类崭新的文明发展之路、推动创造人类文明新形态等。笔者正是依照马克思主义的文明历史理论，从哲学伦理学的视角来深入观察和仔细剖析美利坚新型帝国的文明特质，力图深入美国历史与现实的腹地来洞察其霸道政治的本性与根源，将美国本土治理行为的"内"与美国控制全球行为的"外"紧密结合起来，深刻揭橥美利坚新型帝国文明背后所隐藏的根本性伦理冲突，力求获得消解美利坚新型帝国霸道政治的科学方法和正确途径，进而努力促进人类文明形态的转型升级。从文明发展史的视角看，美利坚新型帝国作为一种特殊文明类型，与历史上的"区域性文明帝国""世界性殖民帝国"相比，所存在的主要问题集中体现在以下三个层面：

一是自我中心论的高度膨胀。著名儿童心理学家皮亚杰从儿童发生认识论出发，对个体儿童成长过程中的自我中心化现象进行过深入研究，他认为儿童心理活动的最大特点是不断把自身之外的物体，通过象征性思维同化到自我的身体之中，在主客体的原初同一性中确立起自我的绝对性。但是伴随其成长历程的不断进步，他会逐步将主体与客体分离开来，最终"解除"自我中心化现象。当然，这种"解除"不是简单地去除，而是一种去除与吸纳对立统一的"扬弃"过程，这一过程意味着儿童通过参照系的彻底改变，实现了主客体之间对象性关系的重建,它标志着儿童对待事物客观态度的初步形成,也成为儿童个体心理走向成熟的重要标志,皮亚杰称之为儿童心理世界的"哥白尼革命"①。文化人类学的研究表明,在人类文明的演化进程中,人的个体与类之间具有某种同构性,在类的层面上个人自我中心化及其扬弃主要通过民族的自我优越感和自尊情结及其克服来完成。世界上各个民族在肇始期普遍具有自我中心化的倾向。例如:中国人自认为自己是天下的中央之国,周边则是东夷、西戎、北狄、南蛮;欧洲人则认为他们是上帝的选民,其他民族都是弃民。但中国人通过内在道德层面的"为仁由己"和外在伦理层面的"克己复礼",逐步扬弃了自我中心化的倾向。特别是晚清以降,受到欧洲文明的巨大冲击,在空前剧烈的失落中彻底扬弃了自我中心论,开始从与其他文明的互相参照中逐步生成真正成熟的自我意识。与之不同的是,欧洲人自古希腊时代就形成了向外殖民的传统,尽管在中世纪十字军东征中受到了伊斯兰文明的强烈抵抗和反击,但近现代之后,欧洲文明通过不断征服自然世界和征服异族文明,彰显出浓烈的自我肯定和自我强化色彩。特别是美利坚新型帝国挟二战和冷战胜利之雄风,被暂时的胜利冲昏了头脑,成为当代世界舞台上的独角兽,呈现出欧美文明古已有之的独断与傲慢,将自己特有的价值标准以上帝的名义普世化,对世界各国表现出"顺我者昌,逆我者亡"的杀伐决断之气概,动辄就说"我以我们的实力与你讲话",试图任意碾压其他国家。然而,从人类文明发展的历史大纵深看,任何文明都不是一个孤立封闭的系统,都需要通过内部各个社会阶层的深入交往和外部各个民族的普遍交流,才能保持其生命之树常青。一个民族的真正成熟,关键不在于能力多么强大,而在于能否意识到自己能力的

---

① 让·皮亚杰:《儿童的语言与思维》,傅统先译,文化教育出版社,1980年,第298页。

限度①。

二是伪善现象的广泛蔓延。伪善是德国哲学家黑格尔提出的一个重要命题，他说："在自我意识的主体的每一目的中，必然存在着肯定的方面，因为目的属于具体现实行为所预谋的。他知道怎样抽出而强调这个方面，随后把它视为义务和卓越的意图。在做这样的解释时，他有可能对别人和对自己主张他的行为是善的，尽管由于他在自身中反思着，从而意识到意志的普遍方面，他是认识到这个方面跟他的行为的否定基本内容是相对照的，对别人说来这是伪善，对他自己说来，这是主张自己为绝对者的主观性的最高度的矫作。"②黑格尔这段话的本意是说，伪善者知道人们所普遍认同的善，同时也充分意识到自己特殊需求中存在着恶的一面，但却故意将自己特殊需求中的恶曲解成善，在所有物种之中，只有人类具备这种知善而行恶的能力。马克思曾以近代英国对华鸦片贸易为例指出："半野蛮人坚持道德原则，而文明人却以自私自利的原则与之对抗。……在这场决斗中，陈腐世界的代表是激于道义，而最现代的社会的代表却是为了获得贱买贵卖的特权——这真是任何诗人想也不敢想的一种奇异的对联式悲歌。"③马克思把这种奇特现象视为标榜文明的英国政府本身的一个明显的伪善行为。对于英国在东方世界的残酷性殖民统治，马克思以讽刺的笔调写道："当我们把目光从资产阶级文明的故乡转向殖民地的时候，资产阶级文明的极端伪善和它的野蛮本性就赤裸裸地呈现在我们面前，它在故乡还装出一副体面的样子，而在殖民地它就丝毫不加掩饰了。"④

---

① 参见何中华：《文明的历史含义及其当代启示》，《中国社会科学》，2023 年第6 期。

② 黑格尔：《法哲学原理》，范扬、张企泰译，第 146 页。

③《马克思恩格斯选集》第一卷，人民出版社，1995 年，第 804 页。

④《马克思恩格斯选集》第一卷，第 861 页。

由之，马克思从更深层面进一步指出，一方面资本为了追求利润，力求超越一切时空限制，创造出巨大的社会财富，带来了人类的各种普遍交往，实现了人类历史向世界历史的转变。另一方面，它又以更加隐蔽和野蛮的方式，给殖民地国家的人民带来了巨大的历史灾难。资本的这种道德二重性抑或伪善性，在美国跨国资本全球流转过程中更是以赤裸裸的方式充分暴露出来。加拿大思想家伍德指出，美国是一个仅有二百多年历史的国家，但自 1776 年到 2019 年，先后开展的大小规模的军事战争有 400 多次，从屠杀印第安人起步，入侵加拿大，策动美墨、美西战争，参与两次世界大战，挑起朝鲜战争、越南战争、海湾战争、科索沃战争等。在很多战争中都大量使用生化武器、集束炸弹、油气炸弹、石墨炸弹、贫铀炸弹乃至原子弹，造成大量民用设施损毁、无数平民伤亡、持久环境污染。然而，在每次冲突发生时，美国总是以维持秩序的世界警察身份出现，把战争说成是"警察"对警告无效的"嫌犯"所采取的正义行动，美国成了这个世界上主持正义、惩恶扬善、扶贫济弱的全球"义士"，甚至自认为是上帝派往人间主持正义的代表。然而，美国真实的意图从来不是战争所在地的和平，而是美国跨国资本的海外扩张及其资本安全保障。伍德认为，这就必然决定了"经济竞争越是取代军事冲突，美国就越是需要努力成为史无前例的最具完全主宰能力的军事大国"[①]。在此，美国政治的伪善本性暴露无遗。

三是自我革新能力的日渐枯竭。文明需要不断进行自我变革、实现自我超越，才能适应历史的变化，从而得以赓续与发展，任何一种文明一旦丧失了进一步突破性发展的动力，它就必然由兴盛走向衰败。汤因比对此有过精辟的分析，他将文明的衰落或崩溃归因于

---

① 埃伦·M·伍德：《资本的帝国》，王恒杰、宋兴无译，上海译文出版社，2006年，第 107 页。

这种文明内部各组成要素之间发生结构性冲突的结果。他说："我们可以把一个成长中的文明定义为经济、政治以及狭义的'文化'等文化要素和谐一致的文明。同理，一个分崩离析的文明就是三个文化要素彼此冲突的文明。"①依据上述观点分析当代美利坚新型帝国所遇到的困难，我们会看到它完全是自身不断演化的必然结果。就其资本运作而言，他们完全相信在不受约束的市场竞争中，放松各种金融管制、任凭技术自由运用就会给人们带来繁荣，从不认真对待市场经济内部强大资本势力可能给政治、社会造成的巨大威胁。就其权力运转而言，他们认为选举是民主政治的根本标示，看不到金钱集中化对民主政治的瓦解作用，更不明白美国精英阶层如何利用金钱来塑造美国的政治体制。就社会生活而言，无法正确理解美国是如何通过资本权力化和权力资本化的双向循环过程，来深度剥削包括美国人民在内的全世界劳动者而得以生存的，致使其教育、医疗、社会保障等政策长期滞后。斯蒂格利茨认为，虽然在美国历史上出现过众多类型的危险事件，但美国历届政府通过各种各样的改革与重组，逐步实现了资本、权力、劳动之间的暂时平衡，似乎一次又一次渡过了难关。然而，当今的美国经济、政治、社会已经完全陷入负面状态，在某些特定瞬间，美国人看到了光芒闪烁的一线希望，但一眨眼却又看到乌云压境，黑暗笼罩着整个国家。最后他得出结论说，除非美国进行全面彻底的改革，否则，理想中的社会形态将离美国人越来越远②。

　　通过以上分析不难看出，在人类百年未有之大变局中，美利坚新型帝国的制度根基正在发生动摇，西方话语构建出的美利坚文明神话正在逐步走下神坛，美国正在经历着历史上各种现代帝国衰落的

---

① 阿诺尔·汤因比：《历史研究》下卷，郭小凌等译，上海人民出版社，2016 年，第 709 页。
② 约瑟夫·斯蒂格利茨：《美国真相》，刘斌等译，第 244 页。

相同过程。如西班牙、葡萄牙、荷兰、英国等，都是在经济层面从脱实向虚起步，逐步丧失国家初创时期艰苦劳作的奋斗精神，开始借助高超复杂的金融和科技操作手段，通过收割全球劳动者利益而获得巨大暴利，最终走向或快或慢的衰败过程。这也预示着以新技术革命、生产力飞跃、政治制度重塑、思想观念变革为主要内容的世界变局，为人类文明走向阶段性质变提供了广阔的时空场域与历史条件，关键是处在变局中的人与文明如何把握变局、应对变局、引领变局。笔者认为，思考世界变局中人类文明形态发展的未来图景，必须站在人类命运共同体的世界历史立场上，整体关切人类文明的发展走向，在这方面中国特色社会主义开创的是一条政治上多极共治、经济上合作共赢、风险上责任共担、文化上多元互鉴的人类和平发展道路，这一道路最终将建构一种人类文明的崭新形态。这一人类文明新形态无疑具有深厚的历史底蕴、多方面的显著优势、丰富的实践成果、无穷的生机活力、美好的发展前景。只要中华民族永远以自强不息和厚德载物的精神状态去艰苦奋斗，并保持足够的历史耐心和战略定力，就一定能够把握住历史主动，创造出历史奇迹，为人类文明的划时代发展贡献出中国智慧。

下　篇

王道政治与
中华文明的转型升级

不思既往者，无以言将来。要深入把握当代中国王道政治的本质特征，既要对中国传统国家治理体系的内生逻辑进行深层次的伦理学检审，也要对晚清以来全球化浪潮所激荡出的中西方权力、资本、劳动的伦理冲突予以爬梳抉剔，唯其如此，方可寻绎出近现代以来"西升东降"现象赖以发生的综合动因。只有在当代中国的王道政治足以强大之时，才能在与西方霸道政治的群峰竞秀中傲然屹立，从而引领世界在相互丰盈中建构起新时代的人类命运共同体。本篇最后对支撑近现代西方霸道政治的帝国逻辑及其历史终结的必然性、多极化世界生成过程中所应遵循的国际伦理规则进行了精炼总结。

第九章 对中国传统国家治理体系内生逻辑的伦理学检审

　　国家治理体系是指一个国家的治理者借助于一定的价值理念、组织机构、制度规范和人员管理对国家机器的运行进行综合整治的社会活动体系,它既是一个政治学问题,也是一个伦理学问题,同时涵盖和表现为政治和伦理两个维度。在世界四大文明古国中,中国古代的国家治理体系虽然在漫长的历史运演过程中,历经治乱相继、分裂统一的浴火洗礼,但其所形成的中央集权式君主专制政体却万世一系、绵延不绝,呈现出自身独有的政治伦理特质。这种古代国家治理体系赖以生成的根本原因是什么? 其深层逻辑架构和内在运作机理如何? 它对当代中国国家治理体系的创建完善和转型升级有何影响? 在我国不同历史时期,学界围绕与之相关的各种问题,曾展开过多次广泛而深入的研讨,诸如:五四时期对"中国传统政治文化利弊得失"的褒贬;中华人民共和国成立前后对"中国封建社会何以长期延续"的论争;改革开放以来对"中国近代为什么没有产生资本主义"的反思等等。每次研讨都因中华民族赖以生存的外在国际环境、国家综合实力、所处历史方位、社会亟待求解的问题迥然有别,其所关注的出发点、核心点和落脚点也就判若云泥。

　　改革开放四十多年来,伴随中华民族迅猛崛起,中国的理论自信、道路自信、制度自信、文化自信逐步增强,当代中国的国家治理体系也从追赶资本主义和模仿苏联社会主义的状态中走出来,转向超越现行资本主义和社会主义所有模式，在深度本土化与高度国际化的循环互动中，为创设人类政治文明的最新典范而上下求索。要创新人类已有的国家治理模式，建构当代中国的国家治理体系，就要求我们在吸收外来、面向未来的同时，更要不忘本来，勇于和善于从中汲取经验教训，在昌明国粹和融化新知的过程中鉴古资今，通过对优秀传统国家治理资源的创造性转化和创新性发展，使之在大范围、长时段、深刻性历史转型中实现凤凰涅槃。基于此种认知，本章试图从政治伦理学的视角，以中国传统国家治理体系的深层架构和运作机制为核心，结合其道德理想主义和伦理中心主义的民族特质，对之予以全方位和深层次的理论解析。

一、中国传统国家治理体系的
天文人文根基及其道德旨趣

地理环境与国家政体之间的关系是中外历史上诸多思想家关注的理论焦点之一，恰如黑格尔所言："我们所注重的，并不是要把各民族所占据的土地当作是一种外在的土地，而是要知道这地方的自然类型和生长在土地上的人民的类型和性格有着密切的联系。"①根据考古发掘和文献记载，夏、商、周的中心地区是今天我国河南省的中部和北部、山西省的南部、陕西省的关中盆地、河北省的南部和山东省的西部。那么，在中华先祖所处的上述地理环境中，是哪些原始要素生成、培育和塑型出中华民族独具特色的中央集权的君主专制政体？笔者在备采众说的基础上折中求是，将其归纳和纷陈为以下五点：

---

① 黑格尔：《历史哲学》，王造时译，生活·读书·新知三联书店，1956年，123页。

（1）中华先祖所生活的这片区域，大多处在黄河及其支流冲积形成的细腻松软的黄土地上，在远古生产力水平极端低下的情况下，特别适合石木工具和青铜农具的耕种，适宜黍、稷等农作物的生长，而农业生产需严格遵循一年四季的自然规律，高度重视农耕经验的积累与传承，并及时进行劳动力的集中调配与使用，这就迫使部落酋长要依据自然规律制定和颁布农业历法，指导和管理本部落的生产和生活，他们既是我国最早的农业专家和农业生产管理者，也自然成为之后我国庞大的农业形态官僚体系的奠基者。

（2）中华先祖生活的这片区域属于北温带，深受亚热带和温带季风性气候的影响，降雨量集中在夏季的三个月，极易形成淫雨连绵和烈日炙烤的洪涝或干旱灾害。据统计，在 1911 年中华民国成立前的 2117 年内，共有水灾 1621 次，旱灾 1392 次，平均每年有 1.392 次[①]。而大灾之后尸骨遍野，又往往伴随疫病流行。《春秋》多次记载灾荒之年，诸侯间因为粮食饥荒而发动战争，《孟子》记载的饥荒之年不下 17 次。要有效抗击洪涝、干旱、瘟疫等重大自然灾害，尽力解决人们的温饱问题，各个部落或国家必须具备强大的社会动员能力和统一调配的力量，没有强有力的中央集权的专制政府的存在，上述任务根本无法完成。

（3）在中华先祖生活的黄河中下游流域南北 500 公里的范围内，有众多支流汇入，这些支流夹带着黄土高原丘陵沟壑中松软的泥沙汇入黄河主干道，不断淤塞和抬高河床，引发无数次堤坝溃决泛滥，造成人们大量生命财产的损失。如何管理黄河及其支流是中国历代政府的头等大事，《春秋》记载的"葵丘之盟"，就是在周王室衰微，力不能及的情况下，齐侯于公元前 651 年，召集诸侯盟誓，要求各国不得修筑有碍邻国的水利设施，避免天灾发生时嫁祸于人。可见，没有

---

① 黄仁宇：《中国大历史》，生活·读书·新知三联书店，1997 年，第 26 页。

天下一统的中央集权的君主专制政府的存在，对大江大河的有效治理亦无从谈起。

（4）我国著名地理学家胡焕庸经过多年研究发现，在我国自黑龙江黑河至云南腾冲之间，存在着一条约45°角的人口密度分布地理分界线，国际地理学界命名为"胡焕庸线"①。之后又发现这条线同我国400毫米等降水量线相吻合，是我国半湿润和半干旱地区的分界线。自古至今，该线的东南部是人口繁殖快速、农业经济发达的中原农耕区，西北部是不事农桑、驱赶牛羊逐水草而居的游牧民族。每值气候不利时，西北马背上的剽悍牧民便来劫掠种田人的财富，中原农业民族不得不砌筑城墙要塞和蓄养千军万马，以防范游牧民族的袭扰，从西周到秦汉，直至明清政府，少有懈怠。这种农业民族和游牧民族持续数千年的生存冲突，是促成中央集权的君主专制政体万世一系的又一重要诱因。

（5）中华先民生存的地理环境对其生产生活所发挥的重要作用，在不同历史时期经历了一个深刻的历史变迁过程。尽管英国著名地理学家麦金德在《历史的地理枢纽》中提出了"枢纽地区"和"心脏地带"的概念，把全球地理环境看作一个由不同性质的地区组成的系统整体，强调"枢纽地区"至关重要的作用，这对从地理环境的角度研究世界历史具有重要的启发作用。但就中国的历史发展而言，不同历史时期地理环境对社会发展所发挥的作用各不相同，例如：唐宋之

①　胡焕庸，中国著名地理学家，1901年生于江苏宜兴县（今宜兴市），1998年去世。中华人民共和国成立前，曾任中央大学地理系教授、系主任，中国地理学会理事长。1934年开始系统研究人口地理学，发表《中国人口之分布》（1935年）一文，编制了中国第一张等值线人口密度图，以瑷珲（今黑河市）—腾冲线分全国为东南和西北两半壁，引起国内外学界广泛关注，被称为"胡焕庸线"。该线至今仍然对我国的工农业生产布局、交通运输布局、生态功能区划分、重大历史事件的成因分析等，发挥着极其重要的指导性作用。

后,关中地区由于战乱频仍和生态环境受到严重破坏,国家经济重心由北方转向南方,东西抗衡逐步被南北抗衡所取代,西部传统地理枢纽地区的作用逐步减弱。特别是元、明、清三代,火药、火器攻陷城池的作用日益增大,科学技术和朝廷治理能力的作用日益凸现,"天时不如地利,地利不如人和"的传统思想观念对地理环境决定论构成巨大冲击,人们更加认识到不是地理环境决定社会发展,而是人类对地理环境的综合利用能力决定社会的发展①。这说明要真正把握中国传统社会国家治理体系的本真面相,就必须进一步了解中华先民逐步演化而成的社会组织结构。

　　如果说由上述地缘因素造就的中华先民的生产生活方式,奠定了中国传统国家治理体系赖以生成的"天文"根基,那么,与血缘纽带相联系的家族宗法组织,则构成了中国传统国家治理体系的"人文"根基。梁启超在《新史学》中认为:"二十四史非史也,二十四姓之家谱而已。"②其所强调的就是以皇族为代表的家族宗法组织在中国历史上的极端重要性。早在夏、商时代,中华先民就形成了父子相继的家族结构,一个本家主干和若干代旁系分支亲属组成一个家族,许多同姓家族聚居在共同的地域内形成宗族。当宗族发展到相当规模时,血缘较远的小宗就会分化出去独立居住,但是仍然以血缘为纽带与大宗保持着政治与信仰上的联系,形成一个更大的共同体——部族。史至周代,逐步建构起完备的"立子立嫡制度",王国维认为"周人制度之大异于商者,一曰立子立嫡之制,由是而生宗法及丧服之制,并由是而有封建子弟之制,君天子臣诸侯之制;二曰庙数之制;三曰同姓不婚之制。此数者,皆周之所以纲纪天下"③。据叶文宪考

---

① 宋杰:《中国古代战争的地理枢纽》,北京科学技术出版社,2022 年,第 5 页。
② 梁启超:《新史学》,《饮冰室合集·文集》第 1 册,中华书局,1989 年,第 3 页,
③ 王国维:《殷周制度论》,《观堂集林》,中华书局,1991 年,第 453 页。

证，在中国古代社会，家族宗法组织的具体表现形态经历了一个漫长的演化过程，一方面，春秋战国之后，伴随传统贵族的衰败破落、避乱迁徙和支系离析，规模较大、人口众多的部族逐渐让位给了规模小、人口少的宗族和家族；另一方面，新兴的庶族寒士仍然保持着自己的氏族组织，原先为贵族所垄断的各种宗族文化，诸如宗族制度、编修族谱、建祠立庙、族田义学逐步普及到了平民宗族。每一宗族为了成为地位显赫的豪门大族，都会竭尽所能鼓励本族子弟为了光宗耀祖而拼搏奋斗，从某种意义上讲，中国的改朝换代史就是不同宗族为争取皇室贵族无上荣耀的社会地位而进行的生死较量过程。从长时段历史发展的总体趋势看，中国古代社会的家族宗法组织，在夏商周三代以部族为单位，在春秋战国时代以宗族为单位，秦汉以后则以家族为单位，经历了一个"旧时王谢堂前燕，飞入寻常百姓家"的兴衰起伏和升降流动的过程①。

　　秦始皇统一六国后，其国家治理体系以法家思想为指导，实施焚书坑儒政策，废除西周以来分封建藩的宗法制度，设立郡县制，以军功论爵位，用国家赋税赏赐各级官吏，无功子弟无尺土之封，建构起一个高度中央集权的君主专制政体。但这一具有军国主义性质的政治体制，虽然在国家治理层面行之有效，却无法同当时在村社邑里的聚落共同体中广泛存在的家族宗法组织彼此混溶和相维相济，加之其统一后亟役万民之举，至秦二世急遽灭亡。汉代汲取秦亡教训，采取阳儒阴法的政策，努力促使中央集权的君主专制政体与基层社区的家族宗法体制相互调适，使其深深扎根于夏商周以来家族宗法组织的社会传统和人文土壤之中，从而奠定了中国后世国家治理体系的历史根基。葛兆光将其概括为"把父子关系为纵轴，夫妇关系为横轴，兄弟关系为辅线，以划定血缘亲疏远近次第的'家'，和君臣关系

____

① 叶文宪：《中国传统社会发展的独特进路》，《南国学术》，2015年第2期。

为主轴,君主与姻亲诸侯关系为横轴,君主与领属卿大夫的关系为辅线,以确定身份等级上下的'国'重叠起来"①。其间,家是缩小的国,国是放大的家,这种家、族、邦、国的"一体同构"成为中国古代社会的基本结构。

正是上述地缘与血缘的紧密结合,奠定了中国传统国家治理体系天文与人文两大根基,其中,天文是人文的自然前提条件,人文是天文的社会逻辑展开,而天文与人文双螺旋结构的彼此缠绕和交织运行,亦即劳动资料与劳动者相结合而构成的生产力、生产关系及其生产方式,使得中国传统国家治理体系(抑或政治和思想上层建筑)的伦理属性呈现出两大特质:一是在中国古代政治伦理中,自然宇宙论与人类伦理学之间存在着极其密切的关联,人们总是从宇宙的实然存在方式引申出人类的应然生存方式,将人类的道德生活扎根于自然宇宙的运作之中。如《周易》的天地、乾坤、阴阳对立统一观念,《尚书》的金、木、水、火、土相生相克理论,《春秋繁露》的天人合类思想等,它们均是将人置于天地之间,把自然观与人类政治相比附,进而提出人类政治行为应当遵循的伦理规则,有所谓"天行健,君子以自强不息""地势坤,君子以厚德载物""王道之三纲,可求于天"等。质言之,将自然知识、政治伦理、神道社教浑然一体,抑或将天、地、人、神合一的内在整体的宇宙观,视作支撑中央集权的君主专制政治的天文根基,使得中国社会的政治生活充满以"天理""天则"为核心的道德理想主义色彩。二是将家族宗法组织的道德伦理观推广至社会生活的各个领域,让中国传统政治文化彰显出浓厚的家族宗法特质。如王国维评价西周政治制度时所言:"其旨则在纳上下于道德,而合天子、诸侯、卿、大夫、士、庶民以成一道德之团体。周公制作之

---

① 葛兆光:《中国思想史》第一卷,复旦大学出版社,1998年,第107页。

本意,实在于此。"①由于在中国传统社会治理体系中,以血缘为纽带的氏族组织结构自始至终发挥着奠基性作用,致使之后出现的各种社会机构,如政治组织、宗教团体、商会行会、学术派别、戏剧社团等,均仿效氏族组织的模式,形成尊祖敬宗、论资排辈、长幼有序的规则伦理,创造出浓烈的伦理中心主义氛围。这种家族宗法组织的道德伦理原则渗透、浸润和弥散于整个社会的"泛宗族主义"特质,构成了中国传统政治文化的基本形态集成,并成为中西方政治文化相互区别的重要标示物,对当代中国国家治理体系的建构、转型及发展产生了极其深远的影响。

二、中国传统国家治理体系核心权力运作的制度伦理要求

如果说地缘与血缘的紧密结合奠定了中国传统国家治理体系的天文和人文根基,那么,以皇帝为核心的政治权力的运作机制,则构成了中国传统国家治理体系的中心内容。秦晖认为,自周秦之变确立中央集权的君主专制政体,到辛亥革命后大清帝国的灭亡,在这两千多年的历史流变中,只有不同朝代的更替轮换,没有政治体制的根本改变②。在君主专制背景下,帝王拥有莫大的权力,帝王的年龄、个性、知识、德行、能力等,对整部官僚机器的正常运转和一代王朝的治乱兴衰都有极大影响。由之,笔者试图从以下五个层面对皇权运作的内在机理予以深入剖析。

(1)在血雨腥风中铸就华丽王冠。纵观几千年的中国历史,在成王败寇的铁定规律面前,无论是布衣草民,还是将军贵胄,任何一个

---

① 王国维:《殷周制度论》,《观堂集林》,第 453 页。
② 秦晖:《走出帝制》,群言出版社,2015 年,第 30 页。

觊觎皇权宝座的人,都要经受血雨腥风的洗礼,因为在通向九五至尊的道路上充满了坎坷与荆棘,这里既有血流漂杵的战场较量,波谲云诡的政治斗争;更有惊心动魄的合纵连横,跌宕起伏的忠诚背叛。从秦王嬴政横扫中原六国,到汉高祖刘邦与项羽楚汉争霸,从忽必烈蒙古铁骑对抵抗力量的强力征伐,到满族统治者对抗清复明人士的大肆屠戮,充分彰显皇权争夺战的残酷无比。不仅如此,为了夺取和巩固皇位,历史上父子反目、母子成仇、兄弟相残的例证比比皆是。广为世人赞颂的一代明君唐太宗李世民,为了与长兄太子李建成争夺皇位,公元626年在长安城内设下埋伏,自己张弓将胞兄一箭射死,胞弟李元吉一向袒护长兄,也死于李世民随从手下,随之又把两兄弟的十个儿子全部处死,然后逼父亲李渊退位,自己登基称帝。

　　(2)皇权与相权的此长彼消。历朝历代居皇权核心最近的官员无疑是宰相,因此,要探讨我国传统国家治理体系核心权力的运作机理,就必须深入揭橥皇权与相权的关系问题。通常情况下,二者既相互扶持,又彼此冲突,君主专权则宰相无能,宰相专权则皇帝懦弱。据钱穆考证,汉代实行三公九卿制,隋唐实行三省六部制,君权和相权(以三公、三省为代表)相对平衡,但唐末伴随藩镇割据势力的壮大,使得君权的重要性日渐凸现。赵匡胤建立宋朝后,在通过"杯酒释放权"解除武将军权的同时,也逐步减夺相权,使其作用日渐式微。明代朱元璋以宰相胡惟庸谋反为名,废除宰相制度,直接统领六部大臣,设内阁大学士为私人秘书。清代沿袭明代君主专制作风,不设宰相,雍正年间设立军机处,但军机大臣只负责起草、抄录皇帝诏书①。从总体趋势看,我国古代经历了一个专制皇权逐步膨胀,相权制衡日渐萎缩的过程。

---

① 参见钱穆:《中国历代政治得失》,九州出版社,2011年,各章均有专节论述历代皇权与相权关系。

（3）皇帝与朝臣的弄权斗法。皇帝对庞大帝国的管理除了仰仗宰相外，还要依赖各部朝臣，在汉代三公九卿制背景下，三公中的丞相管行政，太尉管军事，御史大夫管监察，九卿（太常、光禄勋、卫尉、太仆、廷尉、大鸿胪、宗正、大司农、少府）直接由丞相管理，因此，皇帝在行政事务上必须以三公中的丞相为中介与九卿发生关系。而在唐代的三省六部制中，通常由中书省代皇帝拟诏，门下省复审，尚书省执行，六部（吏部、户部、礼部、兵部、刑部、工部）由尚书省统辖，皇帝与六部大臣的关系受到三省特别是尚书省宰相的节制。前已备述，宋、元之后相权逐步衰落，至明、清两代皇帝直接统辖六部，但重大事务也并非完全由其一人定夺，皇帝通常会召集各部朝臣，借助廷推、廷议、廷鞫的方式来决断。但再好的制度必由人来执行，如遇皇帝羸弱，不堪重任时，其身边的微臣却可能作用巨大。如明代万历皇帝朱翊钧九岁登基，其导师张居正受太后信托任内阁大学士，统领六部大臣并代皇帝批答奏文，独揽国事十年之久，可谓不是宰相胜似宰相。然而，张居正虽终生不辞劳瘁，但五十七岁溘然长逝之后，却被反对派指摘为蒙蔽御前视听，刚好成年扶正的万历皇帝下令褫夺其生前一切荣衔①。皇帝与朝臣以及朝臣彼此之间的争权斗法可谓世事难料。

（4）皇帝与外戚宦官权力的潮起潮落。中国自秦代实施中央集权的君主专制政体之后，除皇位皇室可以世袭外，其他任何政府职位均不得世袭。然而，由于开国皇帝之后的嫡嗣们，长期生活于宫闱之中，资质能力有限，缺乏政治历练，加之儒家礼制约束，多有幼主孱君出现，这就为皇后、外戚和宦官们政移私门、公禄私授提供了契机。如汉代刘邦死后，皇后吕雉通过分封诸吕来扶植吕氏家族势力，心狠手辣，权倾朝野。至汉元帝时，王政君做皇后，王氏家族先后有九人

---

① 黄仁宇：《中国大历史》，第 233 页。

封侯、五人任三公之职,成为西汉一代仅次于皇族的显赫家族,最后王莽代汉建立新朝。而明中期以后,皇帝很少召见大臣,万历皇帝二十四年不上朝,熹宗皇帝朱由校喜好绳墨,不谙政务,宦官魏忠贤借其弱点,独揽朝政,恣行威福,结党营私,痛杀异己,献媚者为其建生祠颂德,欢呼其"九千九百岁"。史载:"魏忠贤擅窃国柄,奸道内帑,诬陷忠良,草菅多命,狠如狼虎。"(《明季北略》卷三)

(5)中央与地方府际利益的长期博弈。如何在保障中央集权和维护国家统一的前提下,给予地方政府充分的自主权,实现集权与分权的动态平衡,是中国传统国家治理体系的又一核心问题。纵观中国古代历史,高度集权或过度分权导致国家衰亡的案例比比皆是。就高度集权而言,秦始皇实施中央集权措施来保证国家统一,从根本上符合历史发展趋势,但天下初定后,理应与民休养,他却反其道而行之,由中央集权走向极权专制,好大喜功,北有长城之役,南有五岭之戌,内有阿房工程,竭天下资财以奉其政,头重脚轻,二世而亡。再如北宋王朝鉴于唐末藩镇割据致使国家四分五裂,赵匡胤将军、民、财大权全部收归中央,对朝臣权力的分配实行事权分开、各不相知的策略,致使中央官僚机构高度臃肿,兵冗官滥,而地方政府则日趋贫弱,故北方金兵攻克首都开封后,各地政府毫无抵抗能力,整个国家顷刻瓦解①。就过度分权而言,在每一王朝后期,由于皇帝软弱无能或外戚宦官专权,都会出现"外重内轻"或"枝强干弱"的局面。如唐朝中期至五代十国大分裂的二百余年,中央与地方的府际冲突上升为国家主要矛盾,特别是唐玄宗之后,上有皇帝享乐纵欲,下有李林甫、杨国忠等人专权乱政,原来只负责屯兵戌边的节度使,开始兼任安抚使、监察使,统管地方州郡行政事务,他们表面上侍奉朝廷,实际上将官爵、甲兵、租赋、法令大权聚一身,专横跋扈,割据一方,安史之

---

① 钱穆:《中国历代政治得失》,第88页。

乱由是而生。再如清代,布政使原是地方最高行政首脑,总督、巡抚是负责督察、巡视的临时性非常设官职,但太平天国时,满洲八旗官兵作战无能,为有效镇压叛乱,曾国藩、李鸿章、左宗棠等人先后被授予总督、巡抚身份,统领地方军政事务,到清代后期,各地总督、巡抚演变为封疆大吏,且尾大不掉,成为瓦解大清王朝的主要力量①。相比之下,汉代初期的吏治较好地处理了中央和地方的利益博弈关系,如:汉初地方政府只设郡、县两级,郡以奉君,县以亲民,郡上的太守和朝中的九卿级别和名位相同,郡守有任命地方官员的权力,而监督地方的刺史虽有极大的监察权,但地位远低于太守,由之,充分保障了中央与地方的上下相制和权力平衡②。

由此可见,在中国传统国家治理体系中,王朝政治合法性的转移,都是通过暴力推翻前朝统治而获得政权,并建立起家天下的格局,这就使得君主的至尊地位被无限突出。要保证一代王朝的长治久安,在没有真正有效的政治制度设计来制约君主的情况下,所能采取的措施只有两条:一是通过儒家的德治方式,来神化君主的道德修养和强化忠臣顺民的道德教育;二是通过法家的法术势手段,实现尊主卑臣和赏罚有序。但这两种方式对于一个处于等级制顶端的君主没有任何实质性约束作用,一旦出现无道昏君,政治之恶便势所必然,任何德法手段都无济于事,只能听天由命,改朝换代。如《大学》所言:"小人之使为国家,灾害并至。虽有善者,亦无如之何矣。"当然,中国历史上少有的几个开明圣君的做法表明,在处理皇权与相权、皇帝与朝臣、中央与地方的关系时,唯有遵循"贵中尚和"之道,才

① 参见王超:我国封建时代中央与地方关系述论,《中国社会科学》,1983年第1期。
② 参见薛军力:《从汉代地方行政体制的演变看中央和地方的关系》,《天津师大学报》,1990年第5期。

能在相维相济的二元张力结构中实现国泰民安,因为"中也者,天下之大本也;和也者,天下之达道也。致中和,天地位焉,万物育焉"(《中庸》)。质言之,任何权力主体在享有各种权利的同时,必须承担相应的责任,真正实现权利与责任的中和一致,才能确保君主、朝臣、百姓各正性命,生生不息。否则,皇帝和中央政府的权力无限膨胀,朝臣和地方政府的权力日趋萎缩,或者相反,最终结局皆是一代王朝的瓦解和覆灭。

三、中国传统国家治理体系的硬实力及其价值取向

军队体制和财税体制是历代王朝维系其合法统治的根本保障,二者的紧密结合和高效运转构成了中国传统国家治理体系的硬实力。尽管中国历朝历代的军事体制千差万别,但史学界普遍认为,汉唐军队体制的运转效率强健有力,宋明两代则孱弱有余。汉代实行"寓兵于农"的全民皆兵式军事体制,每个成年男子都有定期参军义务,中央由南北军分别负责皇宫和首都的卫戍任务,边疆有戍卒,地方有国民兵,民间有义勇队。其中,南北军的费用由国家负担,其余兵种的费用由个人承担,国家一旦有事,上述兵戎皆可调用。唐代实行"全兵皆农"的军事体制,在州县行政体制外,设立独立的军区,称为"府",不同时期"府"的数目各不相同,各府之兵分别由中央直辖的十六个"卫"统辖,每"府"驻扎地都由中央直接划拨土地供其使用,府兵平时耕地,闲时训练,全部费用自给自足。宋代军队分禁军和厢军两种,禁军是国家正式军队,厢军驻扎各地为地方政府当差,其中,禁军负责全国各地的戍边防守职责,并定期调防。宋军曾与扰乱边境的辽、夏军队多次作战,但多以失败告终,到宋真宗时被迫与辽定下澶渊之盟(1004),每年向辽国奉送大批绢银,用屈辱换得了百

余年的和平。但伴随宋军由主动进攻转向被动防御,宋朝也逐步陷入明知不可打仗而又不得不大量养兵的窘境。明太祖建立大明王朝时,学习唐代的府兵制,建立"卫所制度",实现了军队的自给自足,之后,明代历朝皇帝借助长城之险,和北方游牧民族的小规模战事时断时续。到明代后期,在二百余年和平生活的浸染下,最初建立的"卫所制度"已腐烂不堪,难以承受与蒙古族、满族的频繁战事,最终难逃覆亡的命运①。学界普遍认为,就中原王朝军事国防的价值取向而论,没有一个王朝不是通过大规模军事战争而立国的,任何一个大有作为的君主只有以攻为守,向外展开大规模的攻击,率先赢得保卫国家生存的自然地理屏障,才能确定其立国根基,进而建立起国内的各种制度体系,否则,在建国起始阶段,就用谨小慎微的劣势防御手段来保护国家,在未来的国家发展和民族冲突中将会遗患无穷,正所谓"打的一拳开,免得百拳来"。汉唐两朝在建国初期,首先是通过主动进攻,赢得了长城以外的大片土地,具备了巨大的战略纵深空间,为之后中原地区的长期稳定奠定了基础。与之相反,宋明两朝虽然延续了较长时期的经济文化繁荣,乃至出现了精致细腻的宋明理学、陆王心学等哲学理论,但在国防建设上,自王朝建立初期这两个朝代就处于劣势防御状态,特别是大宋王朝,由于在首都开封北部缺乏基本的战略纵深,军队所需的精良马匹、高质铁器等装备产地,都被北部和西部的辽、夏王朝占据,成为国家长期性心腹之患,最终被后起的北方金兵彻底摧毁。

与汉人建立的中原王朝相比,由北方少数民族建立的元、清两朝则活力四射,充满了刚健有为的恢宏气象。以元朝为例,当中原王朝因循守旧、不思进取时,由成吉思汗统率的蒙古军队形成了独具特色

① 对中国历代军队制度的宏观变迁过程及其利弊得失问题,钱穆先生曾做过深入探究。详见钱穆:《中国历代政治得失》。

的建军、治军、用军思想体系,他结合蒙古民族游牧经济的特点,建立起十户长、百户长、千户长、万户长等兵民合一的军事体制,这一体制以萨满教信仰为核心,培养起忠诚、勇敢、尚武的军人精神和骁勇彪悍、吃苦耐劳的优良作风,通过兵贵神速、迂回侧击、出奇制胜、分割包围、远程奇袭、佯退诱敌、运动歼敌等种类繁多和变幻无穷的用兵策略,完成了大范围、长时段的西征、南战计划,建立起庞大的元代帝国①。而满族杰出领袖努尔哈赤在统一女真各部过程中创建的八旗制度,则为大清帝国的长期统治奠定了历史根基。八旗制度最早源自女真部落各族寨的围猎活动,其指挥体系在纵向上呈现为牛录、甲喇、固山、汗四级,每一牛录由三百人构成,五个牛录构成一甲喇,依次呈递进结构,不同战术单位的军旗分黄、白、红、蓝四色,后又增设镶黄、镶白、镶红、镶蓝四色。清兵在入关前就逐步形成了由八旗满州、八旗蒙古、八旗汉军构成的完备性军事体制,入关后八旗兵被分配至京师和全国各地驻防。满清八旗兵在很长时间内都遵循极其严格的军事法规,具有极高的战斗效能,在统一全国、消平叛乱和制止分裂的过程中发挥了重大作用②。可见,正是在多民族不断冲突与融合的漫长历史中,创制出中华民族辉煌灿烂的军事篇章,熔铸出中国传统国家治理体系的硬实力。

如果说以"刀把子"为核心的军事体制,是支撑传统国家治理体系硬实力的政治根基,那么以"钱袋子"为核心的财税体制,则奠定了传统国家治理体系硬实力的经济基础。我国古代财税体制历久弥新、复杂多变,井田制是西周时期较为普及的土地制度,《周礼·地官·小司徒》载:"乃经土地而井牧其田野,九夫为井,四井为邑,四邑为丘,四丘为甸,四甸为县,四县为都,以任地事而令贡赋,凡税敛之

---

① 参见孟和宝音:《成吉思汗军事辩证法思想》,《阴山学刊》,2008 年第 1 期。
② 参见刘小萌:《满族的部落与国家》,吉林文史出版社,1995 年,第 86 页。

事。"当时实施的是劳役赋税,服劳役于公田,其收入全部为领主所有,私田收入则为个人所有。汉代初期,政府只按田亩收税,并采取轻徭薄赋的政策,但允许土地自由买卖,为后期的土地兼并埋下了祸根。与此同时,又收取各种工商税,汉武帝时为了节制资本力量,将烧盐、冶铁、酿酒等行业完全收归国有,从中汲取丰厚赋税以满足其开疆拓土的军事需要。唐代最初采取租庸调制,国家均田给农户,再根据人丁收取其谷物、布匹等赋税,并规定每人每年服徭役二十天,亦可折合成谷物、布匹代缴赋税。安史之乱后,土地兼并严重,国家已无田可均,杨炎做宰相时改行两税法,分夏、秋两季征税,国家根据财政支出确定税额,所有百姓编入现居州县,根据人口和财产状况确定税收等级,依户纳钱,依田亩纳米粟,商人依其收入的三十分之一纳税。两税法对我国后世赋税制度影响深远。宋初大体依据唐代两税法征收赋税,但由于建国初奠定的军政体制存在巨大弊端,使得宋朝军队兵冗将滥,行政机构庞大臃肿,政府财政入不敷出,到宋神宗时,任用王安石变法,在财税体制上实施了青苗法、募役法、方田均税法等措施,一定程度上提高了国家的财政收入,降低了对农民的剥削程度,但由于触犯了大地主阶级的利益,最终以失败告终。明代同样遵循两税法原则,制定"黄册"和"鱼鳞册",黄册以户口为单位,详细登载乡贯、姓名、年龄、丁口、田宅、资产等,并依据其职业划定户籍;鱼鳞册则是将田地、山丘、水塘等依次排列,相互连缀地排列在一起,并标明所有人、四至,因其形似鱼鳞而被称为"鱼鳞图册",明初主要以此作为赋役征发的依据,但在实施过程中,逐渐弊端丛生,到嘉靖之后被废止,开始实行新的"一条鞭法",即把各州县的田赋、徭役以及其他杂征总为一条,合并征收银两,按亩折算缴纳。清初仍沿用明代的一条鞭法,但康熙之后,根据南北差别,在部分地区改用"摊丁入亩"制度,即放松对户籍的控制,废除之前的人头税,将丁银摊入田赋征收,一定程度上促进了清代经济社会的发展。

　　如果单从上述我国赋税制度的流变历程看,似乎历朝当权者为了增加财政收入,都会本着减轻底层农民经济负担,提高地主阶级赋税水平的原则,制定各种赋税徭役政策,那么为何到了历朝晚期,广大底层农民又揭竿而起,将其推翻再造呢? 这就要求我们必须具备深刻的历史批判精神和敏锐的学术甄别能力,以免陷入古人设置的精神迷帐而无从出入。实际上中国的文人武士之所以如飞蛾扑火般投奔官场,并非全是儒家修齐治平的道德理念或科举制度的巨大魔力使然,根本原因在于中国传统的官僚制度,给做官的人,准备做官的人,乃至退出官场的人,以种种巨大的经济利益,这些利益没有明文规定,但却无处不在。质言之,所谓“当官发财”的“财”并非只是朝廷从有限财政赋税中恩赐的点滴俸禄,而是种类繁多的隐形收入。例如:历朝政府从来反对官商勾结并明文规定禁商入仕,然而,地主经济赖以成立的前提条件是土地的自由买卖,为官经商的人都把国家俸禄和经商利润用于购买土地,从中赚取巨额级差地租,最后皆成为官、商、地主赢者通吃型人物,加之,他们会尽其所能地接近盐、铁、酒、布等官卖、官买、官营、官贷行业,并从中发迹。再如:中国历代官制对各级额员数量均有严格限制,然而,县府州衙要完成上级交办的各类繁杂事务,必须在定额之外大量聘用幕友及编外人员,他们的报酬只能在乡绅请托包庇之事上索取,最后转嫁给底层百姓。而六部京官虽然并不直接临驭百姓,但也要从各州县的请托之事上获得打点、招呼、斡旋等费用,由之,形成了地方官在地方发财,京官通过地方官发财,他们上下交其手,造就出一个大官发大财、小官发小财的局面,在没有合理制度规约的背景下,任何清廉人物的感化或对贪官污吏的严刑峻法,均无济于事①。一旦统治阶级开始通过竭泽而渔、

————————

① 参见王亚南:《中国官僚政治研究》,中国社会科学出版社,1981 年,第122 页。

杀鸡取卵的暴烈方式攫取赋税，而底层百姓面对土豪劣绅和地痞流氓的敲诈勒索，又求告无门时，便很快将整个国家推向孟子所言的"上下交征利，而国危矣"的大破局。

四、中国传统国家治理体系的
软实力及其伦理内核

如果说军事体制和财税体制是支撑中国传统国家治理体系的硬实力，那么，士大夫阶层的出现以及与中央集权官僚制的结合，进而衍生出举世无双的科举制度，并在此基础上由文人官僚创设出国家主流意识形态，由之，构成了中国传统国家治理体系的软实力。恰如列文森所言是"最高文化价值与最高社会权力的辉煌的象征性结合"，彰显出中国文化的突出特征，使之与西方世俗王权与神圣教权判然两分乃至对立冲突的文化形态区别开来①。

众所周知，士、农、工、商是中国古代四大基本社会阶层，居于四民之首的"士"，其最初含义是指成年男子，后演化出武士、学士、术士等多种类型，据刘泽华统计，战国文献中以"士"为中心的称谓百余种②。夏商周时代封建贵族作为最早的"士大夫"出现于历史舞台之上，他们兼具行政职事、宗法代表、文化教育三重身份，在政统（吏道）、亲统（父道）、道统（师道）三大领域发挥着"尊尊""亲亲""贤贤"的社会功能③。至春秋战国，诸侯混战，礼崩乐坏，士大夫阶层的内部构成和社会职能急遽分化，"天子失官，学在四夷"（《左传·昭

---

① 约瑟夫·列文森：《儒教中国及其现代命运》，郑大华等译，广西师范大学出版社，2009年，第159页。
② 刘泽华：《士人与社会》，天津人民出版社，1988年，第21页。
③ 阎步克：《士大夫政治演生史稿》，第126页。

公十七年》），一部分曾在周王室中"执政"的文化人，被迫流落到各诸侯国中，而下层平民中受过教育的人，开始进入到诸侯卿大夫的机构之中，平步青云上升为士①。由之，士大夫阶层成为沟通统治阶级和普通百姓的中转站，发挥着承上启下的作用。与此同时，围绕各诸侯国治国理政的方式方法问题，士大夫们在挟技游说的过程中，形成了儒家、法家、道家、墨家、兵家、阴阳家、纵横家等诸子百家杂然纷呈的局面。虽然诸子百家所持政见未归一是，但他们在之后中国漫长的历史流变过程中，对不同朝代国家治理体系的升沉荣枯，均发挥过深浅不一的作用。历代士大夫参与和影响国家治理的途径主要包括：

（1）通过科举制度以道谋官。战国后期伴随秦国统一大业的兴起和完成，中国国家治理体系中的官员选拔体制，逐步由家族宗法的分封建藩制走向君主专制的选贤任能制。法家学派被委以重任，熟悉兵刑钱谷、考课铨选的法家士大夫，被充斥到秦国各级文吏队伍中，吏道得以独尊，儒家倡导的父道、师道被严重打压。汉代采取阳儒阴法、王霸并用的治国策略，到汉武帝时"罢黜百家，独尊儒术"，霸王道杂之的新型儒家士大夫成为官场主流，吏道、父道、师道再次得以统一。之后，在汉代察举制、征辟制、魏晋九品中正制基础上②，逐步演化出隋唐的科举制度，直至清朝灭亡前，这一制度成为历代统治者选举和取人的主要途径和根本标准。它因其稳定一贯的特质，成为士人阶层借道谋取官职、施展政治抱负、获取功名利禄的阳光正途③，吸引无数士子比肩接踵投奔官场，成为支撑君主官僚制有效运

---

① 有关士阶层崛起的研究，参见余英时：《士与中国文化》，上海人民出版社，1987年。

② 察举制即通过乡举里选、通经明术入仕而进入社会上层；征辟制即由皇帝直接聘用和征召社会名流；九品中正制即根据个人家世和德才素质，将人分成不同品级选拔入仕。

③ 何怀宏：《选举社会及其终结》，生活·读书·新知三联书店，1998年，第139页。

转的中流砥柱。

（2）通过学校教育传道谋生。并非所有士人都能通过科举考试进入官僚政权系统,无数人皓首穷经、枉费心机也无缘官职,机遇把相当一部分士人排斥在帝王的殿堂之外。在入仕无门的境况下,他们只能发挥一技之长,设馆授学,得些束脩以糊口。西周之前,学在官府,学校由国家开设,官与师合为一体,官府的培养目标是为封建贵族塑造统治人才。春秋之后,天子式微,诸侯争衡,官学衰败,私学兴盛,以孔子为代表的一大批哲人士子,投入到新型的私学教育行列,把旧式官学排挤到了历史舞台之后。从教育社会学的视角看,古代遍布城镇乡村的各类私塾学校和各具特色的著名书院(如白鹿洞书院、岳麓书院等),为各种政治知识和政治价值的启蒙与传播发挥了至关重要的作用,也为培养后备官僚队伍立下了汗马功劳。

（3）通过绅士身份布道乡里。与科举制度相伴生,到封建社会晚期的明清时代,在中国士阶层中衍生出一个特殊的群体——绅士,包括:具有举贡生身份以上的功名者、回乡居住的退职官员、具有官衔身份但无实际职务者、具有武举功名者、通过捐纳而获得功名者,等等①。也有学者把乡居行医、算卦相面、勘测风水、包揽词讼的方士或术士纳入绅士之列。绅士阶层享有一系列特权:无须交纳丁税、可以参加官方的典礼、家族和地方节庆的核心人物、独立编户并有特殊的服饰和称呼等。在皇权不下县的背景下,绅士阶层在中国古代的基层村社承担着诸多社会职能:兴办学务、宣讲教化、表彰德行、移风易俗;保护宗族利益和维护宗族秩序;管理地方公共财产;协助地方官员办理公务等②。

---

① 干春松:《制度儒学》,上海人民出版社,2006年,第80页。
② 参见张仲礼:《中国绅士——关于其在19世纪中国社会中作用的研究》,李荣昌译,上海社会科学院出版社,1991年,相关论述。

（4）通过对抗官府替天行道。在君主专制背景下，当统治集团的各种利益发生重大冲突时，一是通过改革变法实现集团内部的自我调节；二是通过统治集团之外的其他力量进行外部调节。后者往往以激烈的革命方式取而代之，重新实现政治经济利益的相对平衡。在每次改朝换代之际，都有大量士大夫崛起于乱世，加入革命造反的滚滚洪流中。据史载，早在秦末农民战争中，就有儒士参与其中，"陈涉之王也，而鲁诸儒持孔氏礼器往归陈王，于是孔甲为陈涉博士，卒与涉俱死"（《史记·儒林列传》）。汉代张角的太平道起义则是道士阶层借助道教造反的明证，明末农民领袖李自成、太平天国领袖洪秀全，均为士大夫揭竿而起的典型代表。他们一方面怀有与无道昏君抗争的"替天行道"情怀，另一方面也希冀借由此径谋取个人权力与功名。

（5）通过避世养身积极守道。在君主专制政体下，不乏昏聩暴戾之君，他们滥施淫威，诛杀无辜，加之外戚宦官专权，排斥异己，打击贤能，这就迫使部分士人逃匿退隐，使得隐士之风成为中国政治文化的一道重要景观。隐士类型涵括：坚持道德之隐士、追寻志向之隐士、静观待机之隐士、存身求生之隐士等，不一而足。隐士群体与专制王权处于因时互动的状态，由于多数隐士文化层次较高且应变能力强，他们通常会成为某种政治倾向的代表和社会舆论的制造者兼传播者，而统治阶级为了彰显自家统治的合法性，会设法罗致优容有威望的隐士，以博得求贤爱才之美名。此外，隐士阶层由于不受官方经学和烦琐政务约束，对诸多社会问题的关注，不仅精力充沛且境界高远，对中国传统文化的多向度发展影响巨大，如先秦时期的《老子》《庄子》等；对社会政治弊端的批判极其深刻，如汉代王符的《潜夫论》、崔寔的《政论》等；对文学艺术的进步贡献甚伟，如魏晋南北朝的山水田园诗等。

此外，对官方意识形态的塑造与引领，更能彰显士大夫在传统国家治理体系中的重要作用,中国传统国家意识形态是由诸多思想流派,在相互激荡、氤氲化润、融会贯通基础上逐步生成的,对中国政治影响最为深远的思想流派当属儒、法、道、释。(1)由孔子开创的儒家学派是中国传统官方意识形态最为重要的思想来源,核心精神是开拓创新和穷通变易的创造性生命精神;以仁德为核心的自爱爱人的政治伦理观;极高明而道中庸,寓伟大于平凡的处事方法。其本质特征是"拿得起与敢担当"。(2)以商鞅、韩非子等为代表的法家,为了达到富国强兵的目的,特别强调法令刑律的重要性,核心思想是法、术、势:法主要指由君主制定颁布实施的各种成文法;术强调的是君王用权的心算谋略;势则是君王优越于他人的潜能和力量。其宗旨要义是"法术势与管得住"。(3)道家由老子和庄子创立,核心思想是"历记成败存亡祸福古今之道,然后知秉要执本,清虚以自守,卑弱以自持"(《汉书·艺文志》)。道家与儒家构成一种相反相成的关系,儒家注重人事,道家尊崇天道;儒家讲求礼仪文饰,道家向往天然自成;儒家主张奋发有为,道家倡导无为而治;儒家强调个人对家族、国家的责任,道家醉心于个人对社会的解脱。道家精神的本质是"常知足与看得开"。(4)佛教最早由南亚次大陆传入中国,经过汉唐六百多年的消化,最终形成了中国特色的佛教流派。佛教的根本宗旨是通过否定、去蔽、遮拔等方法,破除人们对宇宙一切表面现象或似是而非的知识系统的迷恋执着,启迪人们空掉一切外在的追名逐利行为,破开自己内心深处的牢笼,通过自识本心而返本归极,见性成佛。佛教启迪人的是"名无常与放得下"。

    不难看出,中国传统国家治理体系的上述软实力具有两大突出特征:一是士大夫阶层的社会作用呈现出二元张力结构。在任何朝代,一方面存在着锐意仕进、居官食禄之士,或曲学阿世、枉道取容之士;另一方面也有诽谤圣制、奋起抗争之士,或避世存身、归隐山林之士。正是这两种力量的彼此抵牾和对立统一,使得传统国家治理体系能够在历代王朝更替中起承转合,一脉相贯。二是官方意识形态价值功能的多元互补性。正是儒家的"拿得起与敢担当"、法家的"法术势与管得住"、道家的"常知足与看得开"、佛教的"名无常与放得下"这套极其完备的意识形态理论,使得人们能够做到"儒以处事,法以用权,道以养生,佛以修心",它们之间的多元并存、彼此互补、相辅相成,共同塑造了中国士人的内心精神世界和外部政治实践。

五、中国传统国家治理体系的
内外关联及因应之道

除上述复杂的内政事务外,中国传统国家治理体系还包括诸多重大外交问题,恰如费正清所言:"中国的国外秩序与国内秩序如此息息相关,已经到了唇亡齿寒、休戚与共的地步,如果对外不能对付蛮夷使之臣服,国内的叛乱就易于发生。中国的历代王朝,大都是在内乱外患的双重打击下垮台的,所以,每个政权都孜孜以求,务使对外关系能在事实上同理论相符,借此巩固其对全国的统治权。"①那么,中国历代王朝对外关系的理论与实践涵括哪些内容? 笔者归纳为以下两点:

(1)天下体系的外交理念。一方面,中国早在夏商周时代就形成了"中心—边缘"的天下秩序观,《尚书·禹贡》将京城之外的土地依远近划分为"五服":"五百里甸服","五百里侯服","五百里绥服","五百里要服","五百里荒服"。并依据血缘远近和地位高低,将居于中心区的人称为"夏",而居边缘区者称为"夷"。到了战国时代,夏夷之分逐步演化为礼乐先后和教化高低的地域文化之别,处在文

---

① 费正清主编:《中国的世界秩序》,杜继东译,中国社会科学出版社,2010年,第2页。

明中心区的"夏"通过德化的方式为周边的"夷"作示范。另一方面，中国统治者又认为，不仅人体小宇宙是一个有机联系的整体，天地大宇宙也是一个有机联系的整体。人类只有体认到天道天理的重要性，才能形成对天下体系的正确认识，而天地万物的本质特征是："万物并育而不相害，道并行而不相悖。"（《中庸》）并从中孕育出中华民族"天下一家""四海之内皆兄弟"的博大情怀和民族国家间"和而不同"的道德宽容精神①。

（2）软硬兼施的相处之道。要真正落实上述"中心边缘""和而不同"的外交理念，就必须找到行之有效的具体措施，中国历代统治者采取的对外策略大致有二：一是外交上的怀柔与绥靖。包括：①以夏化夷。即通过其对皇权至上、儒家经典、王朝礼仪的认肯，用中原文明濡化周边夷狄。如《论语·季氏》所言："故远人不服，则修文德以来之。既来之，则安之。"②朝贡体制。即周边部族定期来中原王朝进贡述职，中原帝王则给以优厚赏赐。"朝聘以时，厚往而薄来，所以怀诸侯也。"（《中庸》）③和亲策略。即通过联姻形式强化和保障夏夷之间和平相处。其间，既有中原王朝处于被动地位的消极和亲，如昭君出塞；也有中原王朝处于主动地位的积极和亲，如文成公主远嫁吐蕃。④羁縻政策。即借助军事政治压力和经济利益抚慰，在边缘藩属区设立特殊的行政单位，承认本地部族酋长和首领的统治权，除政治上隶属中央王朝并负有朝贡义务外，其余一切事务均自我管理。⑤以夷制夷。即利用夷狄之间的矛盾冲突，通过合纵连横实现以夷伐夷之目的。如汉朝支持南匈奴对抗北匈奴；宋朝和北方辽、夏、金的复杂抗衡等。二是军事上的防御与征伐。军事防御的典型当属长城的修筑与加固，早在春秋战国时代，诸侯各国为了防御别国侵略，就开始修筑烽火台，并用城墙连接起来，形成最早的长城。秦

---

① 参见赵汀阳：《天下体系》，中国人民大学出版社，2011年，第94页。

始皇为了防御北方游牧民族入侵,动用近百万劳动力修筑长城。以后历代王朝大都不断加固整修,今天东起辽宁丹东虎山,西至甘肃嘉峪关的万里长城,就是明代在旧有城墙基础上连接加固的结果。当消极防御不足以抵挡北方铁骑侵扰时,只能主动出击,如:汉武帝对匈奴发动的大规模持久战;明代与北方蒙古族、满族的频繁战事等。但从历史上看,由于征战草原路途遥远、耗资巨大,游牧部落的军事突袭技术又极其强大,只要在能够承受的心理极限内,中原王朝面对外部侵扰,通常会在儒家天下体系外交理念的指导下,本着"上兵伐谋,其次伐交,其次攻城"(《孙子兵法》)的原则,采取怀柔与绥靖的策略予以应对。

　　此外,在中原王朝与北方游牧部落和其他藩属国的长期交往中,并非如妄自尊大的腐儒所言,中原王朝永远居高临下,占据绝对的道德文化高地,只有单向输出而没有反向输入,相反,二者从来都是各有所长、相维相济的关系。例如:正是由于魏晋南北朝时期,北方游牧民族大规模进入中原,迫使黄河中下游的大批民众,不断南迁至长江中下游和东南沿海一带,极大地促进了中原农业文明的广泛传播和儒家文化形态的多元地域特征。再如:中原军队在与游牧部族的军事对垒中,大量吸纳对方的行军征战方式,早在汉武帝时,就已经任用匈奴人来训练部队,开始采用突袭方式作战,迅速提高了汉朝军队的战斗力。当然,游牧部落和其他藩属国也从中原王朝获得大量农耕文明知识,如:正当五胡乱华,中原鼎沸之际,鲜卑拓跋氏乘机进入长城以南建立北魏政权,强迫其部族改作农民,仿效中原模式建构起独具特色的国家治理体系。至于后来的蒙古、满两族能够长期入主中原,必因其在军事、政治等诸多方面存在着优于汉人之处,但建立起统一的中央政权后,他们又先后被汉族文化所同化。可见,汉族与其他少数民族相比,由于所处地理环境各异,在生存方式和管理智慧上各有其比较优势,没有高低贵贱之分,他们从来都是在彼此竞争中互渗互补，在相互镜鉴中同化融合。特别需要注意的是，中国历代朝廷和藩属国之间的关系，在不同历史时期一直处于发展变化之中，大都先后经历了从早期在"宗主—臣属"的框架下，争取政治承认、寻求军事援助，逐步演变为通过与中国官方往来，最大限度地获取经济、文化利益，在表层的"朝贡""册封"之下，一直掩盖着一种"多元开放"的复杂性网络格局①。

要正确认识中原汉族与少数民族的关系，还涉及一系列深层的理论问题，诸如国家政权统一和分裂的衡量标准及价值意义、少数民族政权在国家统一与分裂中所起的作用等。长期以来，社会各界广泛流布着大量似是而非的观点，诸如：国家统一就是各个民族团结一致，疆土面积最大，国家分裂则是各个民族或地方政权各自为政；中国历史的主流是统一而不是分裂，统一的时间远远超过分裂的时间；国家统一则经济发展和社会繁荣，国家分裂则经济衰败和社会凋敝；中原汉族永远是国家统一的主导力量，少数民族往往是国家分裂的罪魁祸首；等等。然而，大量学者通过对中国历史长期深入地研究表明，上述认识均是大汉族中心主义思想作祟而形成的极端片面乃至十分荒谬的看法。

首先，国家统一本质上是指一个国家或政权内部在政治领域的高度集中一致，并形成完备的主权形态，而不是语言文化、民族血统、宗教习俗的完全同质化。分裂则指一个统一的政权分成了几个或多个政权。依此标准，不能把历史上中原王朝之外的政权视为分裂政权，因为它们与统一分裂问题毫无关涉。如：汉朝和匈奴的斗争本质上是两个独立政权的长期抗衡；唐朝和吐蕃和亲也是两个独立政权之间的交往；北宋和辽、夏更是彼此并立的三个独立政

---

① 王贞平：《权力中心论与多元开放网络：古代亚洲国际格局新论》，《南国学术》，2014年第3期。

权。此外,历史上有诸多对中原王朝称臣纳贡的藩属国,如朝鲜、越南、暹罗(泰国)从来都是独立政权,不能被纳入中原王朝的统一版图之中。

其次,中国历史上形成大一统的局面经历了一个复杂漫长的历史过程。据葛剑雄考证,公元前221年以前,当今中国国土上的各个民族始终处于分裂和分治状态,经过近两千年发展,才建立起了以中原为核心和以华夏为主干的统一的中央集权,其间,仍有多个独立的自治政权长期并存。中国真正的统一是成吉思汗建立的元朝政府,直到明、清之后,统一时间才占据主导地位,分裂和分治时间则相对短暂①。

复次,国家的统一与分裂同经济发展与社会繁荣之间的关联度极其复杂。如魏、蜀、吴三国鼎立时期,孙吴政权为了与魏、蜀抗衡,设立许多新的郡县,建立大量军民合一的农垦区,兴修各种水利工程,使江南一跃成为全国最为富庶的地区,远超处于战乱中的北方农业区。与之相反,安史之乱后的大唐帝国,仍被人们视为统一的王朝,但外族入侵、藩镇割据、武将叛乱、农民造反持续不断,经济日益衰退,社会逐步混乱。如葛剑雄所言,分裂社会中的积极因素和统一社会中的消极因素,均与国家政权的分裂和统一本身无关,关键是当权者建立和实施的各种政策措施是否合理,统一和分裂的作用仅在于强化或削弱某种政策措施的实施效果②。

最后,少数民族对中国后世统一所发挥的作用十分巨大。对中国统一作用最大者非秦始皇莫属,但人们很少提及秦始皇的少数民族血统。《史记·秦本纪》载,秦人祖先以狩猎为主,素有尚武彪悍之

---

① 葛剑雄:《统一与分裂:中国历史的启示》,商务印书馆,2013年,第83页。
② 葛剑雄:《统一与分裂:中国历史的启示》,第209页。

风,秦之立君不论嫡庶,多择勇猛者立之,故在战国之初,被齐鲁学者称为"夷狄"。可见,秦国的社会文化风尚为其采取法家主张,进而走上军国主义道路奠定了人文根基,而秦代所确立的整套政治制度和措施,对中华民族后世统一大业的影响至深至巨,正所谓"秦皇虽死魂犹在,百代皆行秦政制"。对中国统一发挥过重要作用的另一少数民族当属蒙古族,成吉思汗及其后代统一蒙古各部后,迅速西征至中亚和西亚,又先后吞并西辽、西夏、金、南宋、大理、吐蕃,建立起空前统一的庞大帝国,特别是将长期以来独立自主的吐蕃及西北、西南、东北等地区大小不一的政权,划入实质性行政管理区域,为当代中国版图的生成奠定了历史根基。而到汉人统治的明代,中华版图又再次大大缩减。随后由满族人建立的大清王朝,尽管在入主中原初期,实施过诸多野蛮残暴的措施,但其后为了巩固统治,又主动汉化,使中原经济迅速恢复,人口数量快速攀升,并通过大批移民建立起台湾省、东三省,通过镇压各部族叛乱,对西藏、新疆等西北地区开始进行卓有成效的行政管辖,最终确立了当代中国的基本版图。从中华民族漫长的历史流变过程看,清心寡欲、崇尚仁义的汉族君主可能是历史上的道德楷模,而好大喜功、穷兵黩武的少数民族皇帝却是国家统一的不二功臣。

六、中国传统国家治理体系的是非得失及当代转型

认知历史是为了把握当下,由于当代中国的国家治理体系不是从天而降、冰清玉洁的仙界神造之物,而是从几千年传统国家治理体系中脱胎而出的世俗之物,无处不印有传统国家治理体系的深刻烙印,要全面实现当今时代的转型升级,就离不开对传统国家治理体系的深刻检审。自近现代以来,人们对传统国家治理体系的认识,可谓

"横看成岭侧成峰，远近高低各不同"。笔者认为，要对其是非得失做出正确评价，必须注意以下三个问题。

首先，要通过对中国传统国家治理体系内在运作机理的深刻洞悉来正确把握其本质特征。综合本章对中国传统国家治理体系的天文人文根基、核心权力运作机制、硬实力和软实力支撑、外部因素影响等问题的论述，笔者认为其突出特征是：①混溶性与穿透性的统一。由于我国传统国家治理体系是在特定的天文人文环境中生发出来，其所形成的家族宗法性亲缘关系具有极大的弥散性，它将政治、法律、经济、文化、宗教、道德、人生等各种要素混溶到一起，并穿透皇权政体下的特权分配和权力博弈体系、官僚科层组织的理性行政体系、知识群体的文化传播体系，将政统、亲统、道统溶和成一个非常完善的系统化国家治理结构，这种早熟性特征极大地延缓了不同领域的深度分化过程。②神秘性与模糊性的统一。在以皇权为核心的官僚体制运作过程中，众多政治决策都是在高墙深宫中由极少数人暗箱操作来完成，加之受特定时代人们科学知识水平的限制，许多事件都不同程度地有巫术卜筮、风水面相等神秘文化渗透其中，如汉武帝时的巫蛊事件，数百名大臣和嫔妃遭遇杀身之祸，上万人受株连。与之相关的另一特点是权力边界的模糊性，如中国历代官方档案记录的州县额员及俸禄数量极其有限，但在实际权力运作过程中，州县衙门所雇幕友、额员的数量及其榨取百姓的隐性收入不计其数，具有无从考证和难以量化的模糊性特征。③稳定性与延续性的统一。在中国历代王朝的初期，受前朝农民大起义力量的打击，众多无组织的分裂割据力量被彻底清除，新建王朝中央一体化调节力量逐步增大，最终造就出繁花似锦的一代盛世。但王朝越是强大，新型无组织力量积累的时间就越长，后期改革变法的难度也就越大，伴随中央一体化调节能力的日渐衰弱，最终在各种分裂割据力量的共同作用下，再次走向崩溃。中国传统国家治理体系数千年来就是在这样一个稳定性与延续性相统一的封闭循环中持续运转①。

其次,要在温情敬意的认知态度和唯物辩证的科学方法之间求得平衡,重新认识中国传统国家治理体系的是非得失。长期以来,国内外学界对中国传统国家治理体系展开深入探究的著作数量不菲,但中华人民共和国成立前后,钱穆所著《中国历代政治得失》与王亚南所著《中国官僚政治研究》一直是该领域的两部标志性作品。钱穆当年高举弘扬传统文化的旗帜,通过系统比较的研究方法,对汉、唐、宋、明、清五朝的政府构成、考试制度、经济制度、兵役制度等进行了深入剖析。强调指出,任何政治制度都是一个国家文化体系的重要组成部分,只有与该国文化相适应,才能发挥其作用;任何政治制度都是特定时代人事变动的结果,均有其外在的需要和内在的用意,有其生成、发展和成熟的过程;任何一种政治制度有利亦有弊,均有其时代性和地域性特征,只有将该制度置于其所生成的特殊环境中加以审视,才能对其是非得失做出正确评价。这就要求我们对中国传统国家治理体系要充满温情与敬意,不可摆脱时空限制去妄加评论。与之相反,王亚南高举创新国家政治制度的旗帜,采用马克思主义唯物辩证的科学方法,对中国古代官僚制度的本质特征,其所赖以生存的经济基础,官僚阶层内部的利益关系,官僚制度与贵族制、两税制、科举制的关系,官僚制下官员和百姓的生活状态等问题进行了深入研究。他强调指出,中国古代官僚政治制度是在小农生产方式和地主经济基础上生成的早熟性国家治理体系,曾经很长时间领先于世界,但今天这种惰性力量的周期性演变,已经成为延滞中国社会进步的负面力量。鸦片战争之后,伴随中国农业、工业、商业、金融业的发展,新的生产要素和生产方式正在缓慢生成,旧有的官僚制度处于逐

① 金观涛、刘青峰:《兴盛与危机:论中国社会超稳定结构》,法律出版社,2010年,第258页。

步瓦解中,只要工农大众普遍自觉地行动起来,其寿终正寝就为时不远。可见,钱穆和王亚南的立场、观点、方法具有天壤之别,但在六十多年后的今天,伴随中华民族迅猛崛起,文化自信心逐步增强,再来对二者的观点进行客观冷静的分析,我们会发现,钱穆的理论主张无疑有助于我们从中华民族几千年传统国家治理体系中汲取治国理政的深远智慧,而王亚南的真知灼见则有助于我们认清当今时代的本质特征,为有效清理积聚在现代国家机体中的封建遗毒提供精神动力,从而引领中华民族迈向一个人民当家做主的新时代,拥抱一种现代社会的新生活。

最后,要通过切实可行的手段实现中国传统国家治理体系的创造性转化和创新性发展。在新型工业化、高度市场化、充分民主化、深度城镇化、全面信息化的今天,要对建立在小农经济基础之上,以血缘和地缘为前提、以家族宗法制为支撑、以封建等级制为后盾的中国传统国家治理体系进行创造性转化和创新性发展,就必须对蕴含其中的三种要素进行深入辨析:一是对反映人类共同生活的超时代、超种族的共性和普适性内容,应当去不断地弘扬光大;二是对某些已经过时,但仍有可取内核的东西,要合理地继承与发展;三是对已经完全失去存在价值,但在今天仍有暗示和警示作用的东西,要汲取经验与教训。质言之,要把传统分解开来,找到其中的真金白银,经过锻造之后,变成适合现代需要的要素。形象的比喻是,传统机器上的螺丝钉不能直接用在今天的机器上,要把旧机器上的有用螺丝钉熔化锻造成今天机器上能够使用的螺丝钉。笔者仅以儒、法、道、佛政治伦理思想为例,怎样将儒家生生不息、以人为本、奋发向上的精神,转化为当代干部信念坚定、勤政为民、敢于担当的道德责任意识;如何将法家重视法制、循名责实、乘势而上的国家治理理论,转化为当代中国依法治国、权责统一、因势利导的治国理政思想;如何将道家尊崇天道、清虚自守、居穷达变的处事态度,转化为当代共产党人尊重自然、去奢就俭、身心和谐的人生哲学；如何将佛教去蔽遮拔、自识本心、返本归极的宗教灵修方式，转化为当代共产党人淡泊名利、自省慎独、心灵纯粹的党性修养方法等，将是对中国传统国家治理体系进行创造性转化和创新性发展的重点和难点所在。

第十章 晚清衰亡与中西权力、资本、劳动的伦理冲突

要深入探讨中国传统国家治理体系的成败得失,就必须对晚清帝制的衰亡以及中国传统国家治理体系的近现代转型做出说明,而该问题一直是国内外学界长期关注的热点问题。其中,最具影响性和争议颇多的理论有多种,诸如:费正清的晚清王朝挑战与回应理论;金观涛的中国封建社会超稳定结构理论;马克斯·韦伯的中国文化缺乏新教伦理精神等等。毫无疑问,上述理论皆有其合理之处,但一个无可争议的事实是,自 1840 年鸦片战争以来,受西方权力、资本、劳动力量的猛烈冲击,晚清内部的权力、资本、劳动三大阶层也在发生着巨大的观念裂变、制度变迁、结构失衡、德性重构。因此,本章试图以马克思世界历史理论对晚清帝制的死亡诊断为切入点,对1840 年之后中西方权力、资本、劳动的伦理冲突予以深入解析,以期对中国传统国家治理体系近现代转型的运演轨迹及深层根由探赜索隐,同时也对国内外学界所关注的相关问题做出尝试性解答。

一、马克思世界历史理论与晚清帝制衰亡的三重逻辑

马克思、恩格斯的世界历史理论是关于世界历史形成的前提条件、发展动力、发展道路、发展方向的理论,其所关注的重点是资本主

义诞生以来,在世界经济、政治、文化一体化过程中,各民族由相对孤立的发展历史进入彼此影响、渗透、融合的历史。马克思世界历史理论的动力系统主要由资产阶级内在需要与资本主义社会的内在矛盾构成,既包括资产阶级对剩余价值的无限需要与资本主义社会自身的矛盾,也包括资产阶级对剩余价值的无限追求与不同民族地域范围内有限资源之间的矛盾。学界主要基于对《德意志意识形态》《共产党宣言》《资本论》《人类学笔记》等文本的研究,来探讨马克思、恩格斯的世界历史理论。笔者试图在上述文本基础上,重点以《马克思恩格斯论中国》①这一经典著作为依据,就马克思世界历史理论对晚清帝制衰亡的政治、经济、社会三重逻辑予以深入解析。

(一)晚清帝制衰亡的政治逻辑

19 世纪 40 年代,正是西方资本主义狂飙突进的时代,与此同时,也引发了劳资矛盾的激烈冲突,马克思主义应运而生。而中国作为当时世界人口最多(约 3 亿,占世界人口总量的 1/3)、经济体量较大的国家,成为西方列强殖民扩张和彼此争夺的重点,英国作为当时的头号资本主义强国,先后在中国发动了两次鸦片战争。马克思站在人类社会形态转换和世界格局转型的视角,强调伴随农业文明向工业文明的转化,必然出现农业文明国家从属于工业文明国家,东方从属于西方的世界格局。因为 18、19 世纪欧洲资本主义的发展已经使得真正意义上的"世界历史"开始了,特别是市场经济发展的全球化趋势,使得各个民族在经济上联成一体,以中国为代表的东方落后国

---

① 《马克思恩格斯论中国》,人民出版社,2015 年。该书第一部分收入了马克思、恩格斯有关中国问题的文章十八篇;第二部分是重要论述辑录,全面收录了马克思、恩格斯有关中国的论述。该书内容全面、译文准确、资料翔实、体力规范、解读深刻,是我们研究马克思、恩格斯中国观的权威版本。

家被迫卷入资本主义发展的世界潮流之中。由之,马克思对中国晚清帝制做出了必然衰亡的诊断证明。他在《中国革命与欧洲革命》中指出:"与外界完全隔绝曾是保存旧中国的首要条件,而当这种隔绝状态通过英国而为暴力所打破的时候,接踵而来的必然是解体的过程,正如小心保存在密闭棺材里的木乃伊一接触新鲜空气便必然要解体一样。"①

　　马克思为了进一步印证上述政治判断,从两个层面对晚清帝制衰亡的必然性进行了深层次的理论辨析:一是晚清帝制所面临的国内和国际矛盾。马克思认为,由于中国长期实行封建专制制度,"皇帝通常被尊为全中国的君父","皇帝的官吏也都被认为对他们各自的管区维持着这种父权关系","这个庞大的国家机器的各部分间的唯一的精神联系"就是"家长制权威"②。"一个人口几乎占人类三分之一的大帝国,不顾时势,安于现状,人为地隔绝于世,并因此竭力以天朝尽善尽美的幻想自欺。这样一个帝国注定最后要在一场殊死的角斗中被打垮。"③而打垮它的直接后果就是面对英国的炮舰政策,被迫割地赔款,让英国用廉价商品占领中国市场。特别是英国的非法鸦片贸易,不仅毒害了中国人的肉体和精神,而且还使中国的金银外流,财政收入骤减,官场不断腐化,百姓税负激增,最终结果一定是封建社会内部的革命因素迅速发展,人民造反起义,摧毁旧制度,建立新世界。二是中国革命与世界革命的关系。马克思认为,必须用系统的、辩证的、历史的方法将中国革命放在世界革命的大格局中来看待,因为中国革命在破坏旧的封建制度的同时,还会为新社会的产生奠定现代性的物质基础,甚至可能引发欧洲的政治革命。"中国革

①《马克思恩格斯论中国》,第8页。
②《马克思恩格斯论中国》,第6页。
③《马克思恩格斯论中国》,第70页。

命将把火星抛到现今工业体系这个火药装的足而又足的地雷上,把酝酿已久的普遍危机引爆,这个普遍危机一扩展到国外,紧接而来的将是欧洲大陆的政治革命。"①

(二)晚清帝制衰亡的经济逻辑

在《马克思恩格斯论中国》这部经典文本中,马克思对中英贸易的分析占据了大量篇幅,透过有关论述,我们能够清晰地看到马克思对晚清帝制衰亡所做的政治经济学判断。其中最为核心的论述涉及两个方面:一是通过对两次鸦片战争的分析,马克思强调了英国发动对华战争的真实目的就是藉此与其他列强争夺在中国市场中的优势地位。在《中国与英国的条约》一文中,马克思指出,第一次鸦片战争"英国人轻而易举地向中国勒索到大宗白银,共计 420 万英镑,其中120 万英镑赔偿被没收的走私鸦片,300 万英镑赔偿军费,外加割让香港给英国。第二次鸦片战争英国再次获得 1334000 英镑的赔款"②,并同时把法国、美国、俄罗斯也吸引进来,逼迫中国开放多个通商口岸,彻底打开了世界列强在中国市场倾销各种商品的门户,在中国获得巨大的商业利润。尤其是俄国在第二次鸦片战争中,通过各种不平等条约获得了中国最大数量的土地,"俄国使自己的领地增加了一块像俄罗斯帝国外的整个欧洲那样大的地盘,并从冰天雪地的西伯利亚进入了温带。中亚细亚各河流域和黑龙江流域,很快就住满俄国的移民"③。从此正式开启了世界列强瓜分中国的历史。

二是英国与中国贸易数额的大小,固然受到满清政府管制、中国国内革命运动、列强竞争等因素的影响,但起根本作用的还是中国的

① 《马克思恩格斯论中国》,第 11 页。
② 《马克思恩格斯论中国》,第 83 页。
③ 《马克思恩格斯论中国》,第 91 页。

经济结构。马克思在《英中条约》一文中指出："在以小农经济和家庭手工业为核心的当前中国社会的经济结构中,根本谈不上大宗进口外国货。"①由于英国人过高地估计了中国人的消费能力和支付能力,当无法达到自己商业利润的理想期望值时,就"宁愿隔一定的时候就用海盗式的借口向中国勒索军事赔款,来弥补自己的贸易逆差"②。紧接着在《对华贸易》一文中,马克思深入分析了中国经济结构的特质,他引用额尔金勋爵的蓝皮书所提供的材料指出："中国农民一般来说过着丰衣足食和心满意足的生活。""在收获完毕之后,农家所有的人手,不分老少,都一齐去梳棉、纺纱和织布,他们就用这种家庭自织的料子,一种粗重而结实、经得起两三年粗布的布料,来缝制自己的衣服;而将余下来的拿到附近城镇去买。""中国人的习惯是这样节俭,这样因循守旧,甚至他们穿的衣服都完全是以前他们祖先穿过的。"③马克思认为,正是上述因素决定了世界上最先进的工厂制度生产出来的产品也无法在中国大批量销售,而要改变这一局面,只有逐步改变中国的小农和手工业经济结构。

在马克思、恩格斯看来,伴随中国引进西方的先进生产力,包括铁路、轮船、电报等新的交通联络工具,以农业和手工业相结合的旧文明将会逐步消失,新的工业文明将会建立起来。"过不了多少年,我们就会亲眼看到世界上最古老的帝国的垂死挣扎,看到整个亚洲新世界的曙光。"④特别是马克思、恩格斯运用其世界历史的分析方法,坚决反对欧洲中心主义理论,并天才地预见到随着世界经济交往的逐步增多,世界经济中心在不断地转移,古代和中世纪地中海是中

---

① 《马克思恩格斯论中国》,第 79 页。
② 《马克思恩格斯论中国》,第 80 页。
③ 《马克思恩格斯论中国》,第 113—114 页。
④ 《马克思恩格斯论中国》,第 66 页。

心,18、19 世纪大西洋是中心,随着美洲和亚洲航线的增多,太平洋两岸将会成为世界经济新的中心。"那时,太平洋就会像大西洋在现代,地中海在古代和中世纪一样,起着伟大的世界水路交通线的作用,而大西洋的地位将要下降,而像现在的地中海那样只起一个内海的作用。"①马克思的预言今天正在变为现实,中国经过一百多年的多重文明转化,逐步由世界舞台的边缘迈向中心,当然,要真正引领世界文明发展,还需要付出极大的努力。

(三)晚清帝制衰亡的社会逻辑

从社会建设层面看,马克思、恩格斯讨论各种中国问题时,始终坚持人民主体论的立场,时刻都在替中国劳苦大众说话,没有丝毫狭隘的种族主义思想,呼吁全世界必须用公平正义的眼光看待英国发动的两次侵略性鸦片战争。马克思、恩格斯面对中国的劳苦大众,一方面抱持一种"哀其不幸,怒其不争"的态度。他们认为由于小农经济"始终是东方专制制度的牢固基础,它们使人的头脑局限在极小的范围内,成为迷信的驯服工具,成为传统规则的奴隶,表现不出任何伟大作为和历史首创精神"②。因此,中国这个东方古国已经成为腐朽的、半文明的国家,其人民好像只有被西方鸦片彻底麻醉之后,才能"从世代相传的愚昧状态中唤醒"③。特别是马克思在谈及太平天国革命运动时指出,太平军具有浓厚的宗教色彩,不知道自己的真正使命,而只想改朝换代;只知道破坏,不知道建设;招收大批流氓无产者参军,军纪涣散,经常采用引起人们恐惧的战术,给世人以凶神恶煞

---

① 《马克思恩格斯论中国》,第 133 页。
② 《马克思恩格斯论中国》,第 111 页。
③ 《马克思恩格斯论中国》,第 7 页。

的丑恶印象等,这些都是"停滞的社会生活的产物"①。另一方面,马克思、恩格斯又强调,中国人民的革命觉悟一定会随着革命斗争的发展而不断提高。恩格斯在《波斯与中国》一文中指出:"中国人的情绪与1840—1842年的战争(第一次鸦片战争)时的情绪已显然不同。那时人民保持平静,让皇帝的军队去同侵略者作战,失败之后,则抱着东方宿命论的态度屈从于敌人的暴力,但是现在,至少在迄今斗争所及的南方各省,民众积极而且狂热地参加反对外国人的斗争。"②因为"这是'保卫社稷和家园'的战争,这是一场维护中华民族生存的人民战争"③。

不仅如此,面对英国媒体在各类报刊上诬蔑中国人民违背契约精神、蛮横无理、在战争中使用不规则战术等问题,马克思、恩格斯义正词严地指出,两次鸦片战争起因于英国对中国进行的非法鸦片贸易,其直接目的是抢占世界市场和掠夺中国财富,并引用大量事实资料证明,英国政府是鸦片战争的总后台,当时的内阁首相帕麦斯顿是第二次鸦片战争的亲手策划者。两次鸦片战争都以中国失败而告终,中国被迫签订了1842年的《南京条约》和1858年的《天津条约》,英国媒体借机大肆鼓吹这是实现了他们所设想的"民族光荣"和"商业利益",是西方"文明"对东方"野蛮"的伟大胜利。但马克思明确指出,每一个公正无私的人在仔细研究了英国当局和中国当局彼此往来的各种公函之后,一定会得出英国人犯了严重错误的结论。并对英国媒体篡改事实、隐瞒真相,特别是对其讳莫如深的违背人类道德的各种行为进行了深刻揭露,马克思指出:"非法的贸易年年靠摧残人命和败坏道德来填满英国国库的事情,我们一点也听不到。外

---

①《马克思恩格斯论中国》,第122页。
②《马克思恩格斯论中国》,第63页。
③《马克思恩格斯论中国》,第65页。

国人经常贿赂下级官吏而使中国政府失去在商品进出口方面的合法收入的事情，我们一点也听不到。对那些被卖到秘鲁沿岸去当不如牛马的奴隶、被卖到古巴去当契约奴隶的受骗契约华工横施暴行'以至杀害'的情形，我们一点也听不到。外国人常常欺凌性情柔弱的中国人的情形以及这些外国人带到各通商口岸去伤风败俗的弊病，我们一点也听不到。"①在马克思看来，西方媒体本质上就是资产阶级政治和经济利益的代言人，"都被黄金的链条和官方的链条同现政府连在一起"②。在一百多年后的今天，再看这些经典著作中的论述，无疑启发我们，必须大力发展软实力，学会扩大我们的话语权，让世界人民了解真实的中国，唯其如此，才能真正促进世界的公平正义。

二、权力阶层的武化趋向与建构现代国家的路径抉择

如何看待晚清帝制的本质特征？学界认识歧义纷呈。金观涛认为，发达的地主经济、大一统的官僚政治、儒家正统意识形态三大系统相互耦合，形成了中国封建社会的超稳定结构。其中，在系统整体稳定时期，宗法一体化调节机制使三个子系统保持着相互适应的状态，伴随各种异化性无组织力量的不断加大，原有系统无法稳定运行时，全国性的农民大起义作为另一种调节机制，开始在剧烈震荡中摧毁旧王朝。之后，宗法一体化机制再次发挥调节作用，新的三个子系统相互耦合，又一代封建王朝开始其重建历程，中国几千年的封建社会就是在这种循环往复的改朝换代中持续运转③。然而，自 1840 年

① 《马克思恩格斯论中国》，第 54 页。
② 《马克思恩格斯论中国》，第 44 页。
③ 金观涛、刘青峰：《兴盛与危机：论中国社会超稳定结构》，220 页。

第一次鸦片战争开始,这种超稳定结构遇到了"三千年未有之大变局",随之而来的第二次鸦片战争使晚清帝制危机日渐加重,而1851—1864年的太平天国运动正式让大清王朝由盛转衰。但甲午海战中大清王朝被一向视为"倭寇"的蕞尔小国日本战败后,人们愤怒至极,举国上下群情激奋,直到此时,才真正意识到几千年来"天圆地方"的宇宙时空观,以中国为中心的"夷夏之分"和"朝贡体系",原来皆是国人在东亚范围内自我建构的思想幻相,放之世界而不准。伴随这种"天崩地裂"大变局的出现,国人"天不变道亦不变"的自信心受到重创,开始对中华民族的经济技术水平、政治制度形态、社会文化观念产生深刻质疑,这种观念裂变既预示着晚清帝制已经步入穷途末路,也标志着中华民族第一次整体性的彻底觉醒。

面对晚清内外交困的艰难危局,在对外海战和镇压太平军的历次战役中,长期耽于享乐的八旗子弟,早已丧失了入关前后的飒爽雄风,变得毫无抵抗能力,故只能依靠以汉人为主的绿营军来作战。以曾国藩、左宗棠、李鸿章为代表的湘军、淮军由乡民团练起家,逐步扩张,在平定太平天国的过程中历尽艰险,战功卓著,由此奠定了他们在晚清朝廷中的显赫地位。曾、左、李之后,张之洞因在湖北编练新军,成为华中地区重要的武装力量,袁世凯因在天津编练北洋新军,成为京畿附近最现代化的军队。1911年,武昌新军发动起义,清廷竟然调不动北洋新军,各省宣布独立,孙中山在南京成立"中华民国政府",袁世凯借机逼清帝退位,再以手握之重兵攫取中华民国总统,最后又窃国称帝。袁世凯之后,北洋将领冯国璋、段祺瑞、曹锟等人,在外被认为是督军巡查使,在京则争夺元首位置。民国初年,军阀混战,扰攘十余年,北洋之外,东北有张作霖,山西有阎锡山,广西有李宗仁和白崇禧。孙中山在广州组织新政府,依靠桂、粤、滇军支持,讨伐袁世凯,但不断受到挟制,后依靠苏俄创办黄埔军校,开始建立自己的武装力量,孙中山去世后,蒋介石联合中共,北伐成功,统一全国,才出现名副其实的中华民国①。

在此,我们需要深入思考一个重大问题,即在晚清灭亡前后,国家政权由军人掌控的"武化"现象为何愈演愈烈?陈旭麓曾经以袁世凯篡夺民国总统为例,对此进行过深刻的政治哲学剖析,他认为,袁世凯的成功并不是因为他挟持武力和财力,玩弄权术、鼠窃狗偷才君临天下,因为他当时的社会形象远不像复辟称帝后那样,声名狼藉,臭名昭著。与之相反,他虽然手握重兵,但曾在庚子之变时在山东保境安民,在朝廷力倡宪政,宣统时期因汉人身份又屡遭满族重臣排挤打压,被迫以退为进,回河南原籍"养病",而此时的孙中山却被人们看作没有任何军事经验,只会发动暴乱,无法建立社会新秩序。在激进的革命形象和稳健的立宪形象之间,人们自然要选择后者,故袁世凯是被选举出来合法地当上了总统,这反映出当时国民之中普遍存在的一种社会心态,即呼唤一个能迅速结束动乱、稳定时局的人物,一个在专制政体倾覆后能重建和平与秩序的人物②。质言之,就是全国上下皆渴望一个力挽狂澜的政治强人出现,以实现救民于水火之宏愿。

晚清政治的改革在上述武化趋向的作用下,先后经历了不断试错的几个基本阶段:①洋务运动时期。面对两次鸦片战争的失败,国人普遍将原因归咎于中国军事技术落后,特别是曾国藩、李鸿章、左宗棠等人采购和借用西方的洋枪洋炮,在平定太平天国的过程中发挥了巨大作用,由之掀起了"学西方,办洋务,谋自强"的洋务运动。洋务运动的指导思想是"中体西用",即"师夷长技以制夷",在不触动中国传统政治制度的前提下,学习西方制作坚船利炮的生产技艺和方法,但1885年中法战争失败,1895年中日甲午战争失败,人们发

---

① 许倬云:《万古江河》,湖南人民出版社,2017年,第496页。
② 陈旭麓:《近代中国社会的新陈代谢》,生活·读书·新知三联书店,2017年,第314页。

现单纯的技术改革无法挽救中华民族于危亡,开始反思晚清君主专制制度的各种弊端。②戊戌变法时期。在反对洋务派垄断国家工业基础上形成的改良派开始登上历史舞台,代表人物有康有为、梁启超、谭嗣同、严复等,他们通过创办各种学会、学堂、报刊和出版改良维新著作,在社会上产生广泛影响,1898 年在光绪皇帝的支持下,改良派的各种新政被颁布实施,单是 1898 年 6 月 11 日到 9 月 11 日这一百天中,就颁布了一百多道上谕,涉及政治、经济、军事、文教等各个领域,这些措施极大地触犯了以慈禧为代表的顽固派根本利益,9月 21 日,慈禧发动政变,囚禁光绪帝,杀害谭嗣同、杨锐、刘光第等六君子,戊戌百日变法以失败告终。③辛亥革命时期。戊戌六君子的鲜血彻底惊醒了国人麻痹的政治神经,人们深刻认识到依靠封建统治阶级自上而下的政治改革,无法实现国富民强的政治目标,于是各种革命党纷纷建立,最终聚集到孙中山的"同盟会"旗帜下,1911 年 9月武昌新军起义,孙中山在南京宣布成立"中华民国政府",各省纷纷响应,1912 年 2 月 12 日清朝皇帝宣布退位,中国结束了两千多年的封建君主专制统治。④军阀混战时期。由于孙中山缺乏强有力的军事力量支撑,其各种政治主张无法在全国范围内真正落实,袁世凯凭借当时的巨大声望取代孙中山成为民国总统,之后又复辟称帝,被各派革命力量所唾弃,抑郁而终。由此中国正式进入军阀混战的黑暗时代,北有袁世凯后续力量支撑的北洋民国政府,南有孙中山在广州成立的中华民国政府,南北政府与各地军阀争斗不断。直到孙中山去世后,蒋介石凭借黄埔军校建立的军事力量,取得北伐成功,最终从形式上统一中国。

反观晚清历次改革所经历的反复试错和不断失败过程,有两个根本问题值得我们深入挖掘:一是晚清改革派对英国及西方各国国家制度认识的片面性,导致各种改革方案和措施的南辕北辙。由于受到当时资本主义头号强国——英国的不断侵略和掠夺,晚清在追求富国强兵的过程中，自然也就把英国作为自己的榜样来膜拜。从洋务运动到戊戌变法，再到辛亥革命，每次改革或革命背后，都可以看到改革或革命的推动者所受英国思想的深刻影响。19世纪后期的英国，无论在国家政治和经济政策上，还是在意识形态层面，既有传统自由主义，也有各种保守主义，更有新型社会主义，各种理论主张对当时英国的发展在共同发挥作用，但去英国留学或进行考察的晚清精英们，如冯桂芬、郭嵩焘、薛福成、严复等人，为了尽快实现救国图强的目的，只是抓住英国社会某一方面的思想理论或政治主张在国内大加宣传，看不到英国人在各种力量长期性冲突中不断折中前行的政治本性，更难对后起的法国、德国、美国等不同国家的政治特质进行精细化比较研究，从而导致晚清历次改革或革命的不断夭折。二是晚清精英对中国深层社会结构认识的肤浅性，使其无法找到推动改革或革命的根本动力。晚清的历次改革都是由知识分子精英人士和权力阶层开明官僚共同合作完成，他们在不断地推动着这部破旧国家机器艰难前行，但身处晚清社会的广大人民群众，从来都被统治精英们视作愚昧无知的群氓搁置一边。只有到了五四新文化运动时期，伴随马克思列宁主义的传入和中国共产党的成立，才使中国革命找到了真正的主体力量。当然，中国共产党对救国之路的认识和实践也经历了一个知难行更难的过程，最初学习苏联革命经验，只看到城市产业工人的伟大作用，直到经历了无数次失败并汲取了血的教训之后，才找到了中国社会农民阶级这个巨大无比的革命主体力量，从此中国革命面貌焕然一新。

三、资本阶层的缓慢崛起与
农工经济结构的价值位移

在晚清权力阶层发生观念裂变和建构现代国家的同时，一种巨大的经济力量也处在不断的翻腾滚动之中,这就是中国近代资本阶层的缓慢生成。尽管晚清之前中国海内外商贸活动由来已久,但现代意义上的工商业资本阶层的涌现,则完全是鸦片战争之后的产物。晚清统治阶层在两次鸦片战争和平定太平天国过程中,真正见识了西方坚船利炮的巨大威力,在洋务派的鼓动宣传下,晚清王朝开始大力引进西方的制造技术和管理工艺,其中影响最大的工业企业有:1862 年曾国藩在安庆建立的军械所,李鸿章在上海建立的江南机械局,1866 年左宗棠在福州设立的船政局,张之洞在汉阳建设的湖北枪炮厂等。但这些近代企业以官办或官督商办为主,耗资巨大,贪污成风,受到朝廷上下顽固派的强烈反对,最终这些企业被迫向民用企业发展①。与此同时,一大批中国近代意义上的面粉、纺织、轮船、铁路、开矿等民营企业应运而生,据统计,1872—1894 年中国近代有资本额可查的企业有 200 多家,1894—1913 年资本在一万元以上的工矿企业有 549 家②。

　　大批量工商业产品的运输离不开交通设施的改善。19 世纪后期,正值欧洲工业革命后修筑铁路的热潮,中国也通过举借外债和国内融资,先后修筑起南北向和东西向的若干条铁路,包括今天的津沪、平汉、粤汉、陇海、京太、浙赣等线路,加上长江、珠江等内陆航运和沿海航运,逐步形成一个以中国东半部为主的交通网络,以其巨大的运输量支撑起国内区间的物资交流和国际贸易交流。在铁路、公路、河运、海运的交汇处,一大批著名都市开始兴起,如上海、北京、天津、南京、沈阳、广州、武汉、厦门、青岛、重庆、西安、太原等,这些城市虽然古已有之,但它们过去主要肩负着以政治和军事为主的防护任

---

① 费正清:《剑桥中国晚清史》下卷,中国社会科学出版社,2017 年,第 405 页。
② 马敏:《过渡形态:中国早期资产阶级构成之谜》,华东师范大学出版社,2011年,第 23 页。

务,其性质以"城"为主,近代之后开始由"城"向"市"转换,其所具有的工商业市场网络中心的功能日渐凸显。例如:在上海周边集中了机器、造船、面粉、纺织、火柴、陶瓷、电器等工业;天津则是化工、毛纺业的中心;汉口是钢铁、机械、日用品的工业中心;广州是烟草、纺织、农产品加工的集中之处。同时,这些都市也是高等教育、观念创新、信息辐射、消费文化的集聚中心,各种报纸、杂志、出版社、戏剧、电影在这里迅猛发展,推动着国人生活起居、品味格调、思想观念的缓慢蜕变,逐步迈向"西化"或"现代化"的征途①。

　　农村从属于城市,这是近代欧美资本主义体系的重要特点。伴随我国资本阶层推动的现代工商业的发展、交通设施的改善、都市文化的兴起,也在牵引着几千年来以小农经济为主的广大农村发生巨变,加速着农业经济的商品化和小农阶层的不断分化。黄宗智曾对晚清中国华北农村的经济和社会变迁进行过深入细致的田野调查,他认为,中国农业在19世纪末和20世纪初的晚清及民国时代,已经成为世界商品市场的一个组成部分,以棉花、花生为例,这些经济作物不再只受国内市场动向的影响,同时也受世界性市场波动的影响,几乎每一次国际市场的周期性运动都直接引发相关经济作物的价格起伏。1863年,美国南北战争引发国际棉花市场价格的波动,在两周之内上海的棉花价格由每包9.8两升至25两,而当时中国出口的100万担棉花直接导致国内棉花短缺,上海的厂家不得不购买印度和日本的棉纱,因此,上海的华商纱厂联合会敦促清政府限制中国棉花出口。19世纪80年代由于花生出口价格上涨,河北的玉田、丰润、滦州等县,开始大面积种植花生,榨花生油的工厂也在天津出现,随后扩展到种植区,这些地方的花生和花生油几乎全供出口,大部分由

---

① 许倬云:《万古江河》,第508页。

天津、青岛远销到法国的马赛①。不仅如此,随着现代交通运输网的出现,中国传统道路网上的车、船、马、轿、脚力、旅社……种种产业的从业人员,也都逐步失业或转行,传统运输业支离破碎,日渐萧条,仅在农村小块地区或西部省份尚存其传统交通运输功能。

搞清了晚清新兴资本阶层缓慢崛起和农工经济结构的价值位移过程,我们就有必要对这一阶层的德性特质及前途命运予以深入剖析。①中国早期资本阶层呈现出逐利求富和素性圆滑的道德二重性特征。所谓逐利求富是指他们敢于冲破传统儒家"重义轻利"的思想桎梏,去大胆追求新时代功利主义的价值观,在"优胜劣汰"的激烈商战中,高举重商主义的旗帜,提出"商富即国富""恃商为国本"的口号,对传统社会"重农抑商"的道德观念展开批判,更新了国人的道德伦理观,极大地改变了清王朝闭关锁国的政治格局,为清廷设立商部、制定商律、颁布奖商章程奠定了社会基础,对民族自强和保国保种起到了巨大的促进作用,推动了中国近代资本主义的发展,加快了中国社会形态由封建主义向资本主义转变的步伐。所谓素性圆滑是指晚清资本阶层由于其发展历程筚路蓝缕,呈现出半殖民地半封建社会具有的典型性懦弱妥协特质。一方面,他们受到西方帝国主义侵略势力的压迫,不敢与其抗争,1894年中国全部近代产业资本中,外国资本是中国资本的1.5倍;1911年英、法、德、美、俄等帝国主义国家通过提供贷款和联合经营的方式,拥有中国全部8900公里铁路中85%的股份,在各通商口岸商船的联合吨位中也占85%,使得中国资本阶层毫无抗争优势②。另一方面,中国传统封建经济和阶级关系规模庞大,19世纪80年代,中国农业产值占国民生产总产值的66.7%,工业和手工业仅占7%,而且,资本阶层中的大多数人在农村

① 黄宗智:《华北小农经济与社会变迁》,中华书局,2000年,第128页。
② 马敏:《过渡形态:中国早期资产阶级构成之谜》,第27页。

都拥有或多或少的土地资产,这决定了他们和封建地主阶级关系的根深蒂固性和反封建的不彻底性①。上述两种因素的共同影响,使得他们对待帝国主义和封建地主阶级的态度必然是独立性与依赖性兼而有之,特别是资本阶层中依附于洋商的各类买办(Comprador),游走于外商和华商之间,或扶彼以拒此,或扶此以拒彼,其素性圆滑的特质更是昭然若揭。②资本阶层的命运多舛。早期资本阶层"从娘肚子里带来的"一系列弱点,使其无法把中国建设成一个正常发展的资本主义工业化国家,也无力真正承担起中国近代化主干载体的历史使命。到民国时期资本阶层开始分裂为官僚资本和民营资本两大体系。而在经历中华人民共和国成立初期的工商业改造后,又几近绝迹。同时我们必须看到,中国早期资本阶层在缓慢崛起中塑造的商人秩序,尽管受到西方帝国秩序和晚清政治秩序的碾压和遮蔽,但它毕竟是与封建社会截然相异的独特存在,正在努力穿透传统社会织就的致密体,在这一旧肌体里沉淀、发芽、生根、膨胀,催生着一个现代国家的诞生②。到20世纪下半叶,在中国共产党改革开放的大背景下,它再次接续历史余脉(如荣毅仁1979年创办的中国国际信托投资公司),焕发勃勃生机,真正走到了历史前台,毫无疑问,这一阶层的兴衰荣辱将直接决定着中华民族21世纪的未来走向。

四、劳动阶层的深度分化与臣民
国民的身份伦理转换

导致晚清帝制衰亡的主要因素,除了前述权力阶层武化趋向引发的国家制度改革与革命、资本阶层缓慢崛起带动的农商经济结构

---

① 费正清:《剑桥中国晚清史》下卷,第9页。
② 施展:《溢出:中国制造未来史》,中信出版集团,2020年,第309页。

失衡外,更为根本的原因是劳动阶层的深度分化及其臣民向国民的身份伦理转换。其中,劳动阶层的深度分化主要体现在以下三个层面:

首先,产业工人的出现是晚清时期劳动阶层结构要素发生质变的重要标志。产业工人作为中国的新型社会集团,最早出现于香港、广东和浙江,在那里他们为洋人的造船厂和修理厂做工,之后陆续出现在洋务派创办的近代军械生产厂和民营企业中,据统计,1894年工业无产阶级人数有10万人,1912年已增至66.1万人①,大部分来自农村、城市贫民,这些产业工人主要通过洋人买办和各种包工头进入相关企业。随着工业化的不断发展,工人的工资收入有所好转,1890年上海机械织布局每人月薪5银元,而直隶农民年收入不到18银元,由此吸引了大批农村劳动力和手工业者入城务工②。但当时产业工人的劳动条件极差,特别是在各种工矿企业,工伤事故频发,职业病盛行,卫生条件恶劣,监工横行霸道,一旦赶上灾荒年份,粮价上涨,以提高工资为核心要求的工人罢工现象层出不穷,据统计1898—1899年全国有10次罢工,1904—1906年有15次罢工,1909年至清政府垮台有34次罢工,因为当时还没有现代意义上的工会组织,大量工人业余时间参加各种秘密或半公开社团的活动③。此外第三产业(服务业)的工人也在逐步增加,包括商业店员、行业职员、机关雇员等。

其次,伴随农村社会的持续衰败,广大农民的生活状况不断恶化。晚清时期,中国农村的发展极不平衡,全国不同民族和地区呈现

① 汪江虞、聂宝璋:《关于中国第一代产业工人的斗争资料》,《经济研究》,1962年第3期。
② 陈旭麓:《近代中国社会的新陈代谢》,第124页。
③ 费正清:《剑桥中国晚清史》下卷,第562页。

出多样化特征。由于长江中下游地区工商业发展较快,带动了部分
省份农业的发展,富裕农民数量有所增加。但在广大的华北、华南、
西北地区,晚清基层政权极端腐败,大量农田水利设施年久失修,旱
涝灾害频繁发生,农村经济加速衰败,萧条景象遍布各地,苦力、游
民、乞丐、土匪盛行,袭击衙门、劫掠粮仓、烧毁地契等小规模的农民
暴动持续不断①。据杨庆堃统计,1876—1885 年有 385 次;1886—
1895 年有 314 次,1896—1911 年高达 653 次,清政府每次的灭"贼"
活动对农民生命和财产的破坏胜过"贼"乱本身②。这种农村衰败惨
象充分反映到晚清的人口流动层面,嘉庆之后,由于山东、直隶遭受
连年灾害和饥荒,清政府开始允许汉族农民向其早年隆兴的发祥地
满洲迁移,使得奉天、吉林、黑龙江的人口急剧增加;河南迁移到苏
南、浙北、安徽和江西的人口也骤增;广东、福建的破产农民向东南亚
移民更是持续不断。此外,在广大农村各种地下会道门组织盛行,诸
如:哥老会、天地会、一贯道等,许多贫民在各类会道门内歃血结盟,
以求同仇敌忾,相互帮衬。总之,特权肆虐,农村解体,传统崩解,人
心涣散,成为晚清覆灭的不祥之兆。

　　再次,大批农家子弟参加晚清新军是劳动阶层深度分化的重要
表征。前已备述,在鸦片战争和太平天国运动中,国家鼓励民间乡团
通过联合自保的方式,抗击外敌入侵和抵御太平军的烧杀掳掠,曾国
藩的湘军、李鸿章的淮军就是在农村乡土子弟团练基础上迅猛扩张
起来,成为平定太平军的主力。清廷甲午海战失败之后,更加舍得花
钱加速建设现代新型军队,曾、李、左等老一辈军人出身的朝廷要员
过世或淡出后,湖北张之洞和北洋袁世凯的新军快速崛起,至 1911 年

---

① 萧公权:《中国乡村:19 世纪的帝国控制》,九州出版社,2017 年,第 479 页。
② 费正清:《剑桥中国晚清史》下卷,第 580 页。

时,中国军队号称 100 万,实际战斗人员约 60 万。新军主要兵员来自农民子弟,那些上过几年私塾,能读会写的年轻军人经过培训很快得到重用,加之新军不像旧军那样,高度重视满族贵族血统,而是要凭借自己的战功获得军队和社会声望,如袁世凯手下的曹锟、冯国璋等人,虽出身低贱,但勇敢善战,经过军中教育迅速走上重要岗位,而且清廷规定,服役三年期满后遣散原籍时还可获得数量不等的津贴,上述措施极大地激发了农家子弟和地主文人中的落魄分子投军以图晋身官僚阶层的积极性。

与晚清劳动阶层深度分化相伴而生的另一社会趋势是,社会各阶层的身份认知正在发生巨大位移,即由臣民向国民的身份伦理转换,要揭橥这一现象的深层动因,需探讨四个重要问题:①清代中期臣民身份的道德特质。张宏杰认为,中华民族的道德特质在不同历史时期存在重大差别,如春秋战国时代的士人阶层充满理想主义,既不迷信权威也没有思想禁区,以君王的师友自居,合则留,不合则去,充满一种勇敢、尊严、优雅的贵族气质。汉代人则充满一种率直、粗朴的旷野之气,他们在和北方游牧民族的战争中彰显出勇武豪放的大无畏气概,在欧亚大陆威名赫赫,使匈奴闻风丧胆。而唐人在宽松自由的氛围中,将汉文化中优质、健康、成熟的素质同北方少数民族天真、刚劲、开阔的气质相互结合,形成一种自由自信、胸襟博大、生气勃勃的豪迈气质①。但到了清代之后,在极度强化君权、百般压制汉人、多次大兴文字狱的氛围中,朝廷官员变成了谨慎小心、缄默持重之人,他们不做政治家,只做大秘书,甘愿成为有才干无坚守的奴才,乃至以成为皇帝的鹰隼为荣,而普通百姓更是被关进严密专制的铁笼子里,各种权利被剥夺得干干净净,意志被压抑的柔弱不堪,个个

---

① 张宏杰:《中国国民性的演变历程》,湖南文艺出版社,2016 年,第 57 页。

成了无法挺直腰板，甘做驯服、听话、忍耐力极强的臣民。②帝国主义入侵促发新型民族国家观迅速确立。伴随欧美列强的大肆入侵，人们逐步了解到欧美民族国家与晚清封建王朝有本质区别，特别是鸦片战争之后的几十年，正是欧洲英、法、德、美、俄各民族国家在世界范围内彼此争霸的关键时期，如德国作为欧洲后发资本主义国家，在19世纪后期俾斯麦时期，高举日耳曼民族沙文主义旗帜，迅速成为一流强国；东邻日本也自称是世界上最优秀的大和民族，在明治维新之后，一举超过自己曾经长期拜师求教的中国，成为亚洲头号强国。上述世界范围内民族国家在激烈竞争中快速崛起的事实，极大地刺激了国人的中枢神经，迫使人们对晚清王朝的所作所为进行深入反思，开始了不做大清臣民而做新型国民的持续抗争。③晚清朝廷对汉族大臣的强烈敌视。正当张之洞、袁世凯及各省新军在强化新型军队建设的时候，晚清王朝开始了军事改革，1903年在北京设立练兵处，企图完全由中央控制新军，预设新军共36镇，每镇官兵12500人，组成清廷常备军，并只能由满族将领统帅。1907年湖广总督张之洞和直隶总督袁世凯被调到北京任军机大臣，不再让他们直接统兵，这两个统帅着晚清最强大军队的军人实际上是被明升暗降，这促使人们彻底看清了满清王朝只为一族私利而置国家利益于不顾的本质特征，袁世凯被迫称病回原籍"休养"，这构成了之后湖北新军造反起义，袁世凯逼清廷退位的根本原因。④晚清教育改革对国民身份的重塑。晚清1905年废除实行一千多年的科举制，开始按照西方课程设置和教学模式建设新式学堂，实施重大教育改革。在此之前，曾国藩、李鸿章、左宗棠在建设新式军队的同时，也开办了众多新式陆师学校、水师学堂等军事学堂，并分批派遣军官到欧洲深造，到张之洞、袁世凯时，又兴建大批新式武备学堂，单是袁世凯在直隶总督任上，在保定就办了六所武备学堂，倾力培养现代军官。特别是西方基督教会的传教士们深入穷乡僻壤，传播西方文化，吸引大批信众,在中国城乡也兴办了众多新式学堂和大学①。上述各类新式学堂所开设的西式课程和教学内容,如滚滚大潮冲击着中国传统社会以四书五经和科举考试为核心的儒家教育体系,也在广泛推动着中国社会各阶层由传统臣民观念向现代国民观念的急遽转变,它预示着以孙中山的"民族、民权、民生"三民主义为代表的"中华民国"终将代替仅代表满族私利的"大清王朝",梁启超梦寐以求的"少年之中国"已成为中华民族的必然抉择。

正是在上述中西方权力、资本、劳动三大要素的激烈冲突之中,晚清传统型政治、经济、社会结构逐步瓦解,一种新型的现代型政治、经济、社会结构日渐生成,这一现象既不同于费正清所讲的晚清王朝对西方的简单挑战与回应,也不同于金观涛所主张的中国历史上封建社会超稳定结构周而复始的运转,更不是马克斯·韦伯所说的中国文化缺乏新教伦理精神,而是中国数千年来全部政治、经济、社会、文化结构的彻底位移,特别是中国共产党出现之后,其所领导的历次革命运动,从根本上改变了占中国人口绝大多数的劳工大众的社会地位、心性结构和精神面貌,这完全不同于中国历史上任何一次改朝换代的农民造反运动,它预示着一个崭新的现代性主权国家的出现,这个主权国家内外结构的全面更新,犹如一次彻底的"凤凰涅槃",终将对整个人类的历史走向产生深远的改造和塑型作用。

---

① 西方传教士由于具有献身精神,比西方商品走得更远,他们在偏远农村传播过程中,接受的教徒大多是社会底层人物,故多受农村绅士们讥讽蔑视。但在城市传播过程中,入教信徒社会上层人士居多,这是基督教传播史研究中,值得高度重视的一种现象。

第十一章　当代中国的王霸抉择与人类命运共同体

　　21 世纪伊始,金融危机的蔓延、恐怖主义的流行、国际难民的增多、网络攻击的频发、生态环境的恶化、流行疾病的传播等,使得人类各种重大风险的全球化进程不断提速,而近现代以来形成的以个人权利为出发点,以民族国家为机构建制的西方国际政治体系,在求解上述问题的过程中显得力不从心,乃至根本无法有效应对。因之,如何站在人类文明的道德制高点上,重塑全球范围的新型世界秩序,真正建构起当今人类的命运共同体,日益成为全球化时代人类亟待解决的重大世界政治伦理难题。这就迫使我们去思考,中华民族在世界民族之林,由跟跑、并跑走向领跑时,能否用本民族传统的国际政治伦理智慧,在重塑当今世界秩序和构筑人类命运共同体中,承担起应有的历史责任? 为正确回答这一问题,笔者在本章以先期发表的相关研究成果为基础①,充分镜鉴国内外学界近年来的最新研究成果,试图从历史大纵深、国际宽视域、当代新高度三重视角,对此论题

---

① 参见拙作:《民族主义政治伦理的道德悖论》,《中共中央党校学报》,2009 年第 6 期;《对中国民族主义政治伦理的多维检审》,《道德与文明》,2009 年第 5 期;《全球化与中国主权伦理的深度更新》,《甘肃理论学刊》,2009 年第 4 期;《国际战争与和平视域中的和谐世界伦理》,《道德与文明》,2010 年第 1 期;《民族精神与普世伦理的辩证统一》,《马克思主义与现实》,2010 年第 4 期;《文化自信:民族复兴的精神支柱》,《道德与文明》,2011 年第 5 期。

再置一喙，所论是否切中肯綮，敬请方家不吝赐教。

一、中国王道政治的伦理指向与古今之变

在中国先秦诸子百家中，王道政治是对霸道政治的拨乱反正，是在与霸道政治的对立统一中逐步走向成熟的。在原始儒家看来，自春秋伊始，伴随礼仪废弛和人伦不理，夏商周以来建基于善意和美德基础上的王道政治逐渐式微，而矗立在个体或一国私欲基础上的霸道政治日渐兴隆，诸侯国之间以强劫弱、以众暴寡的现象普世蔓延。孔孟之徒怀抱圣人救世之心，对霸道政治所引发的诸多弊端大力挞伐，为恢复王道政治的社会理想而奔走呼号。那么，究竟如何看待中国古代王道政治的伦理根基、核心内涵、历史作用、当代命运？要正确回答上述问题，就必须从历史大纵深的视角，对王道政治的逻辑架构予以深入细致的立体性描述①。

（一）天经地义的空间伦理

任何一种文化都是一个完整的思想体系，都存在着一个被幽深背景遮蔽的逻辑起点和终极依据，犹如树根支撑树干、树枝、树叶并为之提供养分一样。在中国古代政治哲学中，宇宙论与伦理学之间存在着极其密切的关联，人们试图从宇宙的实然存在方式引申出人类的应然生存方式，将人类的道德生活扎根于自然的运作之中，通过模仿宇宙的自然秩序获得人间的社会秩序，特别是宇宙目的论的提出，使得宇宙的模型功能对人类社会发挥出重要的规范功能，从而形成了事实与价值浑然不分的理论格局。那么，支撑中国王道政治秩

---

① 参见拙作：《中国王道政治的伦理指向与古今之变》，《南昌大学学报》（社科版），2019 年第 2 期。

序的宇宙本原是什么呢？这就是天、地、人、神合一的内在整体的宇宙观，亦即天象与地形在人们内心世界投射而成的天圆地方、天道左旋、中央四方的宇宙意象。如董仲舒所言："古之造文者，三画而连其中，谓之王。三画者，天地与人也，而连其中者，通其道也。取天地与人之中以为贯而参通之，非王者孰能当是？是故王者唯天之施，施其时而成之，法其命而循之诸人，法其数而以起事，治其道而以出法，治其志而归之于仁。"（《春秋繁露·王道通三》）笔者将之概括为天经地义的空间伦理观，它成为中国古代王道政治形上本体论的思想原点。

　　从天经地义的空间伦理出发，逐步生成了中国古代王道政治的天下秩序理论，它主要涵括以下内容：①夏夷之分。虽然《诗经·小雅·北山》中很早就有了"溥天之下，莫非王土"的颂歌，但没有一个君主能够真正统治如此广袤的土地。中国夏、商、周时代的天下秩序是建立在"中心—边缘"的差序格局之上的，《尚书·禹贡》提到大禹治水时，将天下的名山大川划定为九州：冀州、兖州、青州、徐州、扬州、荆州、豫州、梁州、雍州。同时，将京城之外的土地依远近划分为"五服"："五百里甸服"，"五百里侯服"，"五百里绥服"，"五百里要服"，"五百里荒服"。最早的夏夷之分主要依据血缘的远近和地位的高低，生活在王室周围的贵族为夏，非王的支脉如母弟甥舅等为夷。到了战国时代，夏夷之分逐步演化为礼乐先后和教化高低的地域文化之别，处在文明中心区的"夏"通过德化的方式为周边的"夷"做示范。②朝贡体系。上述夏夷之分是通过远近亲疏、尊卑等级、以臣事君的朝贡体系逐步确立起来的，周代文武周公设计的"封建制"是一个天下一体的政治分治体系，其中，天子的直辖特区是世界监护中心，下设各个诸侯国，诸侯国之下又有贵族士大夫的采邑。天子拥有天下土地的所有权，诸侯则只拥有分封土地的使用权，天子负责维持天下体系的公共秩序，诸侯国拥有高度的自治权，但必须分担天子维持公共秩序的各种成本,包括纳贡、服役、兵役等,诸侯要定期来朝述职。③和亲制度。中国历代中原王朝的涉外政策除以朝贡体系为主外,还有辅助性的和亲策略。阎明恕认为,从商周到清朝,和亲策略一直被长期沿用,它对中原王朝与周围政权关系的处理发挥过重大作用,在历朝历代的和亲策略中,并非全是迫于压力的权宜之计,如:历史上既有汉代处于被动地位的"消极和亲",也有唐代处于主动地位的"积极和亲"①。

当然,在天经地义的空间伦理基础上设计出的上述制度安排,由于存在着各种难以克服的隐蔽漏洞,在后世的王道政治实践中屡遭挫折。如:在周朝中后期,由于天子已无地可封,世袭的诸侯豪族对自身利益的追求超过对天下共同利益的维护,加之北方游牧族群对周王室的侵袭,迫使其在都城东迁的过程中丧失大量直辖属地,从而使其管制诸侯的经济能力和政治威望骤然下降,最后消亡于战国时代诸侯峰起的霸权征战之中。不仅如此,中国历代王朝称臣纳贡的情况也极其复杂,如:西汉王朝和匈奴之间实际上是战胜国与战败国的关系;许多中原王朝和西域诸国本质上是朝贡名义下的通商贸易;朝鲜、越南曾经由中原王朝的藩属国逐步演变为大国与小国的关系。然而,正如赵汀阳所言,中国历代的天下秩序可能时好时坏,但周代创制的以共同价值观、利益观、责任观为核心的"天下体系",作为一种思考世界政治关系的方法论遗产,已经内化到中国历代王朝的思维模式中去了②。

(二)三代至上的时间伦理

与空间伦理密不可分的是时间伦理,人类对生命存在的历史性

① 阎明恕:《中国古代和亲史》,贵州民族出版社,2003年,第157页。
② 赵汀阳:《天下的当代性》,中信出版集团,2016年,第127页。

领悟与对时间性的体验密切相关,时间性本身不是具体的存在者,它需要借助过去、现在、未来三个向度展现自己。从本质上讲,时间性是一种整体性的统一现象,只要时间性到时,过去、将来和现在就一起到时,任何现在视界的展开必然以将来视界和过去视界作为可能性条件,融合在现在视界之中,与这三种时间向度相对应,形成三种不同的历史意识:古典性、现代性和后现代性。古典性将过去的权利置于优先位置,现代性将现在的权利置于优先位置,而后现代性则意味着把将来的权利置于优先位置。中国古代王道政治的时间观属于典型的古典性历史意识,我国各类远古经典所描述的理想化的夏、商、周三代,在中国王道政治史上具有极端重要的历史地位,如黄俊杰所言,古代无数政治家和思想家在力倡王道的过程中,经常运用"三代"概念注入他们所追求的意义内涵,企图借助赋历史以新意的方式,使"三代"的历史经验对"当代"产生撞击,以求指引未来①。在他们看来,自三代以降,人心沉沦,历史退堕,因此,在三代历史中潜藏着永恒而超越时空的具有普遍意义的"天道"和"公理"。

在笔者看来,王道政治所追求的三代至上的时间伦理,其目的在于通过回窥族源记忆中生拙与鲜活并在、懵懂与灵慧齐飞的原初镜像来匡正时弊,借助先民文明肇始的曙光来驱除现时代的浮夸、矫饰与躁动,从而回归真诚、质朴与淡雅的本真性政治伦理境界。如在《论语》中,孔子心目中的三代是一个毫无瑕疵的黄金时代,三代的历史人物皆是圣君贤相,他们以道德治国且行之有方。《论语·泰伯》载:"子曰:'巍巍乎,舜禹之有天下也,而不与焉。'""周之德,其可谓至德也已矣。"孟子也拿三代与现实对比,用三代这一精神杠杆来批判和反思现实。《孟子·离娄上》载:"规矩,方圆之至也;圣人,人伦

---

① 黄俊杰:《儒家思想与中国历史思维》,华东师范大学出版社,2016年,第82页。

之至也。欲为君,尽君道,欲为臣,尽臣道,二者皆法尧舜而已矣。不以舜之所以事尧事君,不敬其君者也;不以尧之所以治民治民,贼其民者也。"朱熹更是将《尚书》中"人心惟危,道心惟微,惟精惟一,允执厥中"这十六字视为尧、舜、禹口口相传之密旨和心法,要求后人必以此种历史之"实然"作为当今行事之"应然"。

特别是《礼记·礼运》篇所记载的夏商周时代的"大同"和"小康"社会,更是深深植根于力倡王道政治的思想家们的内心深处,成为他们梦寐以求的理想社会。"大道之行也,天下为公。选贤与能,讲信修睦,故人不独亲其亲,不独子其子,使老有所终,壮有所用,幼有所长,鳏寡孤独废疾者,皆有所养。男有分,女有归。货,恶其弃于地也,不必藏于己;力,恶其不出于身也,不必为己。是故,谋闭而不兴,盗窃乱贼而不作,故外户而不闭。是谓大同。"如果说上古时代天下为公的大同社会理想过于超迈高远,那么,禹汤文武周公时代天下为家的小康社会理应为今人所追慕。"今大道既隐,天下为家,各亲其亲,各子其子,货力为己。大人氏及以为礼,城郭沟池以为固,礼仪以为纪,以正君臣,以笃父子,以睦兄弟,以和夫妇,以设制度,以立田里,以贤勇知,以功为己。故谋用是作,而兵由此起。禹汤文武成王周公,由此其选也。以著其义,以考其信,著有过,刑仁讲让,示民有常。如有不由此者,在执者去,众以为殃。是谓小康。"可见,这种"典型在夙昔,古道照颜色"的时间伦理观,其本真旨意就是要借三代典范穿透时空阻隔而召唤今人优入圣域,以便修身养性、经世济民、成圣成贤。

(三)家国同构的宗法伦理

无论是天经地义的空间伦理,还是三代至上的时间伦理,都无法脱离人而存在,但中国古代王道政治所讲的人,不同于近代西方社会具有独立性的个体存在,而是生活在家国同构这一特定社会制度下的人,因此,家族宗法伦理构成王道政治的又一重要内容。有研究表明,中国的王位继承方式自夏、商时代就出现了兄终弟及制,到商代康丁之后,逐步演化为父子相继制,到了周代成王之后,开始推行固定的嫡长子继承制。西周的统治者划分为天子、诸侯、卿大夫、士四个等级,天子的嫡长子继承天子之位为大宗,其余庶子被分封为诸侯,为小宗;诸侯的嫡长子继承诸侯之位,为大宗,其余庶子为小宗;卿大夫的嫡长子继承卿大夫之位,为大宗,其余庶子成为士,为小宗。由之,形成了以嫡长子继承制为核心的家族宗法体制,其主要目的是将同姓子弟亲属封为地方邦国,通过血缘纽带联系起来,作为保护周王室的屏障,亦即"封建亲戚,以蕃屏周"(《左传》禧公二十四年)。而且为了保证尊族敬宗的有效实施,西周还建立起完备的宗庙祭祀制度和礼乐文化。

　　前已备述,到了春秋时代,由于上述封建制度的隐蔽漏洞日渐彰显,天子不复巡狩,诸侯不再朝觐,出现礼崩乐坏的局面,至战国时代,更是诸侯混战、霸道横行。秦始皇统一中国后深刻汲取西周治国理政的经验教训,实行编户齐民,车同轨,书同文,统一度量衡,全国划分为三十六郡,郡下设县,郡守县令皆听令于中央,全盘取缔诸侯国和封建贵族,实现了国家管理体制的彻底转轨。在随后两千多年的中国历史上,这种国家层面的中央集权的科层制行政管理体制,虽然屡遭封建复辟势力的打击,如西汉的七国之乱、西晋的八王之乱、明朝的靖难之役等,但一直屹立不倒,被毛泽东称为"祖龙魂死秦犹在","百代都行秦政治"。然而,需要指出的是,秦始皇的郡县制只是对历代国家层面的制度设计发挥了巨大作用,但在中国广大的基层乡村,以家庭为细胞的农业自然经济和血缘宗族关系,自始至终未受到根本撼动,致使族长和乡绅掌管社会基层统治权的局面绵延不绝,族长和乡绅通常出自名门望族、富贵大家,而且读过诗书,他们集宗族、财富和知识三大权威于一身,是地方上最有影响的实权人物。

中国传统社会的家族宗法制向中央集权官僚制的转换,主要通过汉代之后统治阶级长期摸索,至隋唐时代逐步定型的科举制得以完成。经过科举制的层层选拔,农村出身的大量知识分子从宗法家族中不断流入皇权官僚阶层,而年龄过大或职场失意的官员又重新回归家族,以族长或士绅的身份左右宗族或地方基层政权的运作,这种家族与朝廷之间的双向循环式对流,有效地保证了中国传统社会"家国同构体"的正常运转,同时也造就了中国极其发达的宗族文化和官场文化。这种宗法家族制度与中央集权的郡县制相结合,形成了中国独具特色的"家国同构型"政治制度,其具体表现形式为:"家"是"国"的原型和缩影,"国"是"家"的放大和展开,族长即家族之君王,皇帝即国家之族长,祠堂制度管理家族,政治制度管理国家,家族经济以族田为基础,地主经济以私有制为主体,家族和国家处于有机的联接和同构之中,而宗法伦理则成为两者直接沟通的桥梁,在这里,父子关系转换为君臣关系,对族权的敬畏转换为对皇权的顺从,孝转换为忠①。

(四)以德为主的仁政伦理

建立在天经地义的空间伦理和三代至上的时间伦理基础之上的家国同构型宗法伦理,只有转化和落实为权力阶层以德为主的仁政伦理,才能真正发挥出王道政治的切实功效。对道德的崇奉是夏、商、周三代政治文化的重要特色,但以德为主的仁政伦理的真正生成则主要归功于周代,以周公为代表的西周统治集团对道德作用有着深刻性体悟,在《尚书·周书》的《大诰》《康诰》《雒诰》等诸多篇章中,"敬德"的思想已成为西周初期统治者的基本执政理念,王国维在谈及西周家族宗法制度和祭祀礼仪制度的主要目的时说:"其旨则在

① 刘广明:《宗法中国》,上海三联书店,1993年,第85页。

纳上下于道德,而合天子诸侯卿大夫士庶民以成一道德之团体。周公制作之本意,实在于此。"①那么,周人所理解的"道德"具体包括那些方面的涵义呢? ①修德与配命。在殷商时代,天帝是一种具有人格形象的喜怒无常的至上神,殷人将天命理解为永恒的赐予,如纣王所言:"我生不有命在天。"(《尚书·西伯戡黎》)到了西周时代,周公一反传统的天命观,提出"天命无常""天命惟德"的思想,认为商纣灭亡的根本原因在于其"不敬厥德",而"小邦周"之所以能够取代"大邑商",关键在于其推行"德政",他主张上天不会把人世间的权命无条件地永远赋予一姓王朝,统治者能否享有天命,关键看自己是否"修德""敬德",只有"修德""敬德"之人,才能配享天命,才能取得并保持政权,"若德裕乃身,不废在王命"(《尚书·康诰》)。这种将社会的道德伦理原则交给神并作为神的意志和法则的思想,无疑是中国历史上政治伦理观的一个巨大进步。②孝悌与祭祀。周人关于孝悌的道德规范是对宗法关系中纵向父子关系和横向兄弟关系的伦理概括,体现了宗族内部亲亲、尊尊的行为准则;对祭祀的强调则是要求后人必须严格遵守各种仪式礼节来恭敬地对待先祖和上天,通过对先祖的"追孝"和对上天的"敬奉"来承续上天赋予先王的德业,以便维护君统和宗统的权利,并承担起光宗耀祖的义务。

正是从西周开始,一方面,以道德理想主义为核心的个体心性儒学支撑着古代中国社会对理想精神的需要;另一方面,以伦理中心主义为核心的社会政治儒学支撑着现实政治的有序运作。这两个层面的思想各有指向、水乳交融,作为一个完整的王道政治思想体系,对中国后世人心秩序和社会秩序的调控发挥出巨大的实践作用②。以诸侯国之间对外关系的处理方式为例,"德"在对外关系中,尤指宽大

---

① 王国维:《殷周制度论》,《观堂集林》,第 454 页。
② 任剑涛:《道德理想主义与伦理中心主义》,东方出版社,2003 年,第 19 页。

为怀、和平为重、有实力而不欺人的做法和态度。《左传·禧公四年》载:"齐侯曰:'以此众战,谁能御之? 以此攻城,何城不克?'(屈完)对曰:'君若以德绥诸侯,谁敢不服? 君若以力,楚国方城以为城,汉水以为池,虽众,无所用之。'"这是说,齐侯让楚国的屈完参观齐师的人马众多,屈完则指出,以德服人才能使人服,以力服人只能引来更大的反抗。不仅如此,无德不可以伐人,无德不可以和戎,无德不可以主盟,已经成为春秋战国时代处理诸侯和夷狄关系的重要伦理规范。《左传·襄公四年》载:"公曰:'然则莫如和戎乎?'对曰:'和戎有五利焉:……以德绥戎,师徒不勤,甲兵不顿,四也。鉴于后羿,而用德度,远至迩安,五也。'"亦即晋侯欲伐戎,魏绛谏劝,主张用宽大和平的态度与戎搞好关系,亦可免予劳师动众,并主张在一切对外关系中,都应当用德,以便实现远者来、近者安的终极目的。

(五)民为邦本的社会伦理

以德为主的仁政伦理其终极价值取向是"民为邦本",周代的王道政治将殷商以前的不可捉摸的皇天上帝的意志形塑为人民的意志,将喜怒无常的天赋予了天命与民意结合的伦理内涵,提出了"天民合一论"的主张,认为天不仅爱护人民,倾听人民的意愿,而且天还以人民的意志作为自己宰理人世的意志,从而呈现出明显的民本主义色彩。如《尚书·泰誓》中明确提出"惟天惠民""天视自我民视,天听自我民听"的主张,这就使得民意比起皇天授命的君主更具有优先性,人民对君主没有无条件服从和忍受压迫的义务,人民有权要求君主实行德政,如果君主滥施暴虐,正义之天就会降罚给君主或改变其统治。由之,安民、保民、抚民、恤民、勤民、庇民,始终是周代王道政治的重要课题。

到了春秋时代,孔子将"仁者爱人"的思想适用于"治民"领域,提出了"养民也惠"的主张,在《论语》的不同篇章中,孔子反复强调

"使民以时""敛从其赋""富之""教之""因民之所利而利之"等,甚至要求"博施于民而能济众"。战国时代的孟子将孔子的"惠民"思想发展为"施仁政于民",他明确提出:"三代之得天下也以仁,其失天下也以不仁,国之所以废兴存亡者亦然。天子不仁,不保四海;诸侯不仁,不保社稷;卿大夫不仁,不保宗庙;士庶人不仁,不保四体。"(《孟子·离娄上》)而仁政之所以能够平天下,是因为它能够"得民心","桀纣之失天下也,失其民也;失其民者,失其心也。得天下有道:得其民,斯得天下矣;得其民有道:得其心,斯得民矣"(《孟子·离娄上》)。不仅如此,孟子从民心向背出发,还提出了一系列著名的命题。如"天时不如地利,地利不如人和""得道者多助,失道者寡助""民为贵,社稷次之,君为轻。是故得乎丘民而为天子"等,孟子"重民心"的思想将春秋以来的重民思潮推到一个新的历史高度。后来荀子将其表述为:"君者,舟也;庶人者,水也;水则载舟,水则覆舟。"(《荀子·王制》引《传》)这成为后世封建统治者中有见识的政治家施政方略和统治政策的一个重要思想依据,也成为儒家王道政治伦理的终极性价值追求。

(六)王道政治的近代终结

如果说佛教的大规模传入曾经对中国的王道政治伦理产生过重大影响,那么,明清两代以西洋基督教为核心的知识、思想与信仰的传入,则再一次给中国文化以巨大冲击。明神宗万历十一年(1583),罗明坚、利玛窦等耶稣会传教士开始将西方基督教神学、数学、天文学等知识介绍给中国思想界。这一"西学东渐"的趋势并未因明清改朝换代而终止,直到清康熙年间一直在持续扩大,后因清王朝与罗马教廷的"礼仪之争"而中断,清王朝关闭了对外开放的大门。经历两次鸦片战争和甲午海战之后,中国逐步沦为半封建半殖民地国家,在西方的坚船利炮、商贸往来、文化渗透等多重压力裹胁下,中国的王道政治伦理开始了浴火重生和脱胎换骨的嬗变历程。

　　为与前述王道政治伦理的具体内容相精契，笔者亦从五个层面就其嬗变轨迹择要述之：①从天经地义到天崩地裂。"天圆地方"的宇宙时空观是几千年来中国人对天地人神相互关系的基本认识，但随着现代科学的发展，特别是哥白尼日心说的提出，彻底打破了中国人所熟悉的空间秩序，有限封闭且秩序井然的宇宙变成了浩渺无限且变化万端的宇宙，从此，天经地义的空间伦理观受到强烈震撼，事实与价值开始由浑然不分走向截然二分，传统的自然主义伦理观被彻底瓦解。特别是西洋人绘制的《山海舆地全图》将大地说成是圆球形状，中国是万国之中的一国，更是彻底掀翻了国人习以为常的"华夏中心论"和建基于此的"夷夏"之分，过去的"朝贡体制"变成了今天的"条约体制"，以往的"蛮夷之地"变成了现在的"平等国家"，这种亘古未有的"天崩地裂"之变局，预示着现代政治设计再也无法从古代宇宙论获得其合法性和合道德性的根据，只能立足于对传统思想潜能的提炼与转化。②从三代至上到来世永恒。中国王道政治三代至上的时间伦理认为，夏商周三代作为一个失去了的记忆中的黄金时代，对人类将永远发挥出典范性的鼓舞作用。与之相反，西方基督教文明将人类春夏秋冬循环往复的时间观，拉直为由过去、现在、未来构成的线性时间观，强调来世天堂的极端重要性，而启蒙运动者主张，现代生活中的各种负面因素皆是过去造成的，为了建立一个正面的现代必须否定过去。这种将未来和现在看得无比重要的西方时间伦理观在近代中国的广泛流行，彻底抽空了中国王道政治三代至上的时间伦理根基。③从家国同构到家破国裂。前已备述，建基于小农经济基础之上的家族宗法制度，借助统治阶级长期摸索而逐步形成的科举制度，与世袭的中央集权的皇权官僚制相契合，构成了家国同构的王道政治的重要内容。中国步入近代社会之后，伴随工业压倒农业、城镇取代农村、农民转为工人，建基于小农经济之上的家族宗法制逐步走向解体,而皇权私相授受的专制性中央集权,也逐步被人民当家做主的现代民主政治所取代,盛极一时的科举制度逐步被现代教育制度和官吏选拔制度所替换。④从德政伦理到霸道横行。王道政治所倡导的以道德理想主义和伦理中心主义为核心的仁政伦理,在个人主义、功利主义、社会达尔文主义等现代西方政治思潮的冲击下,逐步走向瓦解。官吏"光被四表"的政治德性被个人的至上权利所取代,国家由社会各阶层共同构成的德性有机体演变为满足个人利益的契约性产物,并逐步被追求国家利益最大化的国家功利主义所取代,王道政治所崇奉的贵中尚和,日渐消失在物竞天择、适者生存的社会达尔文主义丛林法则之中。⑤从民为邦本到民之裂变。在民为邦本的王道政治伦理体系中,士农工商四大阶层中的"士"与"农"极端重要,并具有道德伦理上的优位性,而工商阶层特别是商人被称为"四民之末"。与之相反,近代工业革命之后,资本力量日渐彰显,欧美国家工商业阶层的社会地位逐步提高,他们成为推动社会财富不断增长、引领现代国家繁荣富强、实现当今人类生存方式更新的重要力量,并逐步发展出以资产阶级为核心的资本主义社会。受其影响,中国传统王道政治中的"民",在近代社会也开始深度分化,从士农工商中衍生出资产阶级和无产阶级,且这两大阶级的社会作用与日俱增,伴随中国社会阶层结构和与之密切相关的经济、政治结构发生重大转型,预示着一种新型政治文明即将在涅槃的浴火中走向重生。

二、中国天下观与西方国际观的伦理视差

如果说从历史大纵深的宏阔视角,正确把握王道政治的丰富内涵和运演轨迹,是透析其本真面相的必备之道,那么,在全球化浪潮不断冲击,民族国家的主权形式发生深刻变迁的今天,采用国际宽视

域的比较研究方法，对中国传统王道政治的天下观与西方近代生成的霸道政治的国际观进行比照对勘，并深入揭橥其伦理视差，无疑有助于我们从政治伦理学的视角，进一步全面清晰地认识中国古代王道政治的利弊得失①。

（一）重农抑商的封闭求稳与商贸经济的开放求变

要对中国天下观和西方国际观的伦理视差予以深入剖析，首先要从双方在不同自然地理环境下形成的生产生活方式入手，进而对各自心理观念的差异性予以仔细诠释。中国地处亚欧大陆东部太平洋西岸这片广阔的温带大陆上，四周被高山、沙漠、草原、大海隔离开来，在这一相对封闭的自然地理环境中，分布着雄浑的黄土高原、众多的大江大河、广阔的平原地带和复杂的山脉沟壑。特别是黄河流域疏松细腻的黄土，为古代高度发达的农业经济的出现奠定了天然根基，这就使得中华民族中原地区的农业文明在世界范围内长期处于领先地位。而历史上西北游牧民族对中原地区的不断侵扰，一方面使得大量南迁的中原民众，将精耕细作的农业生产方式推展至长江以南地形复杂的广大地区，另一方面也使得大量游牧民族被同化到农耕文明中来。悠久的农业文明在造就华夏民族勤劳节俭、笃实宽厚、谦和好礼、重义轻利等优良品质的同时，也使得其民族心理和民族性格呈现出保守内敛型特质。诸如：长期的农耕生活使得人们对土地产生高度的依赖感，养成了"金窝银窝不如家中的土窝""落叶归根""狐死首丘"等安土重迁、不愿流动、依恋家乡的心理，在潜意识中对流动迁徙的经商活动以及漂泊在外的陌生人，抱有一种天然性鄙薄和怜悯态度。由于自给自足的农耕经济一直占据主导地

① 参见拙作：《中国天下观与西方国际观的伦理视差》，《伦理学研究》，2018 年第 4 期。

位,使得人们自我陶醉于"三十亩地一头牛,老婆孩子热炕头"的农家田园生活之中,缺乏积极向外拓展的心理动力。在以家庭为单位的农业生产中,人们长期性聚族而居,形成了以宗族血缘为核心的家庭孝道伦理,它注重追求人的身心之间和人际之间的安宁和谐,漠视对个体权利的争取。传统农业生产高度重视五行相生相克、四季周而复始的自然观,并严格遵守春耕、夏长、秋收、冬藏的生产生活规律,这种经验的不断积累,极易产生墨守成规、保守怀古的封闭心态,难以打破常规和开拓创新。

与中华民族所处的自然地理环境不同,构成西方文明底色的两希文化,深受波澜壮阔的大海的影响。希伯来民族生活在地中海东岸耶路撒冷附近的"新月形"地带,一方面,这里到处是绵延起伏的山脉和一望无际的沙漠,极不适宜大规模的农业耕种,造就了古希伯来人的游牧生活,另一方面,它又是地处亚非欧三大洲的咽喉要道,古埃及、古巴比伦、古罗马帝国都在这里争雄逐鹿,各种贸易商队川流不息,使之成为贸易集散之地。而身居地中海的希腊文明,生成于狭长的半岛之上,同散布在周围的诸多孤岛一样,土地贫瘠,难以形成完全自给自足的农业经济体系,不断地殖民迁徙和海上贸易活动,成为其基本的生产生活方式,由此,奠定了欧洲民族独特的社会心理特质。例如:希伯来民族多次丧失主权并流离失所,维系其民族生而不灭的奥秘,既不是血缘性宗族纽带,也不是地域性乡土情怀,而是对创世之神耶和华的坚定信仰与期待,经历中世纪漫长的传播与形塑过程,转化为近现代欧美各民族对上帝的皈依与信靠。而居住在地中海各岛屿上城邦或城镇中的希腊罗马人,由于主要依靠商业贸易维持生存,形成了追求金钱与利润、注重律法与契约、张扬个性与平等的精神特质,经过近代文艺复兴和启蒙运动的洗礼,演变为基督新教的经济理性观、神圣天职观、新型禁欲观等,并成为当今资本主义制度的精神支柱。黑格尔曾经指出:"大海给了我们茫茫无定、浩浩无际和渺渺无限的观念,人类在大海的无限里感到他自己的无限的时候,他们就被激起了勇气,要去超越那有限的一切。大海邀请人类从事征服,从事掠夺,但是同时也鼓励人们追求利润,从事商业。平凡的土地、平凡的平原流域把人类束缚在土壤里,把他卷入到无穷的依赖性里边,但是大海却挟着人类超越了那些思想和行为的有限的圈子。"①应该说,尽管黑格尔对中国建基于大河之上的黄色土地文明存在偏见,但他一定程度上洞察到了不同自然地理环境对东西方民族心理差异的深刻影响。

(二)天人一体的共生共在与神人二分的主客对立

在特定自然地理环境中形成的中国文化,在思维方式上通常以"统观"或"会通"的方式观察宇宙、社会和人生,着眼于天、地、人、神的相互依存和密切联系,认为不仅人体小宇宙是一个有机联系的整体,天地大宇宙也是一个有机联系的整体。宋代力倡王道政治的朱熹,把"天理"视作人间秩序的终极道德依据,人类只有体认到天理的重要性,才能形成对宇宙秩序的认识,对人类和万事万物的敏感。张载发挥孟子"万物皆备于我"的义理,在《正蒙·大心篇》中主张:"大其心则能体天下之物,物有未体,则心为有外。世人之心,止于闻见之狭。圣人尽性,不以见闻梏其心,其视天下无一物非我。"人只要获得了这种认知,就能够达到"民吾同胞,物吾与也"的境界。王阳明在其《大学问》中更进一步指出:"大人者,以天地万物为一体者也,其视天下犹一家,中国犹一人焉。若夫间形骸而分尔我者,小人矣。大人之能以天地万物为一体也,非意之也,其心之仁本若是,其与天地万物而为一也。"不难看出,中华民族自古就有将宇宙自然、人类社会统摄为"天下一家""天涯若比邻""四海之内皆兄弟"的博大情怀,由

---

① 黑格尔:《历史哲学》,生活·读书·新知三联书店,1956年,第134页。

之,形成了崇奉"以和为贵"的国家政治哲学以及民族国家间"和而不同"的道德宽容精神。

与中国古代在天人一体基础上形成的民族国家间共生共在的和平伦理不同,乃至完全相反,在古希伯来的信仰精神和古希腊的理性精神(亦即两希文化)基础上形成的西方文明,主张神人二分和主客对立,并以此为出发点,强调民族国家间的利益冲突以及由此而生的隶属关系。如《圣经·旧约》中的上帝是一个发布命令和提出要求的神,它主动地创造世界,并赋予每个人以灵魂。"我们要按照我们的形象,按照我们的样式造人,使他们管理海里的鱼、空中的鸟、地上的牲畜和全地,并地上所爬的一切昆虫。"(《旧约·创世纪》1:26)古希腊的柏拉图则将理念世界与感性世界、灵魂与肉体区分开来,这一观念通过中世纪"实在论"与"唯名论"之争,逐步运演到近代哲学中,特别是伴随笛卡尔"我思故我在"命题的提出,思维与存在、主体与客体的对立日渐彰显。黑格尔在《精神现象学》中更是以主客对立为基础,提出了著名的"主奴关系"理论,认为自我意识的独立性依赖于他者的承认,每一自我意识都有被承认的欲望,欲望之间的冲突和斗争直接导致主奴关系的产生,结果是主人赢得了奴隶的承认,而奴隶在恐惧战栗和按主人要求劳动的过程中,又会产生被主人依赖进而获得承认的独立意识,这就是主奴关系的辩证法,但这种承认是在不对等的关系中形成的,要真正实现平等主体之间的相互承认就必须超越主奴关系。上述哲学主张最终演化为近现代西方以国家主权和资本扩张理论为依托的贩卖黑奴、种族歧视、广泛殖民等活动,尤其是为了争夺主人地位而掠夺他国资源和财产的殖民行为,最为集中地体现了西方哲学的主奴关系理论。其典型标示当属大英帝国创制的宗主国和殖民地之间的隶属关系,而当代美国借助各种软硬实力赢者通吃和支配世界的霸权行径,则更为深刻地彰显出主奴关系理论的本质内涵。二战之后,世界各地广泛兴起的民族独立和解放运动,所表明的恰恰是重建本民族主体性、实现平等主体的相互承认和重塑非西方世界历史的过程。

（三）隆礼重仪的差序格局与法律至上的城邦共治

"差序格局"是费孝通在《乡土中国》中提出的重要概念,因其强大的概括力和解释力被学界广泛采用。他认为中国的社会结构不像西洋社会是由独立个体构成的界限分明的团体,而是由各种圈子构成的复杂网络或同心圆,他说:"我们的格局不是一捆一捆扎清楚的柴,而是好像把一块石头丢在水面上发生的一圈一圈的波纹。……一圈圈推出去,愈推愈远,也愈推愈薄。"①面对这种"差序格局"的社会结构,中国历代统治阶级高度重视以"礼仪"为核心的治国方略,或通过改造、转化古代的礼仪,或设计、创造新型的礼仪,以适应和维护各种新的国家经济、政治和文化制度,最终形成了由礼制、礼仪、礼器、礼乐、礼教、礼学等内容构成的完备性礼仪体系。后人依据不同的研究需要对中国古代礼仪进行过形式多样的类型划分,如《尚书·尧典》中有"天事、地事、人事"三礼说;《礼记·祭统》中有"吉、凶、宾、军、嘉"五礼说;《礼记·王制》中有"冠、昏、丧、祭、乡、相见"六礼说。尽管礼仪在形式上呈现出仪态万千的特征,但历朝历代制定各种礼仪的目的十分明确,即明身份、定亲疏、别内外、序尊卑,并以此整顿君臣秩序、规范国人行为、统治天下诸国。当然,笔者并不否认中国古代也存在复杂的法律体系,但主要以刑律为主,并被儒家的德治思想所统帅,通常被视为道德之器械,且受到前述各种礼制礼仪的严格约束,无法与现代西方国家的法治体系同日而语。

如果说以差序格局为核心的礼仪体系是一个奇迹,那么,以城邦共治为核心的法律体系则是另一个奇迹。在古希腊众多岛屿上形成

---

① 费孝通:《乡土中国》,第23页。

的城邦,其典型特征是以一个城市或城堡为中心,包括附近数公里以内的若干个村落组成,与其他城邦之间往往有山河海洋为自然边界。这种小规模的政治实体就是一个国家,它对外独立,对内形成由城邦公民、自由人和奴隶构成的政治共同体,其治理方式呈现出三大特征:①全民参政。公民是城邦的主人,公民们的主要生存方式是从事政治活动,人人皆政治家地生活着,因此,亚里士多德才说:"城邦显然是自然的产物,人天生是一种政治动物。"①公民们不仅议政,而且直接参政,城邦的一切重大问题都必须由公民大会集体讨论决定。②法律至上。城邦公民对法律予以高度重视,认为只有绝对服从已有法律的人才能对其同胞取得胜利,法律一旦被滥用或废除,共同体的毁灭也就不远了。苏格拉底之死充分彰显出雅典公民对法律至上性的全力维护,当苏格拉底被以"谩神和蛊惑青年罪"判处死刑后,本可以通过缴纳赎金或逃跑的方式免于一死,但他为了维护法律的尊严,宁肯依法饮鸩而死,也不违法苟且偷生。③制度治国。即高度重视制度设计的作用,无论是在柏拉图的各种对话中,还是在亚里士多德的著作中,对城邦政体的讨论都占据重要篇幅。如亚里士多德在《政治学》中,对各种城邦体制进行了深入区分:由一人统治的君主制和僭主制;由少数人统治的贵族制和寡头制;由多数人统治的共和制和平民制。其中君主制、贵族制、共和制皆是以共同利益为目标的好的政体,而僭主制、寡头制、平民制皆是以私人利益为目标的坏的政体。虽然希腊城邦最终被庞大的罗马帝国所取代,但尚法重制的政治基因遗传至今天,依然决定着西方政治文化的根本特征。

(四)德性濡化的仁政伦理与公平正义的契约意识

中国王道政治在处理帝国中心与周边国家的关系上,强调以仁

---

① 亚里士多德:《政治学》,颜一等译,中国人民大学出版社,2003年,第4页。

政伦理和自身文化道德上的优越感来濡化周边地区,在不同朝代的
扩张过程中,不以掠夺土地和杀戮人口为目的,看中的是自身文明的
扩散与传播。如《礼记·中庸》就特别强调"怀柔四夷"原则的极端
重要性:"柔远人则四方归之,怀诸侯则天下畏之。""送往迎来,嘉善
而矜不能,所以柔远人也;继绝世,举废国,治乱持危,朝聘以时,厚往
而薄来,所以怀诸侯也。"这里的"远人"就是指周边诸国。在儒家看
来,真正的仁君不仅是人类社会的保护者,也是文化价值的监护者,
要承担起为天下谋太平的责任,包括恢复断代的诸侯世家、复兴亡废
的诸侯国家、帮助治理混乱危难的周边世界等等。质言之,要从优秀
文化的传播、生活方式的重塑、深层价值观的改造入手,用华夏文明
中的仁、义、礼、智、信等道德伦理理念来化育天下,成为中国建构世
界秩序的理想模式。与之相反,试图通过弑君篡位或密谋政变来推
翻其他国家政权,使其归顺自己的做法,为历代中央王朝所不齿。与
此同时,周边国家也通常会"诚心向化",并尊中国为"上国",尽量从
中华文明中汲取养分,且以"华化"程度最高为荣耀。质言之,中央帝
国和周边国家的关系是大树树干和缠绕树干的藤蔓之间的关系,二
者之间寄生共存但并不完全同质,彼此之间各取所需、互利共荣,中
央帝国从朝贡国那里获得"天下共主"的荣誉,朝贡国从中央帝国获
得政权合法性标签和各种援助与保护。

　　与中国王道政治力图通过"仁义礼智信"的德政方式来处理国际
关系不同,西方国家更加看重使用"公平正义的契约原则"来处理国
际间的利益冲突。在西方语境中,公平正义主要指社会价值(权力、
财富、身份、地位、名誉等)的分配原则,以及这些社会价值实际分配
状态的主观判断。《圣经·旧约》中的上帝和以色列民族多次立约,
立约所遵循的基本原则就是公平正义,他不仅把公平正义当作对人
间掌权者的优先要求,也将其视作以色列民族的根本品质;亚里士多
德更是把"公平正义"当作为政的准绳,它是处理城邦内外关系的基

本原则。上述思想贯穿西方政治文化几千年，直到 20 世纪末，罗尔斯在其一鸣惊人的《正义论》中，再次把这一原则运用到当代政治、经济、社会生活中，特别是其正义原则在《万民法》中的运用，再次彰显出西方国家以"契约""条约"思想为核心的国际正义理念。在笔者看来，西方政治中公平正义的契约原则是在其工商经济背景下，市场交往主体之间意志自律的产物，正是借助这一原则来规范自己的交往行为，以实现工商经营活动的公平和理性，正是源于契约当事人对公平利益的期待、对合理条款的认可、对合同义务的履行、对有效合同的信守，才使契约精神得以升华，超越经济领域，上升为法律制度和社会政治秩序建构的普遍准则，并反过来成为推动近现代资本主义全面发展和经济全球化的有效工具，如今天国际经济贸易组织（WTO）制定的各种规则，就是维护世界各国多边贸易秩序的重要制度保障。

（五）贵中尚和的处世理念与崇力尚争的价值取向

民族国家间在各种交往中产生利益冲突在所难免，然而，究竟以何种方式正确处理冲突，中西政治文化呈现出明显的异质性。深受王道政治天下观影响的中国文化，特别强调"贵中尚和"的极端重要性，《中庸》就认为，"中和"是君子安身立命的根本大道，并将"中和"解释为："喜怒哀乐之未发谓之中，发而皆中节谓之和。中也者，天下之大本也，和也者，天下之达道也。致中和，天地位焉，万物育焉。"在这里，"中"被看作人类生存的终极依据——"天下之大本"，"和"被视为人类追求的理想境界——"天下之达道"。当然，儒家所持守的中和，不是机械教条地坚持不偏不倚的原则，而是根据天时、地利、人和的具体要求，因地、因时、因人而异采取恰到好处的方法去灵活运用中和原则。可以说经过数千年的传承和积淀，"中和"已成为中华民族的一种集体无意识，如中华民族在处理不同国家间的文化冲突时，主张以广阔博大的胸襟、海纳百川的气魄，去促进民族国家间文化的多元交流，因为中国文化历来都是儒道互补、儒法结合、儒佛相融、佛道互渗、儒佛道相通，即使对基督教、伊斯兰教等各种外来宗教文化也都采取容忍和吸收的态度。从某种意义上讲，"中国"二字不仅是一个地理空间概念，更是指善用"中和"思想做人行事和处理国际关系的中华之国，可以说"贵中尚和"思想已经深入中华民族的血脉之中，已成为中国之为中国的重要标示物和文化形态集成。如：中国的郑和下西洋，其目的是为了"弘扬天威"，吸引更多的国家到大明帝国来朝贡，通过交流、合作与融合，达至不同国家之间彼此共生共在、和谐相处的天下一体状态。

与中华民族"贵中尚和"的处世理念不同，建基于两希（希伯来和希腊）文明基础上的西方文化，具有明显性"崇力尚争"的精神特质。《旧约》中的上帝充满了对异教徒的征伐与毁灭，希腊神话中的诸神更是你争我夺，折射出地中海东部各城邦之间战事纷扰的现实，从希伯来和希腊文化中衍生出的基督教，不仅自身内部出现过无数次教派冲突，而且同伊斯兰教的征战绵延不绝，二百余年的十字军东征便是明证，标志近代民族国家诞生的《威斯特伐利亚和约》，就是新教诸侯和天主教诸侯之间三十年战争的结果。在这种文化根基上形成的现代民族国家及其国际关系理论更是充满了竞争、斗争直至战争的"三争"气息，如马基雅维里在《君主论》中，将政治的本质理解为君主及其国家按照自己的意志有效地治理臣民和社会；霍布斯在《利维坦》中，则用"所有人反对所有人的战争状态"说明国家是求解这种矛盾的契约性产物；克劳塞维茨在《战争论》中，更是强调民族国家间的战争，既是人类本性使然，也是国家和国际政治的有机组成部分；美国现实主义政治大师爱德华·卡尔在《20年危机》中认为，任何国家在处理国际事务时，都要谨慎对待"国际共同体""整体国际利益先于个别国家利益"的空幻性道德主张；与其志同道合的摩根索在《国家间政治》中提出了"权力政治"的概念,认为建立在国家实力基础上的权力制衡才是国际政治的真实面相,由此,我们便不难理解人类两次世界大战何以诞生在欧洲大陆。当然,我们并不否认西方也存在着康德、威尔逊等人所主张的永久和平论和国际道德论,但在此只是强调,相较于中国古代的王道政治,西方近代的霸道政治在解决民族国家间利益冲突的过程中,更加看重如何实现彼此之间的相互宰制或利益平衡。

综合上述五个方面的深入剖析,我们不难看出,中国王道政治的天下观与西方霸道政治的国际观,由于生成初期自然地理环境的天壤之别,致使其在本体论上呈现出共生共在与主客对立的差别;在国家治理层面凸现出隆礼重仪与法律至上的异质性;在处理与周边国家的关系上彰显出德性濡化与契约正义的区别;在处理利益冲突的方式上显现为贵中尚和与崇力尚争的特质。正是上述诸方面的显著不同,构成了中国天下观与西方国际观的重大伦理视差。

三、王道政治的转型升级与人类命运共同体

自五四运动以来,有不少学者认为,要改变当代中国在世界格局中的不利地位,就必须彻底放弃我国古代王道政治的落后观念,全面学习近现代西方国际政治的先进思想。然而,伴随改革开放三十多年来中华民族的快速发展和迅猛崛起,其民族自信心可谓"把酒酹滔滔,心潮逐浪高"。面对此情此景,今天又有不少学者主张,必须重新检审中国传统王道政治的历史地位和价值意义,并从中寻觅理论资源,以便有效求解当代人类面临的各种伦理困境,是也非也? 何去何从? 笔者在从历史大纵深和国际宽视域的宏阔视角,对"中国王道政治的伦理指向及其近代终结""中国天下观与西方国际观的伦理视差"这两个问题进行深入探析和比照对勘之后,试图从时代新高度的

站位中,依循唯物辩证法的否定之否定规律和历史与逻辑相统一的认识论原则,按照不忘本来、吸收外来、面向未来的要求,对中国古代王道政治进行创造性转化和创新性发展,以期为重塑当今世界秩序和构筑人类命运共同体贡献绵薄之力①。

(一)中国古代王道政治的利与弊

中国古代王道政治究竟包含哪些内容?学界众说多歧,未归一是。赵汀阳总结为天下尺度、无外原则、礼不往教等内容②,干春松认为应包括为政以德、仁义与礼治的统一等③。在笔者看来,以下几点应是中国王道政治丰富内涵的核心所在:在天经地义空间伦理基础上生成的天下体系、夷夏之分、朝贡制度等;在三代至上时间伦理前提下形成的圣王崇拜、大同理想、小康社会等;在家国同构背景下铸就的宗法伦理、皇权专制、科举制度等;由统治阶级大力倡导的为政以德、民为邦本、隆礼重仪等。上述诸要素相互作用,精密契合,构成中国古代王道政治的完备体系,其一经生成,就对古代中国的发展起到了巨大的推动作用:①在黄河中下游生成的精耕细作的农业生产体系,创造出丰富的物产,使得中国在近代之前一直是世界上最为富足和强大的王朝国家之一,其自给自足和万事不求人的生活状态,造就了中华民族天然的优越感和自我陶醉感。②建立在"会通"和"统观"基础上的思维方式,造就了中国人天、地、人、神相互依存,人体小宇宙和天地大宇宙密不可分的观念,使得中华民族养就了万物一体、天下一家的博大情怀。③对道德礼仪的高度重视,使得华夏文

---

① 参见拙作:《王道政治的转型升级与人类命运共同体》,《道德与文明》,2018年第 3 期。

② 参见赵汀阳:《天下体系》,第 54 页。

③ 参见干春松:《重回王道》,华东师范大学出版社,2012 年,第 7 页。

明善于使用仁、义、礼、智、信等道德伦理理念来化育天下,并用各种礼制、礼仪、礼器、礼乐、礼教、礼学等内容,来明身份、定亲疏、别内外、序尊卑,以此整顿君臣秩序、规范国人行为、统治天下诸国。④"贵中尚和"的民族心态使得中国人善于根据天时、地利、人和的具体要求,因地、因时、因人而异采取恰到好处的方法去灵活处理各种经济、政治、文化等利益争端,对各种"异质性"事物能够采取容忍和吸收的态度去求得和谐共处。

　　当然,在特定人文生态环境下形成的中国古代王道政治,由于受到多重历史因素的影响,也必然存在着诸多缺陷:①其所建构的天下体系完全以自我为中心,自己具有绝对的至上性,要以自己为出发点无限延伸开来,且永不间断又无所不包。虽然在《山海经》《大唐西域记》等著作中,中国人早就意识到外部世界的存在,但这个外部世界只是给我们提供一种知识或信息上的好奇,只是我们有待扩展和吸纳的对象,至于他们是否存在一个完全不同于甚至高于我们的新型世界秩序,则不在我们的思考范围之内。质言之,无法站在平等他者的视角把自己相对化,并进行自我对象化的反省与检审。到了19世纪后期,伴随西方坚船利炮的攻击,洋务运动、戊戌变法等接连失败,对外部世界的认识逐步加深,又开始走向自我对象化的另一极端,把西方世界看成高于自己且不可抗拒的绝对实体,在"打倒孔家店"的呐喊声中,彻底否定传统和否定自己,认为欧美才是"诸夏",自己反倒是"万国"中落后野蛮的"夷狄"。②政治生活中的"中心崇拜"观念广泛流行。这里"中心"一词的内涵包括皇权至上、儒家经典、王朝礼仪、中原地域等,由之形成了历史上无数的追逐皇权和逐鹿中原的权力斗争。在中华民族的空间概念中,"得中原者得天下"成为历朝历代政治家的共识,因为这里的"中原"不仅是一个空间概念,更是存在着巨大的文化优越性,只有通过具体而残酷的"逐鹿"过程,才能最终获得至高无上的皇权地位。这便造就了中国人只有通过做大大小小的皇帝方能实现"会当凌绝顶，一览众山小"的心态，好像山峰决定了地貌，看不到整体的极端复杂性，因此，总是气喘吁吁地爬向"高处不胜寒"的孤峰，而无暇欣赏、呵护山底的石块、泥沙和植被，更不愿加入山麓的美丽森林中与其自成一体。③中国王道政治凸现道德理想主义和伦理中心主义特质，重道义而轻实利，宏阔高远的抽象议论有余，精密细致的具体操作不足，乃至无视"经济实用"之学的作用，特别是把道德教化推向极端之后，出现了大量"无事袖手谈心性，临危一死报君王"的无用之辈，难以培养出"扶世运，奠生民"的于世有用之才。而礼治文化的繁荣隆盛，到了封建社会后期，更是成为统治阶级实施人治专断、强化礼仪教条、维护等级秩序的重要手段，极大地压抑了人们的开拓创新欲望，延迟了现代法治国家的诞生，妨碍了现代公民意识的觉醒，加剧了政治生活中的人性虚伪和形式主义泛滥。

（二）西方近代霸道政治的得与失

建立在蓝色海洋人文生态环境基础上的欧美文明，在长期的贸易交往和殖民征服过程中，创造出独具特色的契约正义精神和法律至上文化。进入近现代之后，这一文明类型作为人类榜样在世界范围内发挥出巨大的示范、引领、凝聚、推动作用，特别是在以下三个方面取得了非凡的成就：①工业的不断征服和市场的持续扩张。正如马克思和恩格斯在《共产党宣言》中所指出的那样，伴随蒸汽机和大型机械的使用，现代大工业取代了传统的工场手工业。这些新工业所加工的原料来自世界各地，过去各民族自给自足的经济生活被各民族的相互往来所取代，而不断扩大产品销路的需要又驱使资产阶级奔走于世界各地，四处落地，不断开发，使一切民族甚至是野蛮民族都被卷入到资本主义的世界市场中来，它无情地斩断了各种各样的封建宗法关系，使一切旧有的等级烟消云散，让社会处于永远的不安和变革之中①。②新型理念的不断传播和现代制度的持续创造。率先进入工业社会和市场经济的欧美国家,在文化和社会领域也引领世界风气之先,它们是全球范围逐步兴起的宗教改革运动、文艺复兴运动、现代启蒙运动的策源地,提出了一系列崭新的现代文明理念,如法国人布丹最早发明了"主权"概念,欧洲人提出的改良主义、社会主义、共产主义、社会民主主义、无政府主义、工团主义等各种主义,在世界范围内大行其道。罗马俱乐部提出的增长极限和可持续发展理论、英国学派提出的战略安全与国家博弈理论、欧洲联盟提出的战略伙伴关系理论、瑞士人创办的达沃斯世界经济论坛等风行世界。不仅如此,为了将上述理念外化为各种制度模式,欧美国家还进行了艰苦卓绝的制度创新努力,诸如:公民社会制度、现代科层制度、权力制衡制度、民主政治制度、多党竞争制度、依宪执政制度等,而且为了使得这些制度得以有效运转,欧美国家进行了长期性实验摸索,并总结归纳出一整套切实可行的具体操作方式和方法。③国际规范的起草制订与区域一体化的示范推动。欧美国家为了自身的工业生产和市场开拓,不仅在观念创新和制度操作层面引领世界风气之先,而且它们自觉和竭力充当国际规范的起草者、宣讲者、推广者,在当代国际关系中,欧美国家不仅是联合国的主要缔造者,而且也是各种国际贸易和反倾销条文、国际政治权利公约和国际人权的主要诠释者,他们在不同国际规范领域所进行的多层次、多手段介入,使得欧美国家长期占据世界政治舞台的核心位置。特别是欧洲人在对历史上各种宗教冲突和两次世界大战进行深刻反思过程中,创制出的欧洲联盟作为一种区域化整体力量,为世界其他地区展示出一种独特魅力和巨大吸引力。因为它既不同于中国古代的朝贡体系,也不同于早期的殖民帝国主义,更不同于冷战时代的北约和华沙组织,它通

① 参见马克思、恩格斯:《共产党宣言》,人民出版社,2014年,第31页。

过将民主、人权、和平等价值理念外化为各种制度保障,实现了对传统欧洲竞争、斗争、战争"三争"逻辑的否定,为现代公共领域的建构和各种社会力量参与政治提供了广阔空间,同时也对少数大国依仗其权势独霸世界的传统国际政治提出了挑战。正如王逸舟所言,上述欧美霸道政治所取得的成就,为人类世界政治的全面发展提供了一个巨大的"制度实验室",值得后发国家去深入学习和思考①。

当然,欧美国家的霸道政治除了上述巨大成就外,其重大缺陷也是显而易见的,这就是建立在主客二分、主奴关系理论基础上的崇力尚争。欧美国家占据全球高地之后,凭借自己强大的经济、政治、军事优势和辐射力,在本能冲动的驱使下,不断去侵略和征服世界其他地区。从某种意义上说,世界近现代史就是欧洲列强攻城略地、用血与火洗劫不发达国家的历史,从北欧的维京海盗到荷兰、西班牙、葡萄牙的海洋列强,从大英帝国建立世界性殖民体系到德国发动两次世界大战,无不充满着野蛮、粗鲁和暴力的血腥特征。二战之后,欧美国家国际政治的根本属性并没有发生实质性转变,他们为保障其重大经济利益,仍然以"政治主导,军事开路"的方式干涉他国内政,其具体表现形式是凸现实力、强硬刚性和武力速决,如:美国撇开联合国授权所发动的以摧毁萨达姆政权为目的的伊拉克战争,法国主导的以消灭卡扎菲政权为目的的利比亚战争。质言之,我们在考察欧美霸道政治的本质特征时,既要看到其端庄规范、温文尔雅、礼貌客气的一面,也要看到其关键时刻大打出手、血腥残暴、穷凶极恶的阴毒本性②。

(三)在重塑世界秩序中构筑人类命运共同体

伴随华尔街金融风暴和欧债危机发生,人们日益明显地感受到

① 参见王逸舟:《创造性介入》,北京大学出版社,2013年,第199页。
② 参见王逸舟:《创造性介入》,第159页。

欧美国家主导的旧有国际秩序越来越难以维系,特别是以贸易保护主义、民族中心主义等为代表的反全球化浪潮日渐高涨,世界向何处去? 如何建构新型世界秩序? 以何种理论为指导来有效治理当前的混乱世界? 遂成为世界各国高度关注的焦点问题。与此同时,近年来中国成功举办了 APEC 会议、G20 峰会、一带一路峰会,给处在逆全球化和反全球化阴霾中的世界带来信心,于是人们开始对"中国模式""中国速度"表示钦佩,乃至希望中国承担起新型世界秩序创造者的角色。那么,究竟如何从中国传统王道政治和西方近现代霸道政治中汲取经验教训,为建构当代人类命运共同体提供思想理论资源,就成为本节深入探讨的重要问题。

　　首先,要在重塑世界秩序中建构人类命运的价值共同体。共同的价值观是凝聚世界各种力量,实现世界冲突最小化和合作最大化的前提条件。中国古代的天下体系特别强调"无外"原则的极端重要性,认为由天、地、人、神构成的宇宙是一个有机联系的整体,宇宙的本性是"诚",如《中庸》所言:"诚者,天之道也。""天地之道,博也,厚也,高也,明也,悠也,久也。""博厚,所以载物也;高明,所以覆物也;悠久,所以成物也。"质言之,天的"至诚"本质就是让日月星辰按照宇宙规律自我运行,自然万物各正性命,生生不息。而人类需要做的则是"学达性天""以德配天""以道受命",亦即将天道之实然转化为人道之应然,始终保持自己与外在天道相互结合,努力做到顺天应时地开展工作,依照天道赋予自己的使命去"亲亲、仁民、爱物"。反之,如果悖天逆理、自私自利、残害百姓、灭绝天物,就是误入歧途,必遭天谴。正如赵汀阳所言,中国的天下概念是一种政治上的"共在存在论"(ontology of coexistence),强调合作性的"关系理性"优于竞争性的"个人理性",先验地排除了不可兼容的"异己""他者"概念①。与

---

① 赵汀阳:《天下的当代性》,第 128 页。

之相反，欧美近现代以来的霸道政治强调唯我独尊，个体和国家的价值需求优于世界价值需求，所谓"人类共同价值"只不过是一句空洞无物的口号。以冷战后的美国为例，它以胜者自居，提出要建立"美国治下的和平"（Pax Americana）的国际秩序概念，而这种世界秩序本质上是美国领导下的单极霸权体系，它不愿受到以联合国为主体的国际秩序的约束，尤其在安全问题上，经常绕开联合国及其倡导的国际关系准则自行其是。由美国领导的这种军事联盟，其所崇奉的共同价值观具有强烈的排他性，视美国及其盟友信奉的自由民主政治制度为优于且必然要取代其他的"山巅之城"，把以美国为首的小圈子的价值需求凌驾于他国和世界价值需求之上。中国既不认同这种价值观，也无法见容于此。中国主张，在大国地缘政治回潮、中东战争后遗症严重、世界财富分配不均、南北发展日益失衡、世界经济结构性低迷、美国面对全球化进退失据的背景下，国际社会应当从合作共赢、伙伴关系、安全格局、经济发展、文明交流、生态建设等方面做出努力，实现持久和平、普遍安全、共同繁荣、开放包容、清洁美丽，应当把国际秩序观和全球治理观上升到构建人类命运共同体的高度去看待。当然，这其中必须以联合国为主体，以其所有机构和组织共同遵循的人类共同价值观为基础，通过沟通协商来化解各国分歧，通过政治谈判来解决彼此冲突。质言之，应当是在中国"天下体系"价值观指导下，充分吸收霸道政治中高度重视个体和国家价值取向的合理因素，逐步建构起世界主权，以世界权力去创造有利于世界的共同价值，从而真正构建起人类命运的价值共同体。

其次，要在重塑世界秩序中建构人类命运的利益共同体。马克思曾经指出，人类奋斗所争取的一切，都与他们的利益相关。然而，世界各国究竟以何种方式获取利益和分配利益？却呈现出天壤之别。中国的王道政治特别强调"德本财末""以义制利"的重要性，《大学》讲："有德此有人，有人此有土，有土此有财，有财此有用。德者本也,财者末也。外本内末,争民施夺。是故财聚则民散,财散则民聚。"亦即只有有德之人才能拥有人民,有了国民才有国土,有了国土才能创造丰盈的财富,有了财富才能振兴国家。其中,品德是根本,财富是末节,如果本末颠倒,必然导致天下大乱。因此,国家统治者聚敛的财富越多,人民离散得就越快,反之,让老百姓安居乐业,他们就越会聚集在你身边。《大学》最后强调"平天下"的根本方法是"国不以利为利,以义为利也"。与之相反,西方近现代以来的霸道政治力倡"资本逐利"的合理性,并把民族国家的利益奉为至上神明,为了一国之私利可以剥夺他国的正当利益和践踏人类的整体利益。正如马克思所指出的那样:"资产阶级在它已经取得了统治的地方……它使人和人之间除了赤裸裸的利害关系,除了冷酷无情的现金交易,就再也没有任何别的联系了。"①近代历史上各资本主义国家的殖民史,就是宗主国榨取附属国利益的斑斑血泪史,两次世界大战爆发的根本原因就是资本主义体系内部利益矛盾不可调和的产物,沃勒斯坦对之有清晰的描述:"世界体系的生命力由冲突的各种力量构成,这些冲突的力量由于压力的作用把世界体系结合在一起,而当每个集团不断地试图把它改造的有利于自己时,又使这个世界体系分裂了。"②当代中国要想通过重塑世界秩序来建构人类命运共同体,既要深刻汲取王道政治以义制利的思想,又要高度重视霸道政治重视民族国家利益的特点,在此基础上,将人类命运的价值共同体转化为利益共同体。"要本着互惠互利的原则同周边国家开展合作,编织更加紧密地共同利益网络,把双方的利益融合提升到更高水平,让周边国家得益于我国发展,使我国也从周边国家共同发展中获得裨益和

---

① 马克思、恩格斯:《共产党宣言》,第 30 页。
② 伊曼纽尔·沃勒斯坦:《现代世界体系》第一卷,尤来寅等译,高等教育出版社,1998 年,第 460 页。

助力。"①质言之，就是通过政策沟通、设施联通、贸易畅通、资金融通、民心相通的"五通战略"，致力于把本国利益同世界利益相结合，把本国发展机遇同世界发展机遇相结合，在没有绝对意义的"异己""他者"基础上，实现各个国家利益主体之间的正比关系和良性循环。

最后，要在重塑世界秩序中建构人类命运的责任共同体。中国王道政治的重要特征是高度强调整体秩序的精神，即把维护整体秩序作为对个体最高的责任要求，个体必须在既有的人伦秩序中安伦尽份，去尽力维护整体和谐。反映到具体的宗法家族生活中，就是个人被重重包围在群体之中，个人是宗族中的一个螺丝钉或小支脉，每个人首先要考虑的是自己的责任和义务，如《孟子·告子下》所言："为人臣者怀仁义以事其君，为人子者怀仁义以事其父，为人弟者怀仁义事其兄，是君臣父子兄弟去利、怀仁义以相接也，然而不王者，未之有也。"董仲舒将其概括为"夫仁人者，正其谊不谋其利，明其道不计其功"（《汉书·董仲舒传》）。总之，父慈、子孝、兄友、弟恭构成了中国人最重要的社会责任。与中国王道政治强调个人的责任相反，西方的霸道政治则高扬个人权利至上，把个人视为具有天赋人权的独立自由的个体，个人的目标高于一切，不受任何命令的约束，人与人之间的关系是平等的而不是依附或从属的。在个人与社会的关系上，强调社会不征得个人同意无权干预其守法行为。在个人与国家的关系上，主张国家是个人让渡一部分权利的结果，是个人彼此之间制定契约的产物，目的是使其为保护个人权利而服务，一旦国家不能很好地维护个人权利，作为个人的公民可以联合起来推翻或替换国家政府。如洛克所言："政治社会的创始是以那些要加入或建立一个社会的个人的同意为依据的，当他们这样组成一个整体时，他们可以

① 习近平：《习近平谈治国理政》，外文出版社，2014 年，第 297 页。

建立他们认为合适的政府形式。"①在重塑未来世界秩序中,如何将中国王道政治的责任至上与西方霸道政治的权利至上有机结合起来,真正建构起权责一致的人类命运的责任共同体,将是世界各国面临的重大历史任务。因为权利与责任是一枚硬币的两面,任何类型的权利在依法享有的同时,必须承担起相应的责任,无论是只承担责任不享受权利,还是只享受权利不承担责任,都与现代世界的公平正义原则相抵牾。质言之,人类的命运共同体不是任人开采的宝藏,只有人人添柴加火,才能发挥"众人拾柴火焰高"的责任共同体效应。

当然,在中华民族迅猛崛起的当今时代,要建构起以华夏文化为支点的人类命运共同体,一方面,我们必须牢固树立中华民族的文化主体意识和文化自信精神,唯其如此,才能不断克服因近一百多年来屈辱历史造成的长期萦绕在国人心目中的文化自卑意识,充分认识中国文化的独特优势和发展前景,进一步坚定我们的文化信念和文化追求,进而在国际文化竞争中取得最终成功。另一方面,我们也要对西方近现代自由主义文化的顽强生命力有着足够清醒的认识。一战结束后,面对西方的惨淡景象,包括严复、梁启超、斯宾格勒在内的众多中外文化名流都曾宣告过"西方的没落",特别是德、意、日法西斯主义兴起、苏联社会主义的崛起,对西方近现代自由主义文化构成巨大威胁,但经历了二战洗礼和与长期冷战后,德、意、日法西斯主义和苏联社会主义均告灭亡,最终近现代西方自由主义再次焕发勃勃生机,一度被福山宣告为"历史的终结"。由此可知,西方近现代自由主义文化尽管目前正在经历着2008年以来金融危机和伊斯兰激进主义的打击,但决不会轻易就"落花流水春去也","北京共识"要取代"华盛顿共识",可谓"路漫漫其修远兮"。更为重要的是,克人易,克己难,我们只有解决好当前我们自身发展中遇到的各种重大社会

① 洛克:《政府论》下篇,商务印书馆,1983年,第73页。

矛盾，才能真正树立起道路自信、制度自信、理论自信和文化自信，最终引领世界各国构筑起价值、利益、责任三位一体的人类命运共同体。

第十二章　霸道政治的历史终结与王道政治的扬帆启航

　　通过对近代以来大英帝国、法兰西帝国、德意志帝国,特别是对美利坚新型帝国国家治理逻辑的深入考察,我们不难看到,近现代西方各国在处理国家经济、政治、社会、文化、外交等事务时,遵循着某种共同的政治原则,即霸道性政治伦理原则,而这种霸道政治主要通过各大帝国之间此起彼伏的争霸战争彰显出来。与之相反,通过对自古至今中国传统国家治理体系内生逻辑的伦理学检审,对晚清时期中西方权力、资本、劳动伦理冲突的探赜索隐,我们对中国传统王道政治转型升级与建构人类命运共同体的深刻关联有了更加清晰的理性认知。那么,在全球化时代的今天,人类究竟如何打破西方霸道政治的铁律,在大力推动世界多极化进程中,真正实现王道政治的价值追求,无疑是国际社会各个主权国家必须面对的重大课题。

一、支撑近代西方霸道政治的帝国逻辑

　　"帝国"作为一种特殊的政治现象,在古今人类历史上发挥过极其重要的作用。就西方历史而言,从古代马其顿帝国、罗马帝国到中世纪的神圣罗马帝国,再到近现代的葡萄牙、西班牙、荷兰、英、法、德等帝国,以及二战后的美、苏两个超级大国,都对人类社会的发展产生了深远影响。但当代西方学界对"帝国"和"帝国主义"概念的认

识却歧义纷呈,迈克·伊尔认为:"帝国是一种正式或非正式的关系,在这种关系中,一个国家控制着另一个政治社会的有效政治主权。它可以通过武力,通过政治合作,通过经济、社会或文化的依附性来实现。帝国主义无非是建立或维持一个帝国的过程或政策。"①简·伯班克认为:"民族国家倾向于同化那些其境内的民众而排斥境外者,而帝国则向外延展并吸纳(通常是强迫式的)在帝国统治下的差异被人为地明确化的民族。帝国这一概念假定对于该国内的不同民众将会按照不同的方式加以统治。"②史蒂芬·豪认为:"帝国是一个庞大的、复合的、多族群或多民族的政治单位,通常通过征服而建立,被划分为统治中心和从属外围。"③不难看出,由于帝国形态各不相同,西方学界对帝国或帝国主义概念的解读也就千差万别,撇开对帝国概念的歧义性理解,就其本质特征而言,人们普遍认为帝国具有三个基本要素:合法的统治权威;由多民族构成的广大领土;以"责任"和"使命"相标榜的普世性价值追求。特别是欧洲近代新兴的各个帝国深受罗马帝国理念的影响,均将本民族的帝国建构过程与基督教普世主义的文明传播结合起来,成为其统治其他"落后"民族合法性的理论依据④。搞清了帝国或帝国主义的本质内涵,我们不禁要问,究竟是什么力量推动着近代以来各种帝国的潮起潮落?综观近代以来各个帝国兴衰成败的历史,笔者认为,英、美帝国的崛起以资本全球扩张为主;法兰西帝国的勃兴是阶层冲突外溢的直接结果;德意志帝国和苏联帝国的出现则与欧洲大陆民族沙文主义密不可分。当

---

① Michael W. Doyle, *Empires*, Cornell University Press, 1986, 12.
② 简·伯班克、弗雷德里克·库珀:《世界帝国史:权力与差异统治》,柴彬译,商务印书馆,2017年,第12页。
③ Stephen Howe, *Empires: A short Introdution*, Oxford University Press, 2002, 41.
④ 刘文明:《帝国概念在西方和中国:历史渊源与当代争鸣》,《全球史评论》,2018年第15期。

然,这三种帝国逻辑并非互不兼容,而是彼此呼应,它们对不同帝国的建构过程都产生过深远影响,只是每种因素对不同帝国发挥的作用呈现出"远近高低各不同"的特点。

1.资本全球扩张型帝国逻辑

如果说西方古代和中世纪各类帝国的生成,主要是封建贵族、宗教僧侣、军事将领等社会权力阶层获取荣誉的巨大野心发挥着根本作用,那么人类进入近现代以来,伴随资产阶级登上历史舞台,资本的不断扩张对各类帝国的生成则发挥出无与伦比的作用。在马克思看来,一方面资本的逐利本性力求把整个地球变成的它的市场,另一方面又竭尽全力用时间去消灭空间,借助发展和改善通讯、交通、信用等硬件和软件基础设施,把整个地球压缩成资本流通时间为"零"的无限大的世界市场,从而把整个世界都置于资本帝国的统治之下。从这种意义上讲,资本是这样一种机制,若不能持续越过疆界,接受外在环境的滋养,便不能维持自己的生存。如马克思在《共产党宣言》中指出的那样:"资产阶级,由于开拓了世界市场,使一切国家的生产和消费都成为世界性的了。""资产阶级由于一切生产工具的迅速改进,由于交通的极其便利,把一切民族甚至最野蛮的民族都卷到文明中来了。它的商品的低廉价格,是它用来摧毁一切万里长城、征服野蛮人最顽强的仇外心理的重炮。它迫使一切民族——如果它不想灭亡的话——采用资产阶级的生产方式,它迫使它们在自己那里推行所谓文明,即变成资产者。一句话,它按照自己的面貌来为自己创造出一个世界。"①而列宁在《帝国主义论》中运用历史与逻辑相统一的方法,考察了资本主义垄断形成和发展的过程,并以此为基础给帝国主义下了科学的定义:帝国主义是发展到垄断组织和金融资本的统治已经确立、资本输出具有突出意义、国际托拉斯开始瓜分世

---

① 《马克思恩格斯文集》第2卷,第37—38页。

界、一些最大资本主义国家已经把世界全部瓜分完毕这一阶段的资本主义。因此,他的结论是:帝国主义是资本主义发展的最高阶段和最后阶段,是寄生的、腐朽的、垂死的资本主义。

二战之后,新型帝国主义呈现出不断演变的复杂景观,但其本质特征是以资本主义生产机制为中心,不断打破内部发展空间的束缚与禁锢,在一次次经济危机的爆发与拯救中来回穿梭,形成盘活自身的巨大回旋力量。但如马克思和列宁所指出的那样,从本质上讲,帝国主义仍然是在空间扩张中逐步完成资本积累的过程。美国著名思想家大卫·哈维认为,现代性帝国只不过是形成了一种高度压缩后的新型时空机制,以其特有的空间域在全球范围内不断捕捉有价值的掠夺要素,诸如:用土地资本化、固定资本投资、金融信贷等特有的非生产性逻辑对落后的民族国家进行掠夺,特别是在世界各国城市化的进程中,借助新型的资本积累的时空动力学,让资本附着于城市空间开发的各个阶段和层面,从中填充资本榨取和吸吮利润的贪婪无度的欲壑①。反观近代资本扩张生成的各个帝国,如果说大英帝国是通过在世界各地开发殖民地、兴办企业、扩大贸易等方式来彰显日不落帝国的荣耀,那么两次世界大战之后,美帝国所采取的策略则是通过民族自决来瓦解旧的殖民体系,设法打破欧洲英、法、德等创制的现有帝国政治结构,重建战后新的国际秩序,它不再依赖固定的疆界和界限,而是通过科技、金融、互联网等崭新的富有弹性的现代资本扩张手段,在一个开放的、扩展的边界当中,不断加强美帝国统治机器对全球各个领域的统和能力,以此确保自己坐稳新型帝国的宝座。

2. 阶层冲突外溢型帝国逻辑

在近代欧洲帝国发展史上,与资本无限扩张型帝国逻辑密切相

---

① 大卫·哈维:《资本社会的 17 个矛盾》,许瑞宋译,中信出版集团,2016 年,157 页。

连的是资本阶层与封建贵族阶层、资本阶层与劳动阶层的利益冲突，这种利益冲突的不断扩展导致帝国逻辑的进一步延伸，乃至引发帝国之间的激烈战争，我们把这类现象称之为阶层冲突外溢型帝国逻辑。马克思、恩格斯很早就对一国内部阶级冲突同国际冲突之间的关系进行了深入分析，他们指出："资产阶级处于不断斗争中：最初反对贵族；后来反对同工业进步有利害冲突的那部分资产阶级；经常反对一切外国资产阶级。在这一切斗争中，资产阶级都不得不向无产阶级呼吁，要求无产阶级援助，这样就把无产阶级卷进了政治运动。于是，资产阶级自己就把自己的教育因素即反对自身的武器给予了无产阶级。"①紧接着上述论述又指出："人对人的剥削一消失，民族对民族的剥削会随之消灭。民族内部的阶级对立一消失，民族之间的敌对关系就会随之消失。"②不难看出，马克思、恩格斯对欧洲各国资产阶级反对本国封建贵族的斗争以及资产阶级与无产阶级之间的斗争，是从历史大纵深和国际宽视域来予以深入考察的。

马克思对法国大革命和拿破仑创立的法兰西帝国的分析，充分证明了阶层冲突外溢型帝国逻辑的根本特质。拿破仑是在法国资产阶级大革命中涌现出来的伟大历史人物，他上台伊始就大刀阔斧地执行了一系列有利于资产阶级做大做强的国家政策，如采取各种措施刺激资本主义工商业的发展、建立法兰西银行进行币制改革、严厉打击贪污和破坏国家财富的封建贵族、致力于国家财政的集中管理、制订反映法国资产阶级利益的《民法典》等。上述各项措施在破坏欧洲封建制度和促进欧洲资本主义发展上起到了巨大的示范作用，从而引发了欧洲英、奥、普、俄等封建势力的强烈反对，整个欧洲封建贵族阶层联合起来对拿破仑领导的资产阶级法国进行了七次大围剿，

① 《马克思恩格斯文集》第2卷，第41页。
② 《马克思恩格斯文集》第2卷，第50页。

而集大善与大恶于一身的拿破仑,率领由广大农民阶级、工人阶级、小资产阶级组成的法国军队,克服千难万险,冲破重重阻力,获得了一次又一次反围剿的伟大胜利,建立起庞大的法兰西帝国,既给法国带来了无比的辉煌,也给法国造成了惨重的灾难,把19世纪早期的整个欧洲闹得天翻地覆,直到滑铁卢战败后被囚而亡。

3. 民族沙文主义型帝国逻辑

如果说资本的全球扩张是近现代帝国生成的根源性力量,国内社会阶层矛盾的外溢是导致帝国之间相互冲突的重要诱因,那么近代国家借助民族沙文主义思想来富国强兵则是帝国发动战争的直接触点。因此,要研究帝国生成逻辑就必须对民族主义现象予以认真剖析。"民族"的出现由来已久,但民族主义(Nationalism)则是伴随欧洲中世纪封建等级制度的崩溃和民族国家的出现而逐步生成的一种独特历史现象,它特指各种族裔的民族群体坚持斗争以保持其独特认同和自治自强要求的持久性思想潮流。民族主义的发展经历了以下几个阶段:①17世纪欧洲三十年战争之后《威斯特伐利亚和约》的出现标志着民族国家的诞生;②18—19世纪欧洲的英、法、德、意等强势民族迅猛扩张;③20世纪一战结束后欧洲各强势民族之间的战争日趋激烈;④二战结束后世界范围内反抗殖民统治的民族解放浪潮不断高涨。在民族主义生成和发展的历史进程中,它呈现出如下特质:高度热爱本民族的文化传统;十分认肯本民族的性格特点;大力维护本民族的无上尊严;不懈追求本民族的自励自强①。

民族主义现象一旦超出政治伦理范围,走向民族沙文主义就会与帝国主义发生密切关联。所谓民族沙文主义就是以嫉妒、怨恨、野心等现代情感谱系为根基,极力抬高本民族的道德优越感,贬低其他民族的道德优点抑或捏造和夸大其缺点,呈现为极度膨胀的民族自

---

① 靳凤林:《制度伦理与官员道德》,第278页。

大狂。阿伦特认为,现代帝国主义的生成过程不同于古代罗马帝国的建立方式,而是民族国家和工业资本结合的产物,其内在本质是通过强权政治来争夺落后民族国家的统治权,以此来扩张资本和积聚财富。她曾对二战前在德国流行的日耳曼民族沙文主义和苏联流行的斯拉夫民族沙文主义进行了深入分析,认为其共同特点是消灭民族国家内部的阶级冲突,剥夺国家公民的基本权利,将国家的一切政治、经济、法律,文化等制度,转变成民族扩张的有效工具。"国家在人民意志的名义下被迫承认,只有'民族的成员'才能成为公民,完全的民权与政治权利只给予那些凭种族渊源和出生事实而属于本民族群体的人,这意味着国家从法律的执行者变成了民族的工具。"①可见,发动两次世界大战的德意志帝国和二战中崛起的苏联帝国带有典型的民族沙文主义性质。

二、帝国逻辑的终结与世界发展多极化

在我们这个时代,每一种事物在其发展过程中似乎都包含着它的反面因素,自人类进入 21 世纪以来,伴随主权国家间利益图谱的复杂化,促成帝国生成的上述三重逻辑正在面临快速崩解的危险,因为世界多极化正在成为不可逆转的人类发展大势。正如习近平总书记指出的那样:"当今世界正在经历百年未有之大变局。世界多极化、经济全球化、社会信息化、文化多样化深入发展,全球治理体系和国际秩序变革加速推进,新兴市场国家和发展中国家快速崛起,国际力量对比更趋均衡,世界各国人民的命运从未像今天这样紧紧相连。"②

---

① 汉娜·阿伦特:《极权主义的起源》,林骧华译,第 313 页。
② 习近平:《携手共命运 同心促发展》,《人民日报》,2018 年 9 月 4 日。

1. 资本全球扩张性质的重大转变对传统帝国逻辑的瓦解

以经济全球化为例,直到 20 世纪 80 年代,国际贸易中有 70% 是成品贸易,世界各国主要是在贸易层面的相互需求。但到了最近二十多年,国际贸易中有 70% 以上转化为中间品贸易,各国之间呈现出生产环节上的环环相扣和相互需求。其中,欧美的科技创新业和金融服务业占据着高端地位,覆盖在各种类型的实体经济之上,其下又生成了一个以中国为中心,由众多发展中国家构成的中低端制造业积聚区。对西方国家来说,制造业向东亚、南亚的转移过程也就是他们越来越去工业化的过程。在这种特定的经济结构嬗变过程中,尽管世界经济的发动机在未来很长一段时间还会是欧美国家,特别是美国,但任何发动机都需要传动轴才能使整部车子运转起来,而中国就是世界经济的传动轴。这个传动轴不仅自己在高速运转,也以中间品供应链的方式外溢到整个东南亚地区,使得全球贸易格局不再以国家为单位,而是逐步形成以全球为单位的产业分工格局。世界各国在工序层面的分工越来越细,也使得中国成为连接欧美高端产业和各国低端产业的"枢纽"。特别是近年来中国经济结构向高端产业的转型升级不断加速,使得整个国际经贸秩序和各国内部的产业秩序日渐失去平衡,而现在以 WTO、IMF、世界银行等机构为核心的全球经济治理秩序,都是在中国发展起来之前制定的,这种旧有治理秩序和新时代治理对象之间的严重不匹配,必然引发各种各样的贸易摩擦,进而带来全球范围的政治挑战,逼使世界格局向多极化方向运演①。

再以对人类影响最为深远的社会信息化为例,二战后科学技术的快速发展,特别是以信息技术为代表的计算机网络的出现,使得大数据、云计算、物联网、区块链、类脑计算等技术,通过对世界万物的

---

① 参见施展:《从贸易摩擦到商人秩序》,《探索与争鸣》,2018 年第 10 期。

数字化,让人类社会变成了一个碎片化的扁平世界,传统帝国追求的统一有序的技术世界逐步被消解,后现代主义力求解构一切的目标,正在由遥不可及的理想变为历历在目的现实。特别是大数据和云计算通过海量的数字信息,来寻找事物之间的内在规律性,正在改变着人们习惯性的探究因果关系的思维模式,使得帝国时代追求的理性主义的全球性宏大政治、经济、社会、文化设想被缓慢消解。因为大数据、云计算是通过对数字整体性、多样性的分析,实现个性化、精准化的追求,借助数据的快速流通完成平等化、网络化的目标要求,实现了后现代主义瓦解高度系统化、中心化、威权化的世界构想,强调通过多中心之间的"重叠共识"和"公共理性"来实现彼此的和平共处与和谐共存。可见,新型信息技术的广泛运用,也在破坏着传统帝国思维所希冀建构的旧有世界秩序,重新塑造着一个后现代主义的多极共治的崭新世界秩序。

2. 社会阶层冲突外溢路径的重大变迁使传统帝国逻辑难以为继

在二战之后的新型全球化过程中,无论是经济高度发达的美国,还是社会福利占据世界首位的欧洲,都在 21 世纪初的全球经济危机中,遭遇到了国内社会阶层矛盾激化的重大冲击。以美国为例,一方面美国的大公司和金融、保险巨头们,在资本全球化的过程中赚得盆满钵满,好像不再依靠美国国内的消费者了,但富豪们的财富增长必须依赖世界市场的稳定和开放,一旦经济危机的巨大风暴突然降临,他们只能乞求本国政府的庇护。在 2008—2009 年的经济危机中,美国政府为了拯救本国经济,被迫注入巨量流动资金来拯救市场,从而让金融精英们受益良多。另一方面美国金融、科技行业经济占比的提高,迫使大量制造业向中国、东南亚等成本低廉的国家转移,致使美国国内形成了一个非常广阔的铁锈地带。匹兹堡、芝加哥、辛辛那提等工业城市,都一度繁荣发达,但伴随与汽车制造业相关的钢铁、矿业、铁路等工业企业向海外转移,这些城市逐步变为铁锈地带,底层民众和中产阶层成为最大的利益受损者。世界上再没有什么比得到之后再失去更让人沮丧了，于是激发了他们对华尔街金融大亨和美国政府的巨大怨恨情绪，使得美国社会的阶层裂痕不断扩大，致使打着"保护底层民众利益"和"美国利益至上"旗号的民粹主义者特朗普上台执政，这出乎所有美国精英阶层的预料。而欧盟内部的各个发达国家，一方面，面临着通过减免企业税赋来激发市场活力的压力，另一方面，在财政赤字持续走高的背景下，又要尽可能减少政府开支和降低福利预算，此时，在经济状态持续向好时期享受过各种福利的底层民众立刻强烈反弹，罢工罢市、上街游行活动此起彼伏。与此同时，再去俯瞰整个世界范围内的南北差距，南部非洲国家的极端贫困和北部欧美国家的绝对富有，更让我们对这个世界的极端不平等生发出无限愤懑之情。无论是发达国家内部的贫富差距，还是整个世界范围内的不平等现象，都在逼使人类对近代以来发端于欧美的各种帝国主义政策产生怀疑，激发人们对发达国家资本阶层主导的全球化过程及其严重失衡后果予以深度反思，并深切渴望对今天的全球治理体系予以彻底更新。

　　为此，各国学界提出了大量合理化建议，如英国经济学家安东尼·阿特金森主张：①国家经济发展必须摆脱企业股东至上观念的影响，全面考虑整个社会利益相关者的权利诉求，成立社会经济委员会参与企业和国家财富的分配；②政府要明确技术变革的方向，努力提升职工就业能力的创新，为预防和减少失业设立明确目标；③政府应当通过国民储蓄债券来提供有保证的真实储蓄利率，并设定人均最大持有量……①而法国经济学家皮凯蒂通过对过去三百年来欧美国家财富收入的丰富数据进行详细剖析，证明自二战以来，欧美各国

---

① 参见安东尼·达特金森：《不平等，我们能做什么》，王海昉等译，中信出版集团，2016年，第264页。

的顶级资本收益率远远超过国家经济增长率,今天一个人财富的多寡不仅由劳动所得决定,更由继承的财富决定,因而出身要比后天的努力更加重要,从而导致各国阶层不平等现象日益严重。他提出应该通过有效的社会政治制度和资本民主监管制度,在全球范围内实行累进资本税,来抑制贫富分化和收入不平等。面对世界范围内南北差距的不断拉大,他建议世界上的富裕国家必须有效减免贫穷国家的公共债务,至少应将官方发展援助目标提高到国民总收入的1%以上,才能真正使贫穷落后国家的面貌得以改观①。所有上述建议都在指向一个共同目标,即必须对资本扩张型帝国制度造成的国内外阶层不平等现象予以彻底改变。不难看出,今天通过阶层冲突外溢来维持生存扩张态势的帝国逻辑已难以为继,必须将资本绑架国家侵蚀劳动阶层利益转向国家驾驭资本为劳动阶层服务,资本全球化发展至今天,已经到了对世界范围内的劳资关系进行再平衡的伦理抉择时刻。

3. 民族国家力量全球格局的改变使民族沙文主义帝国逻辑遭遇重大挑战

伴随上述全球经济格局和社会阶层冲突状况的快速嬗变,近代以来欧美文化主导下的人类现代化道路,也正在被多极共进、多元一体的新型现代化范式所取代。我们知道,自从近代西方各个帝国崛起以来,每一次世界格局的重大变化,每一次现代化道路的艰难抉择,都是在欧美各帝国同一体制内完成的,无论是早期依靠殖民掠夺的葡萄牙、西班牙帝国的崛起,还是依靠商业而兴的荷兰,以及之后兴起的英、法、德、美等帝国,皆属于西方体制内的国家,他们对内主权和对外主权的价值理念、行为方式具有同质性,上演的各个剧目没有实质性差别。而苏联社会主义现代化范式的出现,不仅给人类带

---

① 托马斯·皮凯蒂:《21世纪资本论》,巴曙松等译,第531页。

来一束迷人的曙光,而且极大地改变了世界政治运演的总体格局,但由于斯大林高度专制化的国家治理模式和斯拉夫民族沙文主义思维方式,窒息了传统社会主义的生机与活力,最终以苏共倒台、苏联解体和社会主义阵营瓦解而告终。随后,开启了美帝国一极独大和多强并存的国际格局。然而,最近十几年来,伴随中国、俄罗斯、印度、巴西等大国地位的不断上升,世界经济和政治重心已经由连接欧美的大西洋转向太平洋,全球权力分布格局的变化逐步呈现出东升西降的趋势,而且从发展态势看,太平洋地区的内在潜力远远大于大西洋地区,世界上绝大多数国家都在看好太平洋地区,尤其是看好以中国、东盟、韩国等发展中国家为代表的西太平洋地区。特别需要指出的是,二战以来各种国际合作组织的涌现及其制定的行为准则,也在不断强化着人类利益的休戚相关性,并在一定程度上制约着各个民族国家向传统帝国的转换,诸如:联合国、欧洲联盟、非洲联盟、南亚区域合作联盟、东南亚国家联盟、上海合作组织、伊斯兰会议组织、拉丁美洲和加勒比地区组织等。总之,冷战结束后欧美占明显优势的"一超多强"的世界格局正在发生根本性翻转,一个"多极共存"的全球权力分布格局正在日益明朗。

但令人吊诡的是,作为经济全球化首倡者的欧美发达国家,由于在过去几十年的全球贸易体系中,逐步丧失领先优势,诸多利益相对受损,随之产生大量的愤懑怨恨情绪,纷纷掀起反全球化和逆全球化浪潮,民粹主义、孤立主义、保护主义暗流涌动。以美国为首的发达国家以单边主义代替多边主义,以贸易保护主义代替贸易自由原则,不断威胁退出各类国际组织,甚至威胁瘫痪和退出 WTO,乃至解散二战之后建立的联合国。欧洲各国的民粹主义政党在议会斗争和街头运动中风头日盛,并将矛头直指伊斯兰教和穆斯林移民,把其视为欧洲各种矛盾的根源之一,且在英国、德国、法国、奥地利、荷兰、丹麦政坛稳扎稳打,为欧洲政治的分裂埋下重大隐患,致使国际关系孤立化、紧张化、极端化的态势日渐蔓延,特别是英国脱欧成为当代人类反全球化的标志性历史事件。不难看出,当今世界地缘政治更趋复杂,大国之间竞争日渐加剧,国际协调难度不断加大,但必须指出的是,伴随二战后摆脱欧美枷锁的各个殖民地国家的不断发展,特别是以金砖国家为代表的新兴大国的迅猛崛起,任何逆历史潮流而动的传统帝国思维模式和帝国国际政策终将退出历史舞台。之所以如此,是因为如前所述,人类的全球化进程主要是受到经济利益和科技发展所驱动,它是历史发展的内在的固有的客观力量在发挥作用,不是由哪一个民族国家或世界某国的政治、经济、军事强人,依据本国或本人意愿人为设计出来的结果,任何民族和国家最终都无法抗拒或阻止这些基础性力量发挥作用。2020年新冠病毒的全球大流行,也许会促使某些国家的供应链更加多样化,甚至可能出现资本被迫回流国内,但这只能是一时一地的暂时现象,因为在全球化的今天,没有任何国家能够做到把所有产业链限制在一国之内,将自己完全置身于世界之外而“遗世独存”。

当然,要真正顺应新型全球化浪潮并不断克服民族沙文主义帝国逻辑所暴露的各种问题,还需要世界各国特别是后发国家长期性的共同努力才能得以实现。以我国为例,我们必须学会化危机为机遇,既不急躁冒进,也不瞻前顾后,而是积极采取各种战略措施,大力推动世界政治向多极化发展,包括共建“人类命运共同体”、加快“一带一路”建设、实施“自由贸易区”等。我们只有把改革开放不断引向深入,科学统筹国际国内两个大局,充分利用国际国内两种资源,深度开发国际国内两个市场,才能实现与世界各国在多边框架下的互利合作,逐步建构起更高层次、更高规格、更高目标的经济开放体系,推动全球经济向着更加开放与包容、更加普惠与共赢、更加平衡与规范的方向发展,从而为全球治理体系多极化的不断生成提供中国方案和中国智慧。中国四十多年来的跨越式大发展已经充分证明，改革开放是中国的动力之源，是实现中华民族伟大复兴的必由之路。因为中国的发展离不开世界，而世界的发展也离不开中国，我们唯有在推动世界向多极化发展的过程中，才能在世界旧有格局中找到破局之法，在当今乱世格局中谋求解局之道，在世界变局之中开辟新局之路。

三、多极化世界中主权国家的王道政治

众所周知，生物多样性既为人类提供了丰富的食物资源，也是保护水源和土壤、调节气候变化的充分和必要条件。以世人眼中的杂草为例，人们总想对自己所属土地上的杂草除之而后快，实际上杂草是植物群落中的重要组成部分，正因为它的存在，才使大地具备了涵养水分和蒸腾空气的重要作用。可见，生物的种类和数量越多越复杂，越能促进生物自身的进化与繁衍，越能保证生态系统的稳定运行和缓慢演进。人类社会的发展规律与生物世界的演化规律有着极其密切的关联，因此，人类文明也只有在多元共存中才能不断前行，恰如习近平总书记所言："文明只有姹紫嫣红之别，但绝无高低优劣之分。认为自己的人种和文明高人一等，执意改造甚至取代其他文明，在认识上是愚蠢的，在做法上是灾难性的！"[1]那么，在全球化和多极化的当代世界，如何摆脱欧美国家的帝国逻辑，实现不同国家之间的和谐相处和不同文明之间的相互尊重，进而推动主权国家逐步摆脱霸道政治的羁绊，迈向王道政治的坦途？笔者认为，下述五种国际伦理理念为当代王道政治所亟需。

---

[1] 习近平：《深化文明交流互鉴，共建亚洲命运共同体》，《人民日报》，2019年5月16日。

1. 牢固树立化解冲突的历史进步观

从理论上讲,在多极共存的当代世界,各种文明和民族国家之间应当相互尊重、平等相待、开放包容、互学互鉴。但在人类历史的漫长征途上,不同文明或民族国家彼此冲突的案例比比皆是,不仅有农耕文明和游牧文明的冲突,更有农耕文明和工业文明的冲突。正因如此,围绕文明之间的比较问题才产生了纷繁复杂的理论范式,诸如:黑格尔和韦伯的文化高低贵贱模式、斯宾格勒和汤因比的文化多元共生模式、汉斯昆的文化相互兼容模式、哈贝马斯和罗尔斯的普遍理性主义模式等①。特别是亨廷顿的文明冲突模式更为人们所熟知,他把世界范围内的文明分为:西方文明、中华文明、印度文明、日本文明、伊斯兰文明、东正教文明、拉丁美洲文明和可能的非洲文明。其中,西方文明由于人口数量正逐步减少,在世界文明的变更对比中正在衰落,而各种非西方文明伴随人口的大规模增长正在迅猛崛起。未来世界的冲突主要是不同文明体之间的冲突,包括不同文明邻国之间或一个国家内不同文明集团之间断层线上的冲突,以及不同文明的主要国家之间的冲突②。在亨廷顿提出文明冲突论之后,国际学界对其褒贬不一,但必须看到,人类历史乃至冷战结束后的诸多事件表明,不同文明之间的确存在着难以消除的差异和冲突。与此同时,人类不同文明的关系又极其复杂,除了彼此冲突外,还存在着相互吸引、彼此交流、求同存异、和平共处的一面,且后者在全球化和多极化的当今世界更应占据主导地位。但笔者所要进一步强调的是,在不同文明的冲突与妥协之中,我们尤其要高度重视区分文明与野

---

① 靳凤林:《欧美学界文化比较研究的五种范式》,《马克思主义与现实》,2018年第1期。

② 塞缪尔·亨廷顿:《文明的冲突与世界秩序的重建》,周琪等译,新华出版社,1999年,第360页。

蛮的历史进步观,很多人认为文明和野蛮的区分仅具有相对性,但必须承认二者之间也存在着界限分明的绝对性。如中国古代农村围绕土地纠纷,很多地方采用群体械斗的方式加以解决,而今天都在用国家法律的方式来化解。过去民族或国家内部政权的更迭,主要通过你死我活的残酷宫斗或不同阶级的剧烈冲突来解决,今天更多是通过大多数人认可并参与其中的政治选举和法律程序来进行。历史上民族国家之间通过血流成河的战争方式解决领土争端屡见不鲜,但今天更倾向于通过订立国际条约、建立国际组织或使用谈判妥协的方式解决争端。在上述例证中,文明与野蛮的区分立见高下,同时也足以证明,人类历史正在朝着充分尊重不同文明主体的合法地位,以更加公平正义和文明进步的方式来化解矛盾冲突的方向迈进。

2.逐步生成多极共治的政治伦理观

虽然当今世界各民族国家之间仍然存在着严重的权力失衡,存在着霸权要求和单边主义思维形式不断回潮的现象。但伴随全球化状态下各个民族国家相互依存度的增强,已经有越来越多的国家开始批评、抵制和克服狭隘民族主义和单边霸权主义的行为方式,要求建立公正合理的世界新秩序,寻求跨越民族国家的协商、互信、互惠和互动的多极共治的全球治理模式,反对通过武力和战争来解决民族国家间的纠纷。德国思想家哈贝马斯提出了建构"主体间性"和"世界公民社会"的设想,主张具有语言和行动能力的主体只有自觉放弃权力和暴力的使用,遵循真实性、正确性、真诚性三大话语伦理规则,通过自由平等的话语论证,来建立起真正的话语共识。进而强调通过对民族国家主权的行动空间做出规范、限制或跨越,来确保和落实作为世界公民的个人的自由权、平等权等。与哈贝马斯不谋而合,罗尔斯在其《政治自由主义》中提出了著名的"公共理性""重叠共识"理论,主张各国公民应当在丰富多样的个人合理性观念之间求同存异,在程序正义的基础上,通过由浅入深、自下而上的复杂性公共讨论过程,实现理性多元基础上的统一和凝聚,讨论得越是充分越是具体,围绕核心政治观念达成共识的深度和广度就越是可信可靠①。世界主义倡导者乌尔里希·贝克同样主张,必须承认民族国家间的巨大差异,但不能将其绝对化,而是要通过交流和融合对差异进行限制和调节,以实现全球事务治理过程中结构上的宽容、决策上的民主和程序上的公平②。在全球化和多极化的 21 世纪,必须建立跨国家的社会保障机制,通过各种国际规则制度来解决人类共同面临的世界难题。实际上从二战后纽伦堡国际军事法庭到今天国际刑事法院的出现,从欧洲国际联盟、世界贸易组织再到联合国各类机构的不断发展和完善,就在逐步证明全球多极共治政治伦理观的必要性和必然性。

3. 持续建构互利共赢的经济伦理观

18 世纪英法的崛起,19 世纪德日的强大,20 世纪美国的繁荣,很大程度上是依靠暴力掠夺和不公平贸易而实现的,但在二战之后,和平与发展已经成为当今世界的主流,赤裸裸的战争掠夺已不再为国际社会所接受。企业盈利要支付成本、借钱必须还钱、投资会有风险、你挣钱也要让别人活命等,这些常识性市场经济原则已经成为全球企业的伦理共识。特别是世界全球化和多极化趋势不断增强,更是让各个民族国家的经济生活日益融为一体,一个国家只有不断从外部吸收各种资源和能量,优化自身的经济结构,才能增强其经济实力,这就要求各个民族国家必须以开放的姿态对待迅速变化的世界,通过国内和国外的深度融合,牢固树立全球互利共赢的经济伦理观。在此,我们仅以跨国公司的经营为例予以说明,当今时代越来越多的

---

① 约翰·罗尔斯:《政治自由主义》,万俊人译,译林出版社,2000 年,第 175 页。
② 乌尔里希·贝克:《应对全球化》,常和芳编译,《学习时报》,2008 年 5 月 19 日。

跨国公司和全球公司不再仅仅从公司总部所在国利益出发配置资源，而是越来越多地从全球经营利益出发，在全球范围内融资、收购和兼并，将制造组装业务和研发营销业务全部外包，并纷纷加入联合国倡议的全球契约，自愿接纳这个契约所倡导的保护公司所在国的人权、劳工、环境和反腐败等十项原则。这就充分证明在全球化和多极化的 21 世纪，只有确立全球互利共赢的经济伦理观，各个民族国家的跨国企业才能立足于世界经济之林而不败北。反之，如果仍然像早期资本主义全球化那样，依靠武力占领或残酷殖民来扩张经济实力，以便有效满足宗主国的各种物质利益需求，其结果只能是被世人唾弃并自取灭亡。

4. 不断达致多元共存的文化伦理观

在全球化和多极化的 21 世纪，各民族国家逐步认识到，多元异质型文化的存在有利于人们从不同的角度观察和思考问题，有利于各种文化之间的平等交流和相互理解，有利于反对和抵制不同民族文化霸权主义思想的扩张。因为一个社会的文化同质性太强，其适应外部变化的能力必然降低，反之，一个多元异质型文化并存的社会，必然是一个不同文化群落各领风骚的社会，同时，也是一个充满思想创造活力的社会。从这种意义上讲，我们必须彼此尊重各民族的文化特性、宗教信仰和生活价值观，承认每一群体都享有选择和保留自己生活方式的自由，倡导不同文化间开展对话和交流，通过相互理解来增进彼此间的信任。但需要指出的是，多元共存的文化主张往往隐藏着某种特殊的文化价值诉求，一方面，某些强势国家可以打着全人类普遍主义文化主张来同化和打压弱小国家的特殊主义文化诉求，乃至通过历史虚无主义、历史进步主义等手段来毁坏弱小国家的文化，为其政治、经济、军事领域的霸权行径提供普世价值依据。另一方面，弱小国家既可以通过文化多元主义诉求去抨击强势国家，迫使其接受开放的、多元的、新型的、多民族的、多国家的文化现实；

但也有可能因为害怕这种新的开放瓦解自己的传统文化而极力排斥外来文化,陷进民粹主义的泥潭而无法自拔。可见,多元共存的文化主张在政治层面具有极大的含混性,它既可以被自由主义者用来反对狭隘民族主义的文化观,也可以被后者用来捍卫弱小国家独特乃至保守的文化观,这就要求我们必须对多元共存的文化主张采取具体问题具体分析的态度。笔者认为,一方面,一个民族只有对自己的文化充满坚定的自信,才能在世界舞台上获得坚持坚守的从容,鼓舞起奋发进取的勇气,焕发出创新创造的活力。另一方面,又要结合新的时代要求,对本民族文化的优缺点进行深入细致的考察,而任何一个民族的文化优缺点只有在比较的过程中才能得以鉴别。因此,只有通过对不同文化进行比较研究,对其历史谱系进行探赜索隐,对其良莠杂陈的各类要素进行剥茧抽丝,在深刻洞察彼此精神内核异同的基础上,寻找到建构各自民族文化主体意识的理想路径,并通过创造性转化和创新性发展,才能不断再造本民族文化的辉煌。最终如费孝通先生所主张的那样,达至不同文化之间"各美其美,美人之美,美美与共,天下大同"的理想境界。

5. 加速确立风险共担的责任伦理观

在全球化和多极化的 21 世纪,人类面临的技术风险、环境风险、能源风险、疾病风险、安全风险、金融风险等已经发生了质的变化,呈现出局部问题与全球问题相互转化、传统安全与非传统安全彼此交织的局面,它超越了地域、民族、国家、社会制度、意识形态的差异,日益成为一种人类必须共同面对的全球风险。以人工智能为例,在巨大的利益诱惑面前,人们可以肆无忌惮地将其用于各种黑色产业,使其发展速度远超白色产业;其所带来的失业风险可以在全世界蔓延,并引发全球性移民和反移民浪潮;人工智能最终还会对人类生存的意义产生巨大的伦理挑战,使得整个人类失去存在的价值。这就要求各个民族国家必须将本民族的利益,置于人类整体利益的大环境下予以重新审视和定位，乃至牺牲本民族利益来保全整个人类的"超民族"利益，如果各个民族国家不去树立自我约束的责任伦理观，人类只能在层出不穷的各种重大风险面前束手待毙。为避免这种危险后果的出现，就需要各个民族国家在发展理念和行动措施两个层面做出调整。就发展理念而言，需要各民族国家对近代以来强调人类力量的持续扩张和对自然资源的无限攫取的所谓现代化发展观进行深入反思，因为这种发展观已经带来了整个人类生存条件的严重恶化，危及地球上所有民族国家的全部生命，这就要求各个民族国家必须完成发展观念的根本性转变。就行动措施而言，各个民族国家必须建构一种在全球责任伦理思想指导下的世界各国共同参与的协商机制，成立各种全球治理机构，制定出对各国都具有较强约束力的方案，使世界各国采取协调一致的行动步骤。如果都像美国总统特朗普那样，随意退出由众多国家通过艰难谈判达成的《巴黎协定》和《伊核协议》，或者因各种国际组织做出了不利于本国的决定就立即退群，那么，摆在各个民族国家面前的终极结局，只能是坐在没有制动系统的高速列车上向死亡之谷全速行进。

　　总之，在不可逆转的全球化和多极化时代，一个国家在地球村中的价值、地位和作用，将不再取决于它战胜了多少个竞争对手，赢得了多少次"冷战"或"热战"的辉煌胜利，消灭了多少个潜在或现实的敌人等。相反，要看这个国家对全球化和多极化时代国际争端机制的建立提供了多少合理化建议，这个国家面对人类遇到的共同难题提供了多少有价值的国际倡议，这个国家在人类遇到的各种突发灾难面前贡献了多少应尽的力量。要完成上述霸道逻辑向王道逻辑的根本性转变，就必须改变看待各种复杂性世界问题的视角与方法，真正终结"文明冲突论""利益脱钩论""赢者通吃论""唯我独尊论""潜在敌人论""修昔底德陷阱论"等各种帝国思维的陈旧执念，牢固树立"人类命运共同体论""利益交集论""优势互补论""合作共赢论""相互尊重论""共创未来论"等现代人类应有的全球性价值理念,唯有完成上述人类世界观的彻底转变,我们生活的这个世界才能充满希望。

附 录

调研报告与读书心得

附录一：美利坚与俄罗斯国家
治理体系的伦理视差

    国家治理体系的伦理特质主要指不同国家的政治集团执掌国家政权后，处理经济、政治、社会、文化、外交等事务所体现出来的道德精神和所应遵循的伦理原则，包括调节社会制度环境的德法手段、规约社会生活形式的伦理秩序、衡量个人行为善恶的道德尺度、处理国际事务的价值取向等内容。与历史悠久的中国、印度、埃及以及稍后的希腊、罗马等文明古国相比，美国和俄罗斯（苏联）被国际社会公认为是历史起步较晚的两个后发性现代民族国家，但二战之后，这两个年轻国家作为相互对峙的资本主义与社会主义两大阵营的代表，对当代世界格局的形成和发展产生了重大而深远的影响。加之，这两个新兴大国的国家治理体系，曾经对中国近现代史上国民党和共产党的革命历程和国家建设发生过深刻而持久的陶铸和塑型作用，特别是最近四十多年来，无论是美国在国际舞台上的独角戏演奏，还是苏联的解体和重构过程，均从不同侧面对当代中国的改革开放事业产生了无与伦比的影响。基于此种考量，本文试图从以下四个层面对美俄国家治理体系的伦理特质予以深入细致的比较研究，并由此阐明其对当代中国国家治理体系和治理能力现代化所具有的理论镜鉴价值和实践关怀意义①。

---

① 笔者在深入学习和把握美俄两国历史文化和国家治理模式研究现（转下页）

一、国家创生：对美俄国家
生成方式的伦理学解析

伴随苏欧剧变和冷战结束，美国成为世界头号强国，美国的国家治理体系成为众人眼里的普世模式，但依据笔者的考究，美国的国家治理体系恰恰独具自身的伦理特质，乃至是世界上最具唯一性和不可复制性的模式之一，非其他国家能够完全仿效。美国的地理环境和历史传统具有其他国家不可比拟的天然优势。美国被太平洋和大西洋环绕，形成两道天然性保护屏障，其北方加拿大和南方墨西哥的整体国力无法对美国构成领土威胁，致使美国自建国至今，除了日本发动的珍珠港事件外，几乎没有在本土范围内发生过大规模外族入侵的战争，这就为其长期性的和平、稳定、繁荣奠定了自然地理条件。美国最发达的东北部地区和东部海岸地区是欧洲移民开发最早的地方，这些移民当年皆是在欧洲受到封建君主和教会迫害的下层工商业主，如果说悠久的历史对一个民族既是沉重的包袱，又是宝贵的财富，那么，就美国早期的欧洲移民而言，他们挣脱了大陆封建政治传统的沉重包袱，而具有现代政治主体追求自由、民主、平等价值取向的天然财富。

不仅如此，美国还是一个由具备公共服务精神的实业家和各行各业成功者来治理的国家。在其建国之初的重要领袖中，华盛顿是

（接上页）状基础上，先后到美国和俄罗斯进行了实地考察。从一定意义上讲，本文既是一篇学术研究论文，又是笔者结合自己以往理论研究成果和实地考察所做的调研报告。

拥有 8000 英亩土地的弗吉尼亚种植园主,富兰克林是在费城拥有多家企业的发明家,杰弗逊在蒙蒂塞洛经营着大片庄园,汉密尔顿是纽约著名商业资本家,正是这些工商业者最早在美国东北部和东部十三州奠定了美国经济发展的历史根基。独立之后的一百多年里,无论是西部大开发,还是南北战争,皆是工商业阶层主导着美国的命运,无论古老的波士顿,还是西部大开发时代,在密西西比河周围形成的新型城市,都是实业家们组织人们建设起供水系统、排污系统、道路桥梁、休闲公园等公共设施,他们还兴办医院、大学、博物馆、剧院等设施,然后自己建立起市镇政府①。因此,美国各级政府,特别是州县政府决没有大陆国家神圣不可侵犯的专制味道,而是纯粹为个人发迹、资本运转和社会繁荣提供服务的工具。美国建国之初的很多政府官员,都是经济富有之后,出于为民服务的博爱性宗教义务感,才抽出一定时间从事政治活动。有志之士走的都是经商发财之路,在他们看来梦想当官发财,注定是死路一条,这对美国后来的政治发展影响深远。美国的上述经济结构决定了其社会结构不同于欧洲教士、贵族、第三等级构成的金字塔形结构,而是橄榄形结构,即各级官吏、超级富豪和极端贫困者所占人口比例较少,以商人、作坊主、农场主为代表的大、中、小资本家占据美国人口的绝大多数,他们自始至终主导着美国经济、政治、社会结构的变迁历程。

　　工商业主身上具有的个人利益至上、实用理性盛行、冒险精神、契约意识等,与基督新教倡导的博爱、服务、慈善精神紧密结合,构成了美利坚民族的基本性格特征和精神文化内核。沸腾着现实创造热情和商业热浪,且属于阳光明媚的亚热带和四季分明的温带气候的美国大地,造就了美利坚民族热情奔放、活泼大方、直言不讳、开诚布

---

① 参见资中筠:《财富的责任与资本主义演变:美国百年公益发展的启示》,第18页。

公、信守承诺的性格特征,而且众多早期移民虽然承载着天下各方的文化传统,但与此同时,他们又大都是对传统失去好感的亡命者,唯有在开拓这片新大陆的实验中获得成功的、被证明为有用的东西,才能最终站住脚。既有这种精神导向为南北战争后美国的工业崛起创造心理条件,又有工业和科学的发展强化注重效果的观念,由之,"有用即真理"成为美国实用主义哲学的至理名言,实用主义反对因循守旧和墨守成规,强调在不断创新的过程中,从各种不确定性里面寻求多种可能性;反对一致思维和整体权威,崇尚把每一个人都看作是生活的主角,而不是整体中的配角,只有个体活力得到充分激发,整体的强大才能得到有效保障。质言之,实用主义不信任何主义,什么方法能解决问题和获得理想效果,它就是真理①。与此同时,经历了深刻蜕变的基督新教伦理所倡导的经济理性主义、神圣天职观、新型禁欲观、紧迫的时间感、博爱性社会服务意识等,在为工商业资本阶层早期的原始积累和后来的发展壮大提供充足的精神养料的同时,也为防止资本及其阶层固有的贪婪性、奢侈性、世俗性倾向发挥着巨大的约束力量。

与美利坚民族的生成和发展史不同,俄罗斯民族无论是从早期的形成过程和之后的扩张历史看,还是从地理环境和文化传统造就的民族性格和精神气质看,都与美利坚民族存在着天壤之别:从早期俄罗斯民族的生成历史看,他们属于欧洲东部斯拉夫民族中东、西、南三个支派中的东斯拉夫人。他们最早生活在第聂伯河和德涅斯特河直至黑海沿岸以及更东的一些地区,公元9世纪前后还过着原始氏族公社生活的这些落后部落,在部落联盟基础上,逐步形成了几个公国,如基辅公国、契尔尼戈夫公国、斯摩棱斯克公国、诺夫哥罗德公国等,到公元10世纪初,诺夫哥罗德公国在征服其他几个小公国基

---

① 万俊人:《现代西方伦理学史》下卷,北京大学出版社,1992年,第254页。

础上,在基辅建立起统一的国家,即基辅罗斯公国。公元988年基辅罗斯公国的弗拉基米尔大公下令,全国居民放弃之前原始的多神教信仰,改信东正教,至此罗斯公国开始普及欧洲的封建生产关系和东正教文化,并同西欧各国建立起密切关系,1054年基辅公国因内讧而分裂为各个小公国。到13世纪蒙古鞑靼人持续向西挺进至东欧诸国,并在罗斯境内建立起黄金部落——金帐汗国,时间长达二百四十年。作为异族入侵的蒙古鞑靼人的国家治理模式,在为罗斯人带来深重灾难的同时,也在一定程度上促进了罗斯人交通事业的发展、赋税制度的完善、爱国主义思想的出现和之后中央集权专制制度的生成。到14世纪,蒙古鞑靼人统治力较弱的一系列东北罗斯公国开始在莫斯科周围形成,之后陆续臣服于莫斯科公国之下,逐步形成现代意义上的俄罗斯国家。

　　到了1547年,莫斯科大公伊凡四世登基后,俄罗斯在逐步消除国内封建割据状态后,开始进入向周围地区迅猛扩张时期。1552年征服喀山汗国,1556年攻占伏尔加河下游地区,1558年为争夺波罗的海出海口,发动了和北欧人的利沃尼亚战争,1581年侵占西西伯利亚汗国首都西伯尔。到了17—18世纪,彼得一世和叶卡捷琳娜二世面对西欧各国的在国际舞台上的激烈竞争,为摆脱拜占庭和蒙古鞑靼人东方落后文化的影响,开始大力欧化俄罗斯,并将俄罗斯首都迁至彼得堡,在这两位杰出沙皇的领导下,俄罗斯通过和土耳其的战争和三次瓜分波兰,不仅在国内建立起高度专制和卓有成效的国家行政管理系统和强大的陆海军事力量,而且在国际上获得了波罗的海和黑海的主导权,并向东扩张至遥远的西伯利亚东部,开始与中国和日本相见于满洲一带,从而使俄罗斯成为一个著名的国际强国①。当然,俄罗斯民族在不断发动战争和侵略扩张的过程中并非一帆风

---

① 陈衡哲:《西洋史》,第233页。

顺,也曾受到其他民族的反复入侵,除蒙古鞑靼人外,在历史上早期北欧的多个民族(如瓦良格人)曾经压迫和蹂躏过俄罗斯北方的诸多公国,土耳其人也曾入侵俄罗斯南部的诸公国。特别是 1812 年法国拿破仑率军大举进犯俄罗斯,从春天出发,一直打到冬天,虽然攻下了莫斯科,却还是打不垮俄罗斯,埋下了法兰西帝国覆灭的命运。二战时希特勒打遍欧洲无敌手,但一入俄国深似海,虽然给予俄罗斯毁灭性打击,最后还是灰溜溜撤退,同样踏上了德意志帝国覆亡的末路。不难看出,俄罗斯民族在无数次的对外扩张和惨遭入侵中,不断地从灾难的深渊中爬出并艰难地站立起来,经历着一次次的浴火重生和凤凰涅槃,至今依然屹立于世界民族之林而不倒。

此外,独特的自然地理环境和文化发展脉络,造就了俄罗斯人不同凡响的民族性格和文化气韵。从地理环境上看,俄罗斯民族身处地球北部寒带气候中,依照孟德斯鸠《论法的精神》中的说法,这种苦寒的地理环境使得俄罗斯人具备极强的忍耐力和攻击力,他们在历史上能够战胜称霸欧洲的拿破仑和希特勒,很大程度上得益于漫长冬季里冰天雪地的恶劣气候,以及由此养成的柔韧性极强的战斗力。从文化氛围上看,俄罗斯横跨地球上欧亚两洲,他们既受到拜占庭文化、蒙古鞑靼文化等东方文化的深远影响,又受到西欧封建文化和资本主义文化的巨大冲击,致使其从公元 10 世纪罗斯受洗开始,到公元 20 世纪末由苏维埃向新资本主义转型止,在这长达千年的历史演进中,形成了俄罗斯民族充满二元张力的两极化性格,犹如狂饮伏特加烈酒前后迥然有别的行为举止一样:他们既热情好客又异常冷漠;既沉思默想又躁动不安;既多愁善感又勇敢彪悍;既虔诚恭顺又蛮横霸道。这种民族性格反映在政治生活中,使得俄罗斯人的政治抉择行为呈现出非此即彼、非黑即白、非左即右的二律背反性极端主义特征,如:他们在特定的时间段内,既主张高度的权力专制主义,又可能立即走向极端的政治自由主义;他们既可能高高举起集体主义旗帜,又可能立即转向大力提倡个人主义；他们既可能高喊爱国主义口号，又可能瞬间走向民族分裂的歧途。可以说俄罗斯国徽上的双头鹰深刻地折射出俄罗斯民族性格和政治文化中的矛盾性、复杂性和两极性特点。

通过对美俄波澜壮阔的民族国家生成史的俯瞰式追忆，可以看出：首先，这两个国家的社会结构存在重大差别。美国自建国伊始，从欧洲各国移民而来的工商业阶层就占据着国家人口的绝大多数，之后，整个国家逐步形成了橄榄形社会结构，这为美利坚民族的政治稳定奠定了社会基础。而俄罗斯各公国形成伊始，就是一个由少数部落贵族高高在上，占绝大多数的农奴匍匐于下的金字塔形社会结构，这种严重的两极分化极易导致社会动荡，俄罗斯历史上各个公国不断发生的内讧和下层百姓时断时续的造反起义就是明证。其次，推动两个国家不断壮大的社会主体迥然不同。早期移民到北美的工商业阶层不仅奠定了美利坚民族赖以形成的社会根基，而且之后对密西西比河流域的大开发和向西部太平洋沿岸的侵略扩张，都是在工商阶层和大工业资本家追逐利润的强烈动机推动下不断展开的，包括联邦西部公共土地政策的制定和横贯东西的铁路大动脉建设，皆由广大资本阶层主导而完成，国家和政府的经济投入少之又少。与之相反，俄罗斯历史上的对外扩张过程和历次入侵反入侵斗争，都取决于上层贵族的利益之争和历代沙皇个人的政治才能，如果没有彼得大帝和叶卡捷琳娜女皇这种杰出政治家的折冲樽俎和应酬权变，以及对内大力改革和对外开疆拓土，俄罗斯就无法享有今天辽阔的国土面积和丰厚的自然资源。再者，地理环境和历史传统的天壤之别，使得两国的民族性格和政治文化判若云泥。处在大西洋和太平洋环绕之中的美国是一个典型的海洋型国家，俄罗斯尽管也有西部的波罗的海和东部的白令海乃至北冰洋环绕，但从其国家生成历史看，它主要是一个大陆型国家。按照绝大部分国际政治学者的看法,可将国家主权伦理模式划分为两类:海洋式国家主权伦理模式和大陆式国家主权伦理模式。通常情况下,海洋式国家主权拥有者只能思考如何通过建立富有弹性的主权模式将本国彼此分割或主权特征极强的领土连接起来,因此,它更看重主权国家的多样性和差异性,反映在政治伦理层面,通常是高举个人主义旗帜,强调个人权利的合理性和正当性,当个人利益和国家利益发生矛盾时,更多的是倡导通过改变不合理的国家分配制度,以有效维护和满足各种各样的个人或局部利益。与之相反,大陆国家由于经常面对领土被邻国吞并或被辖区居民分裂的可能性,为保证领土和国家主权的完整,主权拥有者会特别强化主权的绝对性,以便有效控制每寸领土,反映在政治伦理层面,就是大力维护国家内部的同一性和统一性,高举爱国主义和民族主义旗帜,强调国家利益的优先性和首要性,鼓励人们将个人利益同国家利益相结合,当二者发生矛盾时,提倡宁可牺牲个人利益也要维护国家利益。前述有关美俄国家生成过程的伦理学叙述,充分印证了绝大部分国际政治学者的基本看法。

二、国家制度:美国的契约
伦理与俄国的威权至上

上述对美俄民族国家生成过程的探赜索隐,为我们进一步从国家制度层面把握美国联邦制契约伦理诉求和俄国威权制沙皇至上精神奠定了历史根基。就美国联邦制的确立及其伦理特征而言:美国的立国经验和西方其他国家自上而下的过程迥然有别,是按照自下而上、讨价还价、妥协退让的契约伦理规则逐步完成的。美国独立战争结束后,由于十三个独立州之间存在着边界、河道、商业纠纷等诸多问题,特别是对西部土地的争夺尤为激烈,为此召开过多次大陆会议,直到1777年11月15日的大陆会议,通过了由约翰·迪金森起

草的《联邦和永久联合条例》,才正式将国家命名为"美利坚合众国"(The United State of America),建立了中央行政机构,把由诸州代表组成的"大陆会议"改为"联邦国会",赋予其宣战、缔约、举债、召集军队和任命总司令等权力,该条例成为合众国"头一部不成熟的宪法",它标志着一个新国家的诞生①。在联邦成立初期,最大的成就是把各州激烈争执的西部土地移交联邦政府处理,实施公共土地储备和招标拍卖制度,这种做法既奠定了西部土地国有化的基础,也为日后联邦向西部的大举扩张提供了法理依据。之后又于1787年5月4日在费城召开修宪会议,一些大州要求建立统一而强大的中央政府,消减各州的权力,即实行真正的联邦制,也有不少州为了维护已有的各种权力,主张实行邦联制,即反联邦制。两种主张僵持不下长达数月,直到当年的9月17日,在华盛顿和富兰克林的大力支持下,才通过了宪法的最后定稿,该定稿虽说是联邦派的胜利,但也大量吸纳了反联邦派的建议,随后交由各州讨论表决。之后,各州围绕联邦宪法的具体内容展开了激烈争论,为说服各州通过联邦宪法,汉密尔顿、麦迪逊、杰伊等人陆续发表文章并结集出版了《联邦党人文集》,从提高政府效率、降低管理成本、抵御外敌入侵等多个角度,鼓吹联邦制的优点,批判反联邦派的缺点,经过反反复复的思想较量和理论辩驳,直到1788年6月,联邦宪法才以30∶25的票数被各州派往国会的代表在费城勉强通过②。

美国联邦制国家体制的运行严格遵循以下四大政治伦理规则:一是国家权力由国民决定的伦理规则。这一规则的实质是关于国家权力的来源问题,它在国家权力结构中涉及参众两院议员的产生、司

---

① J. R. Poie, *Foundations of American Independence*, *1630 – 1815*, Indianapolis, 1972, 168.
② 汉密尔顿、杰伊、麦迪逊等:《联邦党人文集》,程奉如等译。

法机关的权力运作等,究竟在多大程度上由国家公民来决定? 其中
最为核心的问题是总统的产生由谁说了算? 美国联邦宪法中没有设
置总理职位,总统既是国家元首又是行政首脑,他(她)具有极大的权
力,但总统职位既不像其他西方国家那样,行政内阁由立法机关决
定,又不像家天下的封建君主那样,可以打着君权神授的旗号,无限
期的任职或私相授受。相反,兼有行政职能的美国总统完全由国家
公民选举产生,其任期有明确限制,质言之,美国的总统制或联邦制
完全建立在人民共和基础之上,受到人民共和原则的限制。二是中
央与地方良性互动的伦理规则。如何处理中央与地方的关系,亦即
如何处理"州权"是美国立国的关键所在。建国之初,联邦制和反邦
联制争执的焦点就是围绕"州权"展开的,由于各州在建国前都有一
定程度的主权,如果把国家权力全部集中到中央政府,各州就不会批
准宪法。因此,在美国宪法中除了把立法、军事、税收、外交等权力归
中央政府外,其他权力必须保留给各州的人民来行使①。美国的宪
法一定程度上加强了中央政府的权力,但又给各州保留了极大的自
治权,有效调动了中央和地方两方面的积极性,真正实现了二者的功
能互补。三是中央政权内部立法、行政、司法部门之间相互制衡的伦
理规则。美国在这三者之间相互分立又彼此制约,即立法权归国会,
行政权归总统及内阁,司法权归最高法院,但国会虽然掌握着立法
权,由议员提出的议案必须由参众两院通过方能成立,而总统虽然没
有提交议案的权力但却拥有议案否决权,同时法院又可以判决总统
违宪,但大法官的权力虽大,他又必须由总统提名和参议院通过才能
被任命②。笔者在费城参观美国的宪法中心时,该中心用一个灵活
移动的平放木制等边三角架说明三者的关系,每个角上分别坐落着

---

① 托克维尔:《论美国的民主》上卷,董果良译,第 127 页。
② 托克维尔:《论美国的民主》上卷,董果良译,第 134 页。

白宫、国会和高法大楼模型，移动任何一角的建筑，其余两角均会随之移动，由此，向国内外的参观者简洁形象地阐释了三权分立和彼此制衡的科学合理性。四是联邦宪法原则性和灵活性相结合的伦理规则。美国宪法第五条规定，参众两院 2/3 多数或 2/3 以上州议会提出请求，即可对联邦宪法提出修正案，并通过适当形式通过，从而赋予宪法以必要的灵活性和适应性，极大地增强了联邦宪法的生命力。正是这一条款的存在，使得美国自建国至今提出过数十个宪法修正案，均在激烈争议或少数反对的情况下顺利通过，使得美利坚民族在不同时期所面临的诸多国内外重大棘手问题，都能够在联邦体制内得以圆满解决，华盛顿在 1796 年告别总统职位的演讲词中自豪地指出，美利坚合众国的"国家体制本身包含着修正自身的规定"。

　　特别需要指出的是，与建国初相比，在最近的一百多年中，美国国家治理模式的伦理特质呈现出州政府与中央政府权力结构此消彼长的态势。由于 20 世纪 30 年代的经济大萧条，导致美国失业人数骤增，农业生产凋敝，社会矛盾激化，时任总统罗斯福实施了系列"新政"，如：通过政府对经济的积极干预，使国家经济在缓慢的通货膨胀中走向复兴；通过创办政府事业和公共工程，来矫正长期实行经济自由主义政策带来的过失；通过实施更多的社会保障及收入再分配政策，来改造美国资本主义的社会结构。上述政策的制定权和拨款权均在联邦，各州政府只有执行和管理权，这在很大程度上改变了美国传统的自由企业制度以及州与政府之间的二元联邦制，把美国传统的自由资本主义推进到国家资本主义阶段。

　　与二百多年来彰显契约伦理精神且政局相对稳定的美国国家体制不同，近二百年来俄罗斯的国家体制经历了翻天覆地的变迁。笔者仅以俄罗斯国家体制的两次重大转型为切入点，来深入剖析其威权至上的伦理特质在其政体流变中的深层运演轨迹：

　　（1）从沙皇俄国向苏维埃社会主义国家的转型。早期俄罗斯民族的社会等级曾一度取决于占有土地的多少以及在以教会为核心的村社中享有社会声望的高低,但蒙古鞑靼人殖民俄罗斯二百四十多年,彻底摧毁了上述制度赖以存活的社会根基,建立起以官职大小分配土地的社会等级制度。到了彼得大帝(1682—1725)时期,他进一步强化这种专制制度,规定所有成年男性贵族都有终身进行军职和文职服役的义务,沙皇具有决定任何官员升降、调动的权力,从而使各级土地贵族成为完全依附于国家政权的群体,不是土地多少而是官阶高低成为决定贵族社会等级的唯一形式,沙皇拥有全国的所有土地和无比至上的权威,他依据为其服役的状况及其与宫廷关系的亲疏决定臣民的封地多少、社会声望和政治地位,从而有效地控制着所有贵族和臣民。加之,俄罗斯国家的成长与侵略和反侵略战争密不可分,一旦战争失败就立刻演变为国家政权危机①。1905 年俄罗斯与日本爆发了争夺中国东北和朝鲜的战争,沙俄败于日本手下,从而引发了国内第一次资产阶级革命,极大地动摇了沙皇专制的国家组织体系。到 1917 年,伴随沙皇在第一次世界大战中战败,是年 2月,爆发第二次资产阶级革命,沙皇政权最终土崩瓦解。是年 10 月,俄共在无政府状态下夺取国家政权,并开始了保卫政权和重建秩序的过程,面对国家的混乱无序局面和国内外复辟势力的巨大威胁,列宁在国家制度层面迅速完成了由革命初期像巴黎公社那样由人民直接管理国家向党代表人民管理国家的转变,之后,斯大林将列宁创立的这一制度模式逐步完善,最终形成了著名的苏维埃社会主义"干部委任制""军队政委制""对口管理制"。即党的各级机关编制官职等级名录,对担任重要职位的干部进行预先审查、选拔推荐、批准任命;通过政治委员制保证党对军队的绝对领导;同时,斯大林在实际工作中发现国家机关有脱离党的领导的危险,因此,他又要求党不仅要领

---

① 参见曹维安:《俄国史新论》,中国社会科学出版社,2002 年,第 18 页。

导国家,还要管理国家的具体事务,党中央设立直接管理政治、经济、社会、文化等事务的部门,与政府相关部门实施"对口管理",同时,在政府各部门设立党委,最终形成了以党代政和政党国家化的政治体制。一方面,这种体制把俄国有效地组织起来,形成了一个比其历史上任何时期都要强大的国家组织体系,并使其从一个落后的农业国迅速变成一个强大的工业国,在第二次世界大战中彰显出无与伦比的国家人力和资源动员能力,为最终战胜法西斯德国奠定了政治体制基础;另一方面,还是这一体制在以后的岁月里逐步演变为难以纠错的独断专行的家长制,一个人的错误演变为整个国家的错误,党和国家机器日益僵化,逐步丧失创新活力,最终走向苏共下台和国家解体。

　　(2)从苏维埃社会主义国家向新资本主义国家的转型。必须改革高度集权的斯大林模式,这在 20 世纪 80 年代已经成为苏共高层的基本共识,戈尔巴乔夫上台后首先是大力推动苏联的经济体制改革,但却受到苏共内部反改革派的强烈抵制,尤其是所谓经济官僚的总参谋部:国家计划委员会、国家物资供应委员会、财政部、依靠经理阶层工作的相关国家机关等,鉴于经济改革困难重重,戈氏开始实施改革的重大转向——政治改革①。政治改革的基本路线图就是其《改革与新思维》中提出的公开性、民主化和多元化②。令戈氏意想不到的是:公开性讨论导致怀疑和否定一切的历史虚无主义大行其道,伴随对苏共和苏联历史的重新评价,彻底摧毁了苏共统治合法性的道德根基,颠覆了苏联立国的基本价值体系;民主化则强化了以人民代表大会为核心的多党制,丧失了道德合法性的苏共在人民代表大会中不再是主导力量,苏联开始由总书记制改为总统制;多元化则导致了民族分离主义和肢解苏联的各种力量的迅猛崛起。伴随国家

---

① 林艳梅:《当代俄罗斯马克思主义研究》,中央编译出版社,2013 年,第 359 页。
② 戈尔巴乔夫:《改革与新思维》,苏群译,新华出版社,1987 年。

权力体系中苏共这一主导性力量的倒塌,总统的权力逐步被架空变得形同虚设,到 1991 年底,苏联的经济开始急剧下滑,通货膨胀高达12%,GDP 下降 13%,卢布大幅贬值,人民生活水平迅速恶化,苏联开始走向彻底解体,国家陷入亚无政府状态①。与俄罗斯人非左即右的矛盾性、两极性民族性格相一致,在民主化浪潮中获得权力的叶利钦,开始全面而彻底地实施西方自由放任的新自由主义政策,具体做法是通过所谓"休克疗法"实行俄罗斯的三化:自由化、私有化和稳定化。在实施自由化和私有化的过程中,俄罗斯最具活力的几个巨型国有企业通过内幕交易,以远远低于市场价格的拍卖活动,伙同其他金融工业集团控制了 50%的俄罗斯经济,形成了著名的"七财团寡头",大肆鲸吞和掠夺国家财富,叶利钦把国家资产送给财团寡头,寡头们把政治支持给了叶利钦。但这种权力与资本沆瀣一气的做法,在全国各地民众中积累起无比的怨恨和反抗,以至于总统和各部部长的命令在地方上根本得不到执行,中央也无力监管和处罚不执行命令的地方政府,整个俄罗斯陷入法律失效、黑道盛行、国家治理失败的泥潭之中。到叶利钦任职结束时的 1998 年,俄罗斯国内生产总值比 1990 年下降 50%,居民平均购买力下降 40%,俄罗斯沦落为世界二流乃至三流国家②。到了 1999 年,体弱多病、心力交瘁的叶利钦被迫进行"战略性辞职",将政权交给强力部门——克格勃出身的普京。普京治国理政的核心理念是:利用俄罗斯传统思想中民族主义色彩极浓的国家主义,尽快恢复俄罗斯的大国和强国地位。他明确指出:"俄罗斯即使想成为美国或英国的翻版,也不会很快做到这一点,在这两个国家里,自由主义价值观有着深刻的历史传统。而在我国,国家及其体制和机构在人民生活中一向起着重要的作用。……

---

① 杨光斌:《政治变迁中的国家与制度》,第 164 页。
② 杨光斌:《政治变迁中的国家与制度》,第 173 页。

目前俄罗斯复兴和蓬勃发展的关键就在于国家政治领域。俄罗斯需要一个强有力的国家政权体系,也应该有这样一个政权体系。"①为了纠正因戈尔巴乔夫和叶利钦照搬西式民主引发的政治动荡,普京上任伊始就要求对民主加以约束,施行"可控式民主"。首先,他把89个联邦主体划分为7个联邦区,直接任命驻联邦区的全权代表,并以2004年别斯兰恐怖事件为契机,废除选民直接选举地方行政长官的制度,代之于总统提名、地方议会批准,如果地方议会两次否决总统提名人选,总统可以解散地方议会。其次,他重新修订《俄罗斯政党法》,对成立政党做出一系列限制性要求,使俄罗斯政党从1999年的144个减少到2006年的36个。再者,改革国家杜马选举办法,由"混合选举制"改为"比例代表制",取消独立候选人,选民只能以政党候选人的方式参与议会选举。最后,在经济层面重新国有化,规范和打压私有化过程中的非法获利者,在每个战略领域成立政府控股的大型国有企业,同时为了搞活全国经济,在对地方政府实施政治收权的同时,又给予其更多的经济自主权。通过一系列以权力重组为核心的国家制度体系建设,俄罗斯逐步摆脱了戈尔巴乔夫和叶利钦时代衰弱国家的状态,成为一个让西方国家忧虑的远离西式民主并具有强大国家权力体系的"主权民主"国家,且逐步趋于稳定和繁荣,正在实现普京允诺的"给我20年,再造一个强大俄罗斯"的梦想。

　　通过对美国和俄罗斯国家制度体系运演轨迹的觅赜探幽,可以清晰地看出,由于两个民族对国家本质的认识不同,其国家制度伦理的价值取向也就迥然有别。美利坚民族政治生活中的契约伦理诉求由来已久,《五月花号公约》和《独立宣言》就是早期美国政治伦理中契约精神的最早反映,美利坚民族继承了近代欧洲霍布斯、洛克、孟德斯鸠等人的社会契约论思想,从内心深处认为,个人利益是社会之

---

① 普京:《普京文集》,徐葵译,中国社会科学出版社,2002年,第9—10页。

根和国家之源，人类设立国家的目的就是要让其作为一个守夜人，为增进个人的各种利益服务，这就要求国家与公民、中央与地方等政治交往主体之间，必须以契约的方式来规范各自的行为，以实现政治活动的公平理性和意志自律，而契约伦理又与法治精神有着内在的关联，正是源于立约主体对宪法条款的认可、对法律义务的履行、对公平利益的期待，才使其逐步成为美国社会政治秩序建构和法律制度实施的普遍准则。与之相反，俄罗斯国家制度伦理的运演轨迹之所以凸现威权至上精神，是因为从蒙古鞑靼人殖民俄罗斯开始，到之后沙皇俄国的不断崛起和扩张，俄罗斯人从来就认为，一个强大的国家并非异己之物，其所拥有的丰富资源是个人生存的必需品，是保障社会有序生活的前提和基础，是人类社会不断发展的倡导者和推动者。质言之，国家的存在不以个人利益为前提，它有自身独立的价值与意义，因此，每个人都应当为国家的不断发展和日益强大尽心尽力。

　　上述美俄国家制度伦理的异质性价值取向，可从两国经济结构布局上获得充分说明。到 19 世纪上半叶，美国逐步形成了区际贸易高度发达的国内统一市场，各区域的经济专业化程度日渐提高，大致可分为东北部的工商业区、南部的烟草和棉花种植区、西部的垦殖农业区三大贸易区，但所有这些区域的形成如哈耶克《自由秩序原理》中所强调的那样①，不是国家有组织的刻意规划的结果，而是在原有自然条件基础上，一代又一代工商业主通过个体的艰苦努力和无数次同他人的契约合作自发形成的。如东北部新英格兰的工商业区，由于处于气候寒冷带，不利于农作物生长，木材、松节油、煤、铁等资源丰富，很早就形成了社会服务齐全和基础设施完备的商业和制造

———————————

① 参见佛里德利希·冯·哈耶克：《自由秩序原理》，邓正来译，生活·读书·新知三联书店，1997 年，特别是第 17 章的相关论述很大程度上说明了社会主义与资本主义经济发展价值取向上的异同。

业(造船、酿酒、捕鱼等)。美国三大区域自发的市场交往过程,对之后的政治发展影响深远,诸如:由西北部工商业资本家和南部种植园主利益矛盾引发的南北战争、确立由农业向工商业转型的立国方针等①。与之相反,俄罗斯民族瓜瓞绵绵的历代沙皇从来都是依据政治需要将莫斯科、彼得堡、基辅等西北部城市作为工业发展的重心,到苏维埃计划经济时代,进一步强化了依据政治需要规划区域经济的特点,而俄罗斯的经济结构恰恰是西北地区工业资源缺乏,东部和南部工业资源丰富,这就要求资源丰富的各个南部和东部加盟共和国,必须无条件地为资源贫乏但工业发达的西北部各加盟共和国提供原料,伴随苏联解体和各个加盟共和国经济独立,工业原料供应链断裂,国家经济立刻陷入危机状态。由之,就不难理解普京上台后为何立刻改变叶利钦失败的自由主义经济政策,依据本国国情,再次强化国家的政治经济统合力,通过一系列重新国有化措施,在各个战略领域建立政府控股的大型国企,这既是俄罗斯民族政治制度伦理的价值取向使然,也是其国家经济运行机制发挥惯性作用的结果,乃至也是俄罗斯民族的历史宿命之所在。

三、社会治理:美国的社会至上与 俄国的政社摇摆

美国是一个比其母国英国更注重个人权利的社会中心论的国家,因为美国的生成史就是一个先有成熟的公民社会,后有代表各州公共利益的国家政府。1620 年“五月花号”载着英国的一批清教徒到达北美,船上 41 名成年男子在登岸前签署了一份联合协议,俗称“五月花号公约”,该公约所体现出的政治伦理特质包括四个方面:一

————————

① Curtis P. Nettels,*The Emergence of a National Economy*,New York,1962,49.

是这个公民社团的建立以个人自愿为基础,它预示了美国未来公民社会的自治性质;二是公约决定未来公民社会要制定和实施一系列法律、法规,说明这个社会是一个法治社会;三是公约要求这个社会制定和实施的各种法律和法规,不仅要公正和平等,而且要有利于殖民地的整体利益,凸现了建构公民社会目的的正当性;四是宣布全体移民要保证遵守和服从这些法律法规,充分体现出未来公民社会中权利和义务的统一。上述政治伦理精神在后来的《独立宣言》中得到更加充分的体现,宣言强调人人生而平等,造物主赋予人的生存权、自由权、幸福权是不可转让的,人们正是为了保证这些权利才建立政府,如果政府违背了这些目标,人们有权推翻它。这种充满自治精神的公民社会,在美国早期密西西比河的西部大开发过程中发挥了重大作用。在西部大开发初期,既没有政府,也没有法庭,主要依靠自然法来维持社会秩序,移民们在多数票决基础上实行"自警制",即自己管理自己。恰如布尔斯廷所指出的那样:"自警制的出现不是为了超越法庭,而是为了提供法庭;不是因为政府机构太复杂,而是因为根本不存在政府机构;不是为了平衡已有的各种机构,而是为了填补一个空白。"①

　　美国早期移民社会的上述特征,使得美国的建国历程与西方其他国家的建国历程完全不同,亦即先是依靠民间自治的公民社会方式结成社区,彼此之间相互提供各种社会服务,然后通过投票建立基层政府、州政府,最后才建立起联邦政府,从而使美国成为一个"先社会后政府"和"大社会小政府"的国度。美国建国前后公民社会与国家政府关系所呈现出的上述特征,作为美利坚民族独特的政治基因,极大地影响了之后美国公民社会的发展。特别是二战之后,美国的

① 布尔斯廷:《美国人:建国的历程》,中国对外翻译出版公司译,美国驻华大使馆文化处(香港)出版,1987 年,第 95 页。

公民社会获得了更大的成长空间,进入到一个空前繁荣的阶段,美国的公民社会组织包括:教会、慈善团体、社区组织、社交俱乐部、民权游说集团、家长教师协会、工会、贸易商会、运动团体、读书会等,据美国公民社会研究权威专家萨拉蒙对美国 16 个社区非营利性人类服务组织的一项调查显示,其中 65% 的组织是 20 世纪 60 年代创立的①。进入新世纪之后,9·11 事件对美国的政治和社会带来巨大冲击,严峻的反恐形势使得美国公民的自由受到一定程度的限制,但由于美国公民围绕维护国家安全和捍卫自由之间的关系问题,自建国之初就在激烈争论中达成过基本共识,因此,绝大多数国民愿意承受暂时对自由的约束,但从长远的角度看,继续建构发达开放的公民社会,是任何个人和政府都无法更改的历史大势。唯其如此,才是维系美国自由贸易和社会发展的生命线,同时,也才是美国之所以成为美国的根本原因之所在。

与美国高度发达的公民社会相反,俄罗斯则是一个在国家与社会之间剧烈摇摆,且非常典型的"大政府小社会"的国度。当然,在俄罗斯民族最早形成时期,也曾经出现过各种类型的村社制度,诚如基列耶夫斯基所描述的那样:"家庭服从于米尔,米尔服从于更为广阔的村社成员大会,而村社成员大会服从于市民大会,等等。各种小的集团聚集在一个中心,一个东正教教会周围。"②包括索尔仁尼琴在内的一大批当代俄罗斯文化名流,如同 19 世纪俄罗斯文化界的斯拉夫派一样,都把这种理想化的自我管理形式视作俄罗斯社会的永恒基础及其特殊性的保证。然而,就实际状况而言,自从蒙古鞑靼人入

---

① 何增科主编:《公民社会与第三部门》,社会科学文献出版社,2000 年,第245 页。

② Вл. 索洛维约夫等著:《俄罗斯思想》,贾泽林、李树柏译,浙江人民出版社,2000 年,第 46 页。

侵和彼得大帝执政开始,俄罗斯就已经进入高度专制的封建社会,1825 年沙皇尼古拉一世对秘密结社反对专制制度的十二月党人的残酷镇压就是明证。到了俄共统治的苏维埃时期,早在建国之初就通过一系列法律和法令,实行教会和国家的分离、学校同教会的分离,剥夺和削弱教会的各种经济和社会权利,严格限制其活动内容和范围。与对教会这种社会组织实施严密控制一样,为了保证苏维埃文化的纯洁性,苏维埃当局还先后通过 1921 年夏的"塔甘采夫案件"和 1922 年 9 月的"哲学船"事件,对一大批革命前的俄罗斯文化名流予以严厉打击和驱逐出境①。到了 1932 年前后,斯大林和俄共中央实施了政治、社会和文化大清洗运动,开始解散各种社会流派和团体,成立由俄共国家控制的各种统一性、全国性社会组织,如文化艺术界的苏联作家协会、苏联音乐家协会、苏联戏剧家协会等,并专门为与俄共同心同德的各界文化名流建立起统一的豪华公寓,对其经济、政治、文化、心理等各种活动实施全方位控制,把文化流派纷呈、艺术形式多样的苏联文化强行纳入极度单一的模式和轨道上来,最终导致其社会文化生活的高度一元化和一言堂,严重压抑和泯灭了其社会活力。

到了戈尔巴乔夫和叶利钦时期,俄罗斯的社会生活开始从高度专制状态迅速过渡到极度自由状态,戈尔巴乔夫《改革与新思维》倡导的公开化、民主化、多元化主张,开启了俄罗斯社会生活的铁幕,而随后叶利钦实施的彻底性西方自由主义社会政策,使得俄罗斯的社会生活陷入瞬间爆炸和鱼龙混杂的无序状态,各类民间社团和非政府组织迅猛膨胀,特别是国外资助的各种基金会、国际非政府组织分

---

① 张捷编:《十月革命前后苏联文学流派》下编,上海译文出版社,1998 年,第58 页。

支机构纷纷在俄罗斯注册成立，据统计最高峰时多达 40 万个①。单是政党组织就由苏联的俄共独大发展至 144 个政党，各种文化社团纷纷被解散或形同虚设，保守派、改革派、自由派等五花八门的民间文化组织，如雨后春笋般层出不穷，发行量大小不一的报刊杂志纷纷面世。上述现象的发生，使得俄罗斯由原来的国家控制社会和社会依附于国家的状态，走向国家与社会对立，乃至国家被迫依附于社会，甚或被某些社会力量左右的状态。普京上台后面对叶利钦留下的上述社会遗产，特别是周边原加盟共和国内"颜色革命"带来的巨大压力，开始以强悍的手段重新规制国家与社会的关系，包括：在允许经济寡头及各种强势社会组织保有叶利钦时代所得财产的前提下，严格禁止其对国家管理活动发挥作用；对各类民间社团和国际非政府组织的注册标准、活动内容、活动形式等制定专门程序，予以严格限制；对电视、报刊、杂志、互联网实施严格管控，不准随意报道重大突发事件和胡乱指责政府等。上述措施的实施，使得一个"强国家弱社会"的俄罗斯形象逐步展现在世人面前。

　　那么，美俄两国处理国家与社会关系的具体方法何以存在重大差别？深究其故：一是因为两国的地理环境、历史传统、民族性格存在巨大差异，使得两国人民对公民社会赖以奠基的人性本质形成了截然不同的道德评价。在美国人看来，每个公民在人性深处都具有理性、冷静、积极主动、自我节制、合乎情理和心智健全的特点，因此，他们在公民社会中总会以开放、坦诚、相信良知、充满廉耻感的态度对待他人，从而在公民社会制度建设上，强调规则调整、依法办事、包容他人。在俄罗斯人看来，每个公民的人性深处总是充满着非理性、情绪化、消极被动、歇斯底里和疯癫幻想的成分，因此，他们在公民社会中会以多疑、贪婪、阴谋、算计、秘密、欺骗的方式对待他人，从而在

---

① 参见杨光斌：《政治变迁中的国家与制度》，第 177 页。

公民社会建设领域,更加强调个人的权势专断、实施排他性等级规则、效忠某一派别等措施。正是由于对人性的道德判断存在天壤之别,导致美俄两国对公民社会制度内的人际关系和规则结构形成完全不同的处理方式。当然,上述两种特征决非截然二分,可能各有其理并呈交叉并存状态,只不过在两个国家公民社会制度中的表现形式和侧重点各不相同。二是因为两国采取了特色各异的公民社会建构路径。美国恪守的是典型性洛克式路径,即强调社会先于国家存在,国家是建立在社会契约之上,社会高于国家并制约国家。俄罗斯则遵循典型性黑格尔式路径,即社会由原子式个人构成,是一切人反对一切人的私利战场,只有国家才是公共利益的代表,国家的道德优位于社会,因此,只能由国家监督社会和控制社会,而不是相反。

四、政教关系:美国山巅之城与俄国的第三罗马

　　如果说由于受到不同地理环境和历史条件影响,使得美利坚和俄罗斯在国家制度设计和政社关系规则层面,呈现出迥然有别的伦理特质,那么,不同的宗教传统则塑造出两国风格迥异的政治文化。就美国而言,其立国精神不仅体现在前已备述的《五月花号公约》和《独立宣言》中,更体现在以基督新教为核心的宗教文化中。特别是1630年约翰·温斯罗普在"阿尔贝拉号"移民船上的布道词《基督教仁爱的典范》,被公认为是第一次明确提出,要在英属北美殖民地建立"山巅之城"的理想和方案。他说:"我们必须意识到我们将如山巅之城,全世界的目光都在注视着我们。"①山巅之城的理想源自《圣

---

① 李翠云:《新英格兰的开拓者——约翰·温斯罗普研究》,北京大学历史系博士论文,2006年。

经·马太福音》第五章："你们是世上的光，城造在山上，是不能隐藏的。人点灯，不放在斗底下，是放在灯台上，就照亮一家人。你们的光也当这样照在人前，叫他们看见你们的好行为，便将荣耀归给你们天上的父。"温斯罗普源自耶稣之口的"山巅之城"理想具有弘远的文化寓意，它贯穿于美利坚民族一代又一代人的千年梦想之中。

　　笔者把基督新教对美国政治文化的影响归纳为三点：一是政教分离为美国圣俗两界的彼此独立与相互制衡奠定了法律根基。欧洲史表明，追求无限永恒的基督教一旦和短命的政治权力相结合，伴随政权的衰落和崩塌，宗教也会被埋葬在政权的瓦砾和废墟中无法自立。因此，在美国建国之初，来自欧洲各地的不同教派和试图在各州建立国教的早期清教徒经过激烈论战，最终确定了政教分离和宗教自由的基本原则，之后，"竞争而非纷争"成为美国宗教发展的显著特点。一方面，政府无法在政治上直接利用某一教派，任何教派也无法直接参与政府决策，作为圣俗两界的两股庞大社会力量，保持着彼此制衡和相互利用的微妙关系；另一方面，不同宗教派别凭借自己的各种资源和动员能力，在千奇百怪和千变万化的宗教市场上千方百计地吸引更多教徒加入自己的教派，致使五花八门的宗教派别的兴衰更替成为美国社会的基本常态，但基督新教各派（圣公会、卫理宗、循道宗等）一直占据着美国宗教市场的主导地位。二是教会成为美国公民学习和把握社会政治伦理规则的培训所和孵化器。自从清教徒来到北美大陆后，以基督新教为核心的各种宗教团体及教会，不仅是美国最为广泛和庞大的自愿结合的公民社会组织，而且也是美国培育公民道德和巩固社会秩序的孵化器。正是在教会举办的各种类型的社团活动中，每位公民增强了自己听说读写、表达诉求、协调沟通、评估判断、参与决策的能力，同时也通过逐步凝聚共识，提炼和升华出美国人广泛认可的核心价值观和道德标准，诸如：人人生而平等；人格由其拥有的平等权利来体现；尊重个人隐私和自主权；重视程序公正和契约道德;鼓励最大限度的公平竞争等①。所有上述成果的不断汇聚,逐步成为美国政治、经济、文化发展极端重要的社会资本。三是基督新教倡导的个人主义、自由主义政治伦理观奠定了美国宪政制度的思想根基。基督新教的核心观念是神恩契约、教会契约和社会契约,它不仅为美国人提供了个体的伦理标准和行为规范,而且还对美国的宪法本身以及由此建立的宪政制度产生强烈影响,从殖民地独立、联邦制国家成立到中央与地方分权制设计,不仅时时处处受到宗教契约伦理的深刻影响,更是以宗教组织为核心的公民社团与大英帝国专制王权和美利坚各种集权思想不断斗争的结果。

上述基督新教政治伦理文化,既造就了美利坚民族创制山巅之城的坚定信念,也孕育出其在世界范围内不断争霸的雄心壮志。就信仰的坚定性而言,美国历代政治家不仅会真诚表白自己尊重教会信奉的公理和道德,而且还坚信上帝会护佑美利坚民族走向光明荣耀的未来。美国国父华盛顿在领导独立战争的艰难岁月里,经常用祷告的方式来鼓舞自己和士兵奋勇向前,1789年4月30日就职典礼时,他把右手放在《圣经》上宣誓"上帝助我",坚信美国与上帝定有正式盟约。吉米·卡特总统退休后,长期在家乡乔治亚州平原镇讲授成人主日学,成为当地的一道人文风景,他的主日学演讲集《圣经——力量的源泉》,一直是美国的畅销书之一②。艾克敏在《布什总统的信仰历程》中,全面回顾了美国历届总统的信仰遗产后指出:小布什总统更是把他的基督教信仰当作支撑其人生事业的基础,并成为其危急时刻的稳定力量,乃至把他的循道宗信仰视为引导美国

---

① 参见朱世达主编:《美国市民社会研究》,第74页。

② Jimmy Carter, *The Personal Beliefs of Jimmy Carter*, Three rivers Press, New York, 1998.

前进的北极星和领导美国发展所遵循的行为准则①。与此同时，我们也必须看到，美国的基督新教把上帝的权能推到极限，反对各种形式的偶像崇拜和异教信仰，并力图把这种信念传播到全世界的做法，也培育出其推广美式民主和普世价值的扩张野心，乃至要通过建立美国的"全球性仁慈霸权"来实现"美国治下的和平"，无论是美国早期西扩过程中同西班牙的战争，还是一战、二战前后对一系列海上岛屿的购买和占领，乃至冷战结束后对伊拉克、利比亚、阿富汗的战争，除了为其短期和长期垄断世界经济、维护军事霸权等有形的利益服务外，同时也在为其无形的宗教信仰扩张做努力。

与美国政教分离的政治文化不同，由历史塑型的俄罗斯政治文化则深具政教合一特征。自公元 988 年弗拉基米尔大公接受拜占庭东正教信仰，命令基辅人在第聂伯河受洗开始，教权与王权就开始紧密结合，教会力图为大公们涂上一层神圣色彩，教导信徒要像敬畏上帝一样敬畏大公，因为大公们是替上帝行道的"真命天子"。到了封建割据时代，面对王公们彼此间的内讧、争斗、残杀，教会神职人员如谋士一般，穿梭其间，纵横捭阖，并视其力量对比见风使舵，摇旗呐喊，乃至助纣为虐。在蒙古鞑靼人统治时期，他们对占领者感恩戴德，劝说居民俯首帖耳地服从蒙古人统治，积极缴纳各种贡赋，并适时借助鞑靼人的力量打击和削弱王公们的权力，强化教会的统治权。到 15 世纪初，伴随莫斯科大公国的崛起，开始消除封建割据，建立起中央集权的俄罗斯国家，此时，东正教的神学家们则宣称，拜占庭帝国行将消亡，围绕东正教世界中心的灵光圈已飘至莫斯科，俄罗斯将取代历史上的东西罗马帝国成为"第三罗马"，这个帝国有权领导全世界的东正教会，且能万古长存。到 18 世纪彼得一世和叶卡捷琳娜

---

① 艾克敏：《布什总统的信仰历程》，姚敏、王青山译，社会科学文献出版社，2006 年，第 250 页。

二世统治时期，为确保教会处于世俗皇权控制之下，开始用主教公会制度代替以往的牧首领导体制，并在政府机构设立总检察长一职负责管理教会，教会随即成为沙皇政府的附庸，乃至彼得大帝要求神职人员从告解者身上收集各种情报，为其专制统治服务。当然，东正教在积极为沙皇政权服务的同时，客观上也为俄罗斯民族政治伦理的生成，起到了巨大的促动作用，东正教对三位一体、上帝拯救、天堂地狱、灵魂不死、末日审判的信仰，似静水深流，早已从根基处塑型了俄罗斯民族的价值取向、审美趣味和道德情感，诸如：对神灵权威的敬畏感、对神灵万能的惊异感、对神灵存在的依赖感、对神灵审判的罪恶感、与神灵交往的神秘感等；特别是教徒们为赎洗罪孽和拯救灵魂所进行的修道生活，不仅培育了俄罗斯民族大公无私的自我牺牲精神，而且锻造出他们保持心灵恒久纯洁的顽强意志。与此同时，其传福音于万民的神圣救世情怀，也使得俄罗斯民族认为，既然自己继承了第一、第二罗马衣钵，就应如先期罗马帝国一样，通过国家版图的不断扩张，去努力完成上帝赋予的崇高使命，从而塑造出俄罗斯人无与伦比的民族优越感和跌宕起伏的权力膨胀感。

　　1917年十月社会主义革命胜利后，信奉马克思主义无神论的俄共苏维埃政权，开始全面剥夺各种宗教特权和打压反动宗教势力，颁布了教会同国家分离、学校同教会分离的各种法令，没收了教会和修道院的众多财产，禁止教会征收苛捐杂税，停发国家给神职人员的工资和给宗教团体的费用，确立公民信仰自由的权利，使东正教的国教地位和社会作用发生根本性改变。但戈尔巴乔夫上台后，苏联的宗教政策出现180度的急转弯，开始全面审查和评价过去实施的各种宗教政策，为充分保障东正教会的合法权利，重新赋予教会法人地位，允许教会参与国家的政治活动和文化活动，并高度赞扬东正教在俄罗斯历史上发挥的积极作用。1991年苏联解体后，叶利钦更是进一步放宽各种宗教政策，不仅把苏维埃时期俄共收缴的各类教堂和修道院交还教会，而且允许各种新兴宗教扩大组织和兴建设施，各类宗教组织大行其道，教堂内外盛况空前，政府官员热衷于各种宗教活动，信教群众达7000万人，约占全国人口的一半。普京上台后继续沿用叶利钦的宗教政策，他认为："东正教在俄国历史上一直起着特殊的作用，它不仅是每个信徒的道德准则，而且也是全体人民和国家不屈不挠的精神核心。以博爱思想、良好戒律、宽恕正义为本，东正教在很大程度上体现了俄国文明的特性，千百年来它永恒的真理时刻支撑着人民，给他们以希望，帮他们获得信念。"①

通过对美俄以基督教为核心的宗教政治伦理的深入比照，其本质差别跃然纸上：首先，在政教关系层面。美国的基督新教努力与现行政权保持距离，具有一种从容自信的魄力，乃至拥有一种敢于一士谔谔、不与世偃仰的灵性气度，时时刻刻都在寻索和创新教会的活动方式，努力吸引更多信徒加入教会，让其从征逐此世形相的樊笼中摆脱出来，感悟上帝圣灵启示的幽眇之理，让信徒一睽山巅之城中新天新地的荣美，遥见掩映在彼岸国度里的永恒福泽。与之相反，俄罗斯的东正教会总是期冀依附和盘桓在现世政权的周围，太汲汲惶惶于标明对沙皇世俗政权的拥护与认同，只是铆着劲地去论证沙皇政治主张的合法性和神圣性，竭尽全力地去回应沙皇的各种政治安排，力争同沙皇与时舒卷，和光同尘，戢戢然勿敢少违，最终忘却了与世俗政权铿锵净谏的神圣天职，削弱和泯灭了自己出淤泥而不染、濯涤尘襟、洁净寰宇的宗教本能，尤其是教会一味地训导信徒俯首称臣和甘做顺民，难能竖起他们朗润挺拔的独立人格，从而也就无法充分发挥俾使形神俱槁的世人荡佚罪孽与羁縻的作用。其次，在宗教仪礼层面。脱胎于天主教的美国基督新教逐步形成了一整套简洁、理性、开放的礼仪形式，为培育美利坚民族的现代政治道德发挥了巨大作用。

---

① 乐峰：《东正教史》，中国社会科学出版社，1996年，第264页。

如基督新教只把《圣经》视为唯一的最高权威经典；信徒凭借自己的理性信仰直接与上帝沟通，即因信称义，无须牧师作中介；并根据时代发展和社会需要，从教堂布置、礼拜时间、受洗方式、穿着打扮等各个方面，随时调整和创新自己的教规和礼仪，以便迅速适应现代人类生活节奏不断加快的需要。与之相反，俄罗斯的东正教由于深受中世纪东罗马拜占庭封建文化的影响，在宗教礼仪上具有繁复冗长、神秘主义、保守主义等特征，一定程度上迟滞和阻碍了俄罗斯民族现代政治道德的生成过程。如东正教除《圣经》外，还把《圣传》《尼西亚信经》当作神圣经典，且不容任何修改；主张教会是教徒神秘的殿堂，只有借助神父的帮助，信徒才能获得上帝的神圣启示；教会固守和拘泥于古代基督教的各种礼仪，教堂布置繁缛华丽、祈祷时间冗长神秘、穿着打扮郑重庄严、圣事环节烦琐复杂。上述做法难以满足现代人简洁、宽松、自由、开放的社会生活需求。

五、美俄国家治理体系与中国政治伦理的当代建构

至此，我们结束了对美俄国家治理体系伦理特质的比较研究，当然，笔者开展此项研究的目的绝非仅止于此，而是要用他山之石攻我之璞玉，亦即通过对这两个伟大民族政治伦理特质的对勘与剖析，为中国政治伦理的当代建构提供可资借鉴的域外历史思想资源，以便有效推进当代中国国家治理体系和治理能力的继承、镜鉴与创新。

（1）美俄国家治理体系的演化历程昭示我们，只有基于中华民族历史传统的伦理特质来不断推进我国国家治理的现代化，才能最终建构起中国特色的制度伦理体系。就美国而言，尽管其独特的地理环境和文化基因造就了它独特的国家治理体系，使得美利坚民族不惜动用武力，不遗余力地向全世界推而广之，但所有发展中国家全盘

效仿美式民主引发的负面效应，已经足以证明其理论和实践的局限性。然而，美式民主所蕴含的民权优位性、中央与地方良性互动、中央政权内部相互制衡、宪法原则性与灵活性相统一等基本政治伦理原则，毋庸置疑，应当成为当前我国深化政治体制改革中值得镜鉴的重要思想资源。就俄国而言，悠久的文化传统既是其宝贵的政治财富，又是其沉重的历史包袱，尤其是左右摇摆、飘忽不定的民族文化特质，促成了其政治发展道路的跌宕起伏，但从长远的政治运演过程看，俄罗斯自始至终都行走于其民族历史文化所设定的政治逻辑之中。与美俄相比，中华民族文化心理和性格气质的最大特征是"尚中贵和"，不仅喜欢按照中和的要求去做人做事，而且会根据天时、地利、人和的具体要求，因地、因时、因人而异地灵活运用中和原则，经过数千年的传承和积淀，"尚中贵和"已成为中华民族精神世界的一种集体无意识。例如：中国人强调五味相和才能产生香甜可口的食物，六律相和才能形成悦耳动听的音乐，善于倾听正反之言才能实现国家的和乐如一。从某种意义上讲，"中国"二字不仅是一个地理空间概念，即指涉万邦来朝的中央帝国，更是指善用"尚中贵和"思想做人行事的中华之国。可以毫不夸张地说，中和思想已经深入中华民族的血脉之中，已成为中华文明区别于美俄文明的重要标示物，已成为中国之为中国的一种文化形态集成。这就要求当代中国政治伦理的建构，必须建基于中华民族优秀传统文化之上，沿着本民族政治发展的逻辑轨迹来推进我国现代国家治理体系的不断完善，包括：实事求是的思想路线、国家利益至上的价值观念、消除贫困的经济措施、选贤任能的干部制度、博采众长的学习态度、和而不同的处世方式等。唯其如此，我们才能有效避免因全盘西化和左右摇摆引发的各种政治动荡，从而实现中国特色的国家治理体系和治理能力的现代化。

（2）牢固树立国家与社会良性互动的政治伦理规则，是推进我国国家治理体系现代化的重要环节。如何正确处理国家与社会的关系是困扰世界各国的重大政治难题之一，美国的社会至上模式和俄罗斯的政社摇摆特征，对当今世界各国产生了深浅不一的影响，由之，在国际社会形成了五种较为典型的政社关系理论：公民社团制衡国家、公民社团对抗国家、公民社团与国家共生共强、公民社团参与国家、公民社团与国家合作共赢①。受这五种政社关系理论影响，学界围绕我国公民社团作用问题，形成了截然相反的两极评判：民主先导论者强调，伴随我国市场经济的不断发展和工业化、城镇化的加速，公民社团的壮大有其历史必然性，建构公民社团有助于大力推进社会主义民主政治制度不断完善，有助于实现社会各阶层的利益平衡与和谐相处，有助于提高党和政府的执政能力，有助于打牢反腐倡廉制度的群众基础。与之相反，新权威主义者主张，公民社团完全是西方历史文化条件下生成的一种特殊话语体系，中国根本不具备生成公民社团的历史文化条件；没有强大国家的存在，一个不受规制的强势型公民社团，必定在资本力量的裹挟下将普通公民推入悲惨境地；公民社团是滋生政治反对派的沃土，是侵蚀现有执政党和政府合法性的潜在力量；许多国际非政府组织在个别发达国家的支持下，对发展中国家的主权起到约束、侵蚀和抵消作用，因此，必须对公民社团予以严密监视和打压，将其消灭于萌芽状态。这两种看法貌似截然相反，实乃皆把公民社团视为制衡或维护国家政权的上手工具，很少把公民社团本身当作目的来看待。从根本意义上讲，一个真正发达的公民社团，应当是国家培育公民习性、公民精神和公民集体价值观的重要场所，只有将其提升至为国家进步和民族振兴积蓄社会资本的高度，才能从更为广阔的视野明晰其真实而独特的地位和作用。笔者认为，只有坚持我党全心全意为人民服务的根本宗旨，将群众路

---

① 何增科主编：《公民社会与第三部门》，第6页。

线落到实处,真正建立起"党委领导、政府负责、社会协同、公众参与、法治保障、科技支撑"的社会治理体制,才能尽快适应我国现代社会飞速发展的迫切需要,真正激发起蕴藏在广大人民群众之中的巨大社会活力,最终建构起中国现代化发展所必需的国家与社会界限分明、功能互补、共生共强、合作共赢的理想型政社结构。

(3)科学把握政治信仰与宗教信仰的复杂关联,是建构中国特色社会主义政治文化的应有之义。无论是建基于政教分离之上激烈竞争的美国宗教市场,还是具有悠久政教合一传统且一派独大的俄罗斯东正教,都对这两个国家政治制度的孕育、发展和演变起到了至关重要的滋补作用。中华民族的宗教传统与美俄判若云泥,我国漫长的封建社会是一个多种宗教和睦相处的社会,儒道互补,儒法结合,儒佛相容,佛道相通,儒释道合一,有所谓"红花白藕青荷叶,三教原本是一家"之说。不仅如此,民间的多神论信仰更是千姿百态,门神、灶神、河神、山神、风神、雨神等,诸神和谐共舞于普通百姓的信仰世界,这对信奉唯一真神和反对偶像崇拜的美国基督新教和俄罗斯东正教而言,实乃匪夷所思。崇奉马克思主义无神论的中国共产党执掌国家政权之后,能够更加科学地看待各种宗教生成背景、演化历程和社会作用的极端复杂性。鉴于宗教文化对美俄政治的深刻影响,笔者认为,我国党和政府对当代宗教文化的态度需完成两大转变:一是按照我国宪法有关政教分离的要求,在充分发挥各种宗教伦理教化作用的同时,深刻洞察和努力化解其消极作用,特别要防止各类宗教组织在宗教活动市场化运作中出现的各种弊端,如打着复兴儒学、弘扬佛法、道以养生的旗帜,专事谋财害命和愚昧百姓的非法宗教活动,更要高度警惕宗教极端主义者分裂国家的恐怖活动。二是要按照党和国家对宗教工作的基本要求,全面贯彻好党的宗教工作理论,在坚持贯彻宗教信仰自由政策的同时,坚持独立自主自办原则,坚持我国宗教中国化发展方向,积极引导宗教与社会主义社会相适应,不断提高宗教界自身的管理水平，特别是要大力提高宗教事务治理的法治化水平，善于运用法治思维和法治方式处理宗教领域的矛盾和问题，把广大信教群众团结在中国共产党和政府的周围，更好地引导信教群众同非信教群众共同为全面建成社会主义现代化强国贡献力量，为中华民族伟大复兴而团结奋斗。

综合美俄兴衰成败的经验与教训，它深刻地启示中华民族，作为一个有着五千多年悠久历史的超大型国家崛起的背后必有其价值理念、制度设计、行进速度的独特之处，中华民族的任何改变都会在深度、广度和力度上，对近二三百年来独霸天下的美俄话语体系产生强烈的冲击波，对现行国际秩序和人类已有的文明范式，发生罕见的震撼力和影响力，从而形成一系列具有内源性和原创性的新型坐标体系和里程碑式标志物，并重新赋予现代化以超越美俄的崭新意义。这就要求我们不能再以大国小民的心态来窥视这个世界，要逐步树立正视美俄的勇气，回顾中国历史，有诸多文明昌盛的王朝都曾经延续三四百年的时间，如汉、唐、宋、明、清等，而今天的美俄现代文明仅仅有二三百年的历史。因此，中华民族应当具有大智慧、大战略、大担当，要在深刻体认本国国情的基础上，有效避免错走邪路和老路的风险，在正确处理改革、发展、稳定关系的同时，通过存量和增量民主，逐步实现我国政治制度伦理的日臻完善，从追赶美国资本主义和模仿苏联社会主义的状态中走出来，转向超越现行资本主义和社会主义所有模式，在深度本土化与高度国际化的并行不悖和循环互动中，为创设人类政治文明的最新典范做出应有的贡献，使中华民族在世界民族之林的马拉松竞赛中，逐步由跟跑、并跑走向领跑。

附录二:全球正义与权力、资本、劳动的国际伦理冲突

　　"全球正义"作为一个歧义纷呈的政治伦理学概念,核心内容是在全球范围内不同民族和国家之间通过对基本正义原则的遵守,实现人类社会对全球公共产品的合理分配,人类建构全球正义的终极目的是要通过摆脱国家间的贫困和不平等来实现共同富裕。近年来我国学界对全球正义的研究主要分为三大类型:一是回应性研究。重点是对西方全球正义理论进行深入分析,如对以罗尔斯《正义论》和《万民法》为代表的全球正义研究进行翻译、介绍、评述,还涉及对罗尔斯弟子涛慕斯·博格的国际正义思想研究;阿马蒂亚·森、彼得·辛格等人的全球贫困研究;布莱恩·巴里、查尔斯·贝茨等人的全球不平等问题研究等。二是还原性研究。重点是对马克思、恩格斯经典文本中的正义理论予以深入研究,诸如西方学者大卫·哈维通过对《资本论》研究提出全球空间正义理论,艾伦·伍德对马克思、恩格斯全球正义理论的研究等。三是现实性研究。主要是针对当代国际社会各种非正义性重大现实问题展开研究,诸如中外学界的基辛格、亨廷顿、马凯硕、郑永年、朱云汉等人,他们的研究成果尽管主要关涉国际政治、国际法律、国际贸易、东西文明、外交实践等具体领域,主要内容并不属于哲学伦理学视域中的正义范畴,但所讨论问题的背后却隐含着深层的全球正义价值指向。在笔者看来,全球正义一直是人类社会的核心价值目标之一,中国古代有对"大同社会"的

恒久向往,西方很早就有对"理想国"和"上帝之城"的不断探索。但自从哥伦布大航海开启资本主义全球化以来,近现代意义上的全球正义是在全球东方与西方之间、南方与北方之间对照之下,被生产和再生产的政治、经济和社会结果。其间,不仅西方世界内部形成了贫困与富裕持续对抗的非正义性社会结构,全球范围内也形成了贫困与富裕彼此冲突的东西、南北之间的非正义性社会结构。因此,我们只有站在全球化的视角,从全球东西、南北之间不断互动的历史中探赜索隐,才能最终觅得全球非正义结构赖以生成的隐性社会根源,进而证得科学理想的建构全球正义和实现人类共同富裕之路。

在这方面美国哈佛大学斯文·贝克特(Sven Beckert)教授的《棉花帝国:一本资本主义全球史》(Empire of Cotton:A Global History)(以下简称《棉花帝国》)①,通过叙述棉花产业的发展历史,为我们揭橥了欧美发达国家如何经过战争资本主义、工业资本主义、全球资本主义三个历史阶段,在数百年间重塑这一重要产业,在主权国家、跨国资本、非洲奴隶、全球劳工等各种社会要素共同作用下改变了整个世界面貌,进而造成了今天全球不平等的国际格局,并明确预示了求解全球不平等与摆脱国家贫困的正义之路。本文试图以该书的历史叙事逻辑为依据,通过对棉花产业全球发展史的深度解析,借助以点带面、比较互鉴和视域融合的哲学诠释学方法,来深入揭示全球正义与权力、资本、劳动国际伦理冲突的内在关联,从中开辟出一条不同于回应性研究和还原性研究的现实主义全球正义理论求索之路。

---

① 该书于 2015 年在美国出版后,旋即获得班克罗夫特最佳美国史著作奖,被《纽约时报》列为十大重要著作之一,在三年内被译成九种文字出版,引发国际学界的广泛关注。

一、主权国家与跨国资本的利益博弈

贝克特将资本主义的发展史区分为三个阶段：一是从 15 世纪末至 18 世纪中期，由枪炮和账簿开启的战争资本主义阶段；二是从 18 世纪 60 年代至 19 世纪中叶，由欧洲科技革命开启的工业资本主义阶段；三是从 19 世纪后期至 20 世纪中期，亚非拉民族解放运动兴起后的全球资本主义阶段。在这三个发展阶段，全球范围内主权国家和跨国资本利益博弈的性质与状态各不相同。

（一）先发国家内部权力与资本的利益结盟

主权国家与跨国资本的关系是《棉花帝国》历史叙事逻辑的一条主线，贝克特认为，通常情况下人们在谈及"资本主义"一词时，都会想到"资产阶级"与"无产阶级"的对立统一构成了资本主义社会的主要矛盾。但是当我们深入资本主义全球发展史中考察时会惊奇地发现，资本主义不同发展阶段所面对的主要矛盾存在"世殊事异"的质性差别，这种差别又与特定历史阶段国家权力施政重心的迁移和资本发展面临的瓶颈密不可分。

在战争资本主义阶段，资本主义繁荣的主要表现形式不是在机械化的工厂中完成的，而是借助国家的军事财政力量，通过暴力掠夺美洲原住民土地和大量贩卖非洲奴隶，然后再在美洲大陆残酷剥削奴隶实现的。贝克特在《棉花帝国》第一章中指出，早在 5000 年前，棉花作为一种经济作物就在地球南纬 32 度至北纬 37 度之间被亚、非、拉各洲人民所种植，他们主要以家庭作坊的方式自产自用，少量剩余产品在乡间集市出售，远程棉纺贸易的数量很少。其间，印度和中国一直是世界一流的棉纺织品制造中心，欧洲受地理位置所限，主要是亚麻、羊毛生产较为流行，棉纺业极端落后，乃至欧洲人经常把棉花想象成"植物绵羊"的样子①。然而，自从哥伦布发现美洲新大陆和达·迦马绕过好望角发现印度大陆之后，欧洲先发国家的商人阶层在本国军事和财政力量的大力支持下，在印度土邦的影响日增，而非洲统治者特别喜欢用印度花样繁多的棉布换取奴隶，致使对棉布需求剧增，欧洲商人开始加大对印度棉布的采购，以便购买更多的非洲奴隶，运往美洲大陆从事蔗糖、烟草种植和金银矿的开采，将赚取的利润再回流到欧洲本土消费，由之带来欧洲大陆的早期繁荣。再到后来，欧洲商人开始大量窃取印度纺织技术成果，直接在欧洲生产棉布，到非洲购买奴隶，再让非洲奴隶到美洲种植棉花，为欧洲纺织厂提供原料，使得本来不适合种植棉花的欧洲变成了世界纺织基地，特别是处在地球高纬度上的英国曼彻斯特由最不适合棉花种植的地区变成了全球最具活力的棉花纺织中心。上述以印度纺织品为中介，以非洲为奴隶贸易转运站，以美洲为奴隶种植基地，以欧洲为生产中心的全球贸易网络，如果没有英国海军力量的大力支持和远洋运输业的高度发达，单纯依靠商人阶层的一般性贸易往来，将是完全无法想象的事情，其间，国家主权与跨国资本的深刻关联昭然若揭。

如果说奴隶制、殖民控制、军事化贸易、大量土地的攫取为资本主义提供了破土而出的肥沃土壤，那么英国发明家的才智、英国市场规模的扩张、英国水运和海运的优势条件、英国企业家的新教伦理精神等诸种要素，则构成英国工业资本主义崛起的重要内生动力。学界普遍认同英国纺织业的起步最早源自对印度纺织技术的窃取，但到了18世纪60年代，詹姆斯·哈格里夫（James Hargreaves）发明了珍妮纺纱机，使纺纱的速度得到极大提高。10年后塞缪尔·克朗普

---

① 斯文·贝克特：《棉花帝国：一本资本主义全球史》，徐轶杰、杨燕译，第29页。

顿（Samuel Crompton）又发明了骡机，能够抽出五英尺长的更结实更细密的纱线。到了 1769 年，詹姆斯·瓦特（James Watt）发明了代替水力驱动的蒸汽机。上述发明使得纺织业逐步由家庭纺织转向工厂纺织，伴随英国纺纱厂数量的迅猛增加，如何将英国的纺织品销售到欧洲、美洲、亚洲、非洲等地，成为英国商人和政府关注的重心。特别是英国商人发现，从事纺织机械制造更是利润空前，于是，他们开始通过在世界各地出售纺织机械，进而就地办厂赚取巨额利润。与此同时，英国政府利用自己的强大海军作保障，大力提升本国远洋海运的力量，并在保护全球市场、监控国家间商业边界、规范全球纺织机械制造、确保遥远国家的合同得以有效执行、为本国企业家提供金融支持、通过提高薪酬动员劳工等方面不断进行制度创新，实现了英国由战争资本主义向工业资本主义的过渡，也带动了整个欧洲其他国家工业资本主义的发展。但是此时的欧洲列强在世界各地采取内外有别的政策，在亚洲、非洲、美洲继续采用战争资本主义的方式，为本土工业输送包括棉花原料、奴隶种植、远洋贸易在内的各种工业血液，并不断开辟更为广阔的全球棉花市场。

欧洲列强纺织机械和棉纺产品在全球的畅通无阻，极大地刺激了殖民地半殖民地国家纺织业的发展，使得棉花产业逐步由工业资本主义向全球资本主义转变，形成了全球棉花市场的精细分工，有人专注于将棉花从种植园运送到港口；有人集中向制造商销售原棉；有人专门负责进口他国纺织品；有人专门将进口的纺织品予以销售。与之配套的国际棉花和棉布质量标准体系、国际棉花市场经纪人体系、国际棉纺品金融结算体系等日益完善。在整个全球棉花市场中，美国黑奴生产的棉花数量曾长期占据世界头号位置，对全球棉花制造业影响深远，这也使得 1861 年开始的美国南北战争对欧洲棉花制造业形成巨大冲击。伴随内战结束，美国北方工业和南部棉花种植日益融合，美国自己的棉纺制造业迅猛崛起，与欧洲棉纺业形成激烈竞争的局面,迫使欧洲棉纺业开始在亚洲、非洲、拉丁美洲的本国殖民地内寻求棉花资源和从事棉纺生产。随着工业资本主义的扩散,棉花资本更多地与后发国家主权捆绑在一起,使得后发国家成为支撑棉花产业持续扩展的重要机构,这极大地带动了中国、印度、埃及、巴西等国家棉纺业的转型发展,使得棉花产业的全球版图发生重大重组。到了20世纪初,欧洲列强内部的经济危机接连爆发,对本国之外各国殖民地资源的争夺更加激烈,最终引发了第一、二次世界大战,战后全球南方亚、非、拉殖民地半殖民地的民族独立运动蓬勃兴起,各民族均将发展棉纺业作为首选目标之一,今天全球棉纺业的重心已经重新回到南方各国。昔日的全球纺织中心曼彻斯特已经不见棉纺生产的踪影,只剩下残留的棉纺博物馆供世人参观,成为见证那段历史荣光的工业遗迹。

(二)先发国家的重商主义、贸易保护与全球不平等

贝克特在《棉花帝国》中对全球棉纺业发展历史的描述,让我们清晰地看到了先发国家如何依靠武装暴力占据全球棉纺经济发展的制高点,构筑起全球经济发展的非正义性财富鸿沟。但要深刻洞悉这一问题的来龙去脉,还需要我们进一步对先发国家所采取的具体政治经济措施予以深度解析。

首先,欧洲先发国家最早通过重商主义政策完成了初步的财富积累。重商主义不是一种具体的经济理论,而是伴随欧洲民族国家出现之后,各国为了增强自身实力而采取的一种经验主义政策。重商主义的核心是以各国拥有贵金属的多少来衡量其实力雄厚与否,鼓励人们出口货物赚取更多贵金属,限制进口货物以防本国贵金属流出,这就使得欧洲各国拼命提高本国制造业水平,通过生产越来越多、越来越好的货物赚取国外贵金属,同时也激发了国家之间因市场扩张引发的领土争夺和殖民扩张。正是在这种大背景下,以英国为

代表的欧洲列强通过经济间谍、法律禁令、武装贸易等手段，大量窃取印度棉纺生产技术，努力提高本国制造业水平，通过低价购买北美、巴西、印度、埃及等地的白棉，再在国内加工成棉布销往世界各地，通过提高本国贸易收入加大贵金属的国库储备，与此同时，又制定各种措施限制以印度为代表的其他国家的棉织品进入欧洲市场。最终结果是原有的松散性、多中心、水平式的棉花世界转化成一个集中的、整合式、等级森严的以欧洲为中心的全球棉花帝国。上述重商主义棉花产业政策，给亚洲、非洲、拉丁美洲棉纺业带来毁灭性打击，致使他们逐步沦落成只是为英国种植和出口原棉，又必须大量进口英国棉布的国家，后发国家很多依靠纺织维持生存的手工作坊变成了废墟，织工们流落街头乃至沦为乞丐①。

其次，欧洲先发国家通过各种贸易保护主义政策造就了全球棉纺业发展的极端不平衡。前已备述，重商主义极大地依赖国家权力的武装保护，但英国制造业初步站稳脚跟后，开始出现以亚当·斯密为代表的贸易自由主义理论，这种理论强调自由贸易高于国家权力，只有让全球贸易自由开展，其最终结果将泽被人人，从而实现世界的永久和平。不过世界各国在后来的产业发展实践中逐步体悟到，率先实现工业化的英国之所以大力提倡自由贸易，其根本目的是要让英国商品顺畅地流入世界各地，淹没整个世界市场。一个国家如果无视本国制造业的发展水平，不加保护地任凭其他国家商品流入本国市场，最终这个国家自己的工业生产将走向自我毁灭的歧途。正是基于上述原因，工业发展落后于英国的法国、德国、美国等国家，很早就派出大批企业家前往英国获取机器图纸、工具模型，高薪聘请英国技术人员发展本国棉纺制造业，将英国当作榜样和模板予以学习和复制，这极大地提高了欧美国家工业资本主义的发展水平，将亚、

━━━━━━━━

① 斯文·贝克特：《棉花帝国：一本资本主义全球史》，徐轶杰、杨燕译，第73页。

非、拉各国的棉纺工业远远地甩在了后面，使之成为欧洲列强随意蚕食的市场肥肉，这种局面要到第二次世界大战之后，伴随后发国家民族解放运动的蓬勃兴起才逐步获得改观。

（三）先发国家跨国资本对后发国家主权的深度重塑

在全球范围内欧洲先发国家为了充分保障本国跨国资本的经济利益，除了采取上述重商主义和贸易保护主义政策外，更要按照跨国资本的意愿来深度重塑后发国家的主权结构，而后发国家主权意识的强弱及其维护国家主权能力的大小，决定着它是甘于先发国家跨国资本的任意摆布，还是努力寻求自身的棉花产业发展之路。为此，笔者仅以美国、印度、埃及为例予以简要分析。

在美国内战爆发前夕，由英国棉花商人塑型的美国南方的奴隶制是支撑英国乃至整个欧洲棉纺业发展的重要支柱。"到19世纪50年代末，美国棉花产量占英国8亿磅棉花消费量的77%，它也占法国1.92亿磅棉花消费量中的90%，德意志关税同盟1.15亿磅中的92%。"①可以毫不夸张地说，英国曼彻斯特棉纺业和法、德等国棉纺业的空前繁荣是建基于美国南部奴隶的艰苦劳作基础之上的。但是伴随美国西部大开发的不断推进，美国北部自由州和南部蓄奴州，对西部大开发中土地使用权的争夺日益激烈，坚决反对奴隶制的林肯于1860年当选总统后，以解放奴隶为核心的南北战争正式爆发。在四年多的内战中，以英国为代表的欧洲棉纺业跨国资本家们，自始至终坚定地支持南方蓄奴州奴隶主的利益，暗中为其提供人力、武器、金融等各种支持，鼓励他们脱离美国独立建国，其根本目的是让南部各州继续通过奴隶制棉花种植模式，确保对欧洲各国棉花资源的充

① 斯文·贝克特：《棉花帝国：一本资本主义全球史》，徐轶杰、杨燕译，第215页。

足供应。但林肯1861年颁布《没收法案》，即没收南方蓄奴州叛乱奴隶主的全部财产和奴隶；1863年颁布《解放宣言》，即南部叛乱各州奴隶永远获得自由。上述措施使得北方军队在南方自由奴隶帮助下，最终获得了南北战争的全面胜利。废除奴隶制后，南部各州的生产关系发生重大变化，由过去为奴隶主无偿劳动的奴隶制转换成钱租租佃制和棉花谷物分成制，大多数奴隶转变成了自我耕种和经营的佃农，少数奴隶变为雇佣工资劳动者，这就使得美国南部各州的社会形态发生根本转变。之后，美国开始大力发展起自己的棉纺工业，不断出台各种棉花出口禁令和严查棉花走私行为，迅速崛起为与欧洲棉纺业抗衡的纺织大国。但必须指出的是，由欧洲跨国资本塑型的美国南部各州的奴隶制政治基因，一直是日后支配美国这一主权国家政治运演的重要因素之一，当今美国社会的贫富差距、族群撕裂等各种不安定因素，诸如：新冠疫情期间"黑人的命也是命"、国会山暴乱等政治运动，皆是一百多年前奴隶制历史基因图谱的现代表达。

　　除了北美之外，欧洲先发国家棉纺业跨国资本对亚洲国家主权的侵蚀更加严重。以印度为例，自17世纪开始，欧洲先发国家跨国资本强行嵌入全球棉花贸易网络之后，就开始在印度建立各种公司，诸如：1600年的英国东印度公司、1602年的荷兰联合东印度公司、1616年的丹麦东印度公司等，这些公司的最大特点是将世界分为内外两个区域，在母国内部高度尊重并遵守本国的法律、体制、习俗等，在国外则完全不受母国法律规制，而是以屠戮原住民、奴役人民、强占土地维持其资本运营，而遥远的母国对其没有任何监督，甚至大肆鼓励这种非人道的做法。以英国东印度公司为例，他们本来是一伙英王特许公司的商人，后来逐步演化为武装商人，1757年，英国东印度公司三十二岁雇员罗伯特·克莱武率领3000名雇佣军，击溃了由2万骑兵、5万步兵组成的印度军队，从此开始了一家公司征服一个古老帝国的血腥历史①。到了 1765 年他们竟然成了孟加拉国的统治者,在此后的几十年,其所控制的领土逐步扩张到南亚其他地区。这些公司通过暴力、体罚等各种措施,迫使印度民众按照公司要求种植所需棉花品种、低价收购各色棉布。这种国家特许公司对遥远土地提出私人政治权力的主张,显然是对经济权力观念的一种革命性定义,这种跨国资本与政治力量的结合使得印度逐步丧失国家主权,最终沦落为英国殖民地。

　　除了美洲、亚洲外,欧洲先发国家棉纺业跨国资本对非洲国家主权的侵蚀同样值得深入分析。以埃及为例,这个国家是最先抛弃非洲模式跟随欧洲棉纺业发展的典型,埃及的棉花种植和棉纺产品生产历史悠久,早在 18 世纪埃及就已经开始向法国出口棉花产品,并向欧洲出口大量粮食。到了 19 世纪初期,埃及统治者穆罕默德·阿里一心想仿照英国实现埃及的工业革命,通过购买英国棉纺机器、聘请英国技师、改造国内产业结构等措施,获得纺织业的巨大进步,有专家估计,到 19 世纪 30 年代,埃及人均棉花纱锭位于世界第五位②。这对英国在国际棉纺业市场上的地位构成巨大威胁。之后,英国开始通过限制供应埃及棉纺工厂蒸汽燃料、逼使埃及棉纺市场全面开放等手段打压埃及棉花产业,使其逐步走向衰落。到了 19 世纪 70 年代,伴随棉花价格下跌,埃及政府又无法偿还因挖掘棉花灌溉渠道、建设铁路运输、进口蒸汽泵等经济活动发生的各种国际贷款,最终因经济崩溃而丧失了国家主权的控制权,于 1882 年被英国政府全面接管。

---

① 任学安主编:《公司的力量》,第 37 页。
② 斯文·贝克特:《棉花帝国:一本资本主义全球史》,徐轶杰、杨燕译,第 149 页。

二、跨国资本与劳工利益的深刻矛盾

如果说对主权国家与跨国资本关系的分析,为我们奠定了把握全球不平等和非正义问题的理论基础,那么进一步对跨国资本与各国劳工利益的关系予以深入研究,就为我们探寻全球不平等和非正义结构生成的根本动因找到了更加直接的历史依据。笔者试图以先发国家跨国资本对原住民和非洲黑奴的深度劫掠为起点,进而引申出先发国家跨国资本对本国工人的残酷剥削,最后再来讨论先发国家跨国资本对亚、非、拉劳工的多重压榨问题。

(一)先发国家跨国资本对原住民和非洲奴隶的深度劫掠

在美国独立之前,英国棉花资本家在世界各地赚取经济财富的方式多种多样,但最为根本的途径是通过攫取原住民土地和榨取奴隶劳动这两种战争性的暴力方式而获得。质言之,英美棉花制造业的财富扩张取决于大西洋两岸的暴力掠夺和残酷压榨。

就攫取土地而言,英国资本家要想扩大棉纺工业的再生产,必然需要充足的棉花原料,而美国南部各州的土壤与气候又是最适宜棉花生长的地区,如何扩大棉花种植面积构成了英国棉纺业跨国资本家的首要任务。为了攫取美国南部各州的大片土地,英国跨国资本家人体自带和货物携带的各种病菌,使得缺乏免疫力的美洲原住民罹患各种传染疾病而大量病亡。与此同时,他们又通过火枪洋炮驱赶和消灭原住民,这些拓殖者通过长期的战争活动,成功地将原住民的土地变成了法律上的"无主空地",任由他们使用、交换、流通和买卖。此外,他们在美国西部拓殖过程中,还通过资本运作低价购买了大量土地,如 1803 年美国联邦政府通过借贷英国巴林银行的资金,成功地从法国购得路易斯安那州的土地,1819 年又从西班牙购得佛罗里达州,1845 年吞并得克萨斯州,使整个美国领土相对于原有的十三个州而言,获得了成倍的增长,南部和西部国土面积的持续扩张,为棉花种植提供了源源不断的土地资源①。

就压榨奴隶而言,如何在广袤的美国南部土地上获得充足的棉花原料,其基本途径是不间断地将成千上万的非洲奴隶贩运到北美,然后再转运到南部各州,视其为不用花销养育费的、天然成熟的劳动力予以使用,大肆榨取他们的剩余价值。贝克特在《棉花帝国》中借助历史学家爱德华·巴普蒂斯特(Edward Baptist)的说法,通过对奴隶心、足、头、右手、左手、呼吸、脊背、死亡等各个层面的深刻分析,全面描述了美国种植园的奴隶主,如何通过各种酷刑来提高奴隶的劳动效率,诸如:将一批又一批身披锁链的奴隶在港口市场分类后贩卖到棉花种植基地;把试图逃跑的奴隶杀掉后,将其头颅成排悬挂在奴隶住处,时刻警示其逃跑的命运;通过严酷的鞭打方式来训练奴隶左右手同时采摘棉花的能力;让其他奴隶对没有完成采棉指标的奴隶拳打脚踢,通过当众羞辱、饥饿禁闭等手段予以惩罚;随时随地拆散黑人家庭,强行割断其血缘关系,将成年或年幼奴隶带到集市上任意买卖;白人监工发明了数百种惩罚奴隶的恶毒刑具和方法,乃至随意奸污女奴等②。可以说,英国跨国资本家和美国北方商人们正是踩在广大棉奴的脊背上,通过拼命吸吮他们的全部血汗,先后建立起英国和美国的棉纺工业体系。这些财富大亨们庄严地端坐在资本的王座之上,镶嵌在其金色皇冠上的红、蓝、绿各色宝石闪烁着耀眼的光芒,但王座之下却堆满了无数奴隶的累累白骨。

---

① 斯文·贝克特:《棉花帝国:一本资本主义全球史》,徐轶杰、杨燕译,第 99 页。
② 爱德华·巴普蒂斯特:《被掩盖的原罪:奴隶制与美国资本主义的崛起》,陈志杰译,第 310 页。

（二）先发国家跨国资本对本国工人的残酷剥削

贝克特在深入分析先发国家跨国资本对美洲原住民和非洲奴隶深度劫掠基础上，进一步对跨国资本在其母国开办各种纺织工厂的状况，特别是就其剥削本国劳工的问题进行了深度研究。

贝克特在《棉花帝国》第七章中指出，在英国棉纺业进入工业资本主义之前，农民种植维持其温饱所需的粮食，工匠在小作坊中制造用于交换的物品，人们按时到教堂做礼拜，普通百姓和教士、贵族相安无事。但是自从棉纺工业发展起来之后，上述传统生活方式开始发生重大转型，大批人口被集中到一个又一个庞大工厂车间中进行集体劳动，传统农民变成了工厂里的受薪工人，这些工人被当时的人们称作"新兴人种"。加之欧洲由于有着浓厚的家长制遗产和悠久的等级制传统，男性户主可以根据自己的意愿支配妻子和孩子的劳动，男性户主在继续从事农业劳动的过程中，允许孩子和女性到棉纺工厂中上班挣钱补贴家用，而欧洲女性结婚普遍较晚，可以有较长时间在工厂内工作。因此，在欧洲19世纪30年代的纺织工厂里，主要以被父母逼迫去上班的儿童和未婚女性为主，而儿童和女性的工资非常便宜，儿童只相当于成人工资的四分之一到三分之一，女性只能挣得男性工资的45%到50%，且儿童和女性工人相对听话，也比成年男人更容易接受惩罚①。

这些童工和女性工人在纺织厂内被迫接受工厂主的各种残酷压榨。在住宿条件、工作环境和饮食方面，每天清晨日出之前，成千上万的工人从宿舍床上爬起来，沿着山谷中的小路，穿过拥挤的街道，去散发着臭味的河边上的几十个工厂去上班。工厂车间由砖块砌成的庞大建筑物构成，无论春夏秋冬，这里的机器轰鸣声总是震耳欲

---

① 斯文·贝克特：《棉花帝国：一本资本主义全球史》，徐轶杰、杨燕译，第170页。

声,棉絮和棉尘四处飞扬,潮湿闷热。傍晚时分,又回到破败的宿舍,那里好多人共睡一张床,整个宿舍区脏乱不堪。他们穿的衣服破烂便宜,吃的食物很多是劣质的、掺假的和难以消化的①。其中,8—10岁儿童每天工作时间都在 10 小时以上,10 到 14 岁的孩子每天工作12 小时以上,13—14 岁孩子每天工作 13 小时,14 岁以上的孩子还要加夜班。由于不少童工无法忍受劳动的艰辛,经常逃跑或上班打瞌睡,一旦被监工发现,就会受到肉体惩罚,包括皮带抽打、棍子敲打、扇耳光、当众羞辱等。可以说,没有数以百万计儿童、妇女和男人的劳动,就不可能建立起全球庞大的棉花帝国②。有关英国棉纺工业最为发达时期的劳工状况,恩格斯曾经根据他亲身观察到的可靠材料,专门撰写了《英国工人阶级状况》一书,该书远比贝克特《棉花帝国》对工人生存状况的描写深刻详尽,恩格斯指出:"英国社会把工人置于这样一种境地,使他们不能保持健康,不能活得长久,英国社会就是这样不停地一点一点葬送了这些工人的生命,过早地把他们送进坟墓。"③

(三)先发国家跨国资本对亚、非、拉劳工的多重压榨

在英国及其他欧洲国家工业革命爆发前,亚、非、拉的广大农民在田野里种植棉花的同时,会间作其他粮食植物,如玉米、稻米、豆类等农作物。之所以采取农作物间作的方式进行耕种,一是因为他们的棉花纺织品主要是家庭成员使用,剩余产品通过集市贸易交换家庭必需品,诸如锄头、镰刀等农具;另一方面他们还要通过种植玉米、稻米、豆类等其他农作物保证食物供给,不管棉花价格多么高,他都

---

① 斯文·贝克特:《棉花帝国:一本资本主义全球史》,徐轶杰、杨燕译,第 159 页。
② 斯文·贝克特:《棉花帝国:一本资本主义全球史》,徐轶杰、杨燕译,第 158 页。
③《马克思恩格斯文集》第 1 卷,第 409 页。

不会放弃粮食作物的种植,只有这样才能避免饥荒和挨饿。但自从欧洲机械制造的纺织品在全球广泛倾销后,手工纺织者大量失业,人们开始购买价廉物美的欧洲纺织品。据历史学家提尔坦卡·洛伊(Tirthankar Roy)统计,1830 年至 1860 年印度手工制造业受到的打击至少导致 200 万到 600 万人失去工作,完全摧毁了古代棉花纺织业,给亚、非、拉各地的纺纱工、织布工和农村种植者带来灾难性后果①。

　　到了 19 世纪后半叶,美国内战结束后自身的棉纺业迅速壮大,出口欧洲的棉花急剧减少,以英国为代表的欧洲棉纺制造商开始在亚、非、拉殖民地半殖民地的广大农村,大力推广棉花出口种植,迫使农民由综合间作种植向单一棉花种植转变,并在棉花种植区周边直接建立轧花厂和压平厂,将棉花轧花、压平后通过铁路运往港口,再直接发往欧洲各地的棉纺厂。特别是电报业务的出现和 1866 年第一条跨越大西洋的电报电缆的铺设,欧洲商人可以在世界各地随时了解全球市场的棉花价格波动,世界各地棉花种植中心和制造中心的信息交往更加顺畅,于是,遍布亚、非、拉各地的进口商、承购商、经纪商等中介商人逐步被淘汰,欧洲棉商在本国金融业的帮助下直接操纵全球棉花市场价格。到 1870 年前后,在伦敦、纽约等棉花交易场所出现了"棉花期货贸易"现象,即棉花贸易开始高度抽象化和标准化,不再涉及具体的棉花,各种棉花自然品通过约定的合同和标准直接与抽象资本相对应。毫无疑问,这极大地简化了棉花交易流程,但同时也带来了棉花交易的不确定性。1873 年全球经济大萧条后,棉花价格急剧下降,致使世界各地棉农大量破产,而此时粮食价格又大幅上涨,出现全球粮食危机,在一降一升中,巴西、印度、埃及等大

---

① 斯文·贝克特:《棉花帝国:一本资本主义全球史》,徐轶杰、杨燕译,第 285 页。

量棉农,在棉业破产的过程中又无法买到粮食,最后被活活饿死。仅以埃及为例,它曾经是一个粮食出口大国,受英国商人鼓动,在美国内战期间,开始大面积为欧洲棉纺厂种植棉花,逐步放弃粮食种植,越来越依靠进口粮食维持国民生存。然而,1873 年全球经济危机爆发后,伴随棉花和粮食价格的巨大波动,大批人口和牲畜因缺乏基本的粮食供应被活活饿死。这充分证明任何国家要成功参与资本主义的全球市场化过程,必须强化自身的经济自主权,并大力提高承担风险和承受损失的能力。然而,在先发国家诱导和压迫下的亚、非、拉落后国家,既没有经济自主性也没有承担风险的能力,只能去承受全球化浪潮中跨国资本压榨带来的各种苦难与死亡。

三、主权国家与劳工利益的复杂互动

在深入研究了国家主权与跨国资本(国家与市场)、跨国资本与劳工利益(市场与社会)关系之后,必须对国家主权与劳工利益(国家与社会)之间的利益博弈予以深入分析,才能进一步把握全球非正义结构生成的深层社会根源。著名思想家波兰尼在《大转型》中指出,权力、资本、劳动之间是相互契合地粘连在一起的伦理共同体,但伴随近代资本主义的出现,资本试图摆脱权力与劳动的束缚,从三者彼此镶嵌的状态中逃逸出来,进入自由放任的疯狂舞动之中,并转身按照自己的资本逻辑来改造权力与劳动,但权力和劳动不会甘于资本逻辑的任意摆布,它们必然会做出自我保护性的反向运动。就主权国家而言,它会在需要经济繁荣时,加大油门刺激资本的活力,需要照顾行动迟缓的劳动群体时,又会通过刹车制动装置来延缓资本的运行速度。就劳工阶层而言,它同样会通过此起彼伏的工人运动来节制资本的疯狂运转,逼使国家出台限制资本垄断的各种措施,让三方在动态博弈中不断达到更高层次的稳定状态①。基于上述逻辑进路，我们必须进一步对主权国家与劳工利益的关系探幽知微。

（一）先发国家政府对本国劳工利益的打压与让步

早在 18 世纪末和 19 世纪初，伴随机械化棉花产业的发展，棉业资本家通过改变成千上万人的生活和工作方式，迫使其变成无产者进入工厂工作。但因其极低的工资收入、恶劣的生活和工作环境等原因，不断激发起纺织工人的反抗活动。到了 19 世纪 20 年代，英、法、德等先发国家的纺织工人砸烧机器现象接连不断，罢工运动此起彼伏，较具代表性的有英国宪章运动、法国里昂纺织工人起义、德国西里西亚纺织工人起义等。这些国家的政府机构面对上述现象，最初均采取了极其严厉的镇压措施，如英国政府 1795 年就出台了《危机治安集会处置法》，1800 年又出台了《禁止结社法》，单是在 1812—1813 年就公开吊死了三十多名破坏纺织机器的工人，1815 年派驻军队进入纺织厂区，准备随时镇压工人暴乱。但是哪里有剥削和压迫，哪里就有反抗和斗争，到了 19 世纪中期，欧洲各国政府面对日益高涨的工人运动，逐步意识到一味采取高压政策，不仅导致警力不足和国家财政枯竭，也无助于劳资矛盾的最终解决，只会将国家陷入持续性动荡之中。

特别是欧洲各国工人运动深受马克思无产阶级革命理论和其他政治理论影响，各类工会力量日渐壮大，工会从最初的个别工厂发展到地区性组织，最终出现全国性工人联合会。工会活动内容也由工人之间的互帮互助发展到与资本家集体谈判，要求资本家缩短劳动时间、提高工资收入、改善福利待遇、优化工作环境等。伴随工人阶

① 卡尔·波兰尼：《大转型：我们时代的政治和经济起源》，冯钢、刘阳译，当代世界出版社，2020 年，第 229 页。

级力量的不断壮大,他们的要求开始由改善经济状况转向获得政治地位,迫使国家废除各种限制工人罢工和集会的陈旧法律,并逐步给予工人政治投票权,而各类工人阶级政党的出现,不仅使工人运动卷入议会席位的争夺之中,也使大批工人政党领袖进入各级政府的执政队伍之中。以英国工党为例,它最早源自英国纺织业工人协会,逐步扩展至各个行业的工会之中,最终又从工会运动中脱离出来,成为英国议会中的一个独立党团,并不断选举出自己的政党领袖,对 20世纪的英国政治产生重大影响。

（二）后发国家政府对本国劳工态度的极端复杂性

先发国家高潮迭起的工人运动抬高了棉纺业资本家的生产成本,挤压了其纺织品的利润空间,这就迫使先发国家资本家逐步将其跨国资本向国外生产成本较低的后发国家转移,在欧洲棉花产业逐步失去全球优势的同时,新型全球棉花产业分工开始出现重大重组。由之,极大地带动了落后的南方国家和东方国家棉纺业的快速发展,棉纺业逐步由发达国家的工业资本主义迈向贝克特所说的"全球资本主义"阶段。这必然使后发国家的社会阶级结构发生重大变迁,由于亚、非、拉各个后发国家的国际境遇存在重大差别,其政府机构对本国劳工阶层利益所秉持的行为原则与情感态度也就殊为不同。

以日本为例,由于它没有受到欧洲先发国家的直接殖民统治,其资本阶层所根植的国内政治条件和阶级政策偏好完全不同于亚洲其他国家。19 世纪中叶,当日本市场面临大量国外棉纺织品的巨大冲击时,1868 年的明治维新让日本政府摆脱了德川幕府时期一盘散沙的状态,开始仿照西方先发国家推行更为积极的民族工业政策,包括大力支持引进欧洲先进纺织技术、帮助企业家进入国外市场、加大基础设施建设、压低工人劳动成本、制定纺织业发展的各种法律等。1879 年内务省大臣伊藤博文先后组织建设了 10 家棉纺厂,从英国进口 2000 个纱锭,制定了各种优惠条件,大力扩张本国纺纱能力,国家制定各种优惠政策鼓励政府官员成为纺织企业家,特别是伴随从中国进口棉花数量的急剧增加,日本实行了昼夜轮班的新型劳动制度,日本政府还将大量妇女赶出农村逼迫其进入工厂工作,这些妇女大部分年龄在 13—25 岁之间,直到结婚后才退出工厂,她们共同住在工厂旁边宿舍内的大通铺上,每人只有 27 平方英尺的狭小床铺面积,实行两班制,每班工作 12 小时,让机器 24 小时连续运转,资本家全面控制工人的劳动过程,其所支付的工资仅够维系妇女基本生存,只相当于同期曼彻斯特纺织工人收入的八分之一,最大限度地榨取工人的劳动价值。且日本保护妇女儿童权益的《工厂法》直到 1920 年才出台,比欧洲先发国家推迟了四十多年。正是这种极其廉价又毫无政治权力的广大劳工的存在,保证了日本棉花工业的持续扩张,到 1902 年,日本国内生产的棉布基本取代了进口的欧美棉布,到 1933 年,日本棉布出口首次超过英、法、德等国,成为世界第三大棉花强国①。

　　与日本不同,由于印度、埃及民族工业直接受到英国控制,印度、埃及殖民政府主要是帮助英国曼彻斯特的棉纺织品进入印度和埃及市场,致使印度和埃及的民族工业家们要想发展本国的纺织工业,必须与欧洲政治家和资本家展开博弈。但他们开设的工厂对工人的压榨也同样严重,如印度棉纺资本家在孟买开设的工厂,纺织工人以男性为主,夏天的工作日一般要持续 13—14 小时,冬天要持续 10—12 小时,经常在 32 摄氏度的高温下工作,尽管殖民政府时常拿英国本土各种保护工人的法律约束当地棉纺资本家,但影响力十分有限。此外,印度、埃及民族资本家还要面临本国充满民族主义情绪的纺织工人的排外斗争,这些工人在反对西方先发国家资本家在印度、埃及

---

① 斯文·贝克特:《棉花帝国:一本资本主义全球史》,徐轶杰、杨燕译,第 342 页。

工厂内的剥削行为时,也会波及民族资本家开设的工厂,迫使其同时提高工人待遇,这必然使得印度、埃及的民族工业很难像日本那样在国际市场竞争中胜出。

(三)中国近现代政府对棉纺工人态度的历史流变

中国是世界上最古老和最大的棉花生产复合体之一,棉花纺织一直是中国古代最重要的生产活动,这种传统优势到了棉花生产机械化时代,变成了中国走向工业化和现代化的巨大障碍,中国棉纺市场的对外开放完全是西方先发国家逼迫使然。中国第一家现代化的棉纺厂——上海机械织布局成立于 19 世纪 80 年代,到 20 世纪 20 年代,中国棉纺制造业已经占据国内市场的主导地位,到 1925 年,中国棉花出口量超过进口量①。近代中国棉纺业的发展同样依靠妇女和儿童,成千上万的工人昼夜轮班工作,每周只休息 12 小时。到了蒋介石领导的中华民国时期,为了防止棉纺工人频繁举行罢工和集会活动,经常派驻警察和部队来进行镇压。在 1925 年 5 月上海纺织工人的罢工活动中,就有十三名抗议者被警察杀害,酿成了著名的"五卅惨案"。

1949 年中华人民共和国成立后,为了尽快解决人们的穿衣问题,国家将纺织业列为重点发展行业,在上海、天津、西安、郑州、沈阳、石家庄等多个城市,建立起一大批纺织和化纤基地,初步建立起完整的纺织工业体系,广大工人阶级开始在国有纺织工厂中当家做主,成为新中国占据支配地位的领导阶级,他(她)们的劳动积极性得到了极大提升,为新中国逐步成为世界性纺织大国奠定了雄厚的社会阶级基础。改革开放后,通过对国有纺织企业深化改革,在压锭、减员、重组基础上,中国逐步由纺织大国迈向纺织强国。伴随中国加入世贸组织,中国纺织业进入飞速发展阶段,跨国资源配置能力迅速

---

① 斯文·贝克特:《棉花帝国:一本资本主义全球史》,徐轶杰、杨燕译,第 349 页。

提升，既吸引了大量海外资金、技术、人才来中国投资纺织企业，也有大批中国纺织企业走向海外投资建厂，使得中国纺织品牌成为全球关注的重要对象。近些年，伴随新型科技革命和新一轮全球化浪潮的兴起，我国棉纺业在全球跨国产业链中的地位不断升级，虚拟经济与实体经济的结合更加紧密。据统计，2000 年中国纺织品占世界纺织品出口总量的 14.8%，2007 年则达到 30%，成为全球最大纺织品出口国。2012 年在全球棉花产量中，中国占 29%，印度占 21%，巴基斯坦占 8%，巴西占 5%，而美国仅占 14%，英国只占 2%①。毫无疑问，今天的中国已经成为对世界纺织业所做贡献最大的国家。

四、《棉花帝国》与全球正义问题的伦理学检审

通过深入探索《棉花帝国》的全球历史叙事逻辑，分析战争资本主义、工业资本主义、全球资本主义不同阶段的棉花产业发展史，我们可以清晰地看到，现代资本主义在处理国家主权与跨国资本、跨国资本与劳工利益、国家主权与劳工利益的过程中，其伦理特质在全球不同时空中既有阶段性区别，又有总体性趋同。在 21 世纪新型全球化的今天，唯有从全球正义的伦理学视角，仔细检审资本主义棉纺工业发展史的是非得失，才能真正洞悉其根本缺陷，进而对主权国家、跨国资本、全球劳工之间的正义分配问题，实现理论与实践的全面性转型升级，不断消除导致国际贫困和全球不平等的深层诱因，最终引领人类迈向全球正义和共同富裕的新台阶。

（一）战争资本主义的善恶二重性与主权国家的多极共治

通过对贝克特《棉花帝国》旅程的全面解析，我们已经看到，在资

---

① 斯文·贝克特：《棉花帝国：一本资本主义全球史》，徐轶杰、杨燕译，第 362 页。

本主义全球化的早期——"战争资本主义"阶段,文明与野蛮构成了人类进步的一体两面。黑格尔在《历史哲学》中提出过"恶是历史发展动力"的命题,马克思和恩格斯在《共产党宣言》中谈及资产阶级的道德本性时也说:"资产阶级在它已经取得了统治的地方把一切封建的、宗法的田园诗般的关系都破坏了。它无情地斩断了把人们束缚于天然尊长的形形色色的封建羁绊,它使人和人之间除了赤裸裸的利害关系,除了冷酷无情的'现金交易',就再也没有任何别的联系了。"①但在描述资本主义初期的时代特征时又说:"不断扩大产品销路的需要,驱使资产阶级奔走于全球各地,它必须到处落户,到处开发,到处建立联系。"②并特别强调:"资产阶级在它的不到一百年的阶级统治中所创造的生产力,比过去一切世代创造的全部生产力还要多,还要大。"③可见,马克思和恩格斯对资本主义工商业制度的道德二重性有着极其深刻的理性认知。而贝克特的《棉花帝国》对战争资本主义弱肉强食的"丛林法则"进行了最为真实的刻画,如果说火枪意味着暴力,账簿代表着利益,英国东印度公司的形象就是"左手拿着账册,右手执着火枪",正是依靠程度不同的暴力行为造就了资本主义早期蓬勃发展的国际贸易网络。由之,迫使印度丧失主权后沦落为大英帝国的殖民地,埃及经济崩溃后被英国政府全面接管,所有这一切构成了全球东西南北财富鸿沟赖以生成的根本动因。但直到一战、二战之后,面对跨国资本对国家主权的深度侵蚀,才有了民族独立运动的蓬勃兴起,才有了全球南方和东方各个民族国家对自身主权的坚定维护。

　　特别是二战之后,以联合国为中心的各类国际组织蓬勃发展,主

① 《马克思恩格斯文集》第 2 卷,第 34 页。
② 《马克思恩格斯文集》第 2 卷,第 35 页。
③ 《马克思恩格斯文集》第 2 卷,第 36 页。

权国家之间的多边合作已成为全球范围内维护和平、推动发展、应对共同挑战的重要机制。今天世界各国人民已经深刻体悟到，在一个你中有我、我中有你的世界中，任何一个国家无论多么强大，都无法独善其身。只有摆脱近现代以来西方先发国家封闭排他的小圈子意识，废除本国利益优先的虚假性多边主义逻辑，避免对多边主义采取功利主义和工具主义态度，不能由一个或几个国家对全世界发号施令，不断消解维持帝国霸权地位的各种制度支撑；把促进各国共同发展、解决全球发展不平衡问题作为多边合作的重要议程，充分保障后发国家的正当发展权益，帮助后发国家增强发展能力；秉持共商共建共享理念，让世界的前途命运由各国共同掌握，在广泛协商、凝聚共识基础上改革和完善全球治理体系，如此才能不断实现人类全球正义和共同富裕的恒久期盼。

（二）工业资本主义的制度境遇性与跨国资本的伦理责任

资本主义发展到了贝克特所说的"工业资本主义"阶段后，先发国家的跨国资本集团在全球范围内创制了一系列崭新的现代性生产制度、贸易制度、金融制度、司法制度等。例如：纺织工厂的高效管理制度极大地提高了现代企业的运营水平；对民族国家间商业边界的管控促进了国际市场体系的规范化；全球纺织机械产品的标准化提高了工业生产的效率；棉花和棉布产品质量标准体系的确立促进了棉花期货贸易的出现；国际贸易法律规则的制定确保了遥远国家的合同得以有效执行；全球棉花产品货币结算体系促进了世界各国金融秩序的稳定运行等等。但必须指出的是，上述各类制度创新皆是先发国家为了自身经济利益而进行精细考量基础上逐步创制而成的，正如英国对外贸易政策由重商主义向自由主义的转变，其根本目的是要让价廉物美的英国商品顺畅地流入世界市场，但这也反过来极大地刺激了法国、德国、美国纺织机械制造业的快速发展。可见，资本主义国家任何一项制度设计的形成和出台，皆有其自身的历史境遇性。在 21 世纪新型全球化的今天，如何对长期以来由先发国家跨国资本创立的各种生产制度、贸易制度、金融制度、技术制度等予以创造性转化和创新性发展，使其真正适应新型经济全球化需要，特别是照顾后发国家的根本利益，无疑是消除东西南北之间不平等，实现国际正义和全球共同富裕的重要课题。

要完成上述转变，就需要跨国资本阶层必须承担起自身的伦理责任。一是在跨国企业微观经营层面，要通过践行正确的义利观，在信誉经营和守法经营基础上，努力求得企业股东利益和维护企业利益相关者责任之间的科学平衡。任何国家的跨国资本集团只有坚守"义利相兼，义重于利"的基本商业道德原则，充分认识企业法人人格的极端重要性，树立信誉经营形象，坚守国内外法律规范，特别是要遵守国际社会服务于企业产品的 ISO9000 标准、服务于企业环境的 ISO14000 标准、《国际劳工组织公约》《联合国儿童权利公约》《世界人权宣言》等。此外，在新型全球化的今天，拥有成千上万名股东的大型跨国公司不断涌现，公司控制权与管理权逐步分离，分散化的股东对公司具体的管理运营不感兴趣，只关心公司股票价值的高低，于是"股东至上主义"应运而生，公司高管们不再看重企业对员工、客户、供应商、社区、政府等利益相关者应负的社会责任，如何切实平衡二者之间的关系已经显得愈发重要。二是在跨国企业宏观政策层面，要牢固树立人类命运共同体理念，通过政策沟通、设施联通、贸易畅通、资金融通、民心相通，不断构建互利合作的全球网络，携手共筑共赢共享的实践平台。以中国的"一带一路"建设为例，它虽然源于亚洲，但却联通世界，至今已有一百多个国家和国际组织积极响应，并有一大批收获项目落地开花，它为沿线各国通过商品、资金、技术、人员的流通，充分发挥自身的资源优势，更好地融入全球供应链、产业链、价值链，进而释放增长活力，实现市场对接，拉紧联动纽带，促进贸易和投资的自由化和便利化,发挥了重要的亚欧大陆桥作用①。从这种意义上讲,"一带一路"建设决不是对世界传统贸易体系的推倒重来,恰恰是在经济全球化的新时代,为实现传统国际贸易体制的全方位拓展和全面性转型升级而进行的重大机制创新。只有这样才能不断消除全球不平等和国际贫困,让各国跨国资本为人类共同富裕目标的实现做出应有的贡献。

(三)全球资本主义的价值流变性与劳工利益的保障途径

透过贝克特《棉花帝国》对欧美棉花纺织业跨国资本流变的历史分析,我们不难看出,跨国资本的国际流动是人类经济全球化的直接内驱力,其间,跨国资本创造的价值链通过有形的产品和无形的知识技术在各国不断地交换和流动,从而形成紧密交织和遍布全球的复杂网络。每个国家在全球贸易结构中的地位,取决于该国在全球贸易价值链中获得价值的多少,任何国家要想增加自己在全球价值链中的结构性权力,就必须通过增加人工成本、设备加工、科技投入、流通营销等要素,才能在跨国协作和国际交换中获得更多的增加值,增加值的流动虽然必须通过进出口交换为基本渠道,但它不以双边贸易为起点和终点,而是要通过在全球贸易网络中的广泛流动得以实现。一个国家向全球价值链网络输出的价值越大,其在全球价值网络中的结构性权力也就愈大,一个国家向全球价值链输出价值的多少,虽然受到地理环境、国土面积、人口多少等因素的影响,但关键因素是这个国家的知识创新程度,而知识创新程度的高低最终取决于该国人力资本的整体样态②。以英国为例,它处于欧洲大陆的边缘,

① 靳凤林:《人类命运共同体的利益共享》,《光明日报》,2021 年 1 月 4 日。
② 庞珣、何晴晴:《全球价值链中的结构性权力和国际格局演变》,《中国社会科学》,2021 年第 9 期。

地理环境完全不适合棉花种植,国土面积和人口数量也极其有限,国民消费棉花产品的能力远不及欧洲大陆,但由于其纺织机械制造能力和棉花纺织技术的高度发达,最终成为 19 世纪全球棉纺业的中心,背后的根本原因是英国通过光荣革命后的一系列国家制度创新,实现了国民整体素质的大幅提升。

　　上述历史事实表明,要使人类摆脱贫困和不平等,实现全球正义和共同富裕,全球南方和东方后发国家必须在提高国民经济收入和改善国民生活状况的同时,善于将丰富的人力资源转化为人力资本,大力强化人力资本投资。美国著名人力资本专家舒尔茨指出,不发达国家的经济之所以落后,主要是因为他们只重视物质资本投入,忽视人力资本投资。一个国家可以购买先进的发电装置、通讯设备、计算机等,但这些物质资本只有通过那些有技术和经过培训的劳工才能使用并发挥作用,因此,提高劳工的知识水平、健康程度和纪律意识是提高劳动生产率的关键因素[1]。正如中国古人所言:"家有黄金用斗量,不如儿童上学堂。"我国棉纺工业之所以由 20 世纪 60—70 年代的纺织大国迅速转变为改革开放后的纺织强国,直接源自我国 1949 年后持续性、大范围的人力资本投入,包括全面普及全国城乡的中小学教育、提高城乡之间的基本医疗水平、免费强化入职员工的职业技能培训等,正是由于中华人民共和国成立后持续数十年的人力资本投入,才为建国十几年后和改革开放以来包括棉纺业在内的各类国有和私营企业提供了源源不断的人力资本,使中国终于取代英、法、德、美等国,成为今天全球纺织工业的大国、强国和技术创新中心。

---

[1] 西奥多·舒尔茨:《论人力资本投资》,陈耿宣译,北京经济学院出版社,1990年,第 16 页。

主要参考文献

一、马列主义原著

《邓小平文选》第三卷,人民出版社,1993 年。

《建国以来毛泽东文稿》第 13 册,中央文献出版社,1998 年。

《马克思恩格斯全集》第二十五卷,人民出版社,1974 年。

《马克思恩格斯全集》第三十卷,人民出版社,1995 年。

《马克思恩格斯选集》第一卷,人民出版社,1995 年。

《马克思恩格斯文集》第 1 卷,人民出版社,2009 年。

《马克思恩格斯文集》第 2 卷,人民出版社,2009 年。

《马克思恩格斯文集》第 3 卷,人民出版社,2009 年。

《马克思恩格斯文集》第 10 卷,人民出版社,2009 年。

《马克思恩格斯论中国》,人民出版社,2015 年。

马克思、恩格斯:《共产党宣言》,人民出版社,2014 年。

习近平:《习近平谈治国理政》,外文出版社,2014 年。

二、中文著作

《孟子》,方勇译注,中华书局,2010 年。

曹维安:《俄国史新论》,中国社会科学出版社,2002 年。

常凯主编:《劳动关系学》,中国劳动社会保障出版社,2005 年。

陈蘅哲:《西洋史》,岳麓书社,2010 年。

陈乐民、周宏:《欧洲文明扩张史》,东方出版中心,1999 年。

陈旭麓:《近代中国社会的新陈代谢》,生活·读书·新知三联书店,
　2017 年。

丛日云:《在上帝与恺撒之间》,生活·读书·新知三联书店,
　2003 年。

丛日云:《西方政治文化传统》,吉林出版集团有限公司,2007 年。

丁建弘:《德国通史》,上海社会科学院出版社,2002 年。

董小川:《美国宗教史研究》,文史出版社,2014 年。

董小燕:《西方文明:精神与制度的变迁》,学林出版社,2003 年。

范文澜:《中国通史简编》修订本第二编,人民出版社,1949 年。

费孝通:《乡土中国》,生活·读书·新知三联书店,1985 年。

费正清:《剑桥中国晚清史》,中国社会科学出版社,2017 年。

干春松:《制度儒学》,上海人民出版社,2006 年。

干春松:《重回王道》,华东师范大学出版社,2012 年。

高毅:《法兰西风格:大革命的政治文化》,浙江人民出版社,1991 年。

高勇强:《中国转型社会的政商关系研究》,光明日报出版社,
　2007 年。

葛剑雄:《统一与分裂:中国历史的启示》,商务印书馆,2013 年。

葛兆光:《中国思想史》第一卷,复旦大学出版社,1998 年。

宫敬才:《经济个人主义的哲学研究》,中国社会科学出版社,
　2004 年。

何怀宏:《选举社会及其终结》,生活·读书·新知三联书店,
　1998 年。

何顺果:《美国边疆史:西部开发模式研究》,北京大学出版社,
　1992 年。

何顺果:《美国历史十五讲》,北京大学出版社,2007 年。

何增科主编:《公民社会与第三部门》,社会科学文献出版社,

2000 年。

侯外庐:《中国思想通史》第一卷,人民出版社,1957 年。

黄俊杰:《儒家思想与中国历史思维》,华东师范大学出版社,2016 年。

黄仁宇:《万历十五年》,中华书局,1982 年。

黄仁宇:《中国大历史》,生活·读书·新知三联书店,1997 年。

黄宗智:《华北小农经济与社会变迁》,中华书局,2000 年。

蒋庆:《政治儒学》,北京三联书店,2003 年。

金观涛、刘青峰:《兴盛与危机:论中国社会超稳定结构》,法律出版社,2011 年。

靳凤林:《制度伦理与官员道德》,人民出版社,2011 年。

靳凤林:《追求阶层正义:权力、资本、劳动的制度伦理考量》,人民出版社,2016 年。

靳凤林等:《祠堂与教堂:中西传统核心价值观比较研究》,人民出版社,2018 年。

赖建成:《王室与巨贾》,浙江大学出版社,2015 年。

乐峰:《东正教史》,中国社会科学出版社,1996 年。

黎鸣:《中国人性分析报告》,中国社会出版社,2003 年。

李化成:《世界历史中的博弈生存》,光明日报出版社,2005 年。

李培林、李强、孙立平等:《中国社会分层》,社会科学文献出版社,2004 年。

李强:《社会分层十讲》,社会科学文献出版社,2005 年。

梁鹤年:《西方文明的文化基因》,生活·读书·新知三联书店,2014 年。

梁启超:《饮冰室合集·文集》,中华书局,1989 年。

梁治平:《寻求自然秩序中的和谐》,中国政法大学出版社,1988 年。

林承节:《殖民统治时期的印度史》,北京大学出版社,2004 年。

林艳梅：《当代俄罗斯马克思主义研究》，中央编译出版社，2013 年。

刘广明：《宗法中国》，上海三联书店，1993 年。

刘禾主编：《世界秩序与文明等级》，生活·读书·新知三联书店，2016 年。

刘小枫：《现代性社会理论绪论》，上海三联书店，1998 年。

刘小萌：《满族的部落与国家》，吉林文史出版社，1995 年。

刘泽华：《士人与社会》，天津人民出版社，1988 年。

陆学艺主编：《当代中国社会阶层研究报告》，社会科学文献出版社，2002 年。

吕一民：《法国通史》，上海社会科学院出版社，2012 年。

马敏：《过渡形态：中国早期资产阶级构成之谜》，华中师范大学出版社，2011 年。

牛京辉：《英国功用主义伦理思想研究》，人民出版社，2002 年。

欧阳莹之：《龙与鹰的帝国》，中华书局，2016 年。

钱乘旦、陈意新：《走向现代国家之路》，四川人民出版社，1987 年。

钱乘旦、许洁明：《英国通史》，上海社会科学院出版社，2012 年。

钱穆：《中国历代政治得失》，九州出版社，2011 年。

强世功：《文明终结与世界帝国》，三联书店（香港）有限公司，2021 年。

秦晖：《走出帝制》，群言出版社，2015 年。

瞿同祖：《中国法律与中国社会》，商务印书馆，2010 年。

任剑涛：《道德理想主义与伦理中心主义》，东方出版社，2003 年。

沙烨：《跨越财富鸿沟：通往共同富裕之路》，当代世界出版社，2021 年。

沈家本：《历代刑法考》，中华书局，1985 年。

施展：《溢出：中国制造未来史》，中信出版集团，2020 年。

宋杰：《中国古代战争的地理枢纽》，北京科学技术出版社，2022 年。

万俊人:《现代西方伦理学史》下卷,北京大学出版社,1992年。

王国维:《观堂集林》,中华书局,1991年。

王亚南:《中国官僚政治研究》,中国社会科学出版社,1981年。

王逸舟:《创造性介入》,北京大学出版社,2013年。

萧公权:《中国乡村:19世纪的帝国控制》,九州出版社,2017年。

徐大同主编:《当代西方政治思潮》,天津人民出版社,2001年。

许倬云:《万古江河》,湖南人民出版社,2017年。

阎步克:《从爵本位到官本位》,生活·读书·新知三联书店,2017年。

阎步克:《士大夫政治演生史稿》,北京大学出版社,2015年。

闫健编:《民主是个好东西》,社会科学文献出版社,2006年。

阎明恕:《中国古代和亲史》,贵州民族出版社,2003年。

杨光斌:《政治变迁中的国家与制度》,中央编译出版社,2011年。

于歌:《民族个性与民族兴衰》,当代中国出版社,2015年。

于建嵘:《抗争性政治》,人民出版社,2010年。

余英时:《士与中国文化》,上海人民出版社,1987年。

张岱年、方克立主编:《中国文化概论》,北京师范大学出版社,1994年。

张宏杰:《中国国民性的演变历程》,湖南文艺出版社,2016年。

张捷编:《十月革命前后苏联文学流派》下编,上海译文出版社,1998年。

张立文:《和合学概论》,首都师范大学出版社,1996年。

张维迎:《市场的逻辑》,上海人民出版社,2010年。

张旭东:《全球化时代的文化认同》,北京大学出版社,2005年。

章雪富:《斐洛思想导论》(I),中国社会科学出版社,2006年。

张中秋:《中西法律文化比较研究》,法律出版社,2009年。

赵敦华:《基督教哲学1500年》,人民出版社,1994年。

赵立行:《英国商人》,江西人民出版社,1994 年。

赵汀阳:《天下的当代性》,中信出版集团,2016 年。

赵汀阳:《天下体系》,中国人民大学出版社,2011 年。

赵秀荣:《1500—1700 年英国商业与商人研究》,社会科学文献出版社,2004 年。

朱世达主编:《美国市民社会研究》,中国社会科学出版社,2005 年。

朱学勤:《道德理想国的覆灭》,上海三联书店,2003 年。

资中筠:《财富的责任与资本主义演变:美国百年公益发展的启示》,上海三联书店,2015 年。

三、外文译著

《阿奎那政治著作选》,马清槐译,商务印书馆,1963 年。

A. T. 马汉:《海权对历史的影响》,安常容、成忠勤译,中国人民解放军出版社,2006 年。

Вл. 索洛维约夫等著:《俄罗斯思想》,贾泽林、李树柏译,浙江人民出版社,2000 年。

J. D. 万斯:《乡下人的悲歌》,刘晓同、庄逸抒译,江苏凤凰文艺出版社,2017 年。

阿尔弗雷德·塞耶·马汉:《海权论》,一兵译,同心出版社,2012 年。

阿莉·拉塞尔·霍赫希尔德:《故土的陌生人》,夏凡译,社会科学文献出版社,2020 年。

阿诺尔·汤因比:《历史研究》下卷,郭小凌等译,上海人民出版社,2016 年。

埃德蒙·柏克:《反思法国大革命》,张雅楠译,上海科学院出版社,2014 年。

埃伦·M·伍德:《资本的帝国》,王恒杰、宋兴无译,上海译文出版社,2006 年。

埃米尔·路德维希:《德国人:一个民族的双重历史》,杨成绪等译,中国社会科学出版社,2010年。

埃米尔·路德维希:《拿破仑传》,梁锡江等译,浙江文艺出版社,2008年。

爱德华·巴普蒂斯特:《被掩盖的原罪:奴隶制与美国资本主义的崛起》,陈志杰译,浙江人民出版社,2019年。

艾克敏:《布什总统的信仰历程》,姚敏、王青山译,社会科学文献出版社,2006年。

安东尼·阿特金森:《不平等,我们能做什么》,王海昉等译,中信出版集团,2016年。

安东尼·吉登斯:《现代性的后果》,田禾译,译林出版社,2000年。

奥古斯丁:《上帝之城》,王晓朝译,人民出版社,2006年。

巴里·布赞、乔治·劳森:《全球转型:历史、现代性与国际关系的形成》,崔顺姬译,上海人民出版社,2020年。

保罗·萨缪尔森、威廉·诺德豪斯:《宏观经济学》,萧琛主译,人民邮电出版社,2008年。

鲍曼:《现代性与大屠杀》,杨渝东、史建华译,译林出版社,2002年。

波斯坦等主编:《剑桥欧洲经济史》第5卷,王春法等译,经济科学出版社,2002年。

布尔斯廷:《美国人:建国的历程》,中国对外翻译出版公司译,美国驻华大使馆文化处出版(香港),1987年。

查尔斯·蒂利:《强制、资本和欧洲国家》,魏洪钟译,上海人民出版社,2007年。

大卫·哈维:《新帝国主义》,初立忠、沈晓雷译,社会科学文献出版社,2009年。

大卫·哈维:《资本社会的17个矛盾》,许瑞宋译,中信出版集团,2016年。

戴维·兰德斯等编著：《历史上的企业家精神》，姜井勇译，中信出版集团，2016年。

戴维·麦克莱伦：《马克思传》，王珍译，中国人民大学出版社，2016年。

丹尼尔·贝尔：《资本主义文化矛盾》，赵一凡等译，生活·读书·新知三联书店，1989年。

丹尼尔·因莫瓦尔：《被隐藏的帝国》，林玉菁译，台北城邦文化实业股份有限公司，2021年。

狄金森：《十八世纪英国的大众政治》，陈晓律等译，商务印书馆，2015年。

费正清主编：《中国的世界秩序》，杜继东译，中国社会科学出版社，2010年。

弗朗西斯·福山：《历史的终结与最后的人》，陈高华译，广西师范大学出版社，2014年。

弗朗西斯·福山：《政治秩序的起源》，毛俊杰译，广西师范大学出版社，2014年。

佛雷德里克·皮耶鲁齐、马修·阿伦：《美国陷阱》，法意译，中信出版集团，2019年。

佛里德利希·冯·哈耶克：《自由秩序原理》，邓正来译，生活·读书·新知三联书店，1997年。

戈尔巴乔夫：《改革与新思维》，苏群译，新华出版社，1987年。

哈·麦金德：《历史的地理枢纽》，林尔蔚、陈江译，商务印书馆，1985年。

汉密尔顿、杰伊、麦迪逊等：《联邦党人文集》，程逢如等译，商务印书馆，1980年。

汉娜·阿伦特：《极权主义的起源》，林骧华译，生活·读书·新知三联书店，2008年。

汉斯·摩根索:《国家间政治——权力斗争与和平》,徐昕、郝望等译,北京大学出版社,2006 年。

黑格尔:《法哲学原理》,范扬、张企泰译,商务印书馆,1979 年。

黑格尔:《小逻辑》,贺麟译,商务印书馆,1981 年。

黑格尔:《历史哲学》,王造时译,上海书店出版社,2001 年。

霍布斯:《利维坦》,黎思复等译,商务印书馆,1997 年。

霍布斯鲍姆:《革命的年代》,王章辉等译,中信出版集团,2017 年。

简·伯班克、弗雷德里克·库珀:《世界帝国史:权力与差异政治》,柴彬译,商务印书馆,2017 年。

杰西·诺曼:《埃德蒙·柏克:现代保守政治教父》,田飞龙译,北京大学出版社,2015 年。

卡尔·波兰尼:《大转型:我们时代的政治和经济起源》,冯钢、刘阳译,当代世界出版社,2020 年。

卡尔·洛维特:《尼采与基督教——尼采的〈敌基督〉论集》,刘潇枫编,田立年等译,华夏出版社,2014 年。

卡尔·施密特:《陆地与海洋:古今之“法”变》,林国基、周敏译,华东师范大学出版社,2006 年。

卡尔·雅斯贝尔斯:《智慧之路》,柯锦华等译,中国国际广播出版社,1988 年。

卡罗尔·布拉姆:《卢梭与美德共和国》,启蒙编译所译,商务印书馆,2015 年。

康德:《历史理性批判文集》,何兆武译,商务印书馆,1990 年。

康德:《纯粹理性批判》,韦卓民译,华中师范大学出版社,2000 年。

康德:《实践理性批判》,韩水法译,商务印书馆,2000 年。

肯尼思·华尔兹:《国际政治理论》,信强译,上海人民出版社,2017 年。

拉塞尔·柯克:《美国秩序的根基》,张大军译,江苏凤凰文艺出版社,

2018 年。

路易·加迪等:《文化与时间》,郑乐平等译,浙江人民出版社,
　　1988 年。

罗伯特·赖克:《拯救资本主义》,曾鑫、熊跃根译,中信出版集团,
　　2017 年。

罗纳德·哈里·科斯、王宁:《变革中国》,徐尧、李哲民译,中信出版
　　社,2013 年。

洛克:《政府论》下篇,商务印书馆,1983 年。

马丁·雅克:《大国雄心》,孙豫宁等译,中信出版集团,2016 年。

马克思·舍勒:《道德意识中的怨恨与羞感》,林克译,北京师范大学
　　出版社,2014 年。

马克斯·韦伯:《经济与社会》,林荣员译,商务印书馆,1985 年。

马克斯·韦伯:《新教伦理与资本主义精神》,于晓、陈维纲译,生活·
　　读书·新知三联书店,1987 年。

马克斯·韦伯:《民族国家与经济政策》,甘阳等译,生活·读书·新
　　知三联书店、牛津大学出版社,1997 年。

迈克尔·哈特、安东尼奥·奈格里:《帝国》,杨建国、范一亭译,江苏
　　人民出版社,2005 年。

尼采:《权力意志》,张念东等译,商务印书馆,1998 年。

尼采:《偶像的黄昏》,卫茂平译,华东师范大学出版社,2007 年。

尼尔·弗格森:《文明》,曾贤明、唐颖华译,中信出版社,2012 年。

佩里·安德森:《绝对主义国家的系谱》,刘北成等译,上海人民出版
　　社,2016 年。

普京:《普京文集》,徐葵译,中国社会科学出版社,2002 年。

乔纳森·哈斯拉姆:《马基雅维利以来的现实主义国际关系思想》,张
　　振江、卢明华译,中央编译出版社,2009 年。

乔治·鲁德:《法国大革命中的群众》,何新译,北京师范大学出版社,

2016 年。

乔治·萨拜因:《政治学说史》上卷,邓正来译,上海人民出版社,
 2008 年。

让·皮亚杰:《儿童的语言与思维》,傅统先译,文化教育出版社,
 1980 年。

塞缪尔·亨廷顿:《文明的冲突与世界秩序的重建》,周琪等译,新华
 出版社,1999 年。

斯文·贝克特:《棉花帝国:一本资本主义全球史》,徐轶杰、杨燕译,
 民主与建设出版社,2019 年。

托克维尔:《论美国的民主》,董果良译,商务印书馆,2009 年。

托克维尔:《旧制度与大革命》,冯棠译,商务印书馆,2013 年。

托马斯·皮凯蒂:《21 世纪资本论》,巴曙松等译,中信出版社,
 2014 年。

维尔纳·桑巴特:《战争与资本主义》,晏小宝译,上海人民出版社,
 2023 年。

维尔纳·桑巴特:《为什么美国没有社会主义》,赖海榕译,社会科学
 文献出版社,2003 年。

维纳·洛赫:《德国史》,熊伟等译,生活·读书·新知三联书店,
 1959 年。

维纳尔·桑巴特:《奢侈与资本主义》,王燕平等译,上海人民出版社,
 2000 年。

西奥多·舒尔茨:《论人力资本投资》,陈耿宣译,北京经济学院出版
 社,1990 年。

西塞罗:《国家篇 法律篇》,沈叔平、苏力译,商务印书馆,2002 年。

小约瑟夫·奈、戴维·韦尔奇:《理解全球冲突与合作的理论与历
 史》,张小明译,上海人民出版社,2012 年。

修昔底德:《伯罗奔尼撒战争史》,谢德风译,商务印书馆,1960 年。

亚当·斯密:《国民财富的性质和原因的研究》,郭大力、王亚南译,商务印书馆,2005 年。

亚里士多德:《政治学》,颜一等译,中国人民大学出版社,2003 年。

伊恩·克肖:《地狱之行》,林华译,中信出版集团,2018 年。

伊冯·谢拉特:《希特勒的哲学家》,刘曦等译,上海社会科学院出版社,2017 年。

伊曼纽尔·沃勒斯坦:《现代世界体系》第一卷,尤来寅等译,高等教育出版社,1998 年。

约翰·罗尔斯:《正义论》,何怀宏、何包钢、廖申白译,中国社会科学出版社,1988 年。

约翰·罗尔斯:《政治自由主义》,万俊人译,译林出版社,2000 年。

约翰·米尔斯海默:《大国政治的悲剧》,王义桅、唐小松译,上海人民出版社,2021 年。

约翰·托兰:《希特勒传》,郭伟强译,浙江文艺出版社,2016 年。

约瑟夫·列文森:《儒教中国及其现代命运》,郑大华等译,广西师范大学出版社,2009 年。

约瑟夫·斯蒂格利茨:《美国真相》,刘斌等译,机械工业出版社,2020 年。

约瑟夫·熊彼特:《经济发展理论》,何畏等译,商务印书馆,1990 年。

张仲礼:《中国绅士——关于其在 19 世纪中国社会中作用的研究》,李荣昌译,上海社会科学院出版社,1991 年。

四、外文著作

A. H. Armstrong, ed. , *The Cambridge History of Later Greek and Early Medieval Philosophy*, Cambridge, 1967.

Calinescu, *Five Faces of Modernity*, Duke University Press, 1987.

Curtis P. Nettels, *The Emergence of a National Economy*, *1775 – 1815*,

New York, 1962.

Ian R. Christie, *Myth and Reality in Late Eighteenth-Century British Politics*, London: Macmillan, 1970.

J. R. Poie, *Foundations of American Independence*, *1630-1815*, Indianapolis, 1972.

Jimmy Carter, *The Personal Beliefs of Jimmy Carter*, Three Rivers Press, New York, 1998.

Lionel James Trotter, *Warren Hastings*: *A Biography*, London, 1878.

Michael W. Doyle, *Empires*, Cornell University Press, 1986.

Stephen Howe, *Empires*: *A short Introduction*, Oxford University Press, 2002.

五、研究论文

韩康:《中国市场经济模式探讨》,《理论动态》,2008 年 10 月 20 日。

黄艳红:《试析法国旧制度末年的教会免税特权》,《世界历史》,2009 年第 2 期。

靳凤林:《全球化与中国主权伦理的深度更新》,《甘肃理论学刊》, 2009 年第 4 期。

靳凤林:《对中国民族主义政治伦理的多维检视》,《道德与文明》, 2009 年第 5 期。

靳凤林:《民族主义政治伦理的道德悖论》,《中共中央党校学报》, 2009 年第 6 期。

靳凤林:《国际战争与和平视阈中的和谐世界伦理》,《道德与文明》, 2010 年第 1 期。

靳凤林、杨义芹:《民族精神与普世伦理的辩证统一》,《马克思主义 与现实》,2010 年第 4 期。

靳凤林:《文化自信:民族复兴的精神支柱》,《道德与文明》,2011 年第 5 期。

靳凤林：《转变经济发展方式的道德意义》，《中共中央党校学报》，
2013 年第 3 期。

靳凤林：《资本的道德二重性与资本权力化》，《哲学研究》，2014 年第
12 期。

靳凤林：《建构现代法治国家与转变哲学思维模式》，《理论视野》，
2015 年第 2 期。

靳凤林：《建构新时代中国特色政治伦理学》，《光明日报》，2017 年
12 月 11 日。

靳凤林：《欧美学界文化比较研究的五种范式》，《马克思主义与现
实》，2018 年第 1 期。

靳凤林：《王道政治的转型升级与人类命运共同体》，《道德与文明》，
2018 年第 3 期。

靳凤林：《中国天下观与西方国际观的伦理视差》，《伦理学研究》，
2018 年第 4 期。

靳凤林：《中国王道政治的伦理指向与古今之变》，《南昌大学学报》
（社会科学版），2019 年第 2 期。

李翠云：《新英格兰的开拓者——约翰·温斯罗普研究》，北京大学历
史系博士论文，2006 年。

刘文明：《"帝国"概念在西方和中国：历史渊源和当代争鸣》，《全球
史评论》，2018 年第 2 期。

孟和宝音：《成吉思汗军事辩证法思想》，《阴山学刊》，2008 年第 1 期。

尚会鹏：《文化传统与西方式政治制度在印度的确立》，《南亚研究》，
1994 年第 2 期。

沈青松：《探索与展望：从西方现代性到中华现代性》，《南国学术》，
2014 年第 1 期。

施展：《从贸易摩擦到商人秩序》，《探索与争鸣》，2020 年第 1 期。

汪敬虞、聂宝璋:《关于中国第一代产业工人的斗争的资料》,《经济研究》,1962 年第 3 期。

王超:《我国封建时代中央与地方关系述论》,《中国社会科学》,1983年第 1 期。

王晓朝:《两希文化汇聚的产物——犹太哲学家斐洛的"逻各斯"》,《浙江大学学报》(人文社会科学版),2000 年第 5 期。

王贞平:《权力中心论与多元开放网络:古代亚洲国际格局新论》,《南国学术》,2014 年第 3 期。

乌尔里希·贝克:《应对全球化》,常和芳编译,《学习时报》,2008 年5 月 19 日。

吴飞:《奥古斯丁与罗马的陷落》,《复旦学报》(社会科学版),2011年第 4 期。

习近平:《携手共命运 同心促发展》,《人民日报》,2018 年 9 月 4 日。

习近平:《深化文明交流互鉴,共建亚洲命运共同体》,《人民日报》,2019 年 5 月 16 日。

薛军力:《从汉代地方行政体制的演变看中央和地方的关系》,《天津师大学报》(社会科学版),1990 年第 5 期。

叶文宪:《中国传统社会发展的独特进路》,《南国学术》,2015 年第2 期。

张严:《资本主义的回旋空间和弹性限度》,《光明日报》,2019 年 2 月1 日。

张芝联:《马克思与法国大革命》,《世界历史》,1983 年第 4 期。

张芝联:《关于拿破仑的评价及其方法论问题》,《文史哲》,1988 年第3 期。

后 记

我自 2003 年从清华大学哲学系博士毕业到中央党校哲学部工作以来，主要从事政治伦理和比较伦理的教学与研究工作。在政治伦理研究领域，主要围绕着当前我国现实政治生活中存在的重大政治伦理悖论展开研究，在承担多项国家和省部级哲学社会科学基金项目和国家高端智库课题基础上，先后在人民出版社和生活·读书·新知三联书店出版了《制度伦理与官员道德》《追求阶层正义：权力、资本、劳动的制度伦理考量》《权力与资本：中西政商关系的伦理视差》等著作。在比较伦理研究领域，主要围绕"四书五经"与《圣经》的应用伦理思想展开原始儒家和早期基督教伦理比较研究，在人民出版社先后出版了《死而后生：死亡现象学视域中的生存伦理》《祠堂与教堂：中西传统核心价值观比较研究》两书。

近些年在对中西方权力、资本、劳动三大阶层美德伦理的研究过程中，我发现正是中西方不同国家三大阶层德性结构的天壤之别，特别是中西方三大阶层利益博弈的方式方法不同，对各自国家的统治策略抑或国家治理逻辑产生了重大影响，由此生成了中西方不同的民族性格和国家特质。对这些现象的潜心思考，使我萌生了一种想法，即通过对中西方国家阶层美德的研究，上升至中西方王道政治与霸道政治的比较伦理研究，不失为一种值得尝试的研究进路。如果依此而行，还可以把本项研究同我长期从事的另一项工作——原始儒家和早期基督教伦理比较研究相结合，从而将这两方面研究内容聚集成一股合力,运用到中西王道与霸道政治伦理的比较研究之中。本书就是开展此项研究所作的一次初步尝试,其中有很多内容尚待进一步深入挖掘,敬请读者对论述不妥之处予以批评指正。

　　本书主要内容写于 2020 年至 2022 年这三年之中,正值中国和世界各国抗击新冠疫情期间。由于疫情在全球蔓延,给世界各国人民的政治、经济、社会、文化生活带来巨大压力,无数宝贵鲜活的生命消殒于这场巨大灾难之中,使我深感震惊和悲痛。其间,世界各国面对突如其来的滚滚疫情,抗疫举措可谓千姿百态,特别是中西方抗疫的指导思想和具体方法呈现出天壤之别,这也促使我从王道与霸道相互比较视角,去深入思考中西方国家治理逻辑的内在伦理冲突。在整个抗击疫情期间,我国政府反复强调:"每个公民只要不出门,就是在为国家做贡献。"一位学者闭门不出,在家何为? 只能是读书、写书,间或通过网上授课来尽教书之责,故本书权作笔者在这一特殊时期为国家抗疫所做的微薄贡献吧。

2023 年春于中央党校颐北精舍